Tomáš Halík

All meine Wege sind DIR vertraut

Das Buch

Tomáš Halíks Lebensgeschichte ist von spannenden Ereignissen und Erlebnissen bestimmt: seine Kindheit im Stalinismus, sein Übertritt zum Christentum in einer Zeit harter Verfolgungen der Kirche, der »Prager Frühling« und die sowjetische Besatzung im Jahr 1968. Nach seiner heimlichen Priesterweihe 1978 arbeitet er elf Jahre in der »Untergrundkirche«. 1989 beteiligt er sich an der »Samtenen Revolution«, danach am schwierigen Aufbau der Demokratie. Er erzählt von seinen engen Beziehungen zu Persönlichkeiten wie Václav Havel, Johannes Paul II. oder dem Dalai Lama. Seine Autobiografie verknüpft Tomáš Halík mit Reflexionen zu grundlegenden theologischen Fragen – und mit Einblicken in seine inneren Krisen und Konflikte.

Der Autor

Tomáš Halík ist Professor für Soziologie an der Universität Prag und Pfarrer der Akademischen Gemeinde Prag sowie Präsident der Tschechischen Christlichen Akademie. Benedikt XVI. verlieh ihm den Ehrentitel päpstlicher Prälat. 2010 verlieh ihm die Katholische Akademie in Bayern den Romano-Guardini-Preis. 2011 wurde sein Buch »Geduld mit Gott« von der Europäischen Gesellschaft für Katholische Theologie als »bestes theologisches Buch in Europa« ausgezeichnet. 2014 erhielt er den Templeton-Preis. 2017 verlieh ihm der Päpstliche Rat für die Kultur die Medaille *Per Artem Ad Deum* (»durch Kunst zu Gott«) für sein Glaubenszeugnis, seine Beteiligung am gesellschaftlichen Leben und seine Haltung gegen Rassendiskriminierung.

Tomáš Halík

All meine Wege sind DIR vertraut

Von der Untergrundkirche ins Labyrinth der Freiheit

Aus dem Tschechischen von Nina Trčka

FREIBURG · BASEL · WIEN

MIX
Papier aus verantwortungsvollen Quellen
FSC® C083411

© Tomáš Halík 2014

Neuausgabe 2018

für die deutsche Erstausgabe
© Verlag Herder GmbH, Freiburg im Breisgau 2014
Alle Rechte vorbehalten
www.herder.de

Umschlaggestaltung: Designbüro Gestaltungssaal
Umschlagmotiv: © Martin Suchánek, Prag

Fotos: Privatarchiv Tomáš Halík
Sofern etwaige Inhaber von Rechten an Fotos nicht um ihr Einverständnis gebeten worden sind, bitten wir diese, sich an den Verlag zu wenden.

Satz: Barbara Herrmann, Freiburg
Herstellung: CPI books GmbH, Leck

Printed in Germany
ISBN Print 978-3-451-03112-0
ISBN E-Book 978-3-451-81324-5

Inhalt

I. Am Anfang des Weges 7

II. Der Weg zum Glauben 25

III. Der Weg des Frühlings 51

IV. Der Weg zur Priesterweihe 88

V. Der Weg der Untergrundkirche 119

VI. Die Wege zu den Nachbarn 152

VII. Der Weg des Erwachens 180

VIII. Der Weg der Katharsis 221

IX. Der Weg des Übergangs 243

X. Der Weg der Gründungen 276

XI. Der Weg der Nächte 294

XII. Wege in die Ferne 333

XIII. Auf dem Weg in die Politik? 373

XIV. Der Weg zum ewigen Schweigen 394

Anmerkungen 424

Herr, du erforschest mich und du kennst mich.
Wenn ich sitze und wenn ich stehe, du weißt es.

Meine Gedanken schaust du von ferne,
du schaust mich, wenn ich gehe und ruhe;
all meine Wege sind dir vertraut.

Ehe noch auf der Zunge das Wort liegt,
siehe, Herr, schon weißt du um alles.

Von rückwärts und vorne schließt du mich ein
und du legst auf mich deine Hand.

Gar wunderbar ist solches Wissen für mich,
zu hoch, ich kann es nicht begreifen.

Psalm 139,1–6

I. Am Anfang des Weges

Als Marie und Miroslav Halík ihren erstgeborenen Sohn aus der Prager Geburtsklinik nach Hause brachten, fühlten sie sich wie in einem Traum. Die Frau war nämlich annähernd fünfundvierzig Jahre alt und ihr Ehemann fast fünfzig; sie hatten sich damit abgefunden, dass sie kinderlos bleiben würden. Und jener Tag Anfang Juni 1948 währte noch eine Weile wie ein Traum: Eine knappe Stunde später, genau in dem Augenblick, als sie mit dem Kinderwagen durch das barocke Tor des Prager Vyšehrad[1] fuhren, begannen in der ganzen Stadt die Glocken zu läuten, Kanonen feuerten feierliche Salven und in der Prager Kathedrale stimmte der Erzbischof das Te Deum an.

Hier aber endet das Märchen und an seine Stelle tritt die harte Realität: Der Glockenklang war das Sterbeläuten der Freiheit und Demokratie in der Tschechoslowakei. Er verkündete, dass soeben der Führer der Kommunistischen Partei, auf die Präsidenten Masaryk und Beneš[2] folgend, den Präsidentensitz in der Prager Burg bezogen hatte. Der Putsch, der sich im Februar des Jahres abgespielt hatte, war nun endgültig vollzogen.

Der neue Präsident Gottwald hatte sich an jenem Tag beim Erzbischof Beran[3] das Te Deum bestellt. Ein Jahr danach ließ er eben jenen Erzbischof, einen ehemaligen Häftling des nationalsozialistischen Konzentrationslagers Dachau, für viele Jahre unter Hausarrest stellen. Im darauffolgenden Jahr wurden auf seinen Befehl hin die ersten politischen Gegner des Regimes hingerichtet und danach auch eine Reihe seiner Genossen, die ihm einst zur Macht verholfen hatten. Das Versprechen eines »demokratischen Weges zum Sozialismus«, mit welchem die Kommunisten in der Nachkriegseuphorie sowie nach der Enttäuschung über das Verhalten der westlichen Alliierten beim Münchner Abkommen die Wahlen gewonnen hatten, war gänzlich vergessen.

Aus dem Freundeskreis meiner Eltern begannen nach und nach viele Menschen zu verschwinden – einige ins Exil, andere ins Gefängnis. Hätten Marie und Miroslav nicht ein so kleines Kind gehabt, hätten vielleicht auch sie sich zu einer abenteuerlichen Flucht durch die Sümpfe des Böhmerwaldes entschlossen, hinter die Grenzen eines Landes, über das sich die Finsternis herabsenkte und in dem die eisige Zeit stalinistischen Terrors anbrach.

Drei Tage nach meiner Geburt, noch in der Kapelle der Geburtsklinik, die kurz darauf für dreiundvierzig Jahre geschlossen und in einen Lagerraum umgewandelt werden sollte, wurde ich getauft. Wenn ich die Fotografie dieses Ereignisses betrachte, sehe ich, wie sich vier Männer über mich beugen. Wo war damals der Glaube? Ich ahnte als Säugling nicht, was mit mir geschah. Mein Vater war mit achtzehn Jahren nach dem Fall der Habsburger Monarchie im Zuge der damaligen Kampagne »Weg von Wien – Weg von Rom« aus der katholischen Kirche ausgetreten. Meine beiden Paten, Onkel väterlicher- und mütterlicherseits, waren schon fast seit ihrer Gymnasialzeit nicht mehr in der Messe gewesen. Geradeheraus gesagt, nicht einmal für den Glauben des Priesters, der mich taufte (und der kurz darauf Funktionär einer Bewegung von Kollaborateuren, der »Friedenspriester«, wurde), würde ich es wagen, die Hand ins Feuer zu legen.

Der Samen der Taufe ward in ungepflügte Erde gesät. Die Religion unserer Familie bestand – wie es auch bei weiten Teilen der tschechischen Intelligenz war, die am Ende des Ersten Weltkriegs heranwuchs und dann ihr Leben mit Masaryks Demokratie der Zwischenkriegszeit verband – im Glauben an Humanität, an eine moralische Ordnung, an wissenschaftlichen Fortschritt und an Demokratie. Gewiss überlebte in dieser säkularen Kultur viel Christliches – aber ihr Christlichsein blieb eher »anonym«, durch eine hohe Mauer getrennt von allem, was im Raum der Kirche vor sich ging. Priester wurden von vielen Menschen dieser Generation schon nur noch zur Kindstaufe geladen; zur Hochzeit oder zur Beerdigung kaum noch. Und in den Jahren, die auf meine Geburt folgten, war es im Übrigen schon nicht mehr so einfach und auch nicht ohne Risiko, sich mit einem Priester zu treffen. In jenen Jahren begannen auch Priester zu verschwinden – in Gefängnisse, Arbeitslager, Uranbergwerke, einige ins Exil, andere auf den Hinrichtungsplatz. Die Verfolgung der Kirche und die allgegenwärtige brutale antikirchliche und antireligiöse Propaganda gewannen bei uns eine weitaus größere Intensität als in allen Nachbarländern des »sozialistischen Lagers«, die Sowjetunion mit eingerechnet.

* * *

Die Stalinisten hatten sich offenbar gerade die Tschechoslowakei für ihr Experiment einer totalen Atheisierung der Gesellschaft ausgesucht. Sie fanden hier für ihr Experiment in einem gewissen Sinne günstige Bedingungen vor. Die dramatische Religionsgeschichte – die Verbrennung des Jan Hus, fünf Kreuzzüge gegen die ketzerischen Tschechen, die gewaltsame Rekatholisierung im 17. Jahrhundert und die Verbindung der katholischen Kirche mit der Habsburger Monarchie – hatte ihre Spuren hinterlassen. Während in Polen die katholische Kirche als Hauptpfeiler der nationalen Identität aufgefasst wurde – gegen das orthodoxe Russland auf der einen und gegen das protestantische Deutschland auf der anderen Seite –, wurden in der Ideologie des modernen tschechischen Nationalismus, der im Zuge der Emanzipation der Tschechen von Wien an Bedeutung gewann, tschechische Identität und Katholizismus als schwer vereinbar wahrgenommen. In Tschechien gab es – im Gegensatz zur Slowakei – schon am Ende der österreichisch-ungarischen Monarchie und besonders in der Zwischenkriegszeit eine entwickelte Industrie und ein qualitativ hochstehendes System der Allgemeinbildung; dieses Milieu begünstigte jedoch die Säkularisierung. Die traditionellen Dorfgemeinschaften – eine Biosphäre der Volkskirche und Volksfrömmigkeit – wichen der modernen städtischen Kultur und die katholische Kirche war nicht fähig, in diesem neuen Umfeld Wurzeln zu schlagen.

Zum wichtigsten Erzieher der Nation wurde für mindestens zwei Generationen Tomáš Garigue Masaryk, der spätere erste Präsident der Tschechoslowakischen Republik. Seine »Religion der Humanität« bewegte sich zwischen der Kantischen Ethik, dem Comte'schen Positivismus, Tocquevilles politischer Philosophie, dem liberalen Protestantismus, einer romantischen Interpretation des tschechischen Protestantismus und dem Unitarismus seiner amerikanischen Ehefrau. Masaryk war zweifellos ein zutiefst frommer Mensch; er war in seiner Jugend vom katholischen Modernismus beeinflusst gewesen und behauptete bis zum Ende seines Lebens, dass er ähnlich wie Goethes Faust »ein katholisches Herz und einen protestantischen Kopf« habe. Er war jedoch zutiefst enttäuscht von der katholischen Kirche seiner Zeit. Nach dem Fall der österreichischen Monarchie verlangte eine Delegation tschechischer Katholiken, die auch einen bedeutenden Teil des tschechischen katholischen Klerus repräsentierte, in Rom Reformen: die Demokratisierung der Kirche, die Einführung der Nationalsprache in die Liturgie, die Rehabilitation des Jan Hus und die Umwandlung des Zölibats in ein freiwilliges Gelübde. Die Antwort aus Rom war bestimmt und bestand aus einem einzigen Wort: Numquam! Niemals! Der Großteil der reformwilligen Priester nahm dies mit zusammengebissenen Zähnen entgegen; ein nicht geringer Prozentsatz von Priestern und Laien verließ damals jedoch die katholische Kirche. Die tschechischen Kommunisten bauten die älteren antiklerikalen Traditionen später in ihre Ideologie ein, radikalisierten sie und führten sie ad absurdum. Als die Kommunisten an die Realisierung ihres Plans gingen, die neue Gesellschaft als eine Stadt ohne Gott aufzubauen, erklärte der damalige kommunistische Kulturminister: »Wir werden die hussitischen Instinkte unseres Volkes wecken!«

Jahrelang suchte ich nach einer Antwort auf die Frage, warum ein Land, das in ferner Vergangenheit so vor religiöser Leidenschaft glühte, von dem aus Funken reformatorischer Ideen auf alle Weltteile übersprangen, heute – zusammen mit der ehemaligen DDR – zu den am stärksten atheistischen Gebieten Europas zählt, wenn nicht gar der ganzen Welt. Gewiss: Vieles legt ein Blick in die Tragödien der Geschichte nahe, vieles lässt sich als ein Ergebnis jenes Experiments des kommunistischen Regimes zur systematischen Verdrängung der Religion aus dem öffentlichen Leben wie auch aus Kopf und Herz zweier Generationen begreifen, einiges lässt sich durch den Hinweis auf die soziale Struktur der tschechischen Gesellschaft erklären.

Ist aber jene Auffassung von den Tschechen als einer atheistischen Nation wahr? Ich habe mich mit der Spiritualität jener Persönlichkeiten beschäftigt, welche der tschechischen Kultur im 19. und 20. Jahrhundert ihr Profil gaben, sei es Palacký, Masaryk, Šalda, Čapek, Patočka oder Havel. Keiner von ihnen war ein Atheist, im Gegenteil, alle hatten eine tiefe Beziehung zu »dem, was uns übersteigt«, nichtsdestoweniger wahrte jeder von ihnen Abstand zur tradierten religiösen Terminologie. Václav Havel beispielsweise sprach heideggerisch vom »Horizont der Horizonte« oder vom »absoluten Horizont«. Dieses Phänomen kommt auch in einer Passage einer Reisebeschreibung des tschechischen katholischen Schriftstellers Jaroslav Durych zur Sprache. Durych vergleicht darin die dramatischen religiösen Gesten der Spanier und anderer romanischer Nationen mit der scheuen und diskreten Geste des Gebets in Tschechien, die den Anschein macht, als ob ein Gläubiger stets den ironischen Blick eines Ungläubigen auf sich ruhen fühlte. Der tschechische Ausdruck des Glaubens ist diskret, er meidet große Worte und auffällige Gesten. Ich glaube, dass dies auch mit der Abneigung der Tschechen gegen das Pathos zusammenhängt. Alles Pathetische wirkt bei uns lächerlich. Die Tschechen vermuten hinter dem Pathos Unaufrichtigkeit, Heuchelei, pure Äußerlichkeit und wehren sich dagegen mit Ironie. Ich füge hinzu, dass jene Scheu der tschechischen Frömmigkeit nicht nur eine Folge der Furcht vor Spott ist, sondern auch dem Schutz von etwas sehr Kostbarem und Zerbrechlichem dient.

Die »Entkirchlichung« und der Antiklerikalismus in Tschechien haben im doppelten Sinne des Wortes tiefere Wurzeln, als dass sie nur als ein Ergebnis des kommunistischen ideologischen »brainwashing« verstanden werden könnten. In erster Linie handelt es sich um eine ältere Erscheinung, sie entstand historisch als eine Abwehrreaktion auf die Verbindung der Kirche mit der Macht, auf den Triumphalismus der Gegenreformation und den Prunk des »Austro-Katholizismus«. Und wenn wir diese Erscheinung aufmerksam studieren, entdecken wir auch ihre positive Seite. Die Kehrseite dieser Abneigung gegen eine äußerliche Frömmigkeit ist eine gewisse sittsame Innerlichkeit. Die »scheue Frömmigkeit« der Intellektuellen auf der Suche nach ihrem Humanismus, mit ihrer Offenheit gegenüber dem »Transzendentalen« – ein etwas abstrakter Ausdruck jenseits der kirchlichen Terminologie – hat ihre volksmäßige Entsprechung in dem, was ich den »Etwasismus« nenne. An Gott glaube ich nicht, in die Kirche gehe ich nicht, aber ich weiß, dass *etwas* über uns steht ... Ich glaube an diesen »meinen eigenen Gott«. Ich sage oft, dass der »Etwasismus« die meistverbreitete Religion in Tschechien ist. Vielleicht nahm diese Erscheinung, die in Tschechien schon lange andauert, eine ähnliche Entwicklung in einer Reihe weiterer europäischer Länder vorweg. Für mich als Theologen und tschechischen katholischen Priester bildet die Hermeneutik dieser »scheuen Frömmigkeit« und vieler Gestalten des »Etwasismus« eine pastorale Pflicht; es ist allerdings auch ein interessantes Thema für meine akademische Erforschung der psychologischen und soziologischen Aspekte religiösen Wandels.

Und was den Antiklerikalismus betrifft – ist nicht auch er Äußerung einer bestimmten »Hassliebe«[4], ist er nicht oft Folge hoher Ansprüche an die Kirche, unbewusst gebliebener Ausdruck einer fast schon unrealistischen Erwartung, die (selbstverständlich) enttäuscht worden ist? Ja, die Kommunisten haben in ihrer Propaganda gewiss absichtlich die »hussitischen Instinkte unseres Volkes« missbraucht. Aber jene Instinkte an sich sollte die Kirche vielleicht ernst nehmen, zeugen sie doch vom Gegenteil dessen, was sie mehr fürchten sollte als den Hass, nämlich der Gleichgültigkeit. In einem gewissen Sinne hat die kommunistische Verfolgung der Kirche in Tschechien sogar genutzt. Das, was ohnehin nur formal war, ist weggefallen. Die Verfolgung weckte sogar Sympathie für die Kirche – die Tschechen sympathisieren häufig instinktiv mit den Verfolgten. Eine große Rolle spielte natürlich auch das Lebenszeugnis der internierten Priester – sehr viele von denen, die in den fünfziger Jahren durch die kommunistischen Gefängnisse und Arbeitslager gegangen waren, konvertierten entweder unter dem Einfluss dieser Priester oder nahmen für ihr Leben eine große Achtung für Priester, die Kirche und den Glauben mit.

Gewiss – heute sind viele dieser Dinge aus dem allgemeinen Bewusstsein der tschechischen Gesellschaft verschwunden. In einer Hinsicht waren die Kommunisten erfolgreich: Der Großteil der Tschechen, die während des kommunistischen Regimes geboren wurden, stieß praktisch nie auf die lebendige Kirche, und jene »scheue Frömmigkeit« trat praktisch nicht in direkten Kontakt mit christlicher Kultur. Der »Etwasismus« ist belastet durch den religiösen Analphabetismus.

Ist das aber für einen Christen, insbesondere für einen Priester und Theologen nicht eine Herausforderung? Ich gebe zu, dass ich in einem traditionellen katholischen Umfeld nicht Priester sein wollte, dass ich mich nicht wohl fühlen würde unter Menschen, für die Religion eine Selbstverständlichkeit ist. Jesus verglich die Christen mit dem Salz. Ich fühle mich da nicht wohl, wo die Gesellschaft mit Christen und Christentum »übersalzen« ist. Es muss nicht viel Salz sein – aber wenn es ganz fehlt oder wenn es seinen Geschmack verloren hat, ist die ganze Speise ungenießbar.

Ich bin Gott unendlich dankbar, dass ich in Tschechien geboren wurde und dort mehr als ein halbes Jahrhundert schwierige Kirchengeschichte durchlebte. Ich bin froh, dass ich Priester sein darf in einem Umfeld, in dem Religion und Religiosität in keinem Fall eine selbstverständliche Angelegenheit sind. Ist es ein atheistisches Land? Bei oberflächlicher Betrachtung mag es so wirken. Aber wenn mich der Herr an diesen Ort gestellt hat, erlegte er mir da nicht auch die Aufgabe auf, mich nicht zufriedenzugeben mit oberflächlicher Betrachtung?

* * *

Der Samen meiner Taufe fiel damals, an der Schwelle der fünfziger Jahre, auf bedeutend steinigen Boden, der überdies unter dem Einfluss eisiger Stürme aus dem Osten bedenklich zuzufrieren begann und zunehmend verdornte. Dennoch kam es dazu, dass ich in meinem achtzehnten Lebensjahr – eben in jenem Alter, in dem mein Vater aus der Kirche ausgetreten war – den Weg zum Glauben und dann auch in die Familie der Kirche fand. Zwölf Jahre danach empfing ich im Ausland

»in der Illegalität« die Priesterweihe; nicht einmal meine Mutter, mit der ich zusammenlebte, durfte wissen, dass ich Priester war. Die folgenden elf Jahre verbrachte ich im Dienst der Untergrundkirche und in einem Umfeld der kulturellen und politischen Opposition. Dies geschah in einer Zeit zähen Polizeiregimes, das zwar nicht so drastisch war wie der Stalinismus der fünfziger Jahre, dafür aber umso raffinierter und umso gefährlicher für den moralischen Zustand der tschechischen Gesellschaft. Erst mit über vierzig Jahren öffnete sich für mich ein gänzlich neues Kapitel meines Lebens: Nun konnte ich öffentlich in der Kirche und in der akademischen Welt wirken und mich an der Gründung einer Reihe von Initiativen und Institutionen des kirchlichen, des akademischen sowie auch des politischen Lebens beteiligen. Ich arbeitete damals – in den dramatischen Jahren des schwierigen Übergangs von einem Polizeistaat zur neuen Demokratie und zu einer freien Gesellschaft – eng mit den führenden Repräsentanten der Kirche und des Staates zusammen, ich war jahrelang Václav Havel und Johannes Paul II. nahe. Nach einer Zeitspanne von fast zwanzig Jahren, während der ich nirgends hinreisen konnte als in einige Länder des kommunistischen Herrschaftsbereichs, besuchte ich in den darauffolgenden zwanzig Jahren alle Kontinente der Erde inklusive der Antarktis. Nachdem ich zwanzig Jahre lang gänzlich von der akademischen Welt ausgeschlossen gewesen war, bekam ich Gelegenheit, an den Universitäten von fünf Kontinenten Vorträge zu halten.

Als ich fünfzig Jahre alt geworden war, begann ich Bücher zu schreiben. Die Blüten sind abgefallen, es müssen Früchte folgen, sagte ich mir. Vor dem Alter von fünfzig Jahren ein rechtes Buch zu schreiben, erschien mir gewagt; zuerst muss der Mensch etwas erleben, sich mit einigem intensiv befassen, vieles durchdenken, durchleiden – und Länder bereisen, um dann Anderen etwas zum Nachdenken vorlegen zu dürfen.

Jedes Jahr ziehe ich mich nun für vier bis fünf Wochen in die absolute Einsamkeit und Stille einer Einsiedelei in der Nähe eines kontemplativen Klosters im Rheinland zurück; dort entstanden alle meine Bücher als »Nebenprodukte« meiner privaten geistlichen Übungen, dieser Zeit des Gebets, der Meditation, des Studiums und des Nachdenkens auf langen Spaziergängen durch tiefe Wälder. Als ich sechzig geworden war, begannen meine Bücher in viele Sprachen übersetzt zu werden und fanden Leser und Kommentatoren in allen Winkeln der Welt. Für einen Menschen, der lange Jahre hindurch nicht eine einzige Zeile öffentlich publizieren konnte, der seine winzigen ersten Texte »für die Schublade« schrieb und sie nur einigen wenigen Freunden vorlesen oder sie unter Pseudonym an Zeitschriften des »Samizdat«[5] senden konnte, war und ist dies eine große Genugtuung. Ja, dies sind die Hauptabschnitte der Geschichte, die ich in diesem Buch erzählen werde.

* * *

Ich gebe zu, dass ich diese Aufgabe mit großen Bedenken angehe. Meinen tschechischen Lesern habe ich einen Teil meiner Erinnerungen schon vorgelegt. Es handelt sich bei jenem Buch um Gespräche mit dem Journalisten und ehemaligen Priester Jan Jandourek, das in Prag zu meinem fünfzigsten Geburtstag erschienen ist. Schon damals hatte ich die Idee des Verlegers lange abgewehrt. Bei solchen Gesprächen geschieht es häufig, dass man sowohl den unbewussten Erwartungen der Anderen entgegenkommt als auch dem Diktat des eigenen Narzissmus unterliegt und sich als ein »Beispiel für Andere« stilisiert, wenn man nicht in das andere Extrem verfällt, in die exhibitionistische Selbstgeißelung. Ich halte mich an jenes Bonmot, das Einstein zugeschrieben wird, der Mensch müsse stets Anderen ein Beispiel sein – und wenn es nicht anders geht, wenigstens ein abschreckendes. Ich halte mich selbst wirklich nicht für ein »Vorbild und Beispiel«, für niemanden. Das Leben wirklich eines jeden Menschen – mit seinem Suchen, mit seinen Gaben und Irrtümern – ist einzigartig und hat in Gottes Augen einen unendlichen Wert. Nietzsche sagt mit den Worten seines Zarathustra: Fragt mich nicht nach dem Weg! Auch ich habe nicht nach dem Weg gefragt, *ich befragte die Wege selbst.* Das einzige, was ich euch sagen kann, ist: Dies ist mein Weg. Und nun zeigt mir den euren![6] Deshalb nannte ich damals das Buch mit meinen Erinnerungen »Ich befragte die Wege«. Sei es also, sagte ich mir schließlich – Erinnerungen soll der Mensch wohl in einem Alter schreiben, in dem ihm sein Gedächtnis noch zu Diensten steht, wenn er noch in der Lage ist, sich an vieles zu erinnern, und wenn noch Zeugen der dargestellten Ereignisse leben.

Warum sollte ich nun von Neuem meine Geschichte erzählen? Ich stehe an der Schwelle des Alters und langsam hört all das auf, mich zu interessieren, was an meinem Leben wohl andere interessieren könnte; mich beginnt eher zu beschäftigen, was Gott interessieren wird, wenn ich vor seinem Gericht stehe. Und dort wird es wohl eher um die Früchte jener Jahre gehen als um die Ereignisse des Lebens als solche – um das, zu dem der Mensch herangereift ist, zu dem er erwachsen ist, was er verstanden und was er gelernt hat, und vor allem um das, worum er das Leben der anderen bereichert hat.

* * *

»Da schreibst du schon wieder über dich? Glaubst du, dass die Leute Zeit und Lust haben, über dein Leben zu lesen?«, fragte meine Mitarbeiterin Scarlett, kaum dass sie in meinem Arbeitszimmer einen Blick in das Manuskript geworfen hatte, das ich ihr mit der Bitte um kritische Anmerkungen in die Hand drückte.

Wie soll ich ihr antworten? Ich schreibe über mich, aber auch über ein halbes Jahrhundert Geschichte eines Landes im Herzen Europas, insbesondere über die Geschichte der schwer geprüften tschechischen Kirche. Gewiss, ich bin kein Historiker und mein Zeugnis wird eine »subjektive Aussage« sein, wie sollte es anders sein. Einer meiner Freunde, dem während des Totalitarismus Polizisten bei einem Verhör entgegenhielten: »Aber das ist doch lediglich Ihre subjektive Ansicht!«, antwortete ihnen: »Aber ich habe keine andere.«

Ich erzähle meine Geschichte sicher auch für die Leser meiner Bücher und für die Hörer meiner Vorlesungen. Wenn ich selbst das Buch eines Autors lese oder eine Vorlesung von jemandem höre, stelle ich mir oft im Geiste die Frage: Wie kommt der Mensch zu den Ansichten, die er mir darlegt? Schöpft er vorwiegend aus Büchern, aus seinem Studium der Fachliteratur oder sind seine Ansichten zugleich gedeckt durch das Gold seiner persönlichen Erfahrungen? Hat seine Weltsicht auch Prüfungen und Krisen durchgemacht, war er manchmal gezwungen, seine früheren Ansichten zu revidieren und radikal umzuwerten? Wenn ich die Lebensgeschichte eines Autors sowie den Entwicklungsgang seiner Persönlichkeit und seiner Ansichten kenne, so wird sein Text für mich plastischer, verständlicher, glaubwürdiger, so komme ich ihm näher. Auch meine Leser und Hörer haben das Recht, nicht nur den äußeren, sondern auch den inneren Kontext meines Schaffens zu kennen, nicht nur den Kontext der Zeit und des gesellschaftlichen und kulturellen Umfeldes, sondern auch meiner Lebensgeschichte und des Dramas geistiger Suche und Reifung; falls sie wollen, können sie hier den Schlüssel finden zu einem tieferen Verständnis dessen, was ich ihnen in meinen Büchern und Vorträgen mitzuteilen versuche. Bevor wir anfangen zu beschreiben, was wir sehen, sollten wir bekennen, wo wir stehen, von wo wir blicken, und auch, warum wir gerade dort stehen.

»Schreibst du über dich?« Ich kann auch antworten, dass ich über Gott schreibe. Ist es denn möglich, von Gott zu sprechen und in dieses Zeugnis nicht das eigene Leben hineinzulegen? Würde ich »objektiv« über Gott sprechen und nicht mein Ich hineinlegen, so spräche ich von einer blutleeren Abstraktion. Wäre ein solcher »äußerlicher« Gott nicht nur ein Götzenbild? Aber auch umgekehrt gilt: Ist es etwa möglich, von sich zu sprechen und nichts zu sagen von Gott? Spräche ich von mir und sagte nichts von Gott, dann könnte ich mir selbst das zuschreiben, was ihm gehört, und würde für immer in der Falle der Selbstbezogenheit stecken bleiben oder in der Oberflächlichkeit des Narziss untergehen. Als Narziss sich im Mythos über den Wasserspiegel eines Sees neigt, sieht er nur sich selbst, hängt nur an der Oberfläche, an seinem eigenen Bild auf dem Wasser und diese Oberflächlichkeit wird zu seinem Verhängnis; der Blick eines gläubigen Menschen muss tiefer dringen – nur so wird für ihn die Tiefe nicht zu einer abgründigen Falle.

Zwei Wirklichkeiten, die eine Schlüsselrolle für unser Leben spielen, sind *unsichtbar*: unser Ich und Gott. Wir sehen viele Erscheinungen, von denen wir einige unserem Ich zuschreiben können und andere wiederum Gott, aber weder unser Ich noch Gott stehen so vor uns wie ein Ding, auf das wir zeigen und das wir eindeutig lokalisieren können. Es ist verständlich, dass einige philosophische Strömungen Gott und andere auch das menschliche »Ich« als einen bloßen Trug bezeichnen. Die Mystiker – namentlich mein geliebter Meister Eckhart – behaupten eine maßlos tiefsinnige und zugleich maßlos gefährliche Sache: Gott und ich sind eins.

Ja, diese Ansicht kann gefährlich sein. Wenn Gott für uns so mit unserem Ich zusammenfließt, dass wir Gott durch unser Ich ersetzen, haben wir unsere Seele verloren. Wenn wir sie strikt voneinander trennen und Gott als etwas uns gänzlich Äußerliches und von unserer Seele Abgetrenntes zu betrachten beginnen, haben wir den lebendigen Gott verloren und an seiner Stelle steht ein Götzenbild, ein bloßer Gegenstand, ein »Ding unter Dingen«. Die ständige Aufgabe der Theologie ist es, auf jene dynamische Verflechtung von Immanenz und Transzendenz hinzudeuten. Vielleicht können wir über die Verbindung von unserem Ich und Gott das sagen, was das Konzil von Chalcedon über das Verhältnis von menschlicher und göttlicher Natur in Christus sagte: Sie sind ungetrennt und dennoch unvermischt. Nehme ich das Geheimnis der Menschwerdung, das Herzstück des christlichen Glaubens, ernst – verstehe ich es nicht nur als irgendein zufälliges Ereignis in der Vergangenheit, sondern als Schlüssel zum Verständnis des ganzen Dramas der Heilsgeschichte, der Geschichte der Beziehung von Gott und den Menschen –, dann kann ich eigentlich Menschliches und Göttliches nicht getrennt denken. Sage ich »Ich«, so sage ich zugleich »Gott«, denn *der Mensch ist ohne Gott unvollständig*.

Erst in der Beziehung zu Gott beginnen wir zu ahnen, dass unser Ich eine etwas andere Struktur hat, als es uns bei einem oberflächlichen, naiven Blick aus alltäglicher Sicht scheint; hinter unserem »Ego« erblicken wir manchmal das, wofür die Mystiker und auch die moderne Tiefenpsychologie einen treffenden Ausdruck suchen – der »innere Mensch«, das »Tiefen-Ich«, das Selbst[7] ... Meister Eckhart spricht vom »inneren Gott«, von *Gott hinter Gott*; einige moderne und postmoderne Theologen (und A-Theisten) sprechen von »Gott hinter dem Gott des Theismus«. Vielleicht werden wir erst dann, wenn wir das naive, verdinglichte Gottesverständnis durchschauen sowie die ähnlich naive Auffassung vom »Ich« als einer Illusion, fähig sein, Meister Eckharts Satz zu verstehen: »Gott und ich sind eins«. Wir werden verstehen, dass es überhaupt nicht um eine blasphemische Selbstvergötterung oder eine verborgene Gottlosigkeit geht.

Die Beziehung von Gott und Mensch ist ein Kreis ohne Ende und Anfang: Das Auge, mit dem du Gott ansiehst, und das Auge, mit dem Gott dich ansieht, ist dasselbe Auge, schreibt Meister Eckhart. Und etwas Ähnliches finden wir schon beim hl. Augustinus: Die Liebe, mit der du Gott liebst, und das Suchen, mit dem du ihn suchst, sind die Liebe und das Suchen, mit dem Gott dich sucht und liebt.

Augustinus schrieb unzählige Traktate über Gott. Aber das, womit er heute vielleicht diejenigen am meisten inspirieren kann, die es noch wagen, von Gott zu sprechen, ist sein Mut, aufrichtig die Geschichte des eigenen Lebens vorzulegen – und dem Leser zu sagen: Suche, Freund, das Lösungswort zu dieser Geschichte, der Schlüssel zum Sinn dieser Erzählung ist Gott allein. Gott findest du nur, indem du dich selbst erkennst; dich selbst findest du nur auf der Suche nach Gott. Augustinus schuf so ein neues literarisches Genre und damit auch einen neuen Stil, den Glauben zu denken: die Autobiografie als Rahmen für philosophische Theologie.

In Zeiten des Wandels und der Erschütterungen – in Augustinus' Zeit wie auch in der unseren – fallen die Grenzen zwischen den verschiedenen Genres: Belletristik und Philosophie, persönliche Bekenntnisse und theologische Reflexionen, spirituelle Betrachtungen und Untersuchungen zum Charakter einer Zeit fließen zu einem Ganzen zusammen. Die Zeit der Aufklärung brachte Galerien und Museen hervor: Dinge und Gemälde wurden aus ihrer angestammten Umgebung gerissen, in getrennte Säle einsortiert, zu unserer Belehrung beschriftet und aufgehängt. Ähnlich verfuhr die neuzeitliche Wissenschaft mit der Natur und die damalige Religionsphilosophie mit Gott und dem Glauben. Heute erleben wir einen »Aufstand« der Gemälde, der Natur und auch der Religion. Von Neuem entwickeln sie ein Eigenleben, sie zerreißen das, was Nietzsche die »Netze des Verstandes« genannt hat, sie wehren sich gegen unsere Manipulation, ergießen sich über die Dämme unserer sorgfältigen Klassifizierungen. In der Welt und auch tief in uns selbst fallen die Trennwände. Der

Fall der Berliner Mauer und des »Eisernen Vorhangs« war nur ein winziges Moment im Drama des »Zusammenwachsens der Welten«.

Das menschliche Leben ist eine ununterbrochene Selbstinterpretation. Will ich mich einem Anderen vorstellen oder will ich mich selbst verstehen, beginne ich meine Geschichte zu erzählen. Das bin ich in der Zeit: Im Unterschied zum Tier oder zum Ding bin ich nicht nur »jetzt«, sondern ich bin ein sich selbst betrachtendes Geschehen. Ich löse mich von der Vergangenheit los, die ich mit mir trage, und gleichermaßen »habe« ich nun schon in einem bestimmten Sinne Zukunft – in Gestalt von Hoffnung, von Wünschen, Plänen und Befürchtungen.

Das Wort Religion, »religio«, wird manchmal zurückgeführt auf re-legere – wieder lesen. Ja, der Glaube ist »*relecture*« unserer Geschichte: Wir lesen sie von einem neuen Blickwinkel aus, in einem erweiterten Kontext, mit Abstand, mit Überblick und mit tieferem Verständnis. Unser Leben, mit den Augen des Glaubens gesehen, ist keine »*story told by an idiot, signifying nothing*«[8] – kein sinnloses Stottern eines Trottels, wie Shakespeares Macbeth sagt. Es ist eine Geschichte, deren verborgener Autor und Regisseur Gott ist. Er führt uns jedoch nicht wie Marionetten am Drähtchen; das Drama, in das er uns gestellt hat, ist eher eine *commedia dell'arte* – ein Spiel, in dem er uns einen gewaltigen Spielraum zur Improvisation gab. Gottes Handschrift erkennen wir an seiner unendlichen Großzügigkeit, an seinem unbegreiflichen Vertrauen in unsere Freiheit. Dort, wo menschliche Freiheit nicht deformiert ist und wo sie nicht karikiert ist durch Zügellosigkeit und Willkür, wo sie sich in der Liebe und Schöpferkraft realisiert, gerade dort – in der Freiheit menschlicher Selbstübersteigung – können wir wohl das reinste Bild und Gleichnis Gottes erblicken, der die Freiheit und Großzügigkeit selbst ist.

Konfessionen, der Titel des bekanntesten Buches des Augustinus, ist eine Bezeichnung sowohl für die Beichte, das Bekenntnis der Sünden (der Schuld), als auch für das feierliche Bekenntnis des Glaubens. Die Konfession – Beichte, aufrichtige Erzählung des eigenen Lebensweges mit allen Fehlern und Zweifeln – hängt in der Tat eng zusammen mit der Konfession im Sinne eines Glaubensbekenntnisses, eines Sich-Bekennens zu Gott. In der Messe bekennen wir unsere Sündhaftigkeit und auch unseren Glauben. Noch bevor ich mich mit dem Glaubensbekenntnis zu Gott bekenne, bekenne ich mich mit dem Bekenntnis der Schuld und der Zweifel zu meinem Menschsein.

Durch das Bekennen der Sünden und Schwächen konfrontieren wir uns mit jenem Menschen in uns, den wir gerne draußen vor der Kirchentür lassen würden – aber er ist es, der wirklich zum Mahl geladen ist. *Wenn du ein Essen gibst, dann lade Arme, Krüppel, Lahme und Blinde ein* (Lk 14, 13–14). Gott tut dies ebenso: Er lädt nicht die reiche, sonntäglich herausgeputzte, gerechte und fromme Seite unserer Existenz ein, die sich ihm erkenntlich zeigen möchte – denn sie denkt, dass sie dies könne. Er lädt das ein, was in uns blind ist, lahm, weinend, arm und bedürftig. Nicht, um diese »weniger anziehende« Seite unseres Wesens zu verurteilen, zu erniedrigen und zu unterdrücken, sondern um sie zu sättigen und zu erfreuen. Eben darüber sprach immer wieder der Rabbi aus Nazareth in seinen Streitgesprächen mit den Pharisäern.

Der Mensch ist häufig in seinen »Tugenden«, Gewissheiten und in seiner Kraft stolz eingeschlossen; das Wesentliche in ihm öffnet sich durch seine Bedürftigkeit, seine Sehnsüchte und Wunden. Das Wesentliche in uns ist diese unsere »Offenheit« selbst – die Offenheit für jenes Wesentliche, für das »einzig Nötige«, das sich uns nicht in Augenblicken unserer satten, selbstzufriedenen Selbstsicherheit öffnet. Die

Offenheit des menschlichen Herzens und die Offenheit des »Reiches Gottes« ist eine und dieselbe Offenheit.

Wer bin ich eigentlich? *Ich bin mir selbst zur Frage geworden*, sagt Augustinus. Ja, unser Ich – genauso wie unser Gott – muss uns ein Gegenstand ununterbrochenen Fragens, Zweifelns und Suchens sein. Uns selbst und unseren Gott suchen wir auch auf die Weise, dass wir unsere Geschichte erzählen und dass wir bei diesem Erzählen unser Zittern nicht verbergen. Nur das Herz, das nicht zu zittern aufgehört hat von heiliger Unruhe, kann am Ende Frieden finden in der grenzenlosen Ruhe Gottes.

II. Der Weg zum Glauben

Als ich die Vorbereitungen zur psychotherapeutischen Praxis absolvierte, sollten wir im Rahmen von Methoden der Selbsterkenntnis ein symbolisches Wappen für uns selbst entwerfen. Nicht einen Augenblick zögerte ich; in seinem Zentrum musste eine Brücke sein. Immer habe ich es als meine Hauptaufgabe empfunden, zu verbinden, wenigstens ein wenig zum Bau der vielen nötigen Brücken beizutragen: zwischen Gläubigen und Atheisten, Katholiken und Protestanten, Christen und nichtchristlichen Religionen, zwischen Kirche und Gesellschaft, Glauben und Kultur, Kirche und Universität, zwischen Tschechen und Deutschen, zwischen den Generationen, zwischen den einzelnen geisteswissenschaftlichen Disziplinen, zwischen Seelsorge und Psychotherapie ...

Nach dem Fall des kommunistischen Regimes zog ich in eine neue Wohnung in unmittelbarer Nähe einer der schönsten Brücken Europas, einer gotischen Brücke, gesäumt von einer Allee barocker Statuen, direkt im Herzen des alten Prag. Dieser Ort war mir seit langem teuer, er rief mir nicht nur die bedeutende Geschichte unseres Landes und der Stadt Prag in Erinnerung, sondern auch ein Stück Familiengeschichte.

Ich stamme väterlicher- wie mütterlicherseits aus zwei alten choder[9] Geschlechtern. Beide Geschlechter waren im Mittelalter aus Bayern gekommen und fast alle meine Vorfahren – bis zur Vermählung meiner Eltern – waren in der Stadt Taus (Domažlice) in der Nähe der bayerischen Grenze ansässig gewesen. Beide Geschlechter schenkten jedoch auch der Stadt Prag einige bemerkenswerte Bürger: Aus einem Zweig der Familie stammte der Philosoph und Naturwissenschaftler Emanuel Rádl und aus einem anderen Antonín Ritter Randa, »seiner Durchlaucht des Kaisers wirklicher geheimer Rat und Minister«, Präsident der Tschechischen Akademie der Wissenschaften und Künste, Rektor der Karlsuniversität und Begründer der tschechischen Rechtswissenschaft. Und im Altstädter Brückenturm der Karlsbrücke stand während der Revolution von 1848 eine Barrikade, auf der – als Mitglied der Studentenlegionen – mein Urgroßvater Jan Halík gegen die Truppen des Generals Windischgrätz kämpfte.

Unsere Familienlegende erinnert daran, wie ihm irgendein Mädchen auf der Barrikade mit pathetischer Geste einen Dolch in die Hand drückte, damit er die »nationale Rache vollziehe«. Nach der Niederschlagung der Revolution wurde mein Urgroßvater festgenommen und für eine gewisse Zeit eingesperrt. Danach kehrte er in seine Geburtsstadt Taus (Domažlice) zurück und fand eine einigermaßen unrevolutionäre Anstellung – er wurde Konditor und damit Gründer einer der ältesten Firmen in Taus; er brachte es zu einem geehrten Bürger und Vater von zehn Kindern. Allerdings blieb er bis zu seinem Tod in Kontakt mit Patrioten und Revolutionären. Nach der Niederschlagung des Warschauer Aufstandes half er polnischen Patrioten bei der Flucht über die Grenze, vielleicht war unter ihnen auch der Dichter Mickiewicz[10]. Mein Urgroßvater war ein Freund und Mäzen des Schriftstellers Josef Tyl[11], der den Text der tschechischen Nationalhymne dichtete.

Mit der Karlsbrücke – beziehungsweise mit dem ehemaligen Jesuitenkolleg Klementinum, das direkt gegenüber dem Altstädter Brückenturm der Karlsbrücke steht – ist auch das Leben meines Vaters verbunden. Hier, am ursprünglichen Sitz der Philosophischen Fakultät der Karlsuniversität, studierte mein Vater Ende der zwanziger Jahre und hier arbeitete er in den fünfziger Jahren als Bibliograf der Nationalbibliothek. Als Kind pflegte ich ihn dort zu besuchen, besonders am Vormittag des Weihnachtstages. Jedes Jahr gingen wir dann von dort aus gemeinsam zum Mittagessen in eine der alten Prager Weinstuben, aber zuvor machten wir bei der Krippe in der Salvatorkirche halt. Ich würde mich damals wohl sehr gewundert haben, wenn mir jemand gesagt hätte, dass ich in vierzig Jahren in eben dieser Kirche im Klementinum als katholischer Priester wirken würde.

* * *

Mein Vater fühlte zu der Konditorfirma unserer Familie keine große Neigung, schon als Junge hatte er eher intellektuelle Interessen gehabt. Später redigierte er studentische Zeitschriften, schrieb Verse, hielt regelmäßig Reden bei der Enthüllung von Gedenktafeln und bei anderen kulturellen Ereignissen im Chodenland. Nach seinem Studium in den dreißiger Jahren blieb er in Prag. Sein engster Freund war Graf Zdeněk Bořek Dohalský, der ebenfalls aus dem Chodenland stammte, aus einem alten Adelsgeschlecht mit hussitischen Wurzeln. Er verschaffte meinem Vater Zugang zu den Prager intellektuellen Kreisen. Die ganze Familie Dohalský war eng mit der kulturellen und politischen Elite der ersten Republik verbunden. Zdeněk war Redaktionsmitglied der Zeitung Lidové Noviny, in der die führenden tschechischen Schriftsteller und Journalisten wirkten, sein Bruder Antonín war Domherr der Prager Kathedrale und Kanzler des Erzbistums und der dritte Bruder František diente als Gesandter in London. Während des Nationalsozialismus wurde die ganze Familie verfolgt, Zdeněk Bořek Dohalský wurde im Konzentrationslager Theresienstadt hingerichtet und der Priester Antonín kam im Konzentrationslager Auschwitz ums Leben.

Zdeněk Bořek Dohalský machte meinen Vater persönlich bekannt mit dem bedeutendsten tschechischen Schriftsteller, Dramatiker und Journalisten der Zeit, Karel Čapek[12]. Čapek starb an Weihnachten 1938, erschüttert vom Untergang der tschechoslowakischen Demokratie, mit der er sein Leben verbunden hatte. Im selben Jahr war er für den Nobelpreis für Literatur nominiert worden, aber er starb, bevor die Entscheidung fallen konnte. Auf Vorschlag von Čapeks engstem Freund Ferdinand Peroutka – dem Journalisten und späteren Direktor des Radiosenders Freies Europa[13] in New York – wurde meinem Vater die Aufarbeitung des Čapek'schen literarischen Nachlasses anvertraut und er wurde Herausgeber von Čapeks Werken. Meinem Vater erwuchs daraus eine lebenslange Aufgabe. Er befasste sich mit Čapeks Werk annähernd vierzig Jahre lang, bis zu seinem Tod im Jahre 1975. Meine Mutter hat ihn bei dieser Arbeit unglaublich unterstützt, sie suchte in Archiven nach Zeitungsartikeln und schrieb viele Texte auf der Schreibmaschine ab. Die damalige Zeit war für diese Arbeit nicht gerade günstig. Einige Monate nach Čapeks Tod kam es zur nationalsozialistischen Okkupation, die Archive wurden geschlossen und restriktive Maßnahmen in Bibliotheken eingeführt. Mein Vater konnte dank seiner guten Beziehungen trotz des nationalsozialistischen Verbots weiter in die Archive gehen und dort nach Čapeks Texten suchen, die in unterschiedlichen Zeitschriften unter vielen verschiedenen Chiffren und Pseudonymen veröffentlicht worden waren. Auf ein kurzes Tauwetter in der Nachkriegszeit folgten dann die fünfziger Jahre, als Čapeks Schriften praktisch nicht mehr in der Tschechoslowakei erscheinen durften. Erst als ein Signal aus Moskau kam, dass die sowjetischen Literaturhistoriker sich mit ihm zu befassen begannen, mussten auch die tschechischen Genossen anfangen, dem »bourgeoisen Humanisten« zumindest etwas Toleranz entgegenzubringen. Einiges aus seinem Werk konnte jedoch erst während des Prager Frühlings 1968 herausgegeben werden, einiges sogar erst nach dem Jahr 1989. Dank der Sorgfalt meines Vaters entstanden aus dem literarischen Nachlass von Čapek mehrere dutzend Bände, die dann in viele Sprachen übersetzt wurden und Leser in vielen Ländern fanden – zu den begeisterten Bewunderern von Čapeks Werk gehörte zum Beispiel die japanische Prinzessin.

* * *

Als Kind passierte es mir öfter, dass, wenn jemand auf der Straße hörte, wie meine Eltern mich »Tomáš« riefen, dieser zu mir kam, mir über den Kopf streichelte und mit bedeutungsvollem Lächeln zu meinen Eltern hin sagte: »Du hast einen hübschen Namen!« Erst später verstand ich: Der christliche Name, den meine Eltern mir gaben, war ein »Zeichen des Widerstands«. Wenn jemand, der in den Jahren nach dem kommunistischen Putsch von 1948 geboren wurde, Tomáš hieß, war dies ein deutliches Zeichen dafür, dass seine Eltern »reaktionär« waren – durch den Namen wollten sie ihre Treue gegenüber den Idealen der ersten Republik und ihrem Gründer Tomáš Masaryk zu erkennen geben.

Als ich nach dem Tod meiner Mutter ihre Notizen durchsah, stieß ich auf einen Vermerk, dass ich ihr als fast Vierjähriger auf die Ankündigung, dass wir zum Zahnarzt gehen, entgegnete: »Und gehen wir legal dorthin oder illegal?« Und meine Mutter hatte dazugeschrieben: »Radio!!« Der Eintrag ist nicht so zum Schmunzeln, wie es auf den ersten Blick scheint: Damals übertrug das Radio stundenlang und direkt Schauprozesse mit Mitgliedern »illegaler Gruppierungen«, in denen gefolterte Menschen sich zu den allerschrecklichsten Übeltaten bekannten und die allerstrengsten Strafen für sich verlangten. In der Zeitung war ein Brief abgedruckt, in dem der achtzehnjährige Sohn eines der Angeklagten für seinen Vater die Todesstrafe forderte, weil derjenige, der die kommunistische Partei verraten habe, des Lebens nicht würdig sei und auch nicht würdig, ein menschliches Wesen genannt zu werden. In den Jahren meiner frühen Kindheit schickten die Kommunisten Hunderte unschuldiger Menschen auf den Hinrichtungsplatz und Hunderttausende ins Gefängnis und in Konzentrationslager; unter den ersten Hinrichtungsopfern war auch eine gute Bekannte unserer Familie, Dr. Milada Horáková, eine Heldin des antinationalsozialistischen – und später antikommunistischen – Widerstands.

Zum Glück ging die direkte Verfolgung an unserer Familie vorüber. Ich wurde in einer wunderschönen geräumigen Wohnung groß, voll von Büchern, Statuen und Gemälden. Ich wuchs ausschließlich unter Erwachsenen auf. Der einzige Bruder meines Vaters war kinderlos, meine Mutter stammte zwar aus einer Familie mit sechs Kindern, aber drei ihrer Geschwister blieben ledig. Nur ein Bruder meiner Mutter, engagiert im Widerstand gegen die Nationalsozialisten, im Krieg durch die Gestapo zu Tode gefoltert, hinterließ einen kleinen Jungen. Eine solche familiäre Konstellation musste geradezu zu einer atypischen Kindheit führen.

Meine Mutter ging nie arbeiten; sie half viel meinem Vater, aber vor allem widmete sie sich meiner Erziehung und dem Haushalt. Mama war eine schöne und edelgesinnte Frau mit einem großen sozialen Feingefühl. Schon als Kind erkannte ich eines ihrer besonderen Charismen: Sie konnte mit dem Herzen zuhören, sich in andere einfühlen, einen jeden konnte sie erfreuen und aufmuntern, deswegen vertrauten sich ihr oft Menschen mit ihren persönlichen Problemen an. Es war wirklich ungewöhnlich, weil es oft auch ganz fremde Menschen, z. B. unterwegs in der Straßenbahn, waren, die ihr »aus dem Nichts heraus« ihre Lebensgeschichte und ihr Leid zu erzählen begannen. Die Menschen sagten mir oft, dass aus dieser Frau ein besonderes liebevolles Licht hervorleuchte.

Meine Eltern schenkten mir unendlich viel Liebe und Fürsorge; sie waren jedoch weise und reif genug, um darauf zu achten, mich nicht zu sehr zu verwöhnen. Ich erhielt von klein auf eine Menge Impulse nicht nur zum Nachdenken, sondern auch emotionaler und ästhetischer Art. Sie weckten in mir die Leidenschaft des Erkennens, die mich nie verließ, und ließen mich von der Sicherheit und Schönheit der häuslichen Heimat kosten.

Mein Vater war sehr gebildet, ein wenig scheu, bescheiden und ein unglaublich fleißiger Mensch. Von morgens bis in die Nacht in die Čapekforschung vertieft, konnte er allerdings hauptsächlich an Sonntagen und im Urlaub voll für mich da sein. Schon als ganz kleiner Junge bereiste ich auf seinem Rücken eine Vielzahl der tschechischen Burgen und anderer Sehenswürdigkeiten, Galerien, Museen und Ausstellungen, wobei ich leidenschaftlich die Erklärungen bei den Führungen sowie die ergänzenden Worte meines Vaters in mich einsog. Von daher stammt mein lebenslanges Festhalten an der Geschichte und an allem, was mit ihr zusammenhängt.

Einen großen Einfluss hatte ein Bruder meiner Mutter auf mich, Onkel Josef. Er war Junggeselle und seine ganze Sehnsucht danach, der nächsten Generation etwas Wertvolles mitzugeben, richtete er auf mich. Ich nahm seine Junggesellenfreiheit, mit der er sich manchmal brüstete – er war ein »freier Herr«[14] – als eine Art Adelsprädikat wahr; sehr wahrscheinlich liegt hierin irgendein unbewusstes Vorbild für mein eigenes Zölibat. Obwohl er keine Hochschulbildung besaß, war er ungewöhnlich breit gebildet – an ihm erkannte ich, was ein österreichisches klassisches Gymnasium bedeutete. Lange vor der Schule konnte ich schon ein wenig lesen und schreiben und mein Onkel weihte mich in ersten kleinen Schritten ins Lateinische und Griechische ein. Er erzählte mir alte tschechische Sagen und auch antike Mythen. Von meinen frühesten Jahren an gingen wir häufig gemeinsam ins Theater und ins Kino. Er lehrte mich viele Gedichte, Arien und Theaterszenen auswendig aufsagen. Er bemühte sich auch sehr, den einseitig humanistischen Einfluss meines Vaters auf meine Erziehung auszugleichen und das Interesse an der Natur und an Naturgeschichte in mir zu wecken. Wir unternahmen zusammen lange Ausflüge in Wälder, bei denen er mir von Pflanzen und Tieren erzählte. Er führte mich auch in die naturkundlichen Sammlungen der Museen, und nach der Rückkehr blätterten wir immer lange in *Brehms Tierleben* und in Enzyklopädien über Vögel, Fische, Säugetiere, Pflanzen und Mineralien. Allerdings interessierte mich Geschichte immer viel mehr als Natur, Literatur mehr als Biologie, Bildergalerien mehr als mineralogische Sammlungen.

Besonders im Heranwachsen ist es für einen Jungen wichtig, neben dem Vater noch ein positives männliches Vorbild zu haben, jemanden, dem man sich anvertrauen kann, auch in Fragen, über die man – besonders in einem bestimmten Alter – doch nicht mit den Eltern spricht. Noch mehr als meine Eltern behandelte mich mein Onkel wie einen Erwachsenen, als einen ebenbürtigen Partner – all das schätzte ich sehr. Erst später entdeckte ich in den mittelalterlichen Ritterromanen, was für eine wichtige Rolle dort für den jungen Mann oft der Bruder der Mutter spielt. Ja, das Ritterideal, das mein Leben wie ein Leitbild durchzieht, verkörperte in meinem Leben wohl zuerst Onkel Josef.

Er war wahrscheinlich auch der Erste, der mit mir über Religion sprach. Er war kein praktizierender Katholik, dachte aber gern zurück an einen seiner Katecheten und seine Zeit als Ministrant. Ich glaube sogar, er erwähnte einmal, dass seine Mutter froh gewesen wäre, wenn er Priester geworden wäre. Er kritisierte in meiner Gegenwart die Kirche, wie es viele taten, die um das Jahr 1918 herum aufwuchsen, aber er wurde kein Atheist. Ich erinnere mich an seine Worte: »Einer nennt es Gott, ein anderer Natur, respektieren wir uns doch gegenseitig.« Das war in den fünfziger Jahren, als von den offiziellen Agitatoren des Regimes Religion als Ausdruck geistiger Zurückgebliebenheit bezeichnet wurde sowie als Werkzeug gesellschaftlicher Reaktion. Es war also ein gewisser Schritt in Richtung auf ein positiveres Bild des Glaubens und der Gläubigen.

Mein Onkel war ein leidenschaftlicher Patriot und wohl durch ihn habe ich zuerst von Jan Hus[15] gehört, von dem Hussitenführer Žižka[16] und dem »Lehrer der Nation«, dem evangelischen Bischof und Pädagogen Jan Amos Comenius.[17] Wir sprachen öfter über Politik und obwohl das Risiko bestand, dass ich in der Schule etwas kindlich ausplapperte, hörten wir in den tiefen fünfziger Jahren regelmäßig den Londoner Rundfunk. Er brachte mir sogar einige lateinische Messgebete bei, weil das »zur Bildung gehört«. Viel später, um mein zwanzigstes Lebensjahr herum, ärgerte er sich ziemlich über meine Konversion zum Katholizismus, nach ein paar Jahren fand er sich aber damit ab. In einem unserer letzten Gespräche beschwor er mich, wenn ich schon in der Kirche sei, dort dahingehend zu wirken, dass die Kirche toleranter gegenüber anderen Ansichten werde und die Katholiken Jan Hus nicht mehr für einen Ketzer hielten. Dieser sein Leben lang eifrige Leser litt sein ganzes Alter hindurch an einer Verschlechterung der Sehkraft und starb in einer Blindenanstalt, als ich sechsundzwanzig Jahre alt war. Ich mache mir starke Vorwürfe, dass ich mich in seinen letzten Lebensjahren nicht so um ihn gekümmert habe wie er sich um mich, als ich ein kleiner Junge war.

Mein Vater und ich besuchten häufig die Witwe von Karel Čapek, die Schauspielerin Olga Scheinpflugovà. In Čapeks Villa zog mich stets besonders der »Saal des Freitagskreises« an, in dem zur Zeit der ersten Republik jeden Freitag die Intellektuellen um den Präsidenten Masaryk zusammenkamen. Auf Masaryks Sessel durfte sich seit dem Tod des Präsidenten niemand mehr setzen und stets lag eine Blume darauf. Frau Olga versuchte dann nach dem Krieg, diese Tradition zu erneuern; anstelle des Präsidenten Masaryk kam dessen Sohn Jan, der damals Außenminister war. Auch mein Vater nahm an diesen Zusammenkünften teil. Er erzählte mir, wie einige Tage vor dem Februarputsch 1948 Jan Masaryk dort hinkam und alle bat, zusammenzuhalten, weil Dinge geschehen könnten, die für die Geschichte des Landes verheerender wären als die Schlacht am Weißen Berg[18] von 1620. Damals sah mein Vater ihn zum letzten Mal, weil Jan Masaryk am 10. März tragisch und unter mysteriösen Umständen ums Leben kam: Man fand seine Leiche im Hof unter den Fenstern seiner Kanzlei im Außenministerium. Mein Vater übergab mir vor seinem Tod das Geheimnis, das ihm 1948 Frau Olga anvertraut hatte, dass sie nämlich unmittelbar nach Masaryks Tod von dessen Kammerdiener einen Anruf erhielt und dieser nur sagen konnte: »Aber es war kein Selbstmord« – dann war das Gespräch unterbrochen worden. Der Tod Jan Masaryks ist bis heute nicht aufgeklärt.

Ich liebte es, wenn wir bei uns zu Hause Besuch hatten. Erst während der Schulzeit begriff ich, dass die Menschen, die zum Kreis der Freunde und Bekannten meines Vaters gehörten, ihn besuchten oder die ich mit ihm traf – Vladimír Holan[19], Jaroslav Seifert[20] und viele andere –, zu den großen Namen der tschechischen Kultur gehörten. Auch viele Čapek-Forscher aus dem Ausland kamen zu uns: aus Polen, aus Russland, später auch aus Japan und Amerika. Mein Vater widmete sich mit gleicher Sorgfalt den Professoren der berühmten Universitäten wie den jungen tschechischen Studenten, die ihre Diplomarbeiten vorbereiteten oder etwas aus seinem Čapek-Archiv einsehen wollten. Damals begegnete ich offenbar das erste Mal persönlich Václav Havel. Aus der Zeit habe ich keine Erinnerung mehr an ihn, aber mein Vater erinnerte sich, als Havel Mitte der sechziger Jahre ein berühmter Dramatiker geworden war, wie dieser bei uns zu Hause einige Male zu Besuch gewesen war, ein sehr bescheidener junger Mann, der sich für das Werk von Karel Čapek und dessen Bruder Josef[21] interessierte. Auch Havel erzählte mir später von diesen Zusammenkünften.

Von allerfrühester Kindheit an lebte ich immer nur in der Welt der Erwachsenen, dort war ich glücklich. Viele Versuche, mich zum Spielen mit anderen Kindern wegzuschicken, endeten damit, dass ich bald gelangweilt zurückkehrte. Im heimischen Salon inmitten von interessanten Besuchern und Erwachsenengesprächen, die in meinen Träumen und Phantasien wiederhallten, lag meine reiche, bunte und geliebte Welt.

* * *

Als mich neulich eine Journalistin fragte, ob ich schon als Kind Priester werden wollte, antwortete ich, dass ich ursprünglich Eisbär werden wollte. Dann ging ich etwas runter auf Polarforscher. Kaum hatte ich lesen gelernt, verschlang ich Bücher über Expeditionen ins ewige Eis, und kaum hatte ich schreiben gelernt, verfasste ich eine fiktive Reisebeschreibung, der ich den Titel »Die Wissenschaft vom Norden« gab. Damals ahnte ich wirklich nicht, dass sich mir fast fünfzig Jahre später unerwartet eine Gelegenheit bieten würde, tatsächlich an einer abenteuerlichen Expedition in die Welt der Gletscher teilzunehmen – jedoch nach Süden, in die Antarktis. Man sollte darauf achtgeben, was man sich wirklich sehnsüchtig wünscht – solche Wünsche gehen nämlich oft in Erfüllung, meist allerdings zu anderer Zeit und in anderer Weise, als man es sich vorgestellt und geplant hat.

Dann interessierte ich mich einige Zeit für Astronomie, ging in die entsprechenden Zirkel im Planetarium und lernte, Sternbilder zu lesen. Meine Eltern und mein Onkel unterstützten alle meine Interessen und so nahm ich an einer Zeichengruppe teil, nahm Privatstunden in Gesang und Ähnliches. Sie akzeptierten meine Abneigung gegen Sport und Spiele – der Sportunterricht war für mich am aufreibendsten, weil ich körperlich schrecklich unbeholfen war. Ich gestehe, dass ich zeit meines Lebens bei keinem Fußballspiel oder einer anderen Sportveranstaltung gewesen bin. Nur einmal verfolgte ich im Fernsehen ein Hockey-Spiel zwischen der Tschechoslowakei und der Sowjetunion, aber das hatte mit Sport nichts zu tun – es war ein politisches Soziodrama mit psychotherapeutischem Effekt.

Irgendwann in der vierten Klasse der Grundschule erlag ich leidenschaftlich und für viele Jahre der Geschichte und verschlang jede Menge Literatur darüber. Unter den Interessen meiner Kindheit war dasjenige an den Hussiten am stärksten. Onkel Josef hatte mir schon von klein auf mit großer Hingabe von Jan Hus erzählt. Dann ließ ich mich von dem Kolorit der Hussitenschlachten verführen. Von der fünften Klasse an bis fast zum Abitur schlug sich das in literarischen Versuchen nieder. Ich gab mir die Losung »kein Tag ohne Zeile«, und wirklich, eine Reihe von Schuljahren hindurch bis fast zur Mitte der Sekundarschule setzte ich mich regelmäßig nach der Schule hin und schrieb, werktags wie an Feiertagen, auch beim größten Andrang von Hausaufgaben, zumindest eine symbolische Zeile. Alle Bekannten meines Vaters wie auch meine Lehrer und Mitschüler nahmen es jahrelang für eine ausgemachte Sache, dass hier in diesem pubertierenden Jungen ein zukünftiger Historiker der hussitischen Bewegung und Verfasser historischer Romane heranwuchs. Ich begann mich auf meine »schriftstellerische Tätigkeit« systematisch vorzubereiten. Mein Vater unterstützte meine Beschäftigung sehr; im Grunde genommen führte er mich so auf zwanglose Weise in die Methodik wissenschaftlichen Arbeitens ein. Er brachte mir bei, wie man eine Kartei und ein Archiv anlegt, sodass ich mir als kleiner Junge eine Kartei der Personen und Fakten der Hussitenbewegung aufbaute. Als ich nach etwa zwanzig Jahren mein Kinderarchiv wiederentdeckte, war ich schockiert darüber, wie detailliert es war. Ich bereiste Orte, die mit der Hussitenbewegung in Verbindung standen, klebte

Ausschnitte auf, sortierte Ansichtskarten und trug sogar Erde von den verschiedenen hussitischen Schlachtfeldern zusammen. Ich kaufte mir auch ein alttschechisches Wörterbuch und vertiefte mich eifrig darin. Ich lebte beinahe in einer fiktiven Welt. Die Dinge nahmen später eine sehr andere Wendung, aber in einem gewissen Sinne habe ich den Jungen von damals in mir nie preisgegeben und schäme mich dessen auch nicht.

Durch meine literarische Tätigkeit habe ich mich wohl in gewisser Art und Weise aus den Problemen des Erwachsenwerdens »herausgeschrieben«. Um die Pubertät herum fand ich in der Bibliothek meines Vaters auch die Schriften von Sigmund Freud und ein populäres Lehrbuch der Psychoanalyse – ich vertiefte mich darin und es fesselte mich sogar noch mehr, als wenn ich früher irgendeine Zeitschrift mit Aktdarstellungen gefunden hatte. Schwer zu sagen, wie viel Prozent davon ich damals verstand und ob dies auf irgendeine Art meine psychosexuelle Entwicklung geprägt hat. Ich war die ganze Jugend hindurch ein ausgesprochen introvertierter Mensch. Im Kontakt mit Mädchen war ich eher schamhaft als initiativ, aber dann lernte ich meine Verlegenheit durch witzige Konversation zu überwinden, also wurde ich schließlich bei Mädchen durchaus beliebt. Ich verhielt mich ihnen gegenüber mit einer solch ritterlichen Galanterie, die in der damaligen Zeit die meisten nicht gewohnt waren, dass ich damit wiederum sie in Verlegenheit brachte. Ich war natürlich verliebt und durchlebte das immer sehr dramatisch, aber dank all dem, was ich schon über mich erzählt habe, hatte dies eher einen »platonischen« Charakter und so endete es meist auch.

Schon während der Schulzeit hatte mir stets die Figur des Oppositionellen, des »Dissidenten« imponiert, der sich gegen die Masse stellt, gegen die Mehrheit, gegen die Übermacht und Gewalt, gegen Vorurteile, die »öffentliche Meinung« und die offizielle Ideologie. So nahm ich als Junge wohl auch Jan

Hus wahr, später Masaryk in seinem Kampf gegen den Antisemitismus während der »Hilsneriaden«[22] (die Zeit um den Dreyfuß-Prozess in Tschechien) und Karel Čapek, als er, gegen Ende seines Lebens, Verbalangriffen auf der Straße sowie Hetzkampagnen von Seiten der rechtsnationalen und katholischen Presse ausgesetzt war.[23] Möglicherweise war eine meiner ersten Quellen für die Konversion auch der englische Film »Becket«[24], in dem mich die Gestalt des Bischofs Thomas Becket ergriffen hat, der sich tapfer dem König, den barbarischen Machthabern und dem kollaborierenden und auf den eigenen Vorteil bedachten Klerus entgegenstellt. Ungerechtigkeit konnte ich nie ertragen und in der Schule verstand ich es, für diejenigen einzutreten, denen Unrecht geschah; die Lehrer nannten mich einen »Advokat der Armen«.

Aus einer solchen Familienanamnese folgt, dass ich mich lebenslang mit einem gewissen Gefühl des Bevorzugtseins und einer übermäßigen Beschäftigung mit mir selbst herumschlagen musste. Das brachte ich erst in der psychotherapeutischen Ausbildung nach vielen Jahren ein wenig in Bewegung. Ich war zwar nie ein primitiver Egoist, meine Eltern lehrten mich Liebenswürdigkeit gegenüber anderen und von Seiten meiner Mutter nahm ich fürs Leben die Fähigkeit mit, mich in andere einzufühlen und aufrichtiges Mitgefühl zu haben. Als Einzelkind hatte ich allerdings nie das ganz und gar spontane Gefühl für andere und ihre Bedürfnisse, das häufig Kinder aus zahlenmäßig größeren Familien auszeichnet. Die Erfahrung, mit Geschwistern zu teilen, schließt die Welt auf eine andere Weise auf. Ich war immer sehr selbstbezogen und das bin ich wohl nirgends gänzlich losgeworden, auch wenn ich es mir später sehr stark bewusst gemacht habe und stets darunter litt. Es gibt Beschädigungen und Grenzen, an die wir – trotz der lebenslangen Anstrengung, uns von ihnen zu befreien – wieder und wieder beschämt in uns selbst rühren und die wir als unser Kreuz tragen müssen.

Je mehr mir meine familiäre Umgebung an Kultur des Denkens, des Benehmens und des Erlebens bot, umso kürzer kam die Erfahrung des Teilens und der Solidarität mit Altersgenossen. Vielleicht wäre für mich irgendeine eine gute Pfadfindergruppe hilfreich gewesen, aber die Pfadfinder waren damals verboten, die Pfadfinderleiter saßen im Gefängnis und die Pflichtorganisation für Kinder »Pioniere« – eine Unterabteilung der kommunistischen Jugend – konnte eine solche Gruppe natürlich nicht ersetzen.

* * *

Aus der Zeit, als ich ungefähr in der zweiten Klasse war, erinnere ich mich dunkel an Fernsehaufnahmen von der Niederschlagung des ungarischen Volksaufstands. Mein Vater sprach davon, dass auch bei uns das kommunistische Regime einmal zusammenbrechen würde, und meine Mutter ermahnte ihn, in meiner Anwesenheit nicht so zu sprechen. Zuhause wurde damals nicht viel über Politik gesprochen. Ich ahnte, dass das Denken meiner Eltern im Widerspruch zur Ideologie der Schule stand, aber in der Kindheit interessierte mich das noch nicht allzu sehr.

Irgendwann zwischen sechzehn und siebzehn zeigte sich bei mir das erste glühende Interesse für Politik. Ich begann regelmäßig den westlichen Rundfunk zu hören, insbesondere die »Stimme Amerikas« und das »Radio Freies Europa« sowie Masaryks Schriften über Demokratie zu lesen. Ich hängte in meinem Zimmer die amerikanische Fahne auf (meine Eltern hatten sie aufbewahrt, sie stammte vom Frühjahr 1945, als die amerikanische Armee Westböhmen befreit hatte) und eine Fotografie von Winston Churchill. An der Schule gehörte ich zu einer Gruppe von Gleichgesinnten, wir liehen uns gegenseitig verbotene Literatur, debattierten über die zukünftige demokratische Neuordnung der Tschechoslowakei und träumten sogar von der Gründung einer geheimen Oppositionspartei. Am Jahrestag von Masaryks Tod besuchten wir sein Grab in Lana (Lány) bei Prag; später, während des Prager Frühlings im März 1968, organisierte ich einen Marsch von einigen hundert Studenten dorthin. Dieses politische Interesse war auch eines der Elemente, die mein kindliches »Hussitentum« in den Hintergrund drängten.

In der Sekundarschule begann ich mich sehr für Philosophie zu interessieren. Es ist möglich, dass ich ursprünglich hauptsächlich durch meine Beschäftigung mit Masaryk und mit Politik dazu kam. Das war vielleicht einer der Gründe, warum ich mich später, gänzlich unerwartet und kurz vor dem Abitur, für ein Studium nicht der Geschichte, sondern der Soziologie und Philosophie entschied. Damals begann ich Nietzsche zu lesen, zu dem ich in unterschiedlichen Phasen meines Lebens immer wieder zurückgekehrt bin.

Das war schon zu Beginn der sechziger Jahre. Damals begann, dem Regime zum Trotz, ein Hauch von Freiheit in kulturellen Kreisen zu wehen. Es tauchten neue Filme und Theater der kleinen Formen[25] auf, es gab Ausstellungen abstrakter Kunst[26], da und dort wurden auch Vorträge über Soziologie, moderne Literatur und Philosophie veranstaltet – das war bislang unerhört. Eine Welle des Interesses an Franz Kafka und am Existenzialismus kam auf. Die Prager intellektuelle Welt belebte sich zusehends.

Ich war bei einer der ersten Aufführungen von Havels Stücken »Die Benachrichtigung« (»Vyrozumění«) und »Das Gartenfest« (»Zahradní slavnost«) dabei. Meine Mitschüler erinnern sich bis heute daran, wie ich in der Sekundarschule provozierte, weil ich begeisterte Referate über Havels Stücke hielt, und in einer Literaturstunde las ich sogar Čapeks Betrachtung »Warum ich kein Kommunist bin« vor. Nach dem Attentat auf Kennedy kam ich mit einer schwarzen Armbinde in die Schule, ich ging zur amerikanischen Botschaft und schrieb ins Kondolenzbuch und in der Klasse brachte ich zum Anlass der Trauer eine Wandzeitung an; daraus wurde verständlicherweise ein Skandal. Damals sympathisierte allerdings schon eine Reihe von Lehrern der Sekundarschulen mit der Opposition. Das Regime von Präsident Novotný[27] wurde Gegenstand von hunderten politischer Anekdoten, die Leute verloren ihre Angst vor den Kommunisten. Die fünfziger Jahre waren vorbei. Das Regime hatte nicht mehr den Charakter einer eisernen Faust der Arbeiterklasse, sondern eher den von lächerlichen dickbäuchigen Bürokraten, denen langhaarige und bärtige Intellektuelle in schwarzen Pullovern gegenüberstehen, das Gefühl der Entfremdung im Kopf und Franz Kafka unter dem Arm.

Die Machtverteilung in der Gesellschaft änderte sich sehr stark. Natürlich gab es immer noch die Geheimpolizei, aber zumindest gerieten wir Jungen nicht mehr so häufig in Konflikt mit ihr, sie ließ weniger von sich merken. Es wurde nicht mehr so viel interniert, eher hatte hin und wieder einer der Schriftsteller irgendwelche Probleme. Es wurden berühmte Schriftstellerkongresse veranstaltet und Ansprachen oppositioneller Autoren sowie andere interessante Texte machten die Runde. Phänomene wie »samizdat« oder der relativ starke politische Widerstand, wie es ihn in den siebziger und achtziger Jahren geben sollte, existierten damals allerdings bei weitem nicht.

Damals fanden jährlich am ersten Mai im Prager Obstgarten auf dem Gipfel des Laurenziberg (Petřín) die verbotenen »majálesy« (die traditionellen Frühlingsfeste der Prager Studenten) mit antistaatlichen Parolen statt. Sie gingen häufig in Demonstrationen über, die von der Polizei aufgelöst wurden. Einige Male, zwischen meinem vierzehnten und siebzehnten Lebensjahr, nahm ich auch daran teil. Zuhause wurde daraus ein beträchtliches Drama, denn es war doch ziemlich gefährlich. Einmal, als ich ungefähr fünfzehn Jahre alt war und darauf bestand, hinzugehen, ging meine Mutter, als bereits ältere Dame, sogar mit. Sie schritt sehr diskret hinter mir her, dann gerieten wir aber in eine Situation, in der die Polizei Hunde und Wasserwerfer auf uns los ließ und mit Gummiknüppeln auf uns losging. Was für ein Glück, dass wir mit heiler Haut davongekommen sind.

Meine Pubertät war also nicht ganz so idyllisch, das Revolutionäre vom Urgroßvater und der Stolz der Choder Rebellen[28] machten sich hin und wieder bei mir »im Blut« bemerkbar. Aber die Hauptlinie meines jugendlichen Kampfes mit dem Kommunismus verlief doch im ruhigeren Fahrwasser eines privaten Studiums der Philosophie, es war eine Zeit, als ich mich danach sehnte, mir eine eigene, unabhängige Meinung zu bilden.

* * *

Als ich begonnen hatte, für mich selbst philosophierende Essays zu schreiben, die im Verlauf der Sekundarschule die historischen Romane ablösten, tauchten dort zum ersten Mal spontan auch religiöse Motive auf. Ich begann eine Art transzendentes Lebensprinzip anzuerkennen, aber zum Evangelium und erst recht zur katholischen Kirche war es noch ein weiter Weg.

Ungefähr mit siebzehn Jahren begann ich mich eifrig für alle möglichen Religionen zu interessieren. Die Entscheidung für das Christentum reifte jedoch noch eine ziemlich lange Zeit heran. Mit der lebendigen Kirche hatte ich überhaupt keine Erfahrungen. Die historischen Tatsachen kannte ich ja gut, seit langem faszinierte mich das Mittelalter und seine Geisteswelt, aber den Katholizismus nahm ich lange mit »den Augen der Hussiten« als etwas Negatives wahr. Während meiner Kindheit hatte ich die »Prälaten« als echter Hussit geradezu gehasst; ich durchlebte stark die damaligen tendenziösen historischen Filme mit hussitischer Thematik. Dabei hatte ich im Grunde genommen gar nicht darüber nachgedacht, dass in meinem Land die katholische Kirche ja noch lebendig war. Denn die Kirche war für mich das exotische Mittelalter, das wohl anderswo überlebt hatte, so wie vereinzelte Exemplare praktisch ausgestorbener Arten der Flora oder Fauna irgendwo weit entfernt auftauchen. Vielleicht habe ich im Radio etwas davon mitbekommen, dass in Rom irgendein Konzil begonnen hat, und im Fernsehen Aufnahmen von der Beisetzung von Johannes XXIII. gesehen – aber das betraf mich in keiner Weise.

Als sich in mein Nachdenken über philosophische Texte immer mehr »irgendein Gott« einzuschleichen begann – ich las zum Beispiel Rádls »Trost der Philosophie« (»Útěcha z filozofie«), einige Platonische Dialoge, Unamunas »Das tragische Lebensgefühl« –, fiel mir nicht im Entferntesten ein, dass dies etwas mit der Kirche zu tun haben oder dass ich gar einen Priester aufsuchen und mit ihm ins Gespräch kommen könnte. Die erste Phase meiner »Konversion« hatte den Charakter einer Umkehr zum »philosophischen Leben«.

Ich verbinde damit ein starkes Erlebnis. Ich erinnere mich, wie wir im Winter auf Klassenfahrt in den Bergen waren. Abends hatte sich die Lehrerin vor Lachen ausgeschüttet darüber, dass jemand ein Buch mit dem Titel »Das tragische Lebensgefühl« in die Berge mitnimmt. Am Vormittag des nächsten Tages geriet ich beim Skitraining abseits der Wege, schnallte die Skier ab und watete allein durch die verschneite Landschaft. Da kam mir der Gedanke, dass diese Einsamkeit im Sinne einer Unfähigkeit, sich in die kollektiven Vergnügungen einzugliedern, vielleicht mein lebenslanges Los sein würde. Aber dieses zunächst bedrückende Gefühl verwandelte sich sogleich in eine Art seliges Bewusstsein dessen, dass eben inmitten dieser Einsamkeit jemand mit mir ist, der mich leitet und mich niemals verlassen wird – und dass ich ihm in einer bestimmten Weise mein Leben anvertrauen kann. Später, als ich die Bekenntnisse des hl. Augustinus oder die Autobiografie von Thomas Merton »Der Berg der sieben Stufen« las, tauchte aus der Erinnerung eben dieses Erlebnis eines ersten und noch undeutlichen Ur-Gebetes mit aller Kraft wieder auf.

Einmal verbrachte ich die Ferien mit einem Freund in Nordböhmen und begann dort die Bibel zu lesen – schön von Anfang an. Das ist der übliche Fehler potenzieller Konvertiten. Niemand sagt ihnen, dass die Bibel kein »Buch« ist, sondern eher eine Bibliothek, und so, unaufgeklärt über ihre Struktur, beginnen sie die Bibel naiv wie einen Roman zu lesen und gehen in der Regel irgendwo zwischen dem zweiten und dritten Buch Mose verloren, in den unendlichen Passagen über die liturgischen Vorschriften. Niemand sagt ihnen, dass sie, falls sie eine Antwort auf die Frage suchen, ob Gott existiert, nicht in der Bibel suchen sollen, weil – womit ich häufig die Konvertiten schockiere – »das Buch davon überhaupt nicht handelt«. Die Bibel stellt die Frage nach der Existenz Gottes gar nicht und beantwortet sie ebenso wenig.

Der Herr aber nimmt dennoch diese ganze Geste eines ersten Greifens nach der Bibel offenbar mit Verständnis auf. Und damit beginnt so ein anfänglicher Leser der Heiligen Schrift, auch wenn er aus der eigenen Lektüre nicht besonders klug wird, beim Lesen selbst mehr über Gott nachzudenken und sich so auf ihn zu beziehen, dass seine Überlegungen in erste tastende Schritte auf einem Weg des Lebens, des Gebets und des Nachdenkens übergehen.

So erging es auch mir. Ich erfuhr, dass, unweit entfernt, in der schönen, aber verlassenen Landschaft des Sudetenlandes, ein verwüsteter Wallfahrtsort liegt, und unternahm eine ganztägige Wallfahrt dorthin. Ich nahm nur einen Laib Brot mit und pilgerte den ganzen Tag zu der verfallenen und verschlossenen Kirche auf dem Berg und wieder zurück. Ich wollte mich auf dem Weg entscheiden, ob ich an diesen Gott glaube oder nicht. Auf diesem Weg geschah vielleicht wirklich etwas, irgendein Übergang vom intellektuellen Interesse zum persönlichen Glauben. Auf dem Berg angekommen, betete ich das Vaterunser und bat Gott, er möge mir Klarheit geben. Ich kehrte mit dem Gefühl zurück, dass ich wirklich an Gott glaube.

* * *

Ich stelle mir im Nachhinein die Frage, zu welchem Grad meine erste Hinwendung zur Religion Teil des damaligen politischen Protests war. Sicher – wie auch andere junge Leute begann auch ich a priori mit allem zu sympathisieren, was die Kommunisten verteufelten. Ich besorgte mir alles Zugängliche über den hl. Augustinus und Thomas von Aquin – und sicher zogen sie mich anfangs auch deswegen an, weil die Marxisten sie als religiöse Verfinsterer bezeichneten.

Zu der Zeit las ich mit Begeisterung Chestertons »Orthodoxie«. Diesen Autor habe ich schon wegen seiner Nähe zu Čapek sehr geschätzt, aber hier spielte auch meine Sympathie zur angelsächsischen Kulturwelt, zum intellektuellen Humor und zu Gedankenspielen mit Paradoxien eine Rolle. Chesterton erfreute mich mit seiner Provokation gegenüber modernen Vorurteilen, mit seiner Kunstfertigkeit in der Polemik und mit seiner brillanten Fähigkeit, plötzlich die Dinge aus einer anderen und überraschenden Perspektive zu zeigen. Dieses Buch hat mir gezeigt, dass ich im Christentum mein Zuhause finden könnte, und half mir, meine persönliche Philosophie zu artikulieren. Der Begriff »Dogma« hörte auf, ein Schreckgespenst und Synonym für geistige Starre zu sein, und wies den Weg zu einer neuartigen und aufregenden Welt.

Dann begann ich mit einem Freund zu Orgelkonzerten in die St.-Jakob-Kirche zu gehen. Die rege Teilnahme junger

Menschen an einem solchen Konzert war damals sicher auch ein gewisser – wenn auch meist nicht ganz bewusster – Ausdruck ideeller und kultureller Opposition. Aber gleichzeitig lag darin – und das sicher nicht nur für mich – auch eine Faszination durch die Welt des Geheimen, des Schönen, des Geistes – alles dessen, was der graue und stumpfsinnige Sumpf des »realen Sozialismus« nicht bieten konnte.

Die Konzerte fanden auch während der Messe statt, und wenn dort auch die Musik dominierte und die Liturgie – damals tief vorkonziliar still, in lateinischer Sprache, weit hinten im Presbyterium, mit dem Rücken zum Volk gehalten – etwas sehr Entferntes und Unverständliches war, so spielte sich das ganze doch »im kirchlichen Kontext« ab. Ich wollte verstehen, was in der Kirche vor sich ging. Zuhause grub ich irgendwo sogar ein altes lateinisches Messbuch aus und begann, über die Struktur des Gottesdienstes zu lesen. Das war aber immer noch eher ein »kulturelles Interesse« als ein Ausdruck meines persönlichen Glaubens.

Ich kann nicht einmal ausschließen, dass in einer bestimmten Phase meine Hinwendung zum Katholizismus ein bestimmtes Bedürfnis in sich barg, sich von der elterlichen Masaryk'schen und Čapek'schen Welt zu emanzipieren. Ich erinnere mich, dass ich eine Zeit lang leidenschaftlich katholische Zeitschriften und Autoren aus der Zeit der ersten Republik las, die gegen Čapek und die ganze demokratische Linke polemisierten.

* * *

Zu jener Zeit machte mich einer meiner Mitschüler darauf aufmerksam, dass in der Teynkirche am Altstädter Ring ein Priester wirkte, der bemerkenswerte und humorvolle Predigten hielt, bei denen er auch Karel Čapek zitierte. Das verblüffte mich – was hat ein katholischer Geistlicher Čapek zu zitieren? Ich begann also, vor dem Ende der Messe in der St.-Jakob-Kirche zu den Predigten in die nahegelegene Teynkirche zu gehen. Pater Jiří Reinsberg, so hieß jener Pfarrer, gefiel mir vom ersten Augenblick an. Hätte er ein Kollarhemd getragen und hätte er sich wie ein »hochwürdiger Herr« aus alten Filmen verhalten, so hätten wir ihn augenblicklich in die entsprechende Kategorie eingeordnet und »abgeschrieben«. Durch seine unkonventionelle Art weckte er in uns jedoch die Frage, worin eigentlich das Priestersein besteht, was das »geheimnisvolle Etwas« ist, das aus diesem modernen, stets in Zivil gekleideten Menschen, mit dem wir uns in vielerlei Hinsicht identifizieren konnten, einen Priester macht. Der schwarze Habit, der unnahbare Ton der Rede und das fromme Beugen des Kopfes werden es wohl nicht sein.

Auch wenn schon die Zeit eines gewissen politischen »Tauwetters« angebrochen war, wurden Priester weiterhin emsig verfolgt. Für den Umgang mit Jugendlichen riskierten sie, sofort die »staatliche Zustimmung zur Ausübung einer geistlichen Tätigkeit« zu verlieren und zum Spaten greifen[29] oder regelmäßig zu Polizeiverhören pilgern zu müssen, wo Erpressung und Zwang zur Kollaboration drohten. Die Teynkirche bildete jedoch in einem bestimmten Sinne eine Ausnahme, sie gehörte zu irgendwelchen »Schaufenstern« für Touristen und sollte diesen eine lebendige Kirche im Zentrum Prags vorführen, damit sie dachten, dass es bei uns Religionsfreiheit gäbe.

Pfarrer Reinsberg wurde auch im Unterschied zu vielen seiner Kollegen und Freunde nie interniert, obwohl er fleißig bespitzelt wurde. Vielleicht stand das alles im Zusammenhang mit jenen »Schaufenstern«, vielleicht geschah es aus Rücksicht darauf, dass Reinsbergs Bruder ein Vorkriegskommunist war, der im Konzentrationslager zu Tode gefoltert worden war. Vielleicht wollte die Polizei einen Ort unter genauer Aufsicht behalten, den sie beobachtete, ohne einzugreifen, vielleicht hatte Pfarrer Jiří auch einfach einen sehr fähigen Schutzengel – es ist schwer zu sagen. Pfarrer Reinsberg bewahrte sich in seinen Predigten stets einen intellektuellen Stil und Humor und manchmal brachte er die eine oder andere Spitze gegen das Regime oder zumindest wollten wir diese heraushören. Auch die Liturgie war hier etwas ganz anderes als in der St.-Jakob-Kirche, wo sie eher als Ergänzung zur Musik diente.

Langsam rückte ich – Sonntag für Sonntag – aus meiner sicheren Entfernung bei der Kirchentür Säule um Säule näher und näher an die Kanzel und den Altar heran. Heute muss ich schmunzeln, wenn ich sehe, wie jemand »zur Predigt« in unsere Kirche kommt, mit verschränkten Armen nahe bei der Tür stehenbleibt und dann weggeht. Beim nächsten Mal kommt er etwas näher und bleibt länger, dann wieder näher ... wie ich selbst vor fast fünfzig Jahren.

Ich erinnere mich, wie ich zum ersten Mal bei der Messe niederkniete. Wenn ich heute den jungen Konvertiten davon erzähle, dann lächeln sie, weil sie es alle kennen. Wenn so ein angehender Glaubender zum ersten Mal öffentlich niederkniet oder sich bekreuzigt, braucht er dazu schrecklich viel Mut, er denkt nämlich, dass alle ihn beobachten und beurteilen.

* * *

Wir sind nun im Jahr 1966 angelangt, im Jahr meines Abiturs und Übergangs an die Philosophische Fakultät der Prager Karlsuniversität. Die Kirche war für mich damals schon nicht mehr nur eine romantische Requisite aus dem Mittelalter, sie hatte für mich die Gestalt von Pfarrer Reinsberg und der jungen Leute in der Teynkirche angenommen. Langsam reifte in mir die Glaubensentscheidung heran, den nächsten Schritt zu tun, zur Beichte zu gehen und zum Abendmahl. Viel wusste ich über das alles nicht, aber ich hatte viele Fragen und Probleme persönlicher Art, das Bedürfnis nach einer Lebensveränderung, nach einer Reinigung und Vertiefung. Mir schien, dass eine Lebensbeichte eine Schwelle sein könnte zu einer neuen Weise des Lebens, nach der ich mich sehnte.

Bis dahin hatte ich im Grunde genommen keinen wirklich praktizierenden Christen näher gekannt. Ich bewegte mich zwischen »Sympathisanten«, die mit Verwunderung zur Kenntnis nahmen, dass es mir offenbar um mehr ging als um eine Mode oder um Protest und dass mein Interesse an Religion einen persönlicheren Charakter anzunehmen begann. Meine Konversion vollzog sich weiterhin eher durch die Vermittlung von Büchern und durch das Denken als durch den Einfluss eines bestimmten Menschen, seines Zeugnisses und Beispiels. Pfarrer Reinsberg, den ich aus der Ferne beobachtete, weckte in mir zwar die Zuversicht, dass die Kirche ein »menschliches Antlitz« haben könnte,[30] aber auch er war es nicht, der mich im eigentlichen Sinne des Wortes »bekehrte«. Ich weiß nicht, inwieweit mir damals klar war, dass eine Konversion etwas wesentlich Anderes und Tieferes bedeutet, als nur zu der Einsicht zu gelangen, dass die christliche Lehre wahrhaftig ist und dass auch ich gerne zu dieser Tradition gehören, in die Kirche gehen und Dinge tun würde, die Katholiken für gewöhnlich tun, einschließlich der gemäßigten Einhaltung der Zehn Gebote.

Erst viel später erkannte ich die Wahrhaftigkeit des Vergleichs, der besagt, dass die Konversion wie ein Sonnenaufgang ist. Den Sonnenaufgang erlebt der Mensch ja nicht so, als ob am Himmel vor seinen Augen nur ein neuer Gegenstand hinzukommt, nämlich die Sonnenscheibe, sondern er sieht plötzlich alles anders als in der Nacht. So ist auch Gott, wenn er in unser Leben tritt, nicht nur eine Variable, die wir nun zu den »Dingen« dazuzählen, die wir zuvor irgendwie zur Kenntnis genommen haben, sondern vielmehr sehen wir plötzlich alles in einem anderen Licht und orientieren uns ganz anders in der Welt.

Während der langen Ferien nach dem Abitur traf ich endlich eine Entscheidung und Mitte August 1966 ging ich zu Pfarrer Reinsberg. Ich wagte es, nach der Messe in die Sakristei zu treten und ihm zu sagen, dass ich gerne zum ersten Mal zur Beichte und zum Abendmahl gehen würde. Und er erwiderte: »Na das ist ein Treffer!« Er bat mich ins Pfarrbüro und fragte mich, was ich studiere, und dann unterhielten wir uns eine Weile über Philosophie und Sigmund Freud. Wir vereinbarten, dass ich am nächsten Mittwoch wiederkommen sollte; es war am Gedenktag des hl. Wenzel, des Hauptpatrons des tschechischen Volkes, einen Tag bevor ich immatrikuliert und damit offiziell an der Universität aufgenommen werden sollte.

An jenem Nachmittag ging ich zur Beichte und stieg dann zur Prager Burg hinauf, wo ich im Veitsdom bei der feierlichen Hl.-Wenzel-Messe, gehalten vom Bischof Tomášek, zum ersten Mal zum Abendmahl trat. Ich habe eine klare Erinnerung daran, wie ich an jenem Abend in der Kapelle des hl. Wenzel betete und wie mich auf eine ganz neue Weise die Statue des hl. Wenzel in Ritterrüstung von Peter Parler ansprach. Ja, ich möchte ein Ritter Christi sein, sprach ich in dem Augenblick zu mir, ich will treu bleiben, was auch geschieht. Es wurde mir bewusst, wie wenig ich im Grunde vorbereitet war, dass ich mich, ein wenig wie Abraham, auf einen Weg begeben hatte, ohne zu wissen, wohin ich gehe. Ich hatte jedoch das sehr lebendige Gefühl, dass etwas in mein Leben getreten war, oder vielmehr Jemand, dass ein Tor sich geöffnet hatte und ich über eine neue Schwelle getreten war.

III. Der Weg des Frühlings

Mitte der sechziger Jahre, in den Jahren vor meinem Abitur, gab ich meine früheren Pläne auf, Geschichte zu studieren. Ich ging nicht mehr nur in die Archive und durch das alte Prag, sondern auch in die Studentenkneipen auf der Kleinseite. Überall tranken wir etwas Bier und führten sehr intellektuelle Reden, häufig auch über Politik, Philosophie und den Glauben. In die Kneipen verirrte sich hier und da auch ein etwas geheimnisvoller und interessanter Mensch und erzählte uns Studenten allerlei, auch von Gefängnissen und Konzentrationslagern in den fünfziger Jahren. Schwer zu sagen, wie viele geheime Mitarbeiter der Polizei damals dort waren. Ich erinnere mich noch ganz genau, wie sich im berühmten Gasthaus »U Fleků«, es war gerade am ersten Mai vor dem studentischen Frühlingsfest Majáles, ein unauffälliges Großväterchen zu uns setzte und sich plötzlich an mich wandte und, ohne dass dieser Mensch mich jemals zuvor gesehen hätte, zu mir sagte: »Studieren Sie Soziologie! Merken Sie sich: Max Scheler, das ist ein interessanter Autor!«

Als ich dann nach Hause kam, sagte ich mir, dass es im Grunde genommen eine gute Idee wäre. Denn die Soziologie befasste sich mit den Fragen, die ich mir gerade stellte, die sowohl mit Philosophie als auch mit Geschichte, als auch mit Politik und Religion zusammenhängen. Und – so mein nächster Gedanke – war Masaryk nicht Professor der Soziologie? Als ich in einem Lexikoneintrag fand, dass Max Scheler ein katholischer Denker war, der sich mit der Wertphilosophie beschäftigt hatte und zu den Gründern der Wissenssoziologie gehörte, war die Sache ausgemacht. Die Soziologie erschien mir plötzlich die geeignete Synthese all meiner bisherigen Interessen zu sein.

Ich dankte im Geiste dem Zaubergroßvater und dem lieben Herrgott, der ihn mir gesandt hat, und reichte im Jahr 1966 die Anmeldung für den Studiengang Soziologie ein, der damals gerade wieder eröffnet wurde. Wir waren der erste ordentliche Jahrgang dieses Faches, weil Soziologie lange für eine bourgeoise Pseudowissenschaft erklärt worden war und man das Fach nicht studieren konnte. Ich bestand die Prüfungen, mündliche Vorträge haben mir nie Schwierigkeiten bereitet, und so wurde ich zu meiner riesigen Freude an der Philosophischen Fakultät in den Fächern Soziologie und Philosophie angenommen.

Die Mitte der sechziger Jahre war eine Zeit, in der man an der Karlsuniversität den Marxismus-Leninismus irgendwie stillschweigend vergaß. Unsere Lehrer konvertierten zuerst vom späten Marx des »Kapitals« zum frühen Marx der »Ökonomisch-philosophischen Manuskripte« und dann meistens zum Existenzialismus, zur Psychoanalyse, zur Phänomenologie und anderen »westlichen« Philosophen, auch wenn sie diese offiziell meist nur als »Kritik der bourgeoisen Philosophie und Soziologie« betreiben konnten. Es wurde über Parsons, Bell, Dahrendorf, Schelsky, Fromm (dieser hielt dann an unserer Fakultät einen Gastvortrag), Marcuse und die Frankfurter Schule diskutiert. In der Zeit des ideologischen Tauwetters in der zweiten Hälfte der sechziger Jahre, während der ich studierte, wurde der offizielle Marxismus in einen »Euro-Marxismus« umgewandelt oder er wurde ganz offen ignoriert. Später, zur Zeit der »Normalisierung« nach der Okkupation im August 1968, versteckten sich hinter marxistischen Phrasen wiederum die Pragmatiker und Opportunisten, die an nichts glaubten. Der Marxismus, die offizielle Lehre des Regimes, war in Wirklichkeit eine Ware, nach der es nicht mehr die geringste Nachfrage gab und die schon seit langem an Anziehungskraft und Wert verloren hatte. Schon seit den sechziger Jahren gab es im »Osten« in Wirklichkeit viel weniger überzeugte marxistische Intellektuelle als im Westen.

Ich erlebte an der Philosophischen Fakultät deren »goldene Zeit« mit, wohl die produktivste während der letzten fünfzig Jahre. Am Lehrstuhl für Philosophie waren damals die berühmten Professoren Karel Kosík und Milan Machovec tätig. Ich nahm auch an Machovec' Seminar zum marxistisch-christlichen Dialog teil, zu dem sogar bekannte Theologen anreisten – wenn ich mich nicht irre, waren dort Gustav Wetter, Bischof Rudolf Graber, Klemens Tilmann und im Frühjahr 1968 sogar Karl Rahner. Die Philosophische Fakultät war schon in den ersten Jahren meines Studiums eine der fruchtbarsten Brutstätten des »Prager Frühlings«.

Schon im ersten Studienjahr verwirklichte ich an der Fakultät meinen Traum aus der Sekundarschule: Ich gründete einen Debattierklub und wurde zu seinem ersten Vorsitzenden gewählt. Dessen erste ausländische Gäste waren noch vor dem Jahr 1968 junge polnische Oppositionelle; unter ihnen war auch Adam Michnik, mit dem ich mich dreißig Jahre später eng befreundete. Wenn ich mich nicht täusche, erschien dort auch kurz Rudi Dutschke oder jemand aus seinem Kreis. Im Herbst des Jahres 1967 trat ich in die Kreise der »studentischen Opposition« ein, die mit Intellektuellen aus dem Umkreis der »Literární Noviny« (»Literaturzeitung«) und der Zeitschrift »Tvář« (»Gesicht«) zusammenarbeitete, namentlich mit Václav Havel, und die dann um das Jahr 1968 bedeutende Aufgaben übernahm.

* * *

Das Frühjahr 1968 – das war der Frühling meines Lebens, der Frühling meines Glaubens, der neue Frühling der Kirche nach dem Zweiten Vatikanischen Konzil – und alles um uns herum und in uns war durchtränkt von dem berauschenden Frühlingsduft der Hoffnung auf politische Lockerung und auf ein freieres Leben. Die Tatsache, dass wir um die Zwanzig waren, disponierte uns wohl in sehr geeigneter Weise zum intensiven Zusammenspiel mit dem Geist der Zeit, die schäumte und perlte wie junger Wein mit dem Geschmack aller anziehenden Radikalismen und nachadoleszenter Naivitäten.

Erst mit großem Abstand wurde vielen von uns bewusst, was das Jahr 1968 alles für die Welt bedeutet hat, von dem wir meist vor allem die dramatischen heimischen Ereignisse um den Prager Frühling und dann um die russische Okkupation wahrnahmen. Beschäftigt mit dem, was uns unmittelbar betraf, registrierten wir nur am Rande die Studentenunruhen in Westeuropa, die Morde an Martin Luther King und Robert Kennedy oder die Eskalation des Vietnamkrieges.

Wir lasen vor allem das, was die heimische Zensur für eine Weile freigab, und nahmen nur sehr vermittelt die kulturelle Mentalität der »zweiten Aufklärung« (eines Erwachens aus dem dogmatischen Schlaf) wahr, die um jenes Jahr herum begann, aus der Kunst und aus der Philosophie auszustrahlen. Mit dem Abstand der Zeit scheint es mir, als ob in jener Sehnsucht, die bisherigen Ordnungen zu erschüttern und sich aus vollen Lungen an der Freiheit satt zu atmen, die europäische Moderne, welche seit der französischen Revolution den Westen dominiert hat, damals zum letzten Mal Atem geholt hätte. Diese Sehnsucht inspirierte auf ganz unterschiedliche Weisen vor allem Studierende auf beiden Seiten des »Eisernen Vorhangs«. Es war offenbar die letzte Chance des Marxismus, sich ohne die stalinistische Panzerung vorzustellen, und zwar in der Tschechoslowakei in Gestalt des »Sozialismus mit menschlichem Antlitz« und im Westen als Inspiration der

Neuen Linken. Sartre und Marcuse wie auch viele Studierende folgten dem bemerkenswerten antiautoritären Dreigestirn Marx-Nietzsche-Freud und gingen auf die Barrikaden. Die westliche Studentenrevolte verlor politisch, aber sie siegte kulturell. Es kam allerdings zu einem Paradox: Viele Parolen, Werte und Symbole jener Revolte, die gegen die Welt des Konsums und gegen die alte Ordnung gerichtet waren, wurden bald zu Konsumgütern.

Wenn wir irgendwo den Übergang *von der Moderne zur Postmoderne* ausfindig machen können, dann ist es wahrscheinlich das Jahr 1969, nach der Niederschlagung der liberalisierenden Tendenzen im Ostblock sowie nach der Befriedung der Studentenrevolten im Westen. Später, in den siebziger Jahren, lasen wir in den Untergrundseminaren mit großer Sympathie die französischen »neuen Philosophen«, die sich aus den Reihen der ernüchterten ehemaligen Marxisten rekrutierten. Wir waren sehr daran interessiert, was aus jenem »Nein« zum Marxismus und zur ganzen aufklärerischen Tradition der europäischen Moderne hervorgehen würde und was zugleich nicht nur eine Nostalgie nach der vormodernen Kultur wäre.

Schon kurz nach meiner Konversion machte ich Bekanntschaft mit ökumenischen Initiativen. Noch vor dem »Prager Frühling« ging ich zu regelmäßig stattfindenden ökumenischen Begegnungen am Prager evangelisch-theologischen Seminar, wo einige der führenden evangelischen und katholischen Intellektuellen miteinander diskutierten. Diese vereinzelte Insel der Freiheit konnte nur deshalb existieren, weil ein bedeutender Protestant, der langjährige Dekan der Evangelisch-Theologischen Comenius-Fakultät, J. L. Hromádka, Träger des Lenin-Ordens, schützend seine Hand über sie hielt.

Auch wenn in Tschechien mehr als achtzig Prozent derjenigen, die sich zum christlichen Glauben bekennen, (wenigstens formal) Katholiken sind, so sind doch die kulturelle

Mentalität und das Bewusstsein der nationalen Identität nicht wenig von der protestantischen Tradition beeinflusst. Die Tschechen sowie die tschechischen Katholiken kann man nicht verstehen ohne ein Verständnis des Hussitentums und des Utraquismus[31]. »Schüttle einen tschechischen Priester und ein Hussit fällt aus ihm heraus«, pflegten die slowakischen Priester zu sagen. Das ist gewiss sehr übertrieben und unsinnig verallgemeinert, aber ein Körnchen Wahrheit ließe sich in der Behauptung finden.

In den Jahren unter kommunistischer Vorherrschaft hatte bei uns die protestantische Kirche und vor allem die größte unter diesen, die Evangelische Kirche der Böhmischen Brüder, eine relativ viel größere Freiheit als die Kirche der Majorität, die katholische Kirche. Die Kommunisten übten immer Druck vor allem auf die Kirche der Majorität aus und die katholische Kirche war für sie besonders durch die Tatsache gefährlich, dass sich ihre Führung in Rom befand, also außerhalb ihres Einflussbereichs und außerhalb ihrer Manipulationsmöglichkeiten. Die Protestanten, die den Machthabern weniger gefährlich und insbesondere in der Person einer ihrer großen Autoritäten, Professor Hromádkas, viel loyaler erschienen, konnten im Unterschied zu den Katholiken eine Reihe kirchlicher Aktivitäten entfalten (verschiedene Begegnungen, Jugendgruppen und Bibelstunden, sogar das Studium einiger Geistlicher an ausländischen theologischen Fakultäten). Viele evangelische Pfarrer öffneten ihre Türen großzügig auch für Katholiken, obwohl ihnen dafür Unannehmlichkeiten und Schikanen drohten. Vieles also, das öffentlich im Rahmen der katholischen Kirche nicht stattfinden konnte, fand »halbillegal« auf evangelischem Boden statt und im ökumenischen Geist. Dank dieser Lage der Dinge lernte ich damals vielleicht früher und besser die moderne protestantische als die zeitgenössische katholische (zu der Zeit bei uns unzugängliche und unbekannte) »Neue Theologie« kennen. Ich begann die Werke namhafter evangelischer Theologen zu lesen, besonders Bonhoeffer und Tillich; die Lektüre dieser Autoren hat mich sehr beeinflusst.

Die ersten katholischen Autoren, die ich nach Chesterton las, waren Maritain und Guardini. Erst während des Prager Frühlings gelangte ich an Bücher, die im Exil von der tschechischen Christlichen Akademie in Rom herausgegeben oder die auf unterschiedlichen Wegen zu uns geschmuggelt worden waren – Teilhard de Chardin, Rahner, Küng, Thomas Merton und weitere. Am Beginn meines systematischeren Studiums der Theologie standen dann Ratzingers »Einführung in das Christentum« und Kaspers »Einführung in den Glauben«. Für viele Jahre begleiteten mich jedoch eher Romane als theologische Schriften in die Welt des Glaubens, die Bücher von Graham Greene, Heinrich Böll, François Mauriac oder auch von Georges Bernanos. Und als ich andere in die Welt des Glaubens einführte, lieh ich mir auch lieber diese Bücher aus als den Katechismus.

* * *

Kurz vor dem Prager Frühling kam es zu meiner ersten Reise in den Westen. Obgleich ich mein Leben durch das Symbol der Brücke charakterisiert habe, mag ich es nicht, wenn von meinem Vaterland als von einer »Brücke zwischen dem Osten und dem Westen« gesprochen wird. (Das war die Diktion von Präsident Beneš nach dem Zweiten Weltkrieg.) Meiner ganzen Mentalität nach, meiner kulturellen Ausrichtung und meinem politischen und geistigen Wesen nach bin ich ein Mensch des Westens, und meine eindeutig pro-westliche Orientierung habe ich nie verborgen; vielmehr habe ich es stets als meine Aufgabe angesehen, mit allen Kräften wenigstens etwas dazu beizutragen, dass mein Land seinen würdigen Ort innerhalb Europas findet, innerhalb der westlichen Kultur.

Und doch war mein erster direkter Kontakt mit dem Westen nicht allzu glücklich. Man schrieb das Jahr 1967 und es ging um einen Studentenaustausch mit der Katholischen Hochschule Tilburg. Es war eine erste Schwalbe politischer Lockerung, welche im nachfolgenden Frühling eintreten sollte. Ich freute mich sehr darauf, zum ersten Mal eine katholische Universität zu erleben. Als wir nach Holland kamen, gerieten wir plötzlich mitten in die nachkonziliaren Turbulenzen. Später hörte ich, dass gerade das kleine und traditionelle Holland mit der Zustimmung des Vatikans zu einer Art Laboratorium für kühne pastorale Experimente im Geist des Zweiten Vatikanischen Konzils geworden war. Zum ersten Mal in meinem Leben sah ich moderne Kirchenbauten und Buchläden voller religiöser Literatur und ich lernte viele neue Autorennamen kennen, die ich bis dahin nicht gehört hatte. Zu Hause hatte ich gerade noch begeistert Jacques Maritain gelesen und seinen »Integralen Humanismus«, in einer zu uns geschmuggelten Ausgabe der Christlichen Akademie in Rom. Das war die Gedankenwelt, in der ich damals lebte. Ich fragte die holländischen Studierenden gleich, ob sie auch Bücher über Maritain und Mounier hätten. Sie brachen in Gelächter aus; solche Autoren läse bei ihnen seit dreißig Jahren niemand mehr. Sie nannten mir neue Theologen, Schillebeeckx, Chenu, Küng und weitere, von denen ich nicht die geringste Ahnung hatte. Sie teilten mir auch mit, dass sie an jenem Abend eine Diskussion zum Thema »Gott ist tot und verlässt nun sein Mausoleum, die Kirche« hätten. Ihr Hochschulpfarrer hätte geheiratet und sie bereiteten eine Demonstration zu seiner Unterstützung gegen den Bischof vor. Das alles war für mich wirklich »starker Tobak«.

Es war ein klassischer Fall von »Kulturschock«, wie ihn auch viele tschechische Katholiken, Priester und Laien ein Vierteljahrhundert später erlitten haben, als nach dem Fall des Kommunismus die Grenzen geöffnet wurden. Ein ähnlicher Schock wirkt bis heute in der Beziehung einiger Christen aus dem »Osten« zu westlichen Kirchen. In meinem Fall spielte auch die Psychologie ihre Rolle: Die holländischen Kommilitonen wollten mich auch ein wenig provozieren, und meine beleidigte Reaktion war nicht nur reine Verteidigung kirchlicher Tradition, sondern auch Selbstverteidigung, denn im Angesicht mit der Welt, die ich nicht kannte, fühlte ich mich ein wenig wie ein Landei. Sie hatten die Autoren, die ich gerade erst begeistert entdeckte, schon lange gelesen und sie kannten weitere Dinge, die mir fremd waren. Der Mensch sträubt sich oft misstrauisch gegen das Unbekannte in Verteidigung seiner eigenen Identität. Aber auch sie haben einen Fehler begangen, der einen Dialog unmöglich machte: Sie fragten mich nicht nach meiner Kirche und deren Erfahrungen, sie nahmen a priori an, dass ein Fremder aus dem Ostblock ein wenig ein Neandertaler sei.

Aber wäre ich damals in der Lage gewesen, die Situation meiner eigenen Kirche zu reflektieren und verständlich darzustellen? Gehört doch zur Selbstkenntnis dringend die gründliche Kenntnis des Anderen; erst auf dieser Grundlage kann der Mensch den Charakter des eigenen Umfeldes begreifen, sich selbst so annehmen, dass er sich nicht nur polemisch zu verteidigen und den Anderen zu erniedrigen braucht. Sie sollten von uns lernen, und nicht wir von ihnen, sagte ich damals zu mir. Heute weiß ich, dass wir einer vom anderen lernen müssen – aber zuerst ist es nötig, die Mauern der gegenseitigen Vorurteile abzubauen.

Kein Wunder, dass mich dort damals der unausgegorene Wein des »katholischen Neo-Modernismus« schockierte. Daran, dass Studierende einer katholischen Universität Bischöfe kritisierten, die kirchliche Autorität oder den Vatikan, waren wir, die wir unter dem Druck des kommunistischen Regimes lebten, gar nicht gewöhnt. Ist die Kirche einem harten äußeren Druck ausgesetzt, verhält sie sich verständlicherweise wie ein Armeekorps im Schützengraben – dies ist einfach keine passende Gelegenheit, um den General zu kritisieren. Erst viel später, nach dem Jahr 1989, wurde mir bewusst, welchen Preis wir für diese ziemlich künstliche Einheit zahlen mussten. Bei uns konnte sich etwas nicht entfalten, was die Deutschen »Streitkultur«[32] nennen; wir hatten keine Erfahrung damit, dass in der Situation einer freien Gesellschaft und Kirche natürlich unterschiedliche Strömungen existieren und dass Polemik – einschließlich einer kritischen Beziehung zu kirchlichen Autoritäten – nicht in eine persönliche Feindschaft münden muss und in Ketzerei. Wir unterschätzten also damals im Angesicht des äußeren Feindes die Erfahrung, dass auch zwischen uns bedeutende Differenzen in Ansichten und Charakter bestanden, und unterbewusst verbargen wir diese auch vor uns selbst.

Nach meiner Rückkehr aus Holland stieß ich in Prag auf gewisse katholische Kreise, die mir eine einfache Interpretation für meine ersten Erfahrungen mit der westlichen nachkonziliaren Kirche anboten: Demnach war das Konzil das Werk »trojanischer Pferde« in der Kirche, von Juden und Freimaurern, die versuchten, die Kirche von innen her zu spalten. »Das sind die Ergebnisse! Es ist nötig, sich maximal an die Tradition zu halten sowie an das Kirchliche Lehramt und alle Versuche abzuwehren, den ›Geist des Konzils‹ in unsere Kirche zu tragen.«

Ich glaube, dass mir meine kurze Erfahrung mit diesem Umfeld geholfen hat, den Standpunkt und die Psychologie des katholischen Integralismus zu verstehen. Für eine bestimmte Zeit glaubte ich dieser Anschauung wirklich. Ich las verschiedene Publikationen katholischer Traditionalisten, und wie ich als eifriger Konvertit und Gegner des Regimes psychologisch auf Opposition und Verteidigung trainiert war, so kam mir diese Haltung eines Verteidigers der Kirche gegen ihre Bedrohung sehr entgegen. Überdies lag in jener

»Kontrakultur«, in der Revolte gegen den »Geist der Zeit« etwas Nonkonformes. Radikaler Konservativismus ist für einen Teil der jungen Menschen ähnlich attraktiv wie für andere der revolutionäre linke Extremismus. Es entspricht ihrem Bedürfnis, sich bei der Suche nach der eigenen Identität negativ von ihrer Umgebung abzugrenzen. Immer werden sich unter den »Konservativen« junge Menschen finden – einige von ihnen sind kindlich ängstlich, sie suchen in der Religion einen Schutzschirm gegen die Komplexität der Welt und die Wirren in sich selbst, sie wollen im kirchlichen Umfeld Menschen mit ähnlichen Einstellungen finden, die sie nicht verletzen. Aber es finden sich da – in konservativen Kreisen – auch sehr eigene, intelligente, nonkonforme junge Menschen und wirklich begeisterte Christen, die mit ihrem Konservativismus absichtlich gegen die Durchschnittlichkeit ihrer Umgebung protestieren. Sie gehören zu jenem Teil der Jugendlichen, die nicht mit dem Strom schwimmen wollen. Einige meiner Studierenden verbringen auch heute noch die ganze Freizeit in einem Prager Kloster, legen ein weißes Gewand an, inhalieren den süßen Duft des Weihrauchs, der neuthomistischen Syllogismen und der Mystik, schön einsortiert ins System nach Garrigou-Lagrange[33]. Andere suchen einen ähnlichen »Windschatten« im Konservativismus gewisser »neuer kirchlicher Bewegungen«. Vielleicht ist es für einen jungen Katholiken gut, wenn er so etwas durchmacht, so wie auch ich da durchgegangen bin. Aber die Akademische Pfarrei Prag würde ich nicht als Reservat dieses Typs aufbauen wollen und ich denke, dass für meinen Dienst erst der Zeitpunkt gekommen sein wird, wenn die meisten aus dieser Phase herausgewachsen sein werden.

Erst später wurde mir klar, dass die Hauptbremse für ein reifes Annehmen und ein volles Verständnis des Konzils in unserem tschechischen Umfeld die verschwindend geringe Kenntnis jener Theologie war, die das Konzil inspiriert hat.

Als viele unserer Gemeindepfarrer, die verständlicherweise so gut wie nichts über Autoren wie Karl Rahner, Urs von Balthasar, Ratzinger, de Lubac, Teilhard de Chardin, Schillebeeckx oder Küng wussten, die Beschlüsse des Konzils in die Praxis umsetzen sollten, fassten sie es meist nur als eine »Anordnung von oben« auf. Das führte dann zu rein formalen Veränderungen: den Altar zu den Menschen hin drehen, die Liturgie in der Landessprache feiern. Aber die Mentalität, die Theologie und die Predigten der meisten Gemeindepfarrer blieben in einem tief vorkonziliaren geistlichen Klima erstarrt. Wenn die Änderungen – überwiegend lediglich solche in der Liturgie – weder von der Reflexion der eigenen Erfahrung begleitet waren noch von theologischem Studium, blieben sie an der Oberfläche und waren künstlich. Auch wenn diese Priester »den Buchstaben« der konziliaren Neuerungen meist zumindest zum Teil formal erfüllten, so haben sie eigentlich das Konzil nie recht verstanden und es innerlich nicht angenommen. Die Folgen dessen spüren wir in unserer Kirche bis heute und leider nicht nur bei der älteren Priestergeneration. Ich wundere mich nicht einmal darüber, dass einige junge Priester und Seminaristen heute diese oberflächliche Gestalt der nachkonziliaren Kirche ablehnen. Leider reagieren sie des Öfteren statt mit einem gründlichen Studium der Tradition und der spirituellen Erneuerung mit krampfhaftem Hang zu einem oberflächlichen Traditionalismus, oft eine ungewollt tragikomische Karikatur des Katholizismus der Restaurationszeit.

Ich persönlich bin von diesem kurzfristigen Einfluss der katholischen Integralisten durch das Jahr 1968 geheilt worden, und zwar durch drei Dinge. Erstens reifte dank der dramatischen Erfahrungen in diesem Jahr meine Person im Ganzen. Zweitens hörte ich die Botschaft des Konzils aus dem Mund von Priestern, die ihre Treue zu Christus, zur Kirche und zum Papst durch Jahre im Gefängnis unter Beweis gestellt haben und die man nicht verdächtigen konnte, verkappte Feinde und

»trojanische Pferde« in der Kirche zu sein. Und drittens konnte ich mich im Jahr 1968 längere Zeit im Westen aufhalten und mir eine viel objektivere Meinung bilden.

* * *

Jiří Reinsberg nahm ich als Vater wahr, als ersten meiner Väter im Glauben. Um den »Prager Frühling« 1968 herum lernte ich jedoch eine Reihe weiterer ausgezeichneter Priester kennen; einige von ihnen waren erst vor nicht allzu langer Zeit aus vieljähriger Haft zurückgekehrt.

Hier muss ich an erster Stelle ThDr. Antonín Mandl nennen. Antonín Mandl gehörte ähnlich wie Jiří Reinsberg in die »Schule« des Paters Metod Klement, eines Benediktiners vom Prager Emmauskloster. Pater Klement hatte viele Priester aus reichen und gebildeten Prager Familien herangezogen, starke Priesterpersönlichkeiten. Einige von ihnen studierten später am tschechischen Kolleg Nepomucenum in Rom. Dort ereilte sie der Zweite Weltkrieg und einige von ihnen – wie Mandl und Reinsberg – rückten in die tschechoslowakische Armee in England ein und der Krieg wurde für sie zur großen Schule des Lebens. Mandl absolvierte danach noch ein postgraduales Studium in Frankreich. Dort lernte er die *Nouvelle Théologie* kennen und neue Methoden der Seelsorge, vor allem die Bewegung JOC (und deren Variante für katholische Studenten JEC)[34], die sich an die große Erneuerung Europas nach dem Krieg anschloss. Als er nach Tschechien zurückkehrte, begann er zwar von der Pike auf zu dienen – als Kaplan einer kleinen Pfarrei bei Prag –, wurde aber schnell zum Leiter der Katholischen Aktion und einer der engsten Mitarbeiter von Erzbischof Beran. Er zelebrierte auch Gottesdienste für Studierende in der Salvatorkirche. Das alles rechneten ihm bald die Kommunisten vor – er wanderte als einer der ersten ins Gefängnis und büßte viele harte Jahre unter den allergrausamsten Bedingungen ab. Er war nicht nur ein gebildeter, weiser und edelgesinnter Mensch, sondern er war auch in physischer Hinsicht schön; nicht umsonst war er der Cousin des Filmstars Adina Mandlová aus den Zeiten der ersten Republik. Sein nobles Antlitz mit der Adlernase erinnerte auffällig an Teilhard de Chardin, dem er auch im Geiste nahestand. Später erfuhr ich, dass er gerade durch seine Erscheinung und durch seine angeborene Noblesse in der Zeit seiner Internierung den Sadismus der Aufseher weckte, und darum erlitt er Grausamkeiten und entsetzliche Erniedrigungen. Es heißt, dass niemand in den fünfziger Jahren in Untersuchungshaft so viel geschlagen wurde wie Pater Mandl. Er war ein Mensch mit großen Visionen und einem kühnen theologischen Denken.

Er war einer von jenen, die das Gefängnis nicht nur als entsetzliches Unrecht von Seiten der Kommunisten begriffen, sondern als Schule Gottes, in der die Kirche sich reinigen und erneuern sollte. In der Stunde der großen Prüfung erkannte er, auf welchem Grund die Kirche wirklich steht und wovon sie sich ganz im Gegenteil befreien sollte. Im Gefängnis lernte er auch einige Menschen anderer ideeller Orientierung kennen; er taufte dort sogar vor der Hinrichtung einen der verurteilten führenden Kommunisten aus dem »Prozess mit Rudolf Slánský und Gefährten«; dieser Schauprozess, gesteuert von Agenten des KGB, war die größte Säuberungsaktion, welche die Stalinisten Anfang der fünfziger Jahre in ihren eigenen Reihen durchführten.

Als Pater Mandl aus dem Gefängnis zurückkehrte und vom Zweiten Vatikanischen Konzil erfuhr, war er glücklich; das Konzil begann die Kirche genau in der Weise zu erneuern, wie er und seine Freunde es im Gefängnis im Gebet durchmeditiert hatten. Kein austrokatholischer Pomp mehr, sondern Schlichtheit, keine Macht, sondern Dienst, nicht nur ein Rechtssystem, Ritual und Moral, sondern tiefe Spiritualität, lebendige Liturgie und Verkündigung als Inspiration für die menschliche Freiheit und Freude. Kein Bunker mehr, der die Belagerung durch Feinde abwehrt, sondern ein Vaterhaus und Ort des Dialogs. Das aber, was ihm am meisten am Herzen lag, war die Ökumene, die Annäherung und Einheit der Christen unterschiedlicher Denominationen. Pater Mandl bedeutete mir sehr viel. Er kannte persönlich den Komponisten Olivier Messiaen, der ihm einen langen schwarzen Schal vermacht hat; diesen nannte er scherzhaft »mein Schal Olivier Messiaen«. Zur Erinnerung an Pater Mandl schaffte ich mir nach seinem Tode einen ebensolchen Schal an.

Häufig und gerne denke ich auch an den Franziskaner Bonaventura Bouše zurück, dem ich insbesondere in der kurzen Zeit politischer Lockerungen an der Wende der sechziger zu den siebziger Jahren nahestand. Er schuf damals eine der bemerkenswertesten Pfarrgemeinschaften in Prag, in einer kleinen Kirche im Stadtteil Záběhlice. Dort trafen sich viele interessante und nachdenkliche Menschen besonders aus den Kreisen der humanistisch orientierten Intellektuellen und Künstler. Bonaventura war ein mitreißender Prediger und ein ausgezeichneter Kenner der Liturgie. Er war ein genau und scharf denkender Theologe von radikaler Orientierung, vor allem aber ein maßlos empfindsamer und ehrlicher Mensch. Im Laufe seines Lebens machte er eine ziemlich dramatische geistige Entwicklung durch; seine Freunde erzählten mir, dass er in seiner Jugend ein streng konservativer, fast schon rigider Ordensgeistlicher gewesen war. Erst in den Jahren, in denen er eine junge Frau durch eine lange Zeit schmerzhaften Sterbens begleitete, verließ er die Welt einfacher frommer Antworten auf schwere Fragen des Lebens. Es freute mich, als ich sah, dass er in einem kleinen Buchbehälter neben sich auf seinem Schreibtisch immer die Bibel liegen hatte, die Blumen des Heiligen Franziskus, die Erzählungen der Wüstenväter, Nietzsches Zarathustra und die Romane von Franz

Kafka; das war wirklich seine geistige Welt, die der meinen sehr nahe war.

Ich erinnere mich an meine Enttäuschung, als mir ein dominikanischer Priester, den ich schätzte, seinen Ärger über eine Ausstellung von Picassos Gemälden schilderte; mir wurde bewusst, dass zwischen seiner Welt der *Summa Theologiae* des hl. Thomas sowie dem Handbuch dominikanischer Asketik und der modernen künstlerischen sowie philosophischen Weltsicht ein Abgrund klaffte, den Menschen seiner Art nie überschreiten werden. Es war mir klar, dass ich auch nach meiner Konversion nicht aufhören konnte, ein modern denkender und fühlender Mensch zu sein, und dass mein Glaube, wenn er aufrichtig sein sollte, jener Unruhe und Vielgestaltigkeit des Lebens nicht den Rücken kehren konnte, von der Picasso und Salvador Dalí zeugen, genauso wie Kafka und James Joyce oder Fellini und Bergman. Bonaventura Bouše war ein Priester, der die moderne Kunst und die moderne Welt verstand. Nie passte er sich aber auf billige Weise dem Geist der Zeit an. In seinem Gesicht, das auffällig an Portraits von Savonarola erinnerte, und noch mehr in seiner geistigen Physiognomie lag etwas finster Prophetisches. Er verkündete sehr eifrig und überzeugend Jesu radikale Neuartigkeit im Gegensatz zur Gesetzeswelt der Pharisäer und zu religiösen Systemen überhaupt; in diesem Punkt war sein Denken ziemlich nahe an der dialektischen Theologie des post-barthischen Protestantismus. In irgendetwas erinnerte er an die prophetische Gestalt Johannes des Täufers, über dessen Satz »Schon ist die Axt an die Wurzel der Bäume gelegt« (Mt 3,10/Lk 3,9) er so glühend in seinen Adventsreden predigte. Er war in seinem Wesen ein ökumenischer Mensch, dem es um eine Gestalt der katholischen Kirche ging, in der auch die großen Früchte der protestantischen Tradition Platz hätten. In seiner Seelsorge war er in großzügiger Weise zuvorkommend zu Menschen, die sich in moralisch, geistig und geistlich schwierigen Situationen befanden. Er wusste, dass er sich damit häufig auf Wege begab, die weit entfernt von dem waren – und heute noch sind –, was in der Kirche üblich ist. Weil er ein Mensch war, der gar nichts auf die leichte Schulter nehmen konnte, litt er sehr unter alledem. Das Einzige, was mich etwas störte, war seine etwas finstere Unnachgiebigkeit und seine geringe Fähigkeit, eine humorvolle Perspektive einzunehmen, wie ich sie von Pfarrer Reinsberg kannte. Pater Bonaventura war jedoch ein Mann, der nach Gerechtigkeit dürstete, und es überraschte mich nicht, als ich seinen Namen im Verzeichnis der ersten Unterzeichner der Charta 77[35] entdeckte. Der Zustand der tschechischen Kirche quälte ihn wirklich sehr und er schrieb zu diesem Thema einige radikale, kritische und weitsichtige Texte von prophetischer Schärfe, mit denen er sich in der Kirche viel Feindseligkeit und Zurücksetzung einhandelte. Als die Geheimpolizei seine Pfarrei liquidierte und ihm die »staatliche Zustimmung« entzog, atmete die kirchliche Obrigkeit – damals leider inklusive Kardinal Tomášek – erleichtert darüber auf, dass sie einen unbequem nonkonformen Geistlichen losgeworden war. Ich bewunderte und liebte ihn als Menschen, auch wenn ich damals seine theologischen Ansichten für allzu radikal hielt und von Zeit zu Zeit mit ihm aneinandergeriet. Auch heute geht mein Denken in eine etwas andere Richtung, aber mit dem Abstand der Zeit verstehe ich ihn weitaus besser als damals und bin ihm sehr dankbar für die Erfahrung der kirchlichen Gemeinschaft, deren Gründer und Herz er war.

Oft habe ich über die Geschichte vom Großinquisitor aus Dostojewskis »Die Brüder Karamasow« meditiert, die meiner Ansicht nach eine Pflichtlektüre zum Nachdenken für alle Kandidaten und Träger eines Kirchenamtes sein sollte. Ich fragte mich selbst vor Gott, ob ich in jener Situation genügend mutige Liebe und innere Freiheit hätte, um den »in der Praxis bewährten« Standpunkt des Großinquisitors abzulehnen und mich in dem Streit voll und ganz auf die Seite Jesu zu stellen. Und bei der Begegnung mit Priestern und Kirchenoberen fragte ich mich oft im Geiste, wohin sie sich stellen würden. Geradeheraus gesagt, bei vielen auch sehr geschätzten und verdienten Priestern (und auch Monsignori) würde ich nicht wagen, es einzuschätzen. Bonaventura Bouše genauso wie Mandl und Zvěřina waren Menschen, bei denen ich felsenfest davon überzeugt war, dass sie nicht einen Augenblick gezögert hätten, sich im Streit zwischen der Freiheit des Evangeliums und dem institutionellen Pragmatismus auf die Seite Christi zu stellen.

Ich habe nun einen dritten Namen genannt: Josef Zvěřina. Dieser Name klingt für viele tschechische Katholiken wie ein Programm: Zvěřina ist ein Symbol für die Bemühung um die moralische und intellektuelle Erneuerung des tschechischen Katholizismus geworden. Er war offensichtlich der bedeutendste katholische Theologe, den wir in Tschechien im 20. Jahrhundert hatten. Aber von noch größerer Bedeutung als sein Werk und seine umfangreiche Lehrtätigkeit waren sein Charakter, sein Mut und sein Weitblick, mit denen er in allen dramatischen Augenblicken unserer nationalen Geschichte mehr als ein halbes Jahrhundert lang kompromisslos immer in der ersten Reihe jener stand, denen es um die gute Sache ging. Interniert während des Nationalsozialismus und lange im Gefängnis während des Kommunismus, war er einer der Ersten, die Gedanken konziliarer Erneuerung in das tschechische katholische Umfeld trugen und die während des Prager Frühlings einen würdigen Platz der Kirche im Rahmen der Bemühungen um die Freiheit suchten. In den Jahren der »Normalisierung« nach der sowjetischen Okkupation trug er die Hauptlast der kirchlichen Bildung im Untergrund, er fuhr im wörtlichen Sinne vom Böhmerwald bis zur slowakischen Tatra und war, in den Worten der Apostel, »oft in Gefahr«. Er war unter den ersten Unterzeichnern der Charta 77 und im November 1989 wiederum unter den Aktivisten des Bürgerforums.

Und noch einen Namen muss ich erwähnen: Oto Mádr. Zum ersten Mal traf ich Oto Mádr im März des Jahres 1968 bei einem Gedenktreffen einiger dutzend katholischer Intellektueller im Haus der vielköpfigen Familie von Josef und Marie Kaplan. Mit diesem Treffen begann praktisch der Prager Frühling für die tschechische katholische Kirche. Hier beschlossen die Katholiken, dass die Bewegung in der Gesellschaft nicht nur eine Angelegenheit von Veränderungen innerhalb der Kommunistischen Partei sein dürfe, sondern die ganze Gesellschaft betreffe, und die Kirche dürfe hierbei nicht zurückstehen. Es war auch die erste größere Versammlung, in der sich die tschechischen Katholiken zusammentun, sich gegenseitig kennenlernen und ihre Bedürfnisse, Kräfte und Möglichkeiten ausloten sollten.

Mein erster Kontakt mit Oto Mádr war nicht der glücklichste. Ein schlanker älterer Mann mit einem sehr vornehmen asketischen Gesicht, das in auffälliger Weise an Pius XII. erinnerte, trat an mich heran. Er betrachtete mich eingehend und mit Adleraugen und führte mit mir ein »Verhör in Form eines freundschaftlichen Gesprächs«. Sogleich schrieb er alles in ein Notizbüchlein. »Erst jetzt bist du ein Katholik«, sagten mir später Freunde, »das war Pater Mádr, der in seinem Notizbuch alle böhmischen und mährischen Katholiken verzeichnet hat mit chiffrierten Angaben darüber, wozu man sie brauchen kann.« Oto Mádr war ein Soldat der Kirche, ein geborener General, Organisator und Konspirator. Er war ein ganz anderer Mensch als Zvěřina, Mandl oder Reinsberg. Im Unterschied zu jenen stammte er aus armen Verhältnissen, und das bleibt den Menschen auf den Leib geschrieben: Ihm ging deren »Esprit« ab, die großmütige, fast ein wenig bohemienhafte Leichtigkeit und eine über den Dingen stehende Perspektive, der Humor – aber eben jene Charakterzüge reizten ihn immer und machten ihn nervös, wie ich bemerkte; nie im Leben habe ich ihn eigentlich ganz entspannt erlebt. Mir schien, dass er durch seine Hyperaktivität eine große innere Anspannung kompensierte, die auch mit seinem stets labilen Gesundheitszustand zusammenhing.

Ich begegnete ihm damals noch öfter; gleich bekam ich von ihm Aufgaben und Anweisungen. Ich erschrak, als ich das Gefühl hatte, dass er mich in seine Konstruktionen hineinziehen und in mein Privatleben eingreifen wollte. Als er erfuhr, dass ich sowohl in die Aktivitäten der katholische Studierenden eingebunden war als auch in die Tätigkeiten der studentischen Opposition an der Fakultät, wollte er, dass ich diese »Politik« aufgebe und ein ordentlicher katholischer Aktivist nach seinen Vorstellungen werde. Ich wollte nie ein Bauer auf jemandes Schachbrett sein und ich wollte mir die Freiheit bewahren, meine Freunde und Aktivitäten nach meinem Geschmack und Gewissen auszusuchen, und so mied ich eher den Kontakt mit diesem Mann. Er respektierte es, er hatte wohl begriffen, was mir selbst erst Jahre später klarwerden sollte, dass innere Freiheit für mich eine Lebensnotwendigkeit ist. Er hatte jedoch offenbar nie aufgehört, mich »auf dem Monitor« zu haben; als uns nach etwa fünfzehn Jahren das Schicksal wieder zusammenbrachte, diesmal zu einer engen und ernsthaften Zusammenarbeit, wusste er beachtlich viel über mich, darunter auch Dinge, welche die Geheimpolizei des Regimes nie herausgefunden hatte, wenn sie sich auch sehr darum bemühte. In jener Zeit zeigte sich mir Oto Mádr auch in einem ganz anderen Licht und ich würdigte nicht nur seine wirkliche Größe und seine maßlosen Verdienste, sondern ich begann, ihn auch menschlich zu mögen und ihn zu verstehen.

Seine Leidenschaft und auch sein Charisma war es, zu organisieren und Menschen zu verbinden. Immer knüpfte er konspirative Netzwerke, immer bereitete er etwas vor und plante etwas, sammelte Informationen und wertete sie aus. Er soll dies auch im Gefängnis getan haben, als ihm die Todesstrafe drohte, und dann all die Jahre in der »Illegalität« bis zum Jahr

1968. Während des Prager Frühlings zeigte es sich, dass er praktisch der Einzige war, der einen vollkommenen Überblick über die Situation und die »Kaderreserven« hatte, der selbst vorbereitet war und die Dinge im Detail durchdacht hatte. Er begann die Herausgebertätigkeit und die Bildungstätigkeit zu organisieren, wurde Hauptberater der Bischöfe und koordinierte als graue Eminenz so gut wie alles Geschehen in der Kirche. Darüber hinaus begann er an der theologischen Fakultät vorzutragen und war einer der Ersten, die vorsichtig und diplomatisch, aber im Ganzen fundiert und systematisch begannen, in das Denken der Priesteramtskandidaten einen neuen Stil zu bringen sowie den ganzen Reichtum der neuen Akzente der nachkonziliaren Theologie.

Antonín Mandl starb im Januar 1972. Bonaventura Bouše zog Ende der siebziger Jahre aus Prag weg und zog sich ins Private zurück. Zvěřina und Mádr begannen hauptsächlich Anfang der achtziger Jahre die entscheidende Rolle in der »Untergrundkirche« – und auch in meinem Leben – zu spielen.

* * *

Im Januar 1968 kam die tschechoslowakische politische Szene in Bewegung und wir von der Philosophischen Fakultät verfolgten dies wachsam. Ende Januar 1968 wurde ich zu einer Fernsehsendung eingeladen, in der eine Gruppe von Studierenden mit Prof. Eduard Goldstücker diskutierte – einem Experten für das Werk von Franz Kafka –, und zwar über Demokratie. Die Sendung sollte irgendwann Ende Februar gesendet werden und ein Versuch dafür sein, was alles schon möglich wäre und was man sich erlauben könnte, was die Zensur noch so zuließ. Dann stellte sich heraus, dass das, was wir Ende Januar für sehr revolutionär gehalten hatten, einen Monat später aussah wie eine zahme Sendung. Das Eis zerbarst und es ging schnell, Woche für Woche.

Vom Frühjahr 1968 erinnere ich mich noch an die Rückkehr von Professoren an die Philosophische Fakultät, die während der Säuberungen in den fünfziger Jahren von der Universität ausgeschlossen worden waren. Jede solche Rückkehr war ein großes Ereignis. Insbesondere erinnere ich mich daran, wie der Literaturhistoriker Václav Černý einen bunten Abend im Stil einer großen Show im Haupthörsaal organisierte, bei dem er über sein Leben erzählte und sehr sarkastisch seine Rechnung mit all seinen Feinden, verschiedenen tschechischen Funktionären vom Typ »Kleinstalin«, beglich.

Als eine Woche später Professor Patočka[36], Philosoph und Schüler von Husserl, zurückkehrte, der in den fünfziger Jahren von der Universität entlassen worden war, erwarteten wir, dass er eine ähnliche Show geben würde. Er nahm stattdessen die Kreide in die Hand und sprach: »Aristoteles definiert im ersten Buch der Metaphysik Philosophie folgendermaßen«, und begann altgriechisch an die Tafel zu schreiben. Niemand von uns konnte ordentlich Altgriechisch und in kurzer Zeit wurde uns klar, wie wenig wir aus der Philosophie wussten. Zu Patočkas Vorlesungen kamen nicht nur Studierende, sondern auch Lehrende der Fakultät setzten sich mit uns in die Hörerbänke. Wir begriffen, dass wir bislang *über* die Philosophie gehört hatten, aber hier, in Patočkas Vorlesungen, wurde Philosophie gemacht – »ereignete sich« Philosophie. Ich erinnere mich daran, wie ich nach einer solchen Vorlesung durch die blühenden Obstgärten am anderen Ufer der Moldau ging, wie berauscht, »voll von Phänomenologie«. Es öffneten sich mir ganz neue Welten, eine neue Art des Denkens, und ich sog all das in vollen Zügen ein.

Wenn ich von meinen vielen Lehrern zwei nennen sollte, an die ich in den Augenblicken einer lebenswichtigen Entscheidung zurückdenke, wenn der Mensch sich fragt, was wohl sein Lehrer tun würde, dann wären es Josef Zvěřina und Jan Patočka. Diese beiden weisen und tapferen Männer eröffneten mir zum einen neue Stile des Denkens und neue geistige Horizonte, zum anderen waren sie für mich Vorbilder für moralische Standfestigkeit und für Zivilcourage. Sie waren auch denkerisch »kompatibel«; Patočka weihte mich in Husserls Phänomenologie und in Heideggers Fundamentalontologie ein und Zvěřina in Rahners Theologie, die ohne Heidegger nicht denkbar wäre. Heidegger habe ich jedoch erst zu Beginn meiner eigenen Lehrtätigkeit an der Universität voll gewürdigt, als ich verschiedene Interpretationen von Nietzsches Gedanken vom Tod Gottes verglich und als ich mich mit dem Verhältnis von Heidegger und dem Werk von Meister Eckhart beschäftigte.

Patočka war mein strenger Prüfer bei meinem Staatsexamen in Philosophie, das war kurz vor seiner erzwungenen Pensionierung in den Anfängen der »Normalisierungsära« unter dem Husák-Regime[37]. Dann hörte ich noch seine Vorlesungen in Privatwohnungen. Nie werde ich unsere letzte Begegnung vergessen. Es muss kurz vor seinem Tod gewesen sein, irgendwann Ende Februar / Anfang März 1977. Es war ein feuchtkalter, regnerischer Freitagnachmittag an einer der meistfrequentierten Prager Hauptverkehrsstraßen am I. P. Pavlov-Platz. Ich wartete im Gedränge auf den Autobus und hörte plötzlich den Ruf mit der typischen Diktion: »Herr Kollege! Herr Kollege Halík!« Der Herr Professor war damals Sprecher der Charta 77 und zu der Zeit war die Medienkampagne auf ihrem Gipfel angelangt wie auch die polizeiliche Verfolgung der Unterzeichner der Charta, dieses Manifests der Verteidiger der Menschenrechte; er wurde zweifellos von der Polizei überwacht. Die Zeit war aus den Fugen, war rasend, würde Shakespeare sagen. Aber als ob nichts wäre, begann Jan Patočka sich mit mir über Philosophie zu unterhalten, er fragte danach, was ich tue, was ich lese, an was ich arbeite. Ich erwähnte, dass ich seine »Ketzerischen Essays« gelesen hätte, und der Herr Professor lud mich ein, ihn einmal zu besuchen und ihm etwas zu dem Thema zu sagen. Sein Autobus kam, und noch auf den Stufen in den sich schließenden Türen, sagte er den letzten Satz, den ich aus seinem Munde gehört habe: »Menschen, die nachdenken, müssen doch zusammenkommen, nicht?«

Drei Wochen später war er tot, er starb nach ununterbrochenem elfstündigem Polizeiverhör im sokratischen Alter von siebzig Jahren. Sein Begräbnis, an dem ich teilnahm, war eine Orgie von Polizeiwillkür, Ausdruck der Angst des Regimes vor dem Toten. Hinter jedem Baum auf dem Friedhof stand ein Geheimpolizist mit einer Kamera, um den Friedhof kreisten Polizeimotorräder und über dem Friedhof ein Polizeihubschrauber, also war in dem grässlichen Lärm kein einziges Wort von dem Priester am Sarg zu hören.

Wann immer ich – sei es aus Müdigkeit oder aus Sicherheitsgründen – in den nächsten Jahren schwankte, ob ich eines der geheimen Wohnungsseminare besuchen sollte, hörte ich stets im Geiste Patočkas letzte Worte. Ja, nachdenkende Menschen müssen zusammenhalten.

Im Jahr 1968 schlief ich – so scheint es mir im Nachhinein – fast gar nicht. In den Frühjahrsmonaten 1968 waren wir in unserer gemischten Studentengruppe aus unterschiedlichen Fakultäten der Karlsuniversität wirklich sehr aktiv. Wir fuhren in Fabriken und diskutierten mit den Arbeitern. Es war ein großes Erlebnis für mich. Man rief die Arbeiter immer in irgendeiner Produktionshalle zusammen. Mit jugendlichem Feuer stritten wir dann mit den dortigen Kommunisten von der Führung des Betriebs, die uns und den ganzen »Prozess der Erneuerung« sehr hart angriffen. Es wurde viel geschrien, die jungen Arbeiter fielen ein und schlugen sich auf unsere Seite. Die Kommunisten waren gespalten in Stalinisten und »Progressisten«, Anhänger des Reformkurses von Alexander Dubček. Einige von uns jedoch waren schon ganz jenseits des »Sozialismus mit menschlichem Antlitz«, wir sehnten uns nach einer wirklichen pluralen Demokratie mit oppositionellen Parteien. In Prag liefen Diskussionen mit Schriftstellern und Journalisten. Weil ich ein leidenschaftlicher Diskussionspartner aus dem Debattierklub an der Fakultät war, wurde ich während des Prager Frühlings für eine bestimmte Zeit zum Vorsitzenden des Akademischen Rates der Studierenden gewählt sowie zum Vertreter der Philosophischen Fakultät im (gesamt-)universitären Studentenrat.

Es gelang mir durchzusetzen, dass zu dieser gesamtuniversitären Versammlung auch Studierende der Theologischen Cyrill-und-Methodius-Fakultät geladen wurden, welche nach dem Februar 1948 aus dem Universitätsverbund ausgeschlossen und nach Leitmeritz (Litoměřice) in Nordböhmen verbannt worden war. Mit einem der Seminaristen landete ich nach der Sitzung in einer Studentenkneipe in der Nähe der Fakultät. Obwohl er fünfzehn Jahre älter war (er hatte früher ein Studium an der Philosophischen Fakultät absolviert), freundeten wir uns schnell an und sprachen von unseren Lebensplänen. Er erzählte mir, dass er in einem Jahr geweiht werden sollte, aber dass er dann noch zu postgradualen Studien des Alten Testaments nach Jerusalem gehen würde. Ich sagte ihm, dass es mein Lebenstraum wäre, einmal an der Philosophischen Fakultät zu unterrichten, und ich vertraute ihm auch an, dass ich mich darum bemühte, einen Priester zu finden, der sich um die Seelsorge der Hochschulstudierenden kümmern würde. Hätte uns jemand damals in einem Zauberspiegel unsere Zukunft gezeigt, hätten wir ihm schwerlich geglaubt. Russische Panzer zertrümmerten einige Monate darauf unsere Pläne. Jerusalem betraten wir zum ersten Mal gemeinsam, aber erst vierundzwanzig Jahre darauf. Da war ich der Priester für Hochschulstudierende und mein Tischgenosse von damals – Miloslav Vlk – war mein Vorgesetzter, der Prager Erzbischof.

* * *

Gläubige Katholiken bildeten damals unter den Studierenden eine Minderheit, aber eine sehr lebendige und aktive. Wir stellten eine Gruppe auf die Beine, welche die Einrichtung einer Studentenkirche vorbereitete. Wir dachten an die Salvatorkirche, die traditionell bis Anfang der fünfziger Jahre die Kirche der Hochschulstudierenden gewesen war, aber damals war dort die Seelsorge für die Slowaken ansässig, also ließen wir uns schließlich in der St.-Thomas-Kirche auf der Prager Kleinseite nieder. Wir luden Lehrbeauftragte ein und veranstalteten Vorträge zu unterschiedlichen Themen. Es blieb aber nicht nur bei Worten und Diskussionen, später – besonders, als dann nach dem August 1968 viele Ärzte und medizinisches Personal emigrierte und das Gesundheitswesen dadurch in große Schwierigkeiten geriet – arbeiteten wir unentgeltlich als Sanitäter im Nachtdienst in den Krankenhäusern.

Seit dem Mai 1968 organisierten wir in St. Thomas im Rahmen von Wortgottesdiensten literarische und musikalische Veranstaltungen. Ich erinnere mich an einen Maiabend, als ein bedeutender Schauspieler des Nationaltheaters dort die Verse des katholischen Dichters Jan Zahradníček rezitierte, eines langjährigen Häftlings kommunistischer Gefängnisse. Auch der Sohn des Dichters, Jan, kam dorthin; in der Schule hatten sie ihm eingehämmert, dass sein Vater ein Verbrecher war, und auf einmal sah er eine Kirche voll von jungen Leuten, die mit Hingabe den Versen seines Vaters lauschten.

* * *

Im Jahr 1968 begannen in Tschechien Dokumente des Zweiten Vatikanischen Konzils zu kursieren und versuchshalber begann man hier und da die ersten Schritte zur nachkonziliaren Erneuerung der Liturgie zu tun. Bei uns trafen also gleichzeitig die Liberalisierung des politischen Lebens und das nachkonziliare »aggiornamento« ein; beides wurde als ein Hauch von Freiheit und Hoffnung wahrgenommen. Die Reformkommunisten sprachen vom »Sozialismus mit menschlichem Antlitz« und einige Reformkatholiken vom »Christentum mit menschlichem Antlitz«. Ja, auch das Zweite Vatikanische Konzil war ein Kind der sechziger Jahre, darin lag sein Reiz und vielleicht auch seine Beschränkung.

Am 20. Mai 1968 fand im mährischen Wallfahrtsort Welehrad (Velehrad) eine Tagung statt, auf der »das Werk konziliarer Erneuerung« beschlossen wurde. Ich war als Abgeordneter der Studenten dort. Eine denkwürdige Rede hielt dort Pater Mandl, der zum ersten Mal öffentlich über seine Erfahrungen im Gefängnis sprach und eine optimistische Vision von der Erneuerung der Kirche in einer freien Gesellschaft skizzierte; er bekannte sich zum Vermächtnis Kardinal Newmans, der, noch bevor er auf das Wohl des Papstes anstieß, stets in einem Trinkspruch die Gewissensfreiheit hochleben ließ.

In Welehrad erschienen damals viele Bischöfe und Ordensvorsteher, die bis zu der Zeit ohne staatliche Zustimmung waren, viele von ihnen waren lange Jahre interniert gewesen und durften nun zum ersten Mal öffentlich auftreten. Ich machte dort die Bekanntschaft mit dem bereits legendären Benediktinerabt Anastáz Opasek, der wegen seiner Nonkonformität und seiner Freundschaft mit vielen Künstlern »Abt Hooligan« genannt wurde.

Noch ein nettes Erlebnis ist mir in Erinnerung geblieben. Ich saß mit Pater Mandl im Zimmer des ehemaligen Jesuitenkollegs in Welehrad, als dort ein kleines, zerlumptes Großväterchen am Stock mit einem abgewetzten Koffer eintrat und uns scheu sagte, dass wir uns nicht stören lassen sollten, dass es sich da nur umziehen werde. Es öffnete das Köfferchen, kleidete sich an – und auf einmal stand ein majestätischer Bischof vor uns in seiner ganzen pontifikalen Pracht, als ob ein bunter Schmetterling aus seinem Kokon herausgeflogen wäre; es war Bischof Ladislav Hlad. Als ich hierauf Pater Mandl fragte, ob er auch die Soutane anzöge, antwortete er: »Ich habe Sie offenbar noch nicht genügend erzogen. Aufgabe dieser Zeit ist die Deklerikalisierung und die Deritualisierung des Christentums.«

Antonín Mandl traf ich am häufigsten in Prag in seiner liebsten Kleidung, in der er sich später auch beerdigen ließ, in einem weißen Leinensakko und in Jeans. Einmal ging er so gekleidet zu einer Versammlung, zu der auch ungarische Bischöfe gekommen waren, die auf Grundlage des Kompromisses der damaligen unglückseligen Ostpolitik des Vatikans mit dem ungarischen kommunistischen Regime geweiht worden waren. »Das sind ganz schöne Herrschaften«, sagte Pater Mandl über sie, »also bin ich mich extra umziehen gegangen, damit sie sehen, wie ein hochwürdiger Herr hinter dem Eisernen Vorhang auszusehen hat.«

* * *

Zu Beginn der Sommerferien 1968 fuhr ich zu einem Englisch-Intensivsprachkurs an die Universität in Bangor in Nordwales. Dies ermöglichte mir den Eintritt in eine Welt, die mich vollkommen bezauberte. Ich war schon seit langem anglophil gewesen, aber Britannien übertraf alle meine Erwartungen, also schrieb ich in meinem ersten Brief nach Hause – vielleicht etwas unhöflich, aber ich habe es wirklich so empfunden –, dass ich plötzlich das Gefühl gehabt hätte, als hätte ich zwanzig Jahre in der Fremde gelebt und wäre jetzt erst heimgekehrt. Weit weg war der graue Morast des stumpfsinnigen sozialistischen Kollektivismus. Die britische Kultur imponierte mir maßlos, es kam mir vor, als hätte ich seit jeher dort gelebt.

Bangor war ein kleines Universitätsstädtchen zwischen hohen Bergen und dem Ozean, die Universität befand sich in einer alten Burg, unterhalb ragte eine anglikanische Kathedrale empor. Etwas weiter weg konnte ich einen Dampfer nach Irland besteigen. Der Sprachkurs war international und es nahmen Studenten aus der ganzen Welt daran teil. Alle interessierten sich sehr für die Entwicklung in meinem Land, obwohl die meisten es ein wenig mit Jugoslawien verwechselten. Man fragte mich auch, ob wir Kühlschränke und Telefone hätten und ob bei uns der tschechische oder der russische Zar herrsche; die Vorstellungen vieler westlicher Studierender von der Welt hinter dem »Eisernen Vorhang« waren wahrlich kurios. Nach Beendigung des Kurses bleib ich noch eine Zeit in London und besuchte bei der Gelegenheit auch Oxford und Cambridge. In London konnte ich einige tschechische Exilanten treffen, die ich bis dahin nur aus der Presse kannte und aus Sendungen des BBC und des Radio Freies Europa. Es waren märchenhafte Ferien, leider mit einem tragischen Ende.

Ich sollte am 20. August nach Hause zurückkehren. Weil ich den Tag vorher in Oxford gewesen war und den folgenden Morgen etwas verschlafen hatte, verschob ich die Rückkehr um einen Tag – sie fiel eben auf den 21. August. Diese schicksalhafte Sommernacht hat die Leben von zwei Generationen Tschechen und Slowaken gezeichnet, für Zehntausende von Menschen brachte sie einen totalen Lebensumbruch. Auch mein Leben hätte einen ganz anderen Verlauf genommen, wenn in jener Nacht nicht die Panzer von fünf Ländern des Warschauer Paktes mein Land eingenommen hätten.

Morgens am Mittwoch, den 21. August hatte ich die Koffer gepackt und bereitete mich auf den Weg nach Hause vor. Ich brachte meine Koffer zum Bahnhof, ging zur Messe in die Westminster-Kathedrale, unternahm einen letzten Spaziergang durch das Zentrum von London und freute mich darauf, vielleicht bald wieder in dieses Land zurückzukehren. Als ich gegen Mittag an der Victoria Station in der Schlange an der

Kofferausgabe wartete, kurz vor der Abfahrt des Zuges nach Dover, sah ich einige Schweizer vor mir, wie sie wütend über einer Zeitung diskutierten. Ich blickte ihnen über die Schulter und dort standen fingerdicke Schlagzeilen: »Russische Panzer in Prag!« Es war ein totaler Schock für mich.

Ich kehrte in das tschechische Zentrum im Londoner Stadtteil Notting Hill zurück und fand dort leidenschaftlich beratende tschechische Studenten vor. Wir überlegten, was wir weiter tun würden. Eifrig forderte ich zur Rückkehr auf, wir sollten nach Hause gehen, um gegen die Okkupanten zu kämpfen, und sie beruhigten mich wiederum, dass bestimmt die Grenzen dichtgemacht wären und dass nun sowieso niemand hinein könnte. Einige dachten sofort an Emigration, ich schloss in dem Augenblick diese Möglichkeit für mich aus. Wir entschieden also, noch einige Zeit in London zu bleiben, und durchlebten einige sehr hektische Tage. Wir versuchten an Informationen zu kommen und zu tun, was nur möglich war; zum Beispiel suchten wir Radio-Amateure auf und versuchten sie zu überreden, ihre Sendefrequenzen den freien tschechischen Sendern zur Verfügung zu stellen. Dieses Senden der tapferen tschechischen Journalisten war in London ziemlich gut zu hören, auch mit den Schüssen hinter den Fenstern, dem Pathos der Hymne und dem plötzlichen Verstummen ... Wenn man das hört, abgeschnitten von der Heimat, ohne die Möglichkeit, irgendetwas zu beeinflussen, ist es noch quälender. In solchen Augenblicken erkennt man erst, was ein Gebet ist. Dort bei den Transistorradios beteten auch Atheisten mit uns für unser Land.

Wir wussten nicht, was mit unseren Nächsten geschah, ob sie überhaupt am Leben waren. Erst nach circa zehn Tagen habe ich zu Hause jemanden erreicht und stellte fest, dass meine Eltern in Ordnung waren. Sie rieten mir, noch einige Zeit in England zu bleiben, bis abzusehen wäre, was kommt. Meine Mutter war überzeugt, wie sie mir später sagte, dass damals im August ziemlich sicher die Leidenschaft des Urgroßvaters für den Duft der Barrikaden in mir zum Leben erwacht wäre und dass ich wahrscheinlich – wie einige meiner Altersgenossen – mit dem Leben dafür bezahlt hätte; aus diesem Grund waren meine Eltern eigentlich froh gewesen, dass ich weit weg war.

Einige Tage nach der Okkupation organisierten wir in London eine Demonstration. Ich verfasste eine Protestpetition, die wir dann an der Spitze des Demonstrationszuges mit der tschechoslowakischen Fahne vor die sowjetische Botschaft trugen und in der Downing Street dem Sekretär des britischen Premiers übergaben. Beim Marsch durch London schlossen sich uns hunderte von Menschen an und alle drückten uns ihre Solidarität aus. Wenn wir mit der tschechoslowakischen Fahne am Mantelaufschlag in London Essen einkauften, passierte es uns auch, dass uns die englischen Kaufleute zu unserer großen Überraschung die Waren umsonst gaben mit den Worten, dass unsere Piloten im Krieg für London gekämpft hätten und dass sie uns nun ihre Dankbarkeit und Solidarität zeigen wollten.

Mein Vater schrieb mir, auch wenn ich ihr einziger Sohn wäre und sie beide schon sehr alt seien, würden sie, falls ich in England bleiben wollte, meine Entscheidung voll respektieren, weil sie immer meine Freiheit respektiert hätten und nur mein Bestes wollten. Es war ein wunderbarer Brief, den ich bis heute immer in meinem Schreibtisch zur Hand habe als Erinnerung daran, dass große Liebe immer mit einem Opfer verbunden ist und Freiheit schenkt.

Dann bekam ich von der Universität in Bangor, für den Fall, dass ich die Aufnahmeprüfungen bestünde, ein Stipendium angeboten. Weil es damals noch möglich war, den »Ausreisevermerk« im Pass zu verlängern und so den Auslandsaufenthalt zu legalisieren, ohne sich definitiv die Möglichkeit einer Rückkehr abzuschneiden, legte ich die Prüfungen ab und Anfang Oktober trat ich an der mir schon gut bekannten Universität als ordentlicher *undergraduate student* an.

Niemals werde ich vergessen, wie ich bei Tagesanbruch mit dem Zug von London nach Bangor fuhr, vom Fenster aus beobachtete ich die melancholisch erhabene Landschaft bei Chester, auf der einen Seite das Meer und auf der anderen die Felsen. Meine ganze Habe befand sich in einem Köfferchen über mir und meine ganze Zukunft war völlig offen und unbekannt. Plötzlich empfand ich aus dieser Situation der Armut, Unsicherheit und des Unversorgtseins heraus eine schwindelerregende Freude, ein intensives Gefühl der Freiheit, der Loslösung und Hoffnung, so ein Kerouac'sches Unterwegssein. Wieder hatte ich mich auf den Weg begeben, ohne zu wissen, wohin ich gehe. Ich erinnerte mich an ein Gebet der »Wilden«, das Dawson[38] irgendwo zitiert: »Du, der du die Wolken hast, ich lebe! Ich vertraue dir mein Schicksal an, wieder allein auf dem Kriegspfad.« Dieser Augenblick gehört zu den tiefsten Erlebnissen meines Lebens.

* * *

Das Studentenleben an der britischen Universität war für mich eine ganz neue, fabelhafte Erfahrung. Ich lernte einen ganz neuen Stil universitären Arbeitens kennen, als er damals bei uns herrschte. Zu Hause gab es meist Monologe der Lehrenden und keiner der Studierenden wagte es, den Mund aufzutun. Hier wurde sehr leidenschaftlich diskutiert und die Beziehung von Lehrenden und Studierenden war viel offener und enger. Unser Professor lud jeden Sonntag einige Studierende zu sich nach Hause zum Abendessen ein. Wir saßen am Kaminfeuer in einem Haus voller Bücher, schlürften Tee mit Milch und etwas Whisky, der Herr Professor rauchte melancholisch Pfeife und erzählte. Ein Hauch der Universitätskultur des alten England wehte mich an, wie ich immer von ihm geträumt hatte. Ja, genau so hatte ich es mir immer vorgestellt, genau hier wollte ich immer sein und so leben. Ich war maßlos glücklich, ich hatte keinen Augenblick Heimweh. Ich habe jedoch auch sehr hart gearbeitet, jede freie Minute saß ich in der Bibliothek und studierte mit aller Kraft alles, was daheim unbekannt oder verboten war – Philosophen, Theologen, Soziologen und auch politische Denker, die mich darin bestärkten, dass »westliche Werte«, die Menschenrechte und eine freie Gesellschaft über die Barbarei aus dem Osten siegen müssten, die mein Land überschwemmt hatte. Ich dachte an einen meiner bevorzugten Heiligen, den Jesuiten Edmund Kampion, der sich im Prager Clementinum eifrig auf seine gefährliche Mission in seinem Vaterland England vorbereitet hatte – nach Jahrhunderten hat sich nur die Landkarte umgedreht, dachte ich.

Zum ersten Mal lernte ich dort die Anhänger der Beatniks und die »Blumenkinder« kennen und viele Jugendsubkulturen der sechziger Jahre, einschließlich solcher, von denen ich bei uns zu Hause bis zu der Zeit nur entfernt gehört hatte. Über all das schrieb ich meinen Freunden zu Hause mit vielen Plänen, was wir in Zukunft in Prag unternehmen würden. Ich rechnete weiterhin fest mit meiner Rückkehr, aber gleichzeitig wünschte ich, solange es möglich war, da zu bleiben.

Meine begeisterten Nachrichten über das Studentenleben in Britannien hatten noch ein unerwartetes Echo. Einige Tage vor Weihnachten erhielt ich einen Brief von einer Bekannten, der ich zuvor begeistert geschrieben hatte, wie in Bangor die Hochschulseelsorge funktioniere. Sie antwortete mir, dass es zwar schön wäre, dass ich ihnen solche Anregungen gäbe, und dass zu Hause noch viele Dinge möglich wären, aber dass fast alle führenden Persönlichkeiten emigriert seien – und ob ich nicht über meine Rückkehr nachdächte. Über diesen Einfall klopfte ich mir nur an die Stirn, weil ich mir unsäglich glücklich erschien und wunderbare und interessante Jahre des Universitätsstudiums in Britannien vor mir sah. Eine Rückkehr nach Hause erschien mir unter solchen Umständen als eine absolute Torheit. Mit diesem Gefühl legte ich den Brief weg, aber in genau dem Augenblick dachte ich: Was kann ich einer solchen Aufforderung eigentlich entgegenhalten? Nur dass es mir hier gut geht, soll schon bedeuten, dass es auch richtig ist? Soll ich mich in meinem Leben nur nach der Annehmlichkeit richten oder nach dem, was wirklich der Wille Gottes ist? Der Gedanke traf mich wie ein Blitz, also sagte ich für den Abend alles ab und betete die ganze Nacht. Am Morgen entschied ich mich, zurückzukehren.

Am 28. Dezember landete ich auf dem Prager Flughafen; es war meine erste Reise mit dem Flugzeug. Sicherheitshalber hielt ich mir ein Türchen offen und behielt die Anlage mit dem »Ausreisevermerk« noch für einen Monat, falls ich doch noch zurück nach Bangor wollen sollte. Immer noch war es möglich – in den ersten Monaten nach der Okkupation war das repressive Regime noch nicht ganz in Gang gekommen. In einer ähnlichen Situation befanden sich damals viele Menschen, vor allem Studierende. Sie streiften durch das winterliche Prag und überlegten, ob sie in den Westen gehen und emigrieren oder zu Hause bleiben sollten. Die Liquidierung aller Errungenschaften des Prager Frühlings lief bislang noch nicht auf Hochtouren, aber die realistischen Pessimisten ahnten, dass sich der »Eiserne Vorhang« bald wieder über uns schließen würde und dass nun die letzten Augenblicke gekommen waren, um zu entscheiden, auf welcher Bühne wir unser Leben zu Ende bringen wollten.

Ich hatte auch solche Gedanken – und mittendrin ereignete sich wie ein Blitz die Selbstverbrennung Jan Palachs[39]. Palach war ebenfalls Student der Philosophischen Fakultät gewesen, genauso alt wie ich, und obwohl ich ihn persönlich nicht kannte, musste ich ihm doch auf den Gängen der Fakultät begegnet sein.

Im Angesicht des Opfers Palachs wurde mir bewusst, dass es nun um etwas viel Tieferes ging als bloß um den politischen Kampf zwischen Konservativen und Progressisten innerhalb der Kommunistischen Partei um die Gestalt des Sozialismus – dass es hier um den geistigen und moralischen Kampf um Charaktere ging, um die moralische und kulturelle Substanz der Nation selbst. Hier war jemand, der auf Gewalt nicht mit der Kraft der Waffen geantwortet hatte, sondern mit der Kraft des Charakters, mit einem freiwilligen Opfer des eigenen Lebens. Die Selbstverbrennung aus Protest war allerdings etwas vollkommen Ungewöhnliches im geistigen Raum des Christentums und nicht wenige Gläubige verurteilten Jan Palach als Selbstmörder. In den Debatten mit diesen zitierte ich Chestertons Worte, mit denen er klar den Selbstmörder vom Märtyrer unterschied: Der Selbstmörder verachtet das Leben, während der Märtyrer den Tod verachtet. Palach hat Gott nicht undankbar die »Eintrittskarte ins Leben« zurückgegeben. Sein Opfer war nicht vor allem ein Protest gegen die sowjetische Okkupation. Ihm war bewusst geworden, dass die Solidarität in der Nation und die moralische Kraft zum Widerstand nachzulassen begannen, dass Müdigkeit auftauchte, Bereitschaft zu Kompromissen und manchmal auch zu direkter Kollaboration mit den Besatzern. Palach hat durch sein Opfer gezeigt, dass es ihm mehr darum ging, dass wir den Willen zur Freiheit nicht verlieren, als um sein eigenes Leben; dass wir ihm mehr wert waren, als ihm sein eigenes Leben wert war. Er wollte uns dazu aufrütteln, dass wir uns selbst, dass uns unsere Freiheit und Würde mehr wert sein sollen. Jan Palach habe ich »meinen« Heiligen beigesellt, die – seien sie nun kanonisiert oder nicht – übrigens alle ein wenig von den Stereotypen traditioneller Hagiographie abweichen.

Ich half dabei, das Requiem für Jan Palach in der Kleinseitner St.-Thomas-Kirche zu organisieren. Antonín Mandl predigte dort. Dann trug ich Palachs Totenmaske aus der Kirche an die Fakultät, wo wir sie in der Nische über dem Treppenaufgang platzierten, von wo wir Lenins Büste entfernt hatten. Den nächtlichen Weg durch das winterliche, verschneite Prag werde ich nie vergessen. Als ich über die Karlsbrücke durch die Allee der Heiligenstatuen schritt, führte ich einen inneren Dialog mit dem, dessen Totenmaske ich unter dem Wintermantel umklammerte. Ich dachte an den Brief, den Palach zurückgelassen hatte. Er schrieb darin, dass er zu einer Gruppe von Studierenden gehört, die sich alle zu der gleichen Tat entschlossen hätten, dass sie gelost hätten – und er habe das Los mit der Aufschrift »Fackel Nummer eins« gezogen. Ich sagte mir in jener Nacht, dass wir alle nun durch Jans Tat in die Situation »Fackel Nummer zwei« gestellt sind. Ich fragte mich, was ich opfern könnte, wie ich antworten könnte auf Jans Tat, die mich damals bis in Mark und Bein getroffen hatte.

Aus dieser Überlegung – in dieser Nacht und in den darauffolgenden Tagen – ging meine Entscheidung hervor, nicht nach Britannien zurückzukehren, nicht zu emigrieren, definitiv in der okkupierten Heimat zu bleiben. Und gleichzeitig das Versprechen, sich nicht brechen zu lassen, zu keiner Kollaboration bereit zu sein, lieber auf die Annehmlichkeiten des normalen Lebens zu verzichten – sich nicht um die Gründung einer Familie und um materielle Sicherheit zu bemühen, sondern den Weg eines eifrigen Studiums alles dessen zu gehen, was die Kommunisten verboten. Ich gab zwar kein ausdrückliches Versprechen, was das Priestertum betrifft, aber wenn ich im Nachhinein den ersten und entscheidenden Schritt auf dem Weg, der mein Leben in Richtung Priestersein wendete, nachverfolgen soll, dann war es diese »Palach-Nacht«. Mich zogen das Motiv der Tat an, die Forderung nach Askese, das hohe Ziel, für das es nötig ist, sich vorbehaltlos einzusetzen und alles zu überschreiten und außer Acht zu lassen, was zerstreut und aufhält.

Ich bin kein geborener Held, die Gene vom Urgroßvater sind nicht alles. Wann immer mich aber in den folgenden zwanzig Jahren auch nur der Hauch einer Versuchung anwehte, irgendeinen moralischen Kompromiss zu machen, genügte es, mich an Jan Palach zu erinnern, und ich bekam Kraft »nein zu sagen«. Nein, sein Tod war nicht vergeblich, schon wegen dieses feurigen Damms im Gewissen vieler Menschen seiner Generation nicht. Heute, außerhalb des Kontexts der damaligen Situation, in der zeitgenössischen post-heroischen Zeit, wirkt mein damaliges jugendliches idealistisches Ergriffensein wahrscheinlich etwas naiv und lächerlich. Aber ich habe wirklich so gedacht und ich muss hinzufügen, dass ich mich dafür nicht einmal allzu sehr schäme.

Ja, ich begann darüber nachzudenken, wie mein Einsatz aussehen solle. Im direkten politischen Widerstand? Das hielt ich nicht für allzu aussichtsreich, oder wenigstens sah ich dort nicht meinen Platz. Meine Sehnsucht war es, dass der Kommunismus mit den Waffen des Geistes besiegt würde. In jener eisigen Nacht, als ich nach dem Requiem für Jan Palach aus der Kirche ging, wurde mir bewusst, dass nicht nur der Prager Frühling definitiv zu Ende war und die Hoffnungen auf das baldige Erreichen der politischen Freiheit, sondern dass auch der ganze »Frühling« meines Lebens und meines Glaubens vor dem Ende stand. Mir wurde klar, dass wir mit der ganzen Gesellschaft und der Kirche in eine finstere und eisige Nacht eintreten. »Diese Nacht wird nicht kurz sein – nach dem Lamm verlangt es den Wolf, Brüderchen, schließe die Türen!«, sang damals der Barde des Protests unserer Generation, Karel Kryl. Die lange Zeit, wenn der Baum die Blüten bereits abgeworfen hat, es aber noch weit ist, bis sich die Früchte zeigen, ist nicht so schön, nichtsdestoweniger ist sie wichtig, kommentierte mein Beichtvater das Lebensalter, in das ich eingetreten war.

IV. Der Weg zur Priesterweihe

Nach dem unvollendeten Prager Frühling brach in unserem Land eine seltsame Zeit an, in etwa der Pestzeit vergleichbar. Sie war nicht so grausam, aber auch nicht so transparent wie die eisige Zeit des Stalinismus in den fünfziger Jahren. Der Neostalinismus von zwanzig Jahren »Normalisierung« ähnelte eher dem schlammigen Morast bei herbstlichem Matschwetter, wenn ich noch eine Weile die Metaphern der Witterung bemühen darf. Aber während wir geknebelt und in vielen unserer Lebensmöglichkeiten beschnitten in jenem »Biafra des Geistes«[40] dahinlebten, blieb die Welt um uns herum nicht stehen.

Ich erinnere mich, wie ich im Jahr 1969 im Fernsehen die Landung des ersten Menschen auf dem Mond verfolgte. Damals freuten wir uns – und vielleicht mehr noch als über jenen Erfolg der Wissenschaft über dessen politischen Kontext: Wir waren froh, dass auf dem Mond zuerst die amerikanische Fahne mit ihren Streifen und Sternen wehte und nicht die rote Fahne unserer Besatzer mit deren Stern, der wohl schon für niemanden in unserem Land mehr ein Stern der Hoffnung war. Erst viel später ging mir auf, dass dieses Ereignis ein gewaltiges symbolisches Potenzial in sich birgt, vergleichbar vielleicht mit Kolumbus' Entdeckung eines neuen Kontinents, und dass man dieses Datum, ähnlich wie Kolumbus' Unternehmung, als die Geburt eines neuen Zeitalters verstehen könnte. Mein Freund Radim Palouš nannte das Jahr 69 den Beginn der »Weltzeit«. Später erst las ich Teilhards Theorie[41] über die »planetarische Zeit« sowie die Flut von Literatur zur Globalisierung und zur Postmoderne. Es war, als ob wir im Sommer 1969 plötzlich alle gemeinsam mit den Augen der Astronauten aus einer vollkommen neuen Perspektive auf unsere Erde geblickt hätten: als hätten wir aufgehört, nur die einzelnen Inseln unserer jeweiligen Zivilisationen wahrzunehmen und als ob wir den Planeten als ganzen gesehen hätten.

Im selben Jahr wurde der Mikroprozessor erfunden und dies war ein weiterer Schritt zum gewaltigen Boom der Informationstechnologie, der vielleicht mehr noch als die globale Vernetzung der Märkte die trennenden Mauern niederriss und die Welt zu einer einzigen, komplex verflochtenen »agora« machte, einem vielfältigen Marktplatz von Waren und Ideen. Die Nationen Mittelosteuropas und mit ihnen auch unser Land traten erst nach dem Fall des kommunistischen Imperiums, an der Schwelle der neunziger Jahre, vollständig in diese hektisch zusammenwachsende Welt ein.

* * *

Der Gedanke an den Beruf des Priesters ging natürlich schon vor 1968 in meinem Kopf herum, solche Einfälle bemächtigen sich hin und wieder vieler Konvertiten. Weil er mir jedoch ziemlich ungeschickt von einem meiner Beichtväter suggeriert wurde, rief das in mir natürlich eine Abwehr hervor: Das will ich doch nicht! Und wirklich: Die Zeit war noch nicht gekommen.

Die ersten klareren Gedanken an den Priesterdienst kamen mir während der Augusttage von 1968, als wir nachts auf der Treppe des tschechischen Exilzentrums »Velehrad« in London[42] freie Rundfunksender hörten[43] und überlegten, wie auf die Vergewaltigung unseres Landes zu antworten wäre. Später tauchten die Gedanken an den Priesterdienst zur Zeit des Begräbnisses von Jan Palach noch dringlicher auf und verstärkten sich während des ganzen Jahres 1969.

Am Tag nach meiner Rückkehr aus England, es war am späten Abend des Gedenktages von Thomas Becket, war ich bei Pfarrer Reinsberg zur Beichte. Er hörte mein Bekenntnis an und sagte dann zu mir: »Ich will dich auf keinen Fall manipulieren und irgendwohin drängen, aber ich habe das Gefühl, dass ich hier ein Zeichen für eine wahrhaftige Berufung zum Priester spüre. Gott lenkt dich anders, als er deine Kollegen von der Fakultät lenkt. Aber jetzt ist es sicher deine nächste Aufgabe, dein Studium abzuschließen. Du weißt ja, dieser Weg wird noch lang sein, es wird dauern! Deine Eltern werden davon nicht begeistert sein, vielleicht wird es dein Vater leichter nehmen als deine Mutter.« Er drückte sich so aus, als ginge es um eine feststehende Tatsache. Während seiner Rede wurde mir klar, dass er von etwas sprach, das wirklich meinen tiefsten Wünschen entsprach. Ich hatte das Gefühl einer großen Erleichterung und Klärung, wie wenn etwas geboren wird, das bisher tief in mir verborgen lag. Die Sehnsucht nach dem Priesterdienst hat mich dann nicht mehr verlassen. Es ist allerdings wahr, dass ich ihr noch einige Jahre ausgewichen bin und dass ihre Erfüllung in der Tat noch lange dauern sollte, fast zehn Jahre.

In Tschechien gab es damals nur ein einziges Priesterseminar, wiederum vollständig unter der Kontrolle des kommunistischen Staates, seiner »Sekretäre für kirchliche Angelegenheiten« und der Geheimpolizei. In das Seminar konnten – so war es während der ganzen Zeit der kommunistischen Herrschaft mit Ausnahme der kurzen Zeit des Prager Frühlings – nur jene Kandidaten aufgenommen werden, die keine vorangehende akademische Bildung erworben hatten. Hier führte also kein Weg lang, es war nötig, einen anderen zu finden.

* * *

Der Machtapparat des »Normalisierungsregimes« kam nach der Okkupation im August sehr langsam in Gang. Die ersten größeren Repressionen erfolgten erst Ende des Jahres 1969 und später; wirklich bedrückend und finster wurde es erst im Jahr 1972. Noch einige Monate nach der Okkupation, vielleicht sogar mehr als ein Jahr lang, traf sich öffentlich die studentische Gruppe »Vigilia« und es fanden literarische Abende sowie Diskussionen statt, bis sie uns der Pfarrer der St.-Thomas-Kirche – offensichtlich schon unter dem Druck der Geheimpolizei – verbot. Danach wurden schrittweise Organisationen verboten, in denen wir uns engagierten – zum Beispiel die »Ökumenische Bewegung der Intelligenz und der Studentenschaft«. Unsere Arbeit setzten wir jedoch fort. Alle diese Aktivitäten wurden nur etwas umgruppiert und auf einer nichtoffiziellen Basis im Rahmen der vorhandenen Möglichkeiten weitergeführt. In den nachfolgenden Jahren harter Verfolgung erloschen manche dieser Aktivitäten und andere suchten Zuflucht in strenger Konspiration und in der Illegalität.

Im Sommer 1969 – kurz bevor die Grenzen erneut dichtgemacht und die Reisemöglichkeiten drastisch eingeschränkt wurden – war ich zum letzten Mal im Westen. Ich hatte eine Einladung zu einem Seminar in Österreich erhalten, das von britischen Quäkern im katholischen Bildungshaus in Großrußbach veranstaltet wurde. Es war ein intensives dreiwöchiges Seminar, an dem einige Dutzend Studenten aus der ganzen Welt teilnahmen: In unserer Gruppe waren zum Beispiel ein junger Mann aus Zaire, eine Katholikin aus Polen, ein Amerikaner, der einst beim Wahlkampf von Robert Kennedy mitgeholfen hatte, ein Vertreter der Neuen Linken aus Deutschland, Protestanten aus der DDR und ein Buddhist aus Japan. Ich erinnere mich auch an zwei spanische Arbeiterpriester, mit denen ich mich auf Anhieb verstand. Sie erzählten unter anderem Anekdoten über den Diktator Franco; es waren genau dieselben Anekdoten, wie sie bei uns über den kommunistischen Präsidenten Antonín Novotný erzählt wurden. Mit ihnen habe ich zum ersten Mal eine Messe in Zivil erlebt, an einem gewöhnlichen Tisch sitzend.

Morgens fanden stille Meditationen statt und dann wurde ganze Tage lang diskutiert – in kurzen, gut organisierten Sitzungen, über aktuelle Fragen der Welt, politische, soziale, moralische und auch kulturelle; beispielsweise begegnete ich hier zum ersten Mal der ökologischen Problematik. Mit einer gewissen Ironie rief ich mir währenddessen den Satz aus einem Roman von Turgenjew in Erinnerung: »Wie können wir zum Mittagessen gehen, wenn wir die Frage nach dem Sinn des Lebens nicht gelöst haben?«

Die Probleme der Welt haben wir dort wirklich nicht gelöst; aber die Begegnungen eröffneten mir neue Horizonte. Sie boten mir die einzigartige Gelegenheit, einen Einblick in die Denkweisen und Wertvorstellungen von Menschen unterschiedlicher Überzeugungen und Kulturen zu gewinnen. Das vermittelte mir eine unschätzbare Erfahrung, ein Geschenk, das mich seit dieser Zeit mein Leben lang begleitet: Ich lernte, die Welt durch die *Augen der Anderen* wahrzunehmen. Es war ein gewaltiges »Kapital« für die nachfolgenden zwanzig Jahre Isolation. Unter anderem nahm ich von dort die Überzeugung mit, dass junge Menschen fähig sind, sich auch über ideologische Barrieren hinweg zu verständigen und sich gegenseitig zu verstehen, weil es Ihnen im Grunde genommen um ähnliche Dinge geht.

Von Österreich fuhr ich per Anhalter nach Italien weiter, wo ich drei Wochen lang umherreiste. Zum ersten Mal kam ich nach Rom. Ich fand eine Unterkunft im tschechischen Exilzentrum für Pilger Velehrad. Dort erhielt ich ein gemeinsames Zimmer mit Dr. Neuwirth, der kurz zuvor emigriert war. Er war Anfang der sechziger Jahre als Mitglied eines geheimen säkularen Instituts verhaftet und erst unlängst während des Prager Frühlings freigelassen worden. Nach der Okkupation entschied er, zu emigrieren und arbeitete nun an der Katholischen Universität in Leuven in Belgien. Er war ein kultivierter und wirklich geistiger Mensch, der mich durch die Breite seiner Bildung und durch seine reife, männliche Frömmigkeit bezauberte. Wir besichtigten zusammen die römischen Sehenswürdigkeiten und er eröffnete mir neue Perspektiven auf die katholische Kultur. Zum Schluss vertraute ich ihm auch mein großes persönliches Geheimnis an. Meine Reise hatte nämlich in Wirklichkeit noch einen anderen Sinn. Ich war damals fasziniert von den Jesuiten und erwog sogar einen Eintritt in diesen Orden; der Weg nach Rom war für mich also vor allem eine Pilgerreise zum Grab des hl. Ignatius. Dort legte ich diese meine Bitte nieder und betete um Erkenntnis, ob ich in diesen Orden gehöre.

Auf diese studentische Art bereiste ich so gut wie ganz Nord- und Mittelitalien bis zum Süden; der südlichste Punkt, zu dem ich gelangte, war Capri und ich besuchte auch Pompei. Wenige Tage nach meiner Rückkehr wurden die Ausreisemöglichkeiten eingeschränkt. Mit den Reisen in den Süden war es damit für mich für fast zwanzig Jahre vorbei. Auf jedes Ausreisegesuch erhielt ich immer die stereotype amtliche Antwort: »Ihre Reise liegt nicht im Interesse des Staates.« In diesen fast zwanzig Jahren hatte ich ungefähr zweimal in der Woche einen wiederkehrenden Traum: Darin ging ich in London über eine Brücke über die Themse, lief durch eine Gasse in Oxford, manchmal befand ich mich auch an einem Ort in Rom und sprach zu mir: So oft habe ich davon geträumt und jetzt ist es wahr, jetzt haben sie mich endlich über die Grenze gelassen – und dann erwachte ich. Als ich dann später wirklich ausreiste, fürchtete ich immer, es sei nur ein Traum.

* * *

Als ich im Jahr 1972 meine Dissertation verteidigt und das Rigorosum in beiden Fächern, in Soziologie und Philosophie, abgelegt hatte, konnte das wie der Start in eine vielversprechende wissenschaftliche und akademische Karriere aussehen; schon lange hatte ich davon geträumt, dass ich einmal Vorträge an meiner angestammten philosophischen Fakultät halten würde. In politischer Hinsicht wurde es jedoch immer frostiger. Für einen jeden Absolventen der Fakultät kam die Zeit der wichtigen Entscheidung, auf welche Seite er sich stellen würde.

Der entscheidende Augenblick kam für mich bei der Promotionsfeier am 14. Juli 1972. Meine Kollegen hatten sich damals gewünscht, dass ich für den ganzen Jahrgang die Dankesrede halte, aber ein Angestellter aus dem Rektorat bestand darauf, dass die Rede von einem Mitglied des Sozialistischen Jugendverbandes gehalten werden müsse und dass es ein vorgegebener Text sein müsse mit einer Danksagung an die kommunistische Partei, an die Regierung und an die Arbeiterklasse, die uns das Studium ermöglicht hätten.

Am Vorabend meiner Promotion meditierte ich darüber, was bei einer solchen Gelegenheit wohl zur Sprache kommen sollte, wenn wir in einem freien Land leben würden. Als ich in die altehrwürdige Aula der Universität trat, erfuhr ich, dass der ausgewählte Redner aus den Reihen der »überzeugten« (d. h. parteitreuen) Studenten nicht erschienen war. Also bat man mich, die Ansprache vorzulesen und man überreichte mir ein Papier voller Sätze über die Partei und die Regierung und den Marxismus-Leninismus. Bis zum Beginn der Promotionsfeier war es noch ungefähr eine dreiviertel Stunde. Ich setzte mich unter einen Erker in der leeren Aula, da, wo früher die Kapelle der hl. Katharina gestanden hatte, und betete mit aller Kraft zum Heiligen Geist. Ich dachte an die Gründungsurkunde von Karl IV., dessen Statue vor mir stand, an den einstmaligen Rektor der Universität Jan Hus und es gingen mir verschiedene Namen und Gesichter bis hin zum Kollegen Jan Palach durch den Kopf. Ich steckte dann den offiziellen Text in die Hosentasche und an seiner Stelle hielt ich bei dem feierlichen Akt in der großen Aula frei eine Rede, in der ich, anstatt der Partei und der Regierung zu danken, unseren Lehrern Dank aussprach, einschließlich derer, die nicht mehr an der Universität tätig waren. Meine Überlegungen bezogen sich auf den Text der Vereidigung bei der Promotion, welcher besagte, dass wir danach streben würden, »das Licht der Wahrheit zu verbreiten«. Ich sagte, dass dies nicht nur die Verpflichtung beinhalte, wahre wissenschaftliche Erkenntnisse zu verbreiten, sondern auch dazu beizutragen, dass Wahrheit in der Gesellschaft einen würdigen Platz erhält, dass wir aufrichtig leben und versuchen müssten, zur Schaffung einer Atmosphäre der Toleranz, der Zivilcourage und der geistigen Freiheit beizutragen. Die Rede endete mit einem Zitat von Karel Čapek: »Wahrheit ist stärker als Macht, weil sie von Dauer ist.« Als ich das sagte, hatte ich das Gefühl einer gewaltigen Erleichterung, es fühlte sich an, als ob nicht nur alle Anwesenden, sondern auch die Wände der erneut geschmähten und versklavten Universität durstig diese Worte einsaugten. Aus der Promotionsfeier wurde eine kleine Demonstration – auch viele mir Unbekannte, die Freunde und Verwandte unter den Doktoranden hatten, kamen zu mir, um mir die Hand zu drücken und Blumen zu überreichen.

Das blieb natürlich nicht ohne Folgen. Gleich nach der Promotionsfeier machte sich jemand auf den Weg, um mich zu denunzieren, und das geradewegs zur sowjetischen Botschaft. Von da wanderte die Anzeige zum Zentralkomitee der Kommunistischen Partei und von dort wiederum zum städtischen Ausschuss der Partei und so ging es ungefähr drei Wochen. Ich selbst ahnte nicht, was genau vor sich ging. An der Fakultät kündigte man mir lediglich an, dass ich nicht damit rechnen könne, jemals an einer Hochschule zu lehren. Es war dann entsprechend schwer, eine Anstellung zu finden, und nach einer gewissen Zeit trat ich die Stelle eines Betriebssoziologen in einem großen industriellen Werk an. Dort rief mich der Leiter der »Kaderabteilung« zu sich und teilte mir mit, dass er damit betraut worden war, meine »provokative« Rede bei der Promotion mit mir durchzugehen, und dass ich dazu eine Erklärung verfassen sollte. Also schrieb ich, dass ich auf dem, was ich gesagt habe, bestehe und dass ich mir nicht bewusst sei, etwas Falsches gesagt zu haben. Die Worte, dass Wahrheit stärker sei als Macht, seien im Grunde genommen ein anderer Ausdruck für die Losung auf der Fahne des Präsidenten der Republik: »Die Wahrheit wird siegen«. Wer darin irgendwelche politischen Doppeldeutigkeiten sehe, sollte lieber über sich selbst nachdenken.

Der Genosse und Leiter der »Kaderabteilung« steckte das Papier mit meiner Erklärung in die Hosentasche und danach habe ich ihn nie wieder gesehen, weil ihn am selben Abend bei einer Versammlung der Schlag getroffen hat und er auf der Stelle starb. Vielleicht wurde er mit meinem Brief in der Tasche eingeäschert – ich sagte mir, dass es ihm vielleicht am Himmelstor helfen würde.

Dann rief mich der Direktor des Betriebs zu sich, der ein sehr anständiger Mensch war, und sagte, dass er nicht glaube, dass ich etwas Falsches getan hätte. Wann immer ich nach dieser Angelegenheit gefragt würde, solle ich antworten, dass er die Sache mit mir restlos geklärt habe. Er nahm sogar die entsprechenden Dokumente aus meiner Kaderakte. Allerdings erinnerten mich noch fünfzehn Jahre lang bei jedem Verhör die Ermittler der Geheimpolizei daran.

* * *

Nach einigen Jahren änderte ich den Beruf und wechselte an ein Weiterbildungsinstitut beim Ministerium für Industrie. Zuerst hielt ich für das Institut extern einige Vorträge, und als diese positive Resonanz fanden, bot man mir an, dauerhaft am Lehrstuhl für Psychologie Vorlesungen zu halten. Ich wandte ein, dass ich nicht Parteimitglied sei, aber man versicherte mir, dass dort eine Reihe von Nichtparteigängern arbeite. Es war keine Tätigkeit im Rahmen der Hochschulbildung, daher wurden dort keine so hohen politischen Ansprüche erhoben. Ich blieb dort fast zehn Jahre, bis zum Jahr 1984. Ich reiste umher und hielt vor leitenden Arbeitern der chemischen Industrie Vorträge über Führungspsychologie.

Bei der Vorbereitung auf diese Tätigkeit absolvierte ich einen Kurs in Ostberlin. Die dortigen Psychologen übernahmen Programme aus Westdeutschland, zum Beispiel das Managertraining sowie Schulungen zu Kommunikation, sozialer Wahrnehmung und zu sozialer Sensibilität. Das war bei uns damals so gut wie unbekannt. Ich konnte meine Mitarbeiter für diese Programme gewinnen und so gesellten wir uns zu der Zeit eigentlich zu den Pionieren neuer Methoden in der Erwachsenenbildung, wie des »aktiven sozialen Lernens«, insbesondere des »Rollenspiels«, einer Methode der Inszenierung von Fallgeschichten aus der Betriebspraxis. Im Gegensatz zu anderen ähnlichen Programmen, auch den deutschen, reicherten wir unsere Schulungen zur Lösung zwischenmenschlicher Konflikte am Arbeitsplatz mit psychotherapeutischen Methoden der Selbsterkenntnis und Stressbewältigung an, wozu auch Entspannungsübungen und Elemente aus der Meditation gehörten. Das führte mich später näher an die klinische Psychologie und an die Psychotherapie heran. Ich beschäftigte mich mit diesem Gebiet auch theoretisch, hielt dazu Vorträge auf Konferenzen und veröffentlichte auch einige Fachbeiträge. Auf meinem ureigensten Gebiet – der Philosophie,

Soziologie und später der Theologie – durfte ich jedoch nicht eine einzige Zeile publizieren.

Die Teilnehmer unserer Kurse, Führungskräfte großer Industriebetriebe, begannen zu begreifen, wie wichtig es ist, führen zu können, mit Menschen zusammenzuarbeiten und zugleich sich selbst, seine Fähigkeiten und Potenziale kennen zu lernen. Ein Teil von ihnen waren fähige Technokraten und Manager, meist jedoch mit einem Parteiausweis in der Tasche; es gab aber auch genügend von jenen, welchen die Partei nach oben verholfen hatte, ohne dass sie die erforderlichen persönlichen und fachlichen Qualitäten für ihre Arbeit gehabt hätten. Mit diesen war es sehr schwer zu arbeiten und manchmal stieß ich bei einigen von ihnen auch auf Widerstand: Sie wollten eine »westliche« Methode nicht lernen, die Hauptsache sei doch, das Plansoll zu erfüllen, und nicht, sich darum zu kümmern, wie sich wer in der Arbeit fühle. Auf einen wirklich überzeugten Kommunisten bin ich allerdings in den zehn Jahren kaum gestoßen.

Ich hatte nie ein Problem mit Autoritäten und auch keine Angst vor »großen Tieren«; ich wusste, dass mächtige Menschen in Spitzenpositionen oft stark an Vereinsamung und an permanenter Überlastung leiden. Es geschah recht häufig, dass sie sich mir mit ihren persönlichen und familiären Sorgen anvertrauten, und so wurde ich ihr »anonymer Pfarrer«, etwas zwischen Therapeut und Beichtvater, wie sie selbst oft scherzhaft bemerkten. Viele hätten sich wohl damals darüber entsetzt, wenn sie gewusst hätten, dass ich meine ganze Freizeit dem Studium der Theologie und der Vorbereitung auf das Priesteramt widme, und später sogar, dass ich Priester bin.

* * *

Vom Beginn der siebziger Jahre an reifte in mir die Berufung zum Priester heran. Das offizielle Priesterseminar und die Theologische Fakultät konnte ich nicht besuchen. Auch die weitere priesterliche Tätigkeit nach der Weihe hing damals nicht von den Bischöfen ab (während der Zeit meines Examens waren schon so gut wie alle Bischofsstühle, die während des Prager Frühlings besetzt gewesen waren, schon wieder vakant), sondern von den »Sekretären für Kirchenangelegenheiten« der Partei. Diese konnten den aktiven Priestern nach Belieben die »staatliche Zustimmung zur Ausübung einer geistlichen Tätigkeit« entziehen oder sie in tote Pfarreien im Grenzgebiet versetzen, falls sie sich des größten Vergehens schuldig gemacht hatten, des Umgangs mit der Jugend.

Am Ende des Jahres 1970, genau zwei Jahre nach jener Beichte bei Pfarrer Reinsberg nach meiner Rückkehr aus England, führte ich ein wichtiges Gespräch mit Pater Mikulášek, dem ich von meiner Sehnsucht erzählte, in den Jesuitenorden einzutreten. Er skizzierte mir damals seine Vision eines zukünftigen Priesters: Er sollte zwei Berufe haben, seine Profession in der Welt der Laien ausüben und vor allem für Atheisten und Suchende da sein. Das sprach mich unglaublich stark an; früher schon hatte mir Pfarrer Reinsberg das inspirierende Buch »Staveniště Evropy« (»Bauplatz Europa«) über französische Arbeiterpriester geliehen und im Sommer 1969 hatte ich in Österreich zwei dieser Arbeiterpriester persönlich kennengelernt, Spanier, die überdies Erfahrungen mit Lateinamerika hatten.

1971 verliebte ich mich geradezu in das Werk von Teilhard de Chardin. Aus den Texten dieses Wissenschaftlers, Mystikers und Dichters in einer Person traf mich plötzlich und tief ein Gedanke: So wie es Priester in Arbeiterberufen gibt, die den Abgrund zwischen Kirche und Proletariat überbrücken sollen, so sind auch Wissenschaftler-Priester nötig, welche die Spannung zwischen dem Glauben und dem zeitgenössischen intellektuellen Milieu aufheben. Das ist mein Weg, sagte ich zu mir. Ich sehnte mich nach dem Priesteramt, aber nicht einen einzigen Augenblick meines Lebens fühlte ich mich berufen, ein »Herr Pfarrer« zu werden; ich wusste, dass in einer ländlichen Pfarrei nicht nur ich unglücklich wäre, sondern vor allem meine Schützlinge. Nicht, dass ich auch nur im Geringsten das ländliche Leben verachten würde, aber ich wusste, dass ich mit dieser Welt keine Erfahrungen hatte. Ich war von Geburt an und mein Leben lang verwachsen mit der Intelligentsia und der Großstadt. Daher sehnte ich mich natürlicherweise danach, ein Apostel jener Umgebung zu werden, die ich vollkommen kannte. Mein Ideal war der studentische Kaplan, wie ich ihn in England kennengelernt hatte. In Tschechien existierte seit Anfang der fünfziger Jahre keine Hochschulgemeinde mehr. Das Leben einer klassischen Pfarrei habe ich eigentlich nie kennengelernt; die Gemeinschaft um Pfarrer Reinsberg in der Teynkirche war sehr spezifisch. Ich hatte das Verlangen, in einen Orden einzutreten, der eine intellektuelle Tätigkeit ausübt.

Meine erste Liebe innerhalb der Kirche galt also den Jesuiten, eine Liebe, die niemals gerostet hat. 1968 sah ich im Fernsehen einen Spielfilm über die jesuitischen Reduktionen in Paraguay im 17. Jahrhundert. Das Thema fesselte mich damals dermaßen, dass ich begann, in historischen Materialien nachzuforschen. Der »Jesuitenstaat« in Paraguay gehört offensichtlich zu den bemerkenswertesten Sozialexperimenten in der Kirchengeschichte. Ich las Thompsons Biografie des hl. Ignatius, die Autobiografie des Heiligen, seine Briefe und einen Berg weiterer Literatur. Ich lernte einen wunderbaren Menschen kennen, den jesuitischen Provinzial František Šilhan (den am längsten wirkenden Provinzial in der Geschichte des Ordens), und ganz natürlich sehnte ich mich danach, in die Gesellschaft einzutreten. Hierauf bereitete ich mich nicht nur durch die Reise nach Rom vor, sondern in den darauf folgenden Jahren auch durch einige private Exerzitien nach dem Buch über geistliche Übungen des hl. Ignatius.

Ein wenig hat mich zu jener Zeit das Zusammentreffen mit einem erstaunlichen Priester verwirrt, der nach Meinung vieler die Gabe der »kardiognosis« haben sollte, also die Fähigkeit, in die Tiefen des menschlichen Herzens und in das zukünftige Schicksal zu blicken. Von dem, was er mir sagte, verrate ich nur einen Bruchteil. Er sagte mir vor allem, dass ich mich nicht verausgaben solle, weil das, wodurch ich anderen vor allem dienen solle und weswegen ich geboren worden sei, sich erst in einem sehr fortgeschrittenen Alter entfalten würde. Er sagte voraus, dass ich nicht nur viele einflussreiche Freunde, sondern auch eine Menge erbitterter Feinde haben würde; dass mein Weg nicht leicht sein und dass ich einige harte Prüfungen durchmachen würde. Diese würden jedoch gut ausgehen und mich stets voranbringen und in die Tiefe führen. Er sagte mir eine merkwürdige Sache, an die ich im Laufe meines Lebens wiederholt zurückdachte, nämlich dass stets derjenige, der mir schaden wolle, mir durch sein Handeln gegen seinen Willen schließlich nutzen werde. Er sagte voraus, dass ich um das 45. Lebensjahr herum eine schwere Krise durchmachen würde. Was die Jesuiten angeht, so sagte er lediglich, dass immer dann, wenn ich in großer Bedrängnis wäre und Probleme mit der Kirche hätte, mir der hl. Ignatius einen seiner geistlichen Söhne schicken würde, um mir schnell und sehr wirksam zu helfen. Ich konnte mir damals nicht vorstellen, wie und warum ich jemals Schwierigkeiten mit der Kirche haben sollte, aber die Intuition sagte mir, dass seine Rede wohl nicht falsch sei.

* * *

In den Jahren 1972/73 leistete ich den verpflichtenden Wehrdienst. Anfangs war es eine sehr schöne Zeit, weil ich einen Posten in der Verwaltung hatte und den größten Teil des Tages keine Verpflichtungen. Ich nutzte das Büro, wo ich quasi ein Ordensleben führte, ich hatte dort ein gut verstecktes Brevier und die Exerzitien des hl. Ignatius und musste mich dabei nicht um mein tägliches Programm kümmern und darum, was ich essen werde oder anziehen, und um all das, um das sich die Heiden kümmern, wie die Schrift sagt. Dort traf ich die Entscheidung, die Exerzitien des Ignatius auf klassische Weise durchzuführen, und ich widmete ihnen den ganzen Advent. Ich führte fünf einstündige Meditationen täglich durch. Über die Sünde meditierte ich sogar so intensiv, bis mir von mir selbst übel wurde und ich mich wortwörtlich übergeben musste. Nach dieser Meditation erschien mir mein ganzes bisheriges Leben als ein stinkendes Geschwür, genau nach der barocken Imagination, durch die sich die ursprünglichen Exerzitien des Ignatius auszeichnen.

Im Rahmen der geistlichen Übungen des Ignatius soll man eine »Wahl des Standes« durchführen. Ich prüfte also meine Berufung zum Priester. Am Gedenktag des hl. Nikolaus lief ich auf dem verschneiten Kasernenhof herum und dachte darüber nach, wozu ich berufen bin. Zu Silvester 1971 sagte ich zu meiner Sehnsucht nach dem Priesterdienst ja. Es blieb nur die Frage »wie« – und die war damals gar nicht einfach zu beantworten.

Für den März hatte ich ein konspiratives Treffen mit dem Provinzial der Jesuiten Šilhan verabredet. Es sah schon wirklich so aus, als ob sie mich ins geheime Noviziat aufnehmen würden. Kurz zuvor bat ich noch Pater Václav Dvořák um ein Gespräch, einen Priester, der nach vielen Jahren im Gefängnis damals in einem Prager Antiquariat arbeitete. Es fügte sich »zufällig« so, dass das Gespräch mit Pater Dvořák früher stattfand als das geplante Gespräch mit Pater Šilhan.

Wir liefen gemeinsam fast drei Stunden auf der Insel Libeň mitten in der Moldau herum. Dort teilte er mir mit, dass eine geheime, streng konspirative Priestergemeinschaft existiere, die ähnlich wie ein säkulares Institut beschaffen sei: Jeder habe dort seinen weltlichen Beruf und lebe mitten in der Welt, orientiere sich nicht auf die übliche Gemeinde hin, sondern auf ein unauffälliges Lebenszeugnis inmitten von Atheisten, auf eine diskrete und tiefe »Segnung der Welt«.

Diese Gemeinschaft hatte schon ihre Geschichte, die bis in die Zeit des Zweiten Weltkriegs zurückreichte. Ihr bemerkenswerter Gründer musste nach dem Februar 1948 emigrieren und die Gemeinschaft ging durch die harte Zeit der fünfziger Jahre. Der damalige Spiritus Rector war unter dramatischen Umständen als Angehöriger einer militärischen Strafabteilung im Geheimen geweiht worden. Während des Prager Frühlings nahm die Gemeinschaft Kontakt zu französischen Arbeiterpriestern auf und erkannte ihre Nähe zu diesen in ihrer Spiritualität und in ihrem Wirken. Sie widerstand der Versuchung, die Illegalität aufzugeben, und setzte nun ihre streng konspirative Arbeit fort. Dreimal im Jahr trafen sich die Mitglieder. Der Sinn ihrer Tätigkeit bestand nicht darin, eine öffentliche Gemeinde zu kopieren und damit zu verdoppeln, sondern eher in die Tiefe zu gehen und sich auf ein Gebiet zu spezialisieren. Es ging ihnen um das theologische und spirituelle Durchdenken der Beziehung zwischen einem zivilen Beruf und dem Priesteramt. Sie begriffen ihre Situation nämlich nicht als etwas, das ihnen durch die Umstände aufgezwungen wurde, sondern als eine Chance, die ihnen eröffnet wurde, damit die Kirche neue Erfahrungen sammeln könne, die auch in der Zukunft benötigt würden, wenn die Kirche einst – gebe es Gott – frei werde wirken können. Dann werde es nötig sein, dass die Kirche nicht automatisch in die Zeit vor 1948 zurückkehrt, sondern alles das verwertet, durch das der Herr sie geführt hat und führt. Auch eine Krise, Verfolgung oder das Kreuz sind nämlich für die Kirche ein normaler Zustand, wenn nicht gar ein »kairos«, eine Zeit der besonderen Nähe Gottes. Das Priesteramt ist nach dieser Auffassung jedoch kein »half-time-job«, sondern es durchdringt das ganze Leben einschließlich des weltlichen Berufs. Es ging darum, diese Erfahrung ganz zu durchleben und zugleich gründlich theologisch zu reflektieren. Es war nötig, schon damals die Konzeption der Kirche für die Zukunft zu durchdenken, den Kontakt mit der Kultur des eigenen Landes sowie mit dem Weltkatholizismus aufrechtzuerhalten, damit die tschechische Kirche nicht in eine Isolation gerät und im Provinzialismus unterginge.

Das alles stimmte tief überein mit dem, was ich lange intuitiv suchte. Aber ich hielt mir immer noch die Möglichkeit offen, in den Jesuitenorden einzutreten. Ich kehrte in die Kaserne zurück und nahm das Brevier zur Hand, um zum Dank ein Te Deum zu beten. Da öffnete sich plötzlich die Tür, der Befehlshaber der Kaserne trat ein und teilte mir mit, dass ich abkommandiert sei an einen Standort außerhalb von Prag, ich solle bis zum nächsten Tag meine Sachen packen. Morgens um sechs machten sich einige von uns auf den Weg. Während der Fahrt mit dem Bus, hinter angestrichenen Scheiben, lernten wir einander genauer kennen und stellten fest, dass wir alle, die wir so schnell abkommandiert worden waren, irgendwann einmal für längere Zeit im westlichen Ausland gewesen waren, also offensichtlich als politisch unzuverlässig galten und eben deswegen Prag verlassen mussten. Die letzten Monate des Militärdienstes – nach einigen Versetzungen von einem Ort zum nächsten – verbrachte ich im Böhmerwald mit der Bewachung von Militärtechnik. Ich hatte wieder viel Zeit zum Beten und zum Nachdenken. War mein Abkommandiertwerden aus Prag nach dem Gespräch mit Pater Dvořák nicht ein Zeichen Gottes?

Nach der Rückkehr vom Militär sagte ich Pater Dvořák, dass ich mich dazu entschlossen hätte, in die erwähnte Gemeinschaft einzutreten. Pater Dvořák fand für mich einen Priester, der sich meiner annehmen sollte und die ganze Vorbereitung hindurch mein geistlicher Führer und Tutor sein sollte. Am 1. Oktober 1973 hatte ich mit ihm ein erstes Treffen und von dem Zeitpunkt an arbeiteten wir mehr als zehn Jahre intensiv zusammen.

Der Mann war damals wissenschaftlicher Mitarbeiter an der Karlsuniversität Prag und Absolvent zweier Fakultäten; niemand von seinen Kollegen ahnte, dass er vor einer Reihe von Jahren heimlich im Ausland zum Priester geweiht worden war. Er war ein bemerkenswerter, sehr intelligenter und gebildeter Mensch, der ähnlich wie ich aus Kreisen der Prager »bourgeoisen Intelligenz« stammte. Ich erlebte mit diesem Tutor auf dem Weg zum Priesteramt in den langen Jahren viele schöne Augenblicke, einige gemeinsam verbrachte Ferien, wohl an die hundert Stunden geistlicher Gespräche und eine tiefe Liturgie unter den allerbescheidensten Umständen. Unter anderem sagte mir sein verfeinerter Geschmack sehr zu, sein Sinn für das Schöne. Er war jedoch ein charakterlich komplizierter Mensch, der an schweren Depressionen litt. Heute weiß ich, dass in der langjährigen nahen Beziehung zwischen uns das ablief – wie konnte es anders sein –, was die Psychoanalytiker »Übertragung und Gegenübertragung« nennen: Wir sahen einer im anderen wie in einem Spiegel genau jene Züge der eigenen Persönlichkeit, mit denen sich jeder von uns nur schwer abfinden konnte. Das machte unsere Beziehung sehr kompliziert – insbesondere in den späteren Jahren, als ich schon Priester war und die Notwendigkeit fühlte, einen eigenen Weg zu finden.

Es ist notwendig, sich von seinen Lehrern abzunabeln und einen eigenen Weg zu gehen, es ist aber kein leichter Schritt. Wir müssen uns sowohl davor in Acht nehmen, dass unsere Lehrer uns nicht zu Götzen werden, die wir kopieren, als auch vor der Neigung, sie als beliebige Meilensteine auf unserem Weg zu nehmen, von denen wir uns undankbar abwenden, sobald wir den Eindruck gewinnen, dass wir weitergehen müssen. Mit einigen Lehrern ist es mir so ergangen, dass wir uns später auf einer neuen Ebene getroffen haben und Freunde geworden sind, aber selten ging das ohne einen gewissen Schmerz bei der gegenseitigen Loslösung ab. Bei Priestern ist das für gewöhnlich umso schwerer, weil sie manchmal auf ihre Schüler ihre Sehnsucht nach einem Sohn projizieren, der ihre Züge tragen würde, der ihr geistiges Erbe annehmen, bewahren und mehren würde und das vollbringen, was sie selbst nicht erreicht haben. Mir schien, dass Oto Mádr aus mir jenen »Soldaten der Kirche« machen wollte, der er selbst nie aufgehört hatte zu sein – ich meine das im ehrenwertesten Sinne des Wortes. Als ich zu der Einsicht gelangt war, dass die Zeit der Kämpfe vorüber war, dass eine Zeit eher für Philosophen als für Soldaten gekommen war und dass wir jene vereinfachte Sicht der Realität hinter uns lassen könnten, mit der wir sonst nur immer neue Feinde suchen, führte das zu Missverständnissen. Als dieser Priester, der mich so viele Jahre begleitet hatte, begriff, dass ich weitergehen musste auf einem Weg, der von dem seinen sehr verschieden sein würde, sah ich in seinen Augen eine Trauer, die viele verschiedene Gefühle spiegelte, sicher auch nachvollziehbare Zweifel an mir. Wenn wir später nach Jahren aufeinandertrafen, verstanden wir uns nicht. Vielleicht wird unsere Beziehung einmal heilen – in dieser Welt oder in jener.

Hin und wieder frage ich mich, wie ich selbst die Augenblicke bewältigen werde, wenn meine Schüler und ich auseinandergehen, wenn sie sich vielleicht in ganz entgegengesetzter Richtung aufmachen, als ich es von ihnen bewusst oder unbewusst erwartet habe. Ich kann nichts weiter tun, als mir stets bewusst zu machen, dass Liebe den unbedingten Respekt vor der Freiheit des Anderen beinhaltet, dass sich eben hierin die wahre Liebe von Selbstliebe unterscheidet.

* * *

In den siebziger und achtziger Jahren, als an den Hochschulen erneut die ideologische Diktatur der Kommunistischen Partei herrschte, fanden in Prag und in Brünn (Brno) geheime philosophische und theologische Untergrundseminare statt, die in Privatwohnungen abgehalten wurden. Ein solches Seminar traf sich über sieben Jahre hinweg jeden Freitagabend und ich halte es heute für eine der qualitätsvollsten intellektuellen Initiativen im damaligen Prag, die mir vielleicht mehr gegeben hat als die Universität. An der Universität vernachlässigte man damals die Kunst, philosophische Texte zu lesen und zu interpretieren. Wenn wir uns den hermeneutischen Zugang zu Texten zu eigen machen, belebt sich der Text vor unseren Augen ungefähr so, wie wenn wir Hebräisch oder Altgriechisch lernen und eine Seite Text, die bis dahin für uns nur ein schönes Schriftbild gewesen ist, Sinn zu machen beginnt.

Zuerst lasen wir Max Scheler und dann eine Reihe von Jahren hindurch immer wieder Nietzsches »Also sprach Zarathustra«. Einige Male besuchte auch Prof. Jan Patočka das Seminar, er hielt dort beispielsweise einen wunderbaren Vortrag über Faust und über »Europa und sein Erbe«. In diesem Milieu wuchs eine Strömung des Prager philosophischen Denkens heran und auch eine Linie, welche die Charta 77 vorzeichnete und die viele Menschen zusammenbrachte, die eine bedeutende Rolle sowohl im Widerstand als auch später nach dem November 1989 in der Politik spielten. Fast alle Teilnehmer dieses Seminars unterzeichneten die Charta und wurden zu ihren führenden Aktivisten. Die Charta brachte jedoch das Aus für dieses Seminar – seit dem Februar 1977 hatte fast jeder der Teilnehmer ein ganz anderes »Seminar«, denn der Austausch zwischen den ursprünglichen Unterzeichnern der Charta fand nun stets mit einem Geheimpolizisten im Rücken statt.

Von den Vorbereitungen einer politischen Initiative durch die Gründungsgruppe der Charta erfuhr ich zuerst am 21. August 1976. Damals hatten wir auf der Burg Houska, wo der evangelische Pfarrer Svatopluk Karásek Kastellan war, eine auswärtige Sitzung. Während der nächtlichen Debatte verriet der Philosoph Jiří Němec einigen von uns, dass er gemeinsam mit Václav Havel ein Manifest vorbereite, das der Beginn einer politischen Oppositionspartei oder einer Bürgerbewegung für Menschenrechte sein könnte. An Weihnachten 1976 wussten wir schon um den vollen Text dieses Manifests und einige unterschrieben ihn. Anfang Januar 1977, als das Manifest unter dramatischen Umständen den Behörden vorgelegt und im Westen veröffentlicht wurde, besuchte mich am frühen Morgen mein Freund Ivan Medek (der spätere Kanzler unter Präsident Havel), um mich darauf hinzuweisen, dass die Verfolgung in Gang kommt, und vereinbarte mit mir eine Art und Weise, wie wir uns weiterhin treffen könnten.

Für mich war das eine dramatische Zeit. Ich fühlte die moralische Verpflichtung, die Charta zu unterschreiben, dem stellten sich damals aber meine Vorgesetzten in der Priestergemeinschaft, in der meine Vorbereitungen zum Priester bevorstanden, beharrlich entgegen. Sie gingen von einer sehr harten Reaktion des Regimes aus und sagten, dass ich wählen müsse. Wenn ich die Suchscheinwerfer der Geheimpolizei auf mich zöge, würde ich die ganze konspirative Struktur dieses Teils der Untergrundkirche gefährden. Das würde bedeuten, dass ich diese Kreise verlassen müsste. Es kostete mich einige schlaflose Nächte, die Entscheidung zu finden, und ich sprach hierüber auch mit einigen Chartisten. Auch sie urteilten, dass ich meine Solidarität mit den Chartisten auf eine andere Art ausdrücken sollte, als mich mit einer Unterschrift öffentlich anzuschließen. Ich beteiligte mich also umso eifriger an der Verbreitung von Dokumenten der Charta im Samizdat, den Periodika »Informationen über die Charta« und später am Ausschuss zur Verteidigung zu Unrecht Verfolgter.

Unsere Priestergemeinschaft sympathisierte jedoch – im Unterschied zu einigen anderen, vom Programm her apolitischen katholischen Gruppierungen – von Anfang an eindeutig mit den Chartisten und war sich der Bedeutung des politischen und kulturellen Widerstands bewusst. Daher stimmten meine Vorgesetzten am Ende, wenn auch nicht ganz problemlos und ohne Vorbehalte, zu, dass ich mich weiterhin, auch als heimlich geweihter Priester, aktiv an einer Reihe philosophischer Untergrundseminare beteiligte. Dank der Verbindung zu Dissidenten hatte diese Gruppierung eine bestimmte Anbindung an den breiteren kulturellen Widerstand und konnte somit eine ihrer Aufgaben erfüllen: es nicht so weit kommen lassen, dass die Kirche den Kontakt mit dem qualitativ hochstehendsten und lebendigsten Schaffen der zeitgenössischen tschechischen Kultur verlor, insbesondere auf dem Gebiet des philosophischen Denkens. Später in den achtziger Jahren verkomplizierten sich aus diesen Gründen auch meine Beziehungen zu jener Priestergemeinschaft ein wenig, denn die Zahl meiner Verhöre nahm zu und das Risiko einer Beeinträchtigung der konspirativen Tätigkeit stieg stetig.

Zu einem dieser philosophischen Seminare trafen wir uns einige Jahre hindurch jeden Montagabend in der romantisch gelegenen Wohnung von Radim Palouš (dem späteren ersten Rektor der Karlsuniversität nach 1989) auf der Insel Kampa unterhalb der Prager Karlsbrücke. Wir beschäftigten uns mit unterschiedlichen Themen, auch viel mit politischer Philosophie, mit den Werken von Hannah Arendt, Paul Ricœur und Eric Voegelin. Manchmal trugen in diesen Seminaren – die jedoch den Ort wechseln mussten – bedeutende englische, amerikanische, französische und deutsche Philosophen vor, die inkognito als Touristen nach Prag reisten. Unter ihnen waren Charles Taylor, Jacques Derrida und Paul Ricœur. Mehrfach wurden diese konspirativen Reisen von der Polizei enttarnt und die Gäste aus dem Westen wurden verhört und ausgewiesen. Wir gaben in diesem Rahmen eine Reihe von Sammelbänden mit dem Titel »Neue Wege des Denkens« (»Nové cesty myšlení«) im Samizdat heraus. Später initiierten wir eine regelmäßige Zusammenarbeit mit der internationalen Zeitschrift »Il Nuovo Aeropago«, die in Italien herausgegeben wurde und auf Anregung von Johannes Paul II. entstanden war – als eine Plattform philosophischen und theologischen Dialogs zwischen dem Westen und den Ländern Mittelosteuropas. Darin veröffentlichten wir – häufig unter Pseudonym – unsere Arbeiten.

Zu den Aktivitäten des Seminars gehörten regelmäßige dreiwöchige Sommerkonferenzen im Landhaus von Václav Havel in Hrádeček in Ostböhmen. Dort fanden sehr lebendige Diskussionen in einer wunderbaren Atmosphäre von fester Freundschaft und Humor statt, die uns nicht einmal das »Mondmobil« verderben konnte, wie man in Hrádeček die bewegliche Beobachtungsstation der Polizei nannte, welche die Besucher registrierte, aber nicht eingriff. Václav Havel sprach wenig, er hörte eher zu und stellte Fragen, kochte allerdings auch ganz fabelhaft. Später, als ich seine Staatsreden und seine Vorträge im Ausland las, erkannte ich häufig mit Freude viele Nachklänge der damaligen Debatten, in denen sich auch seine politische Philosophie herauskristallisierte.

Das Seminar währte bis zum Ende des Jahres 1989 – dann hörten die regelmäßigen Zusammenkünfte auf, weil der Großteil der Teilnehmer verantwortungsvolle Posten in Staat und Universität angetreten hatte. Von Zeit zu Zeit kommen wir jedoch bis heute zusammen: Während dieser Jahre kam manchmal ausnahmsweise auch Václav Havel als Präsident zu unseren Treffen. Ich erinnere mich daran, wie ich einmal kurz nach der Samtenen Revolution auf dem Weg zum Seminar auf den Stufen des Hauses der Familie Palouš einen klassisch auffälligen unauffälligen Herrn sah, und sofort sprang die alte Assoziation an: Havel ist schon angekommen und hat einen »Schatten« dabei. Es war so, die Geheimpolizei beobachtete ihn wieder, aber aus etwas anderen Gründen als all die Jahre zuvor. Falls es direkt nach der Revolution gewesen sein sollte, schließe ich nicht einmal aus, dass es dieselben Leute waren.

* * *

Als ich die ungefähr fünfjährige geistliche Bildung und das Studium der Theologie beendet hatte, kamen meine Vorgesetzten nach einer Reihe von Gesprächen und Beratungen zu der Ansicht, dass für mich die Zeit gekommen sei, die Priesterweihe zu empfangen. In unserer Gemeinschaft wurde es allerdings als selbstverständlich angesehen, dass die spirituelle Selbsterziehung und Selbstausbildung des Priesters eine lebenslange Aufgabe und eine selbstverständliche Dimension des Lebens ist. Anfang Juni 1977 wurde ich in Erfurt heimlich zum Diakon geweiht. Die Weihe spielte sich in der Hauskapelle des Bischofs Aufderbeck ab. Ebendort hatte ich den damaligen Erfurter Weihbischof Dr. Joachim Meisner kennengelernt. Am Tag der Priesterweihe nahm ich, noch als Laie in der Menge der Gläubigen, an einer großen Feierlichkeit in der Kathedrale teil, bei der auch Kardinal Bengsch zugegen war sowie Vertreter der Orden und andere Bischöfe, d. h., ich sah nach langer Zeit die »normale« Kirche. In der DDR war die Kirche in die Diaspora abgedrängt worden, aber sie lebte in dieser ziemlich frei, zumindest im Vergleich zur Tschechoslowakei.

Im Sommer 1978 führte ich in der Slowakei allein geistliche Übungen zur Vorbereitung auf das Priesteramt durch. Ich begann sie im Grunde genommen mit einer fertigen Entscheidung, aber am vorletzten Tag der Exerzitien befielen mich eine bis dahin unbekannte Angst, Zweifel und eine quälende Krise.

Plötzlich erschrak ich vor der Vorstellung, dass ich bald Priester sein sollte; brennend stieg in mir der Wunsch auf, nicht auf eine so anspruchsvolle und außergewöhnliche Weise zu leben. Ich verspürte das Verlangen, eine Frau und Kinder zu haben wie jeder »normale« Mann in meinem Alter, kurz, so zu sein wie andere, nicht gegen den Strom zu schwimmen, sondern meine Arbeit zu tun und nach der Arbeit Freizeit zu haben, nicht leben zu müssen in der ständigen Anspannung wegen der möglichen Enttarnung und polizeilicher Verfolgung. Vielleicht konnte ich deswegen nach vielen Jahren den Hauptgedanken des kontroversen Films »Die letzte Versuchung Christi« so gut nachvollziehen. Mir ist damals auch die Erkenntnis zuteil geworden, dass Priester zu sein nicht nur die wunderbare Erfüllung eines edlen persönlichen Ideals ist, sondern ein Dienst, der ein Opfer verlangt, die Selbstentsagung – und Auge in Auge mit meinen Schwächen zweifelte ich, ob ich zu so etwas ein Leben lang fähig wäre. Ich führte damals eine symbolische Handlung des Opferns und der Selbstentsagung aus, aber meine Unsicherheiten nahmen dadurch nur zu. Ich erkannte, wie wenig ich zu einem wirklichen Opfer fähig war; all das tat schrecklich weh. Ich fürchtete das Leben, zu dem ich mich zu entschließen im Begriff war. Meine Seele und mein Leib schmerzten vor Sehnsucht nach einer Frau, schlaflos wälzte ich mich in der Nacht auf meinem Lager und gelangte am Morgen zu der Überzeugung, dass mein ganzes bisheriges Leben ein Missverständnis und eine pathologische Verkehrung gewesen war. Statt eines feierlichen JA war ein schmerzhaft aufbegehrendes NEIN in mir, meine ganze Vergangenheit zweifelte ich an und die Zukunft erschien mir als bedrohliche schwarze Grube. Ja, ich gebe zu, dass zum Abschluss der Exerzitien auch der Gedanke an Selbstmord sich meiner bemächtigte, den ganzen Heimweg über – denn die Zeit für die Exerzitien war verstrichen und ich musste aus der Einsamkeit zurückkehren – musste ich mich im Schnellzug krampfhaft am Sitz festhalten, weil ich tausendmal den Drang verspürte, kopfüber aus dem fahrenden Zug zu fallen: Mein gesamtes Leben erschien mir wie ein verriegelter Zug, der in die falsche Richtung rast. In dem Augenblick griff ich nach einem kleinen Buch, einer alten Übersetzung des Neuen Testaments und der Psalmen, die ich schon seit dem Wehrdienst immer mit mir trug, und ich begann einen Psalm nach dem anderen zu lesen, bis ich während der mehrstündigen Fahrt das ganze Buch der Psalmen gelesen hatte. »Rings um ihn her sind Wolken und Dunkel ... Ich aber bin ein Wurm und kein Mensch, der Leute Spott, vom Volk verachtet ... Wende dich mir zu und sei mir gnädig; denn ich bin einsam und gebeugt ...« (Ps 97; Ps 22 und Ps 25) Wann immer ich diese Worte in meinem Brevier lese, erinnere ich mich an jene Zeit. Ich kam in Prag an, stieg aus dem Zug, der Sturm legte sich und aus dem Herzen stieg ein ruhiges und klares JA. Nun konnte ich aufrichtig das abschließende Exerzitiengebet des hl. Ignatius beten: »Nimm hin, Herr, und empfange ...«

Ich wusste, dass mir niemand im Voraus den Weg weisen würde, den ich antrete, dass niemand mir garantieren würde, dass er leicht sein wird; man muss den Weg beschreiten, man muss den Weg selbst befragen und sich ihm mit Vertrauen überlassen. Als ich am nächsten Tag meinem Beichtvater von all dem erzählte, sagte er mir nur: »Wenn du während der Exerzitien nicht durch diese Prüfung gegangen wärest, hätte ich nicht meine Zustimmung zu deiner Weihe geben können, nun sage ich Ja, und das mit einem ruhigen Gewissen: Gehe hin in Frieden.«

Danach war alles für meine geheime Priesterweihe bereit und wir warteten nur noch auf eine konspirative Benachrichtigung aus Deutschland. Da erreichte uns aber die Nachricht vom Tod Papst Pauls VI. und kurze Zeit darauf auch vom Tod von dessen Nachfolger, Johannes Paul I. Wir dachten, dass nun vielleicht die geheimen Weihen eingestellt würden, dass man die Ankunft des neuen Papstes abwarten würde sowie seinen Standpunkt zur Untergrundkirche des »Ostblocks«. Trotz dieser Ereignisse kam aber von Weihbischof Meisner die verschlüsselte Nachricht, ich solle kommen.

Kurz vor der Abfahrt war ich bei meinem Beichtvater, um meine Lebensbeichte abzulegen. Danach legten wir auf einem kleinen Tischchen alles Nötige für die Messe bereit und schalteten noch für einen Moment das Radio an, denn im Vatikan lief gerade das Konklave. Noch in den Nachmittagsnachrichten hatte man allgemein geurteilt, dass es erst in einigen Tagen zur Wahl eines neuen Pontifex kommen würde. Aus dem Sender des Vatikans ertönte jedoch eine aufgeregte Meldung, die das gewöhnliche Programm unterbrach und auf den Petersplatz umschaltete, von dem gerade die Worte in die ganze Welt drangen: »Annuntio vobis gaudium magnum! Habemus papam! – Ich verkünde euch eine große Freude, wir haben einen Papst! Den hochwürdigen Herrn Karol – Kardinal der Heiligen Römischen Kirche – Wojtyła!« Ein Papst aus dem Osten! Ich war wie vom Blitz getroffen. Jedes Wort war zu schwach, um unsere Freude auszudrücken. Kaum waren die Worte des Kardinals verklungen, begannen wir eine Messe zu feiern – wer weiß, ob dies nicht überhaupt die erste Messe auf der Welt für den neuen Papst gewesen ist?

Danach reiste ich gleich zu meinem Freund, der unlängst in Krakau im Geheimen für den Orden der Premonstratenser geweiht worden war, vielleicht von Karol Wojtyła selbst, vielleicht von einem seiner Hilfsbischöfe; in der Illegalität galt, dass man nicht mehr wissen sollte als unbedingt nötig. Von eben diesem Freund kannte ich hunderte von Geschichten über den originellen, mutigen und nonkonformen Krakauer Erzbischof, der sich zur selben intellektuellen Strömung bekannte wie wir, die Schüler von Jan Patočka, nämlich zur Phänomenologie. Mein Freund hatte die fantastische Neuigkeit noch nicht gehört und reagierte überraschend: »Immer habe ich Karol Wojtyła als Gabe unseres mährischen Landes einen hausgebrannten Kalvados nach Krakau mitgebracht. Ich sollte nächsten Monat dorthin, der Kalvados steht schon im Schrank. In den Vatikan bekomme ich den nicht mehr hineingeschmuggelt, also trinken wir beide ihn zusammen auf seine Gesundheit. Wir sind jetzt beide ohnehin so trunken von Freude, dass eine Flasche Kalvados daran nichts verschlimmern kann.« Und so geschah es. Als ich fortging, hatte ich nicht üble Lust, einen feuilletonistischen Artikel im Stil der »Kleinseitner Geschichten«[44] von Jan Neruda zu schreiben: »Wie es kam, dass ich dem Papst den Schnaps austrank«.

Und es kam die Nacht und es kam der Morgen, der Tag der Anfahrt brach an. Wenn ein Mensch zur Priesterweihe fährt, betet er viel und hat reichlich Stoff zum Nachdenken. Dennoch kann ich mich an zwei humorvolle Geschichten während der langen Reise erinnern. Kurz vor Erfurt setzte sich in dem überfüllten Zug eine junge deutsche Frau von ungefähr sechzehn Jahren neben mich, die mit einer solch leidenschaftlichen Hingabe in ihrem Buch las und die so laut seufzte, dass ich nicht wiederstehen konnte und ihr über die Schulter blickte. Sie enträtselte irgendeinen sexualkundlichen Ratgeber für junge Frauen, gerade bewältigte sie das Kapitel »Französischer Kuss«. Sie fuhr offenbar zu einem Rendezvous und brannte schon vor Ungeduld, die neu gewonnenen Erkenntnisse in der Praxis zu erproben. Mir wurde klar, dass ich in der gleichen Stadt und annähernd zur gleichen Zeit die Verpflichtung zur lebenslangen sexuellen Enthaltsamkeit auf mich nehmen würde, und ich musste lächeln angesichts der Koinzidenz und der Mannigfaltigkeit menschlicher Wege.

In Erfurt hatten die ostdeutschen Genossen den gesamten Bahnhof mit einem roten Transparent behängt, auf dem das Lenin-Zitat zu lesen war: »Aus dem Funken schlägt die Flamme«. Auch aus dem unseren, sagte ich mir im Geiste, nur dass unsere Flamme wesentlich länger brennen wird als die eure. Nun, ich dankte Wladimir Iljitsch für die ganz passende Begrüßung beim Betreten der Stadt, in der ich in einigen Stunden Priester werden sollte – oder mit den Worten des Alten Testaments ausgedrückt, ein Feueropfer für den Herrn. Ich dachte wieder an den Tag, an dem Jan Palach starb, an meine damalige Meditation darüber, was ich tun würde, wenn ich in der Tasche ein Papier mit den Worten »Fackel Nummer zwei« hätte.[45] Ich war dreißig Jahre alt, etwas starb in mir und etwas Neues sollte geboren werden.

* * *

Vor meinem eigenen Weiheritus verbrachte ich drei Stunden in Einsamkeit und Gebet in der Kapelle der Ursulinenschwestern Am Anger. Ich machte mir die Bedeutung des Augenblicks bewusst, in dem ich das »unauslöschbare Zeichen« vom Priestertum Christi empfange. Was geschehen würde, ließe sich nie mehr ungeschehen machen. Ich führte mir meine Freiheit gänzlich vor Augen: Wenn ich jetzt nein sagte, würde sich mein ganzes Leben offenbar ganz anders entwickeln, jetzt halte ich meine ganze Zukunft in Händen. Und in dem Moment ging mir auf, wie nie zuvor, dass ich durch die freie Wahl einer Möglichkeit und das Verbrennen aller anderen Brücken hinter mir meine Freiheit nicht vernichte, sondern verwirkliche. Ja, Abraham vertraute dem Herrn und machte sich auf den Weg, obwohl er nicht wusste, wohin er ging. Warum sich fürchten? Liebt Er mich etwa nicht, Er, welcher der Weg ist, und kennt Er mich nicht besser, als ich mich selbst kenne, ist Er denn nicht weiser und mächtiger als ich, der ich mein Leben aus der Perspektive meines kleinen Ego lenken will, wenn doch das wirkliche Zentrum meines Lebens und des Lebens überhaupt Er ist? Kann ich überhaupt etwas Anderes und Besseres sagen als das Wort, das ich in kurzer Zeit vor dem Bischof sprechen werde, »ADSUM! – Hier bin ich!« Ich ließ die Zügel los und die Sorgen aus dem Herzen fahren und trat den Weg an.

Es war Samstag, der 21. Oktober 1978; abends nach fünf Uhr wurde ich vom Bischof Aufderbeck in der Privatkapelle seiner Residenz im Schatten des Erfurter Domes zum Priester geweiht. Zum Haus des Bischofs wurde ich auf dem Rücksitz eines Autos unter einem Mantel versteckt gefahren; auch wenn die Kirche in der DDR größere Freiheit genoss, waren wir dennoch nicht sicher, ob nicht eine versteckte Kamera der ostdeutschen Geheimpolizei auf den Eingang zur Bischofsresidenz gerichtet war. Das Thema der Predigt des Bischofs waren drei Worte aus der Liturgie: respice – suspice – accipe, blicke zurück, nimm auf dich und empfange.

* * *

In jener Nacht konnte ich nicht schlafen. Am nächsten Tag hielt ich sehr früh am Morgen meine erste Messe in derselben kleinen Kapelle der Schwestern, in der ich am Nachmittag des Vortages vor dem Weiheritus meditiert hatte. Mit mir konzelebrierten der Weihbischof Meisner und Pater Václav Dvořák, die Kapelle war ganz leer. Diese Messe widmete ich vor allem dem neu gewählten Papst. Wir wollten enden, bevor die Schwestern kämen, um das Morgenlob zu beten. Der Gottesdienst zog sich jedoch in die Länge, und so kam es, dass die Kapelle schließlich voller Schwestern war, die offenbar erkannt hatten, was vor sich ging, wenn einem jungen bärtigen Priester ein Bischof sowie ein älterer grauhaariger Priester zur Hand gingen. Eine der Ordensschwestern trat an den Bischof heran und fragte, ob die Schwestern ein Te Deum singen dürften. Und so endete meine Messe mit dem Lobgesang dieser Ordensgemeinschaft, der sowohl bejahrte Schwestern als auch junge Novizinnen angehörten. Ich war froh darüber, denn zu Ordensschwestern habe ich zeit meines Lebens ein sehr enges Verhältnis gehabt, ich nehme sie wirklich als meine Schwestern wahr.

Nach der Messe machten wir uns zusammen mit dem Weihbischof Meisner auf den Weg, um die direkte Übertragung der Inthronisation des Papstes im westdeutschen Fernsehen anzusehen, und hörten seine erste Ansprache, die in den Worten gipfelte: »Fürchtet euch nicht!« Es war uns klar, dass der erste slawische Papst einen großen Einfluss auf die Veränderungen im Leben auch unserer, der tschechischen Kirche haben würde, vielleicht auf das Schicksal ganz Europas. Mir wurde bewusst, dass ich wahrscheinlich der erste Priester überhaupt war, der während seines Pontifikats geweiht wurde. Ich fragte mich, ob ich einmal die Möglichkeit haben würde, ihn persönlich zu treffen und ihm dies vielleicht zu sagen, und im Herzen ahnte ich, dass dies so sein würde. Es geschah jedoch erst nach mehr als elf Jahren.

V. Der Weg der Untergrundkirche

Mir war damals klar, dass ein Mensch durch die geheime Priesterweihe ein beträchtliches Risiko auf sich nimmt. Als ich mich vom Bischof Aufderbeck verabschiedete, sagte ich ihm, dass ich nicht wisse, was mich in Tschechien erwartet und ob wir uns überhaupt jemals wiedersehen würden. Er entgegnete: »Ja, man muss mit allem rechnen« – und er sagte es so ruhig, dass mir dieser Satz wie eine Beruhigungsformel noch jahrelang in den Ohren nachklang. Ja, wiederholte ich für mich, der Mensch muss wirklich mit allem rechnen.

Heute fällt es mir schwer, im Nachhinein meine damaligen unbewussten Wünsche, Ahnungen und rationalen Erwägungen auseinanderzuhalten, aber mir scheint, dass ich nie allzu sehr damit gerechnet habe, dass ich die Freiheit der Kirche noch erleben würde. Viel eher erwartete ich, dass ich früher oder später von der Polizei enttarnt und auf die eine oder andere Weise liquidiert werden würde. Ich wünschte lediglich, dass es nicht zu bald geschähe; zum einen bin ich kein geborener Held, der sich nach der Palme der Märtyrer verzehrt, zum anderen wollte ich den Menschen noch ein wenig als Priester dienen, nachdem ich mich so lange darauf vorbereitet hatte. Einmal brachte mir mein Freund Jaroslav Kašparů die Nachricht, dass einer der heimlich geweihten Bischöfe in Mähren tot in einer Blutlache liegend aufgefunden wurde; bis heute ist der Fall unaufgeklärt und es ist anzunehmen, dass er von Agenten des KGB ermordet wurde, weil er Kontakte zur Untergrundkirche in Russland hatte. Mein Freund fragte mich, ob ich nicht Angst um mein Leben hätte. »Ja, habe ich«, antwortete ich ihm aufrichtig, »aber es ist mir schnuppe.« Ich bin überzeugt, dass es nicht das Wichtigste ist, keine Angst zu haben (dies kann auch auf Abgestumpftheit und Uninformiertheit zurückgehen), sondern die Angst nicht Motor unseres Handelns werden zu lassen. Angst (ähnlich wie Schmerz) kann ein nützliches Signal für eine sich nähernde Gefahr sein; wir dürfen ihr nur nie das Steuer unseres Lebens überlassen.

Die Priestergemeinschaft, zu der ich gehörte, arbeitete vorsichtig, im Verborgenen, sehr konspirativ, und das erwies sich als weise. Dreimal im Jahr kamen wir alle zusammen, ansonsten trafen wir uns nur zu zweit. Meist hielt ich allein und sehr früh am Morgen zu Hause eine Messe und an Samstagen oder an besonderen Gelegenheiten bei Freunden. Meine »Primiz« in Tschechien feierte ich mit meinen Mitbrüdern am Christkönigstag[46], in einem Wochenendhaus unweit von Prag. Dann zelebrierte ich ziemlich regelmäßig die Messe bei meinen Freunden, dem Ehepaar Kovařík, mit denen ich im Herbst 1968 kurz in dem erwähnten britischen Exil gewesen war. Die Fenster ihrer Wohnung gingen auf den alten jüdischen Friedhof mitten im alten Prag hinaus und so dachte ich während der Messe häufig an das auserwählte Volk Israel, Gottes erste Liebe, und bat um Vergebung für all das Leid, das wir Christen den Juden zugefügt haben, im Prager Ghetto und auch andernorts in der Welt. Sehr gerne zelebrierte ich die Messe mit meinen Freunden auch im Sommer, unter freiem Himmel, früh morgens in den Wäldern und Bergen.

Innerhalb der Priestergemeinschaft galt der Grundsatz, dass wir über unser Priestertum nur bei Einhaltung von drei Bedingungen zu anderen sprechen können – und das immer nur unter Gelobung absoluten Schweigens: Es mussten Menschen sein, die wir sehr gut kannten, von denen wir wussten, dass sie schweigen und ein Geheimnis auch unter extremen

Bedingungen bewahren konnten, und die zugleich aus irgendeinem Grund unseren priesterlichen Beistand brauchten. Grundsätzlich war es jedoch in unserem Kreis verboten, dies den eigenen Eltern mitzuteilen, weil es wohl in der Vergangenheit gerade in diesen Fällen durch Unvorsichtigkeiten zum Verrat gekommen war, wenn sich jemand aus der Familie unter Verwandten »versprochen« hat. Das konnte dann allerdings die ganze Gruppe gefährden, das ganze Netzwerk der »verborgenen Kirche«[47] verraten, das hinter die Grenzen führte. Für eine solche Unvorsichtigkeit konnte eine Reihe von Leuten schwer bezahlen, nicht nur der heimlich geweihte Priester selbst. Diesem drohten mehrere Jahre Gefängnis auf der Grundlage des Gesetzes über »die Straftat der Vereitelung der staatlichen Aufsicht über die Kirchen und religiösen Gemeinschaften« – zu unserer Zeit bedeutete das meistens zwei Jahre Gefängnis, aber es konnte die »Zusammenarbeit mit dem feindlichen Ausland« hinzukommen und wer weiß was noch alles. Allerdings drohten keine Todesstrafen oder lebenslangen Haftstrafen mehr wie noch den »Spionen des Vatikans« in den fünfziger Jahren.

Nicht einmal meiner Mutter, mit der ich bis zu ihrem Tod im Jahre 1986 zusammenlebte, konnte ich also sagen, dass ich Priester bin. Ich bin jedoch überzeugt, dass das Mutterherz sehr vieles herausspürt. Ohne dass wir viele Dinge klar benannt hätten, war es besonders gegen Ende ihres Lebens offensichtlich, dass sie irgendwie wusste, wie es um mich steht. Sie respektierte jedoch mein Geheimnis und ich war froh, dass sie nicht alles wusste, weil es für sie schwer gewesen wäre mit dem Wissen zu leben, dass ich jeden Tag im Gefängnis landen könnte. Auch wenn sie sich im Laufe ihres Erwachsenenlebens nicht zur Kirche bekannt hat, denke ich, dass sie sich vom Glauben als solchen im Herzen nie entfernt hat. Einige Jahre vor ihrem Tod hat Pfarrer Reinsberg, den meine Eltern beide gerne mochten, sie formal mit Gott und der Kirche ausgesöhnt.

Von der Zeit an konnte ich ihr während ihres langen Aufenthaltes im Krankenhaus die Eucharistie bringen – diese durfte ja auch durch Laien gereicht werden.

Meine Mutter litt ziemlich darunter, dass ich – besonders in einer gesellschaftlich und politisch so schwierigen Zeit – keinen Rückhalt in einer eigenen Familie und auch nicht in nahen Blutsverwandten hatte. Auch wenn sie wusste, dass ich schon lange ein erwachsener Mann war und in der Welt »nicht verlorengehe«, kannte sie doch auch meine geringe praktische Veranlagung und andere wunde Stellen. Es war für sie kurz vor ihrem Tod eine große Erleichterung, als die Familie von Frau Dr. Scarlett Vasiluková-Rešlová, die zu meiner engsten »geistigen Familie« gehörte und die mir aufopferungsvoll half, meine Mutter zu pflegen, mich vollständig »adoptierte« und dauerhaft zu meiner ruhigen menschlichen Basis wurde.

Meine Mutter starb friedlich in meinen Armen, versöhnt mit Gott und den Menschen, am ersten Mai – dem Gedenktag des hl. Josef, des Arbeiters, jenes Heiligen, den sie jahrelang täglich mit ihrem kleinen Gebet aus Kindertagen bat: »vor der Sünde wolle mich beschützen und einen glücklichen Tod mir erbitten«. Ich konnte mir früher nicht vorstellen, was das sein soll: »ein glücklicher Tod«, und seit der Kindheit fürchtete ich den Tag, an dem meine Mutter sterben würde. Aber als ich die Hand meiner Mutter hielt, ihr einige Worte zum Abschied sagte, ihr die Eucharistie reichte und sie in dem Augenblick lächelte und die Augen schloss, empfand ich ihr Hinübergehen in die Ewigkeit als Geschenk. Ich wusste, dass ihr Gebet erhört worden war.

* * *

Die »Untergrundkirche« bzw. die »illegalen kirchlichen Strukturen« waren eigentlich eine Bezeichnung, welche die Geheimpolizei verwendete. Wir haben uns nie als eine besondere Kirche »neben« der Kirche oder gar »gegen« die Kirche verstanden, die in Tschechien offiziell tätig war.

Alle Getauften sind Teil der Kirche. Für mich hatte der Gedanke von Karl Rahner immer eine große Bedeutung, dass die Kirche ein Zeichen für die Einheit der ganzen Menschheit sei und dass schon allein kraft ihres Menschseins und besonders kraft ihrer Sehnsucht nach Sinn, nach Wahrheit und dem Guten in gewisser Weise auch jene zur Kirche gehören, die nicht ihre formalen Mitglieder sind. Wir wussten, dass die Kirche unter kommunistischer Herrschaft viele Tätigkeiten nicht öffentlich ausüben konnte, die natürlicherweise und untrennbar zu ihrem Leben gehören. Wir wollten verhindern, dass das Leben der Kirche auf jene verstümmelte Form reduziert würde, die das atheistische Regime zuließ und an die sich viele Laien und Priester schon zu gewöhnen begannen – nämlich eine Tätigkeit, die auf die Liturgie und die Instandhaltung kirchlicher Gebäude begrenzt war. Unter den offiziell wirkenden Priestern unterschieden wir sorgfältig zwischen den vielen aufopferungsvoll sich einsetzenden Pfarrern, die wir sehr schätzten und mit denen wir im Rahmen unserer Möglichkeiten zusammenarbeiteten, und zwischen den Funktionären der kollaborierenden Priesterorganisation *Pacem in terris*, die vor laufender Kamera Küsschen mit den kommunistischen Machthabern tauschten; für die konnten wir nur beten. Sowohl die »offizielle« als auch die »inoffizielle« Kirche waren jedoch vielschichtig und vielfältig. Nie haben wir die tschechische Kirche der damaligen Zeit schwarzweiß wahrgenommen. Wir hielten uns selbst, die Priester »in der Illegalität« nicht für besser als jene, die in den Pfarreien dienten und oft Kompromisse mit dem Regime schließen mussten. Wie sich später bestätigt hat, gab es auf beiden Seiten Helden und Verräter, aber vor allem schwache und fehlbare Menschen.

Unser Kreis war bemüht, nicht nutzlos Kraft zu verschwenden, wir unterließen also grundsätzlich all jene Tätigkeiten, zu denen die Menschen öffentlich in der Kirche Zugang haben konnten, um sie nicht unbedacht in den Untergrund zu führen und um die Kirche nicht zu sehr zu spalten. Wir konzentrierten uns also auf das, was offiziell verboten war: auf Exerzitien, Studienkreise, Bemühungen um eine kategoriale Seelsorge[48], besonders auf jenem Gebiet, das uns nahe lag und das zugleich von den Kommunisten am stärksten verboten war – die Arbeit mit Studenten und jungen Intellektuellen. Und hierbei haben wir bewusst mit einigen der »offiziell« wirkenden Priester zusammengearbeitet.

Später erzählte ich Pfarrer Reinsberg, dass ich Priester sei. Er entgegnete, dass er davon schon längst überzeugt gewesen sei. Damit begann eine neue Form unserer Zusammenarbeit: Manchmal, wenn Studenten zu ihm kamen, die bis dahin ohne religiöse Erziehung aufgewachsen waren, sagte er ihnen, dass er keine Zeit habe, sich mit der zeitgenössischen Theologie zu befassen. Er habe aber einen Freund, einen Psychologen, der sich viel mit Theologie beschäftige und der sie in die Geheimnisse des Glaubens einführen und ihre Fragen beantworten könne – auf eine Weise, die ihrem Denken und ihrer Bildung nahe stehe. Im Laufe der Jahre habe ich auf diese Weise eine Reihe von Menschen auf die Taufe und auf die erste Kommunion vorbereitet, ohne ihnen zu sagen, dass ich Priester bin – die Sakramente selbst haben sie dann in der Kirche empfangen, meist von der Hand Pfarrer Reinsbergs. Manchmal, wenn zum Beispiel die öffentliche Taufe eines Studenten dessen Ausschluss vom Studium bedeuten konnte oder Pfarrer Reinsberg die »staatliche Zustimmung« hätte kosten können, geschah dies abends in der Teynkirche hinter verschlossenen Türen.

Später habe ich hauptsächlich Priesteramtskandidaten vorbereitet, ich unterstützte sie beim Studium wie auch bei ihrer geistlichen Bildung und begleitete Exerzitien vor der Priesterweihe. Für einige war ich Zeuge bei ihrer geheimen

Weihe, die meist in Berlin in der Privatkapelle des Kardinals Meisner oder nachts in der Krypta der Berliner St.-Hedwigs-Kathedrale stattfand, zu der ein unterirdischer Gang von der Bischofsresidenz führte.

* * *

Wenn heutzutage vom katholischen Priesteramt gesprochen wird, kommt die Rede früher oder später auf das Zölibat. Ich empfing die Priesterweihe und mit ihr die Verpflichtung zum Zölibat erst im Alter von dreißig Jahren. Ich habe es nie gebrochen. Ich muss jedoch hinzufügen, dass mich in bestimmten Phasen meines Lebens das Leben in sexueller Abstinenz viele innere Kämpfe gekostet hat; ich bin nicht sicher, ob Gott wirklich wollte, dass ich so viel Energie in dieser Richtung aufwende.

Auch wenn ich schon lange ein wenig geahnt habe, dass in meinen Adern nicht Tinte statt Blut fließt oder Weihwasser und dass ich meiner ganzen Anlage nach ein sehr leidenschaftlicher Mensch bin, kann ich nicht sagen, dass ich auf diesem Gebiet in der frühen Jugend irgendwelche schrecklichen Probleme gehabt hätte. Die Leidenschaft strömte bei mir eher ins Geistige und Intellektuelle und in »irdischen« Dingen reichte es dann nur für ein paar platonische Lieben. Die erlebte ich ziemlich ruhig, als natürlicher Ausdruck dessen, dass ich ein normaler Mensch bin, der fähig ist, sich zu verlieben und der nicht aus Holz ist. So verständig haben das stets auch meine weisen Beichtväter bewertet und das auch in der Zeit, als ich an das Priesteramt dachte.

Ich habe es stets für redlich gehalten, Kandidaten des Priesteramtes und des Ordenslebens darauf aufmerksam zu machen, dass sie sich nicht in Sicherheit wiegen sollen, weil das Erotische und Sexuelle sie nicht groß beunruhigt während der Zeit, in der sie am meisten mit ihren Altersgenossinnen und Altersgenossen »üben«. Ein junger Mensch kann so für sein religiöses Ideal entflammt sein, dass er häufig ganz spontan und ohne größere Anstrengung seine Sexualität sublimiert, und daraus leitet er dann den einfältigen Schluss ab, dass es immer so gehen wird, dass er »gewonnen hat«. Es geschieht häufig, dass es irgendwann um die Dreißig herum auf natürlichem Wege zu einer Reifung und stärkeren Harmonisierung der Persönlichkeit kommt, die sich bis dahin sehr einseitig entwickelt hat. Erst jetzt schießt wie eine unerwartete unterirdische Quelle die Sehnsucht nach einer Frau oder einem Mann hervor und hat eine starke sexuelle Ladung. Weil ein solcher Mensch oft nicht darauf vorbereitet und unerfahren ist, kann es ihn ganz schön überfallen und im vierten Jahrzehnt seines Lebens hat er dann einiges zu verarbeiten!

Falls er aus der falschen geistlichen Literatur und von neurotisierenden Beichtvätern gelernt hat, die Sexualität als solche abzulehnen und »schmutzig« zu finden, und falls er ein unbewusstes Grauen vor ihr hat, sind hier die Weichen gestellt entweder für eine Neurose oder für einen dramatischen und häufig traumatisierenden Bruch auf dem Lebensweg. Ich selbst hatte einen großen Vorteil dadurch, dass ich mich viel mit Psychologie beschäftigt habe, aber ich kann nicht sagen, dass ich mich – besonders in der Zeit nach der Weihe, zwischen Dreißig und Vierzig – nicht mit bestimmten Spannungen und Problemen hätte auseinandersetzen müssen. Ich würde sehr davor warnen, diese schwerwiegenden menschlichen Probleme dadurch unbedacht zu bagatellisieren, dass man sich vermessen auf »übernatürliche Mittel« verlässt. Der hl. Thomas von Aquin hatte die tiefe Einsicht, dass »Gnade die Natur voraussetzt«, und besonders auf diesem Gebiet kann sich das eigenmächtige Überspringen der Natur (inklusive psychologischer Erkenntnisse und kompetenter psychotherapeutischer Hilfe bei Krisen) sehr rächen. Manchmal habe ich bei den

Opfern dieser Enthusiasten für das »Übernatürliche« auch sehr prekäre »widernatürliche« Dinge erlebt.

Häufig sucht man in der Vergangenheit eines Priesters irgendeine »Romanze«. Um dieser Neugier entgegenzukommen, erwähne ich eine Begebenheit, die in der Tat einem romantischen Roman ähnelt. Ganz am Anfang der siebziger Jahre, als ich mir die Frage nach dem Priestersein stellte, war ich durch eine platonische Liebe mit einer außergewöhnlich schönen und intelligenten jungen Frau verbunden. Es war eine sehr romantische Beziehung und von meiner Seite stark beeinflusst durch die Lektüre des Priester-Dichters Jakub Deml[49], besonders seiner »Miriam«, die im Geiste einer Geschwisterbeziehung geschrieben war; in meinen Briefen sprach ich sie konsequent mit »Schwester« an. Die Beziehung bedeutete mir viel, und erst heute kann ich einschätzen, wie sie die Beziehung wohl erlebte, wenn sie mich auf der einen Seite einfach gern hatte und auf der anderen Seite wusste, dass ich daran denke, Priester zu werden, was für sie als gläubigen Menschen einen ungeheuren Wert darstellte, der noch gesteigert wurde durch die damalige Situation der Kirche. Ich erinnere mich daran, wie wir am 15. März 1972 auf der Karlsbrücke ein Treffen hatten und sie mir die Nachricht brachte, dass an eben jenem Tag Pater Antonín Mandl gestorben war. Und sie fügte hinzu, dass sie überzeugt sei – auch wenn es ihr nicht leicht falle, das zu sagen –, dass ich an seine Stelle treten und Priester werden solle. Genau zwanzig Jahre später erzählte ich Studenten diese Geschichte in der Salvatorkirche. Hätte mich jemand damals, an jenem Frühlingsabend, einen Blick in die Zukunft tun lassen und hätte ich gesehen, dass ich in zwanzig Jahren zur selben Stunde und nur einige Schritte entfernt eine Messe in jener Kirche abhalten würde, in der auch Pater Mandl gewirkt hatte, hätte ich es geglaubt?

Ich zögere etwas, über den Fortgang dieser Begebenheit zu erzählen, denn hätte ich es selbst nicht erlebt, so würde es mir wie ein Filmplot vorkommen, bei dem die einen schluchzen und die anderen brummen, dass so etwas im wirklichen Leben nicht passiert. Meine Sehnsucht nach dem Priesterdienst prägte sich dann wirklich stark aus und wir gingen auseinander. Ich hatte sie viele Jahre nicht gesehen, wusste jedoch, dass sie, obwohl sie auch langsam auf die Dreißig zuging, ledig blieb, und musste mir die Frage stellen, ob ich nicht unglücklich in ihr Leben getreten war. Auch in meiner Lebensbeichte vor der Priesterweihe erwähnte ich, dass ich durch eine Trennung vor vielen Jahren, wenn auch unwillentlich, vielleicht die Lebensgeschichte und das Lebensglück eines anderen Menschen gestört hätte. Als ich nach ein paar Tagen, es war nach meiner Weihe, um Mitternacht herum aus Deutschland nach Hause zurückkehrte, öffnete ich den Briefkasten und fand darin ihre Heiratsanzeige. In meiner ersten Messe, die ich allein zu Hause hielt, betete ich für das Gedeihen ihrer Ehe.

Diese Begebenheit hatte eine Fortsetzung. Nach Jahren trafen wir uns zufällig und sie sagte mir, dass ihr Mann zu Hause im Sterben liege, er habe Krebs. In dieser Situation sagte ich ihr, dass ich Priester sei. Ich ging dann mehrmals zu ihnen nach Hause und hielt dort wiederholt eine Messe. Niemals werde ich die Messe am ersten Adventssonntag vergessen. Ihr Mann stand noch auf und spielte auf dem Harmonium, auch wenn er wegen des großen Tumors in seinem Kopf nichts mehr hörte; die Predigt schrieb ich ihm auf. Es war eine Meditation über den Psalmvers: »Ich freute mich, als man mir sagte: / ›Zum Haus des Herrn wollen wir pilgern.‹« (Ps 122). Mit diesem Vers soll Johannes XXIII. dem Arzt auf die Worte geantwortet haben, dass der Tod nahe sei. Uns allen drei war klar, dass dieser Mensch an der Schwelle zum Hause des Herrn stand, und wirklich starb er friedlich einige Stunden nach diesem Gottesdienst. Wann immer ich eine Messe am ersten Adventssonntag zelebriere und den Vers lese, denke ich an ihn zurück und an diese ganze Begebenheit.

Bald nach der Weihe wurde ich damit betraut, mit Petr Pit'ha, einem ebenfalls im Geheimen geweihten Priester aus unserem Kreis, die grundlegenden Dokumente unserer Gemeinschaft zu überarbeiten, einschließlich der Schlüsseltexte über die Spiritualität unseres Dienstes. Danach wurde ich durch unsere Gemeinschaft zum Dienst als priesterlicher Spiritual dieses Kreises gewählt und durch die Vorgesetzten darin bestätigt.

Unsere Gemeinschaft legte sehr viel Wert darauf, dass wir die Verbindung des Priesteramtes mit einem zivilen Beruf und einem Leben inmitten einer säkularen Umgebung nicht als eine vorübergehende Notsituation begriffen, die uns durch die politischen Umstände aufgezwungen wurde, sondern als eine ganz wichtige Form geistlicher Tätigkeit, die insbesondere für die Zukunft Relevanz hätte. Und das auch in dem Fall, wenn der Kirche einmal die volle Freiheit zurückgegeben würde. Wir sagten uns, dass wir bestimmt nicht einmal dann – sollten wir dies noch erleben – in die Pfarreien auseinanderlaufen würden, auch wenn wir unser Priestersein nicht mehr geheim halten müssten.

Darin unterschieden wir uns sehr von jenen Untergrundgruppen, die diese Form des Priestertums als »Rücklage für eine schlimmere Zukunft« begriffen, eine Zukunft, für die sie eine dramatische Verfolgung der Kirche im Stil des einstigen Genozids an Katholiken in Mexiko, Albanien oder Rumänien voraussahen. Unsere Einschätzung der politischen Entwicklung war nicht so pessimistisch wie in den Kreisen um die Bischöfe Davídek und Blaha[50], wir erhofften uns eine bestimmte schrittweise Verbesserung der Umstände. Wir träumten allerdings nicht von einer zukünftigen »christlichen Gesellschaft«, vielmehr rechneten wir damit, dass wir auch nach einer möglichen Erosion des totalitären Regimes bei uns eine Gesellschaft vorfinden würden, die zu einem beträchtlichen Grade »entchristlicht« wäre, und dass gerade für diese säkularen Zustände Priester nötig sein würden, die viel Erfahrung mit weltlichem Leben haben.

Den Sinn unseres Priestertums sahen wir auch nicht in einer nervös eifrigen Bemühung um Quantität: so viele Messen wie möglich halten, so viele Menschen wie möglich taufen und so viele Priester wie möglich weihen – und überhaupt irgendwie das zerreißende Netz der Pfarreien flicken. Wir versuchten zu verstehen, was Gott uns damit sagen will, dass er diesen Zustand der Kirche zulässt. Fordert er uns nur zu einer Vervielfachung unserer pastoralen Aktivitäten auf oder eher zum aufrichtigen Meditieren über die »Zeichen der Zeit« und die Überbewertung vieler Dinge, auf welche sich die Kirche in der jüngsten Vergangenheit fixiert hat? Das klassische Netz der Pfarrbezirke hielten wir für überholt. Unser Grundsatz lautete: »Die Qualität hat Vorrang vor der Quantität«, lasst uns lieber in die Tiefe gehen als in die Breite, Nachdenken ist kein Luxus, sondern eine Arbeit, die sich lohnt. Neuen Wein werden wir nicht in alte Schläuche gießen können, wir müssen neue Wege und neue Formen durchdenken und ausprobieren.

Josef Zvěřina schrieb im ähnlichen Geiste seinen Text »Der dritte Weg« (»Třetí cesta«), in dem er diese Form des Priestertums in Verbindung mit einem zivilen Beruf zu verteidigen suchte – als eine legitime Form, die sich dem Priester in der Pfarrei sowie dem Ordenspriester im Kloster an die Seite stellt. Wir haben versucht, die Theologie und die Spiritualität für diesen Weg des Priestertums zu durchdenken. In den geistlichen Übungen, die ich unseren Priestern vor der Weihe aufgab und später auch im Laufe ihres Dienstes, betonte ich, dass das Priestersein nicht nur eine soziale Rolle ist, die man durch die üblichen äußerlichen Zeichen charakterisieren könne, sondern dass sie eine lebenslange Sendung und eine Weise der Existenz ist. Aus diesem »ontologischen Kern« des Priesterseins heraus muss man dann sehr schöpferisch und mutig neue Formen durchdenken, den Stil des Lebens, des Gebets und der Arbeit. Gerade ein Priester, der keine Pfarrei hat, keine Kirche, kein Kollar und keine Pfarrstempel, muss sich immer wieder und immer tiefer gehend fragen, worin eigentlich der Kern des Priesterseins besteht, er muss tiefer suchen. Auch heute ist meine mangelnde Bereitwilligkeit, ein Kollarhemd zu tragen und das traditionelle »Image« eines hochwürdigen Herrn zu erfüllen, nicht auf das Bemühen zurückzuführen, mich auf billige Weise an die Welt anzubiedern und den Nicht-gläubigen zu gefallen, sondern darauf, mir selbst und anderen von Neuem die Frage zu stellen, was Priestersein wirklich bedeutet.

Wir lernten, unsere zivilen Berufe nicht als bloße Verkleidung zu begreifen (das habe ich die Versuchung des Doketismus[51] genannt), sondern als etwas, in dem unser Priestersein inkarniert sein muss, wie unser Anteil an der Menschwerdung, an der vollen Solidarität des Sohnes Gottes mit dieser Welt. Wir verstanden uns nicht als »half-time-priests«, die sich darauf freuen, dass ihre Arbeitszeit um ist, um sich für eine Weile der »wirklichen« priesterlichen Tätigkeit widmen zu können – irgendwo eine Messe halten, den Katechismus lehren ...

Weil wir unsere zivilen Professionen als einen untrennbaren Teil unserer priesterlichen Sendung, *die Welt zu weihen*, verstanden, wählten wir keine unqualifizierten Professionen, die zeitlich ziemlich anspruchslos gewesen wären und das Denken nicht beansprucht hätten, sondern – falls es möglich war – anspruchsvolle und verantwortungsvolle Professionen, die eine langfristige Arbeitspartnerschaft mit denkenden und gebildeten Menschen ermöglichten. Diese Partnerschaft galt uns nicht nur als »Gelegenheit zur Missionierung«, deren einziges Ziel eine große Anzahl von Konversionen gewesen wäre. Es ging uns wirklich um Dialog, um Solidarität, um die Möglichkeit, die Gesinnung von Menschen kennenzulernen, die weit entfernt von der Kirche waren. Wir bemühten uns, sie zu respektieren und das zu suchen, was uns gemeinsam war.

Darum war für uns Rahners Gedanke von den »anonymen Christen« so inspirierend und auch die Suche nach Berührungspunkten zwischen dem »allgemeinen Priestertum« (Zvěřina bevorzugte den Begriff »gemeinsames Priestertum«) aller Getauften und dem »dienstlichen« oder amtlichen Priestertum, ohne dass wir den Unterschied zwischen beiden gänzlich beseitigen oder relativieren wollten. Eben um diese Rahner'schen Elemente bemühte ich mich die ursprünglichen Satzungen und spirituellen Grundsätze der Gemeinschaft zu bereichern, die irgendwann in den fünfziger Jahren entstanden waren. An ihnen war – ähnlich wie an der Konzeption von Felix Davídek – die Inspiration durch Teilhards Theologie der »Christifikation des Kosmos«, der »Vollendung der Schöpfung« und der Reifung des Menschengeschlechts spürbar.

Selbstverständlich, diese Auffassung hat ihre theologischen, spirituellen und praktischen Klippen. Einige unserer Bischöfe sprechen heute – in polemischer Wendung gegen die sogenannte »schweigende Kirche« – von der Versuchung, die Eigenständigkeit der Laien zu missachten, von einem raffinierten Klerikalismus, und schon damals warfen uns einige westliche Theologen, mit denen wir uns heimlich trafen (insbesondere bei regelmäßigen Urlauben in Ungarn), eine etwas romantische Mystik des Priestertums vor. Diese Einwände kann man nicht auf die leichte Schulter nehmen. Dennoch meine ich, dass die grundlegende Vision, die uns damals leitete, richtig war und bis heute tragbar ist und dass es ein großer Fehler ist, dass diese vielleicht kostbarste Frucht aus der Zeit der Verfolgung nach dem Jahr 1989 von vielen so leichtfertig vergessen und aufgegeben wurde.

Mich selbst hat die Entwicklung in den neunziger Jahren – insbesondere mein Wechsel von der theologischen zur philosophischen Fakultät – auf Umwegen dazu geführt, dieser Verbindung des Priesteramtes mit einer zivilen Profession erneut mein Jawort zu geben als einem Charisma, dem ich treu bleiben soll.

* * *

Wer bildete eigentlich die »Untergrundkirche«? Zu den »inoffiziellen« Strukturen gehörten diejenigen, die öffentlich geweiht worden waren und dann die »staatliche Zustimmung« verloren hatten. Sie mussten in zivilen, oft gänzlich unqualifizierten Berufen arbeiten wie Nachtwächter, Toilettenreinigungskraft oder Heizer. Ihre pastorale Arbeit übten sie nur im Geheimen aus. Zu diesen gehörte beispielsweise mein Freund Miloslav Vlk, der spätere Prager Erzbischof und Kardinal, der nach dem Verlust der »staatlichen Zustimmung« Fensterputzer wurde. Wir begegneten uns oft auf der Straße, wenn ich von der Arbeit kam, in der einen Hand trug er einen Eimer und in der anderen eine Bürste zum Reinigen der Schaufenster. Aber den eigentlichen Kern der »Untergrundkirche« bildeten diejenigen, die niemals eine »staatliche Zustimmung« besessen hatten, weil sie im Geheimen geweiht worden waren, sei es im Ausland oder zu Hause.

Wir kannten uns bei weitem nicht alle gegenseitig, denn es ging uns nicht um ein einheitlich gesteuertes und koordiniertes Netzwerk, eher um eine Vielzahl von Gruppen, die unabhängig voneinander agierten und von denen sich nur einige über die Grenzen der je eigenen Gemeinschaft hinweg persönlich kannten. Wir lechzten auch gar nicht nach detaillierten Informationen über andere, weil wir wussten, dass nur das, was wir nicht wissen, bei Verhören nicht aus uns herausgeprügelt werden kann. Ich kannte außerhalb unseres Kreises nur einige weitere, die im Ausland geweiht worden waren, in der DDR oder in Polen oder ausnahmsweise – meist um das

Jahr 1968 herum – im Westen. Das waren überwiegend Ordensangehörige, hauptsächlich Salesianer, Franziskaner, Dominikaner und Prämonstratenser oder Menschen aus ordensartigen, von Rom anerkannten Gemeinschaften, wie wir es waren. Das Ordensleben, insbesondere das der männlichen Orden, war bei uns durch das kommunistische Regime im Verlauf einer einzigen Nacht im April 1950 praktisch liquidiert und in die Illegalität gedrängt worden. In jener Nacht überfiel die Polizei alle Klöster, die Ordensangehörigen wurden abgeführt und in verschiedenen Gebäuden untergebracht, von wo aus einige zur Zwangsarbeit herangezogen, andere in militärische Strafabteilungen versetzt wurden, wieder andere wanderten vor Gericht, ins Gefängnis und in Uranbergwerke. Jene Ordensleute, die diese Zeit überlebten, oder jene, die später im Geheimen in die Orden eintraten, protestierten dann jahrzehntelang durch ihre Untergrundtätigkeit gegen diese gewaltsame Unterdrückung. Oftmals erhielten sie auf heroische Weise eine der grundlegenden Dimensionen der Kirche am Leben. Sogar einige der offiziell wirkenden Priester, die das Priesterseminar besucht hatten und in den Pfarreien wirkten, legten im Geheimen ein Ordensgelübde ab. Damit entstanden viele neue Ideen und viele praktischen Erfahrungen wurden gesammelt, die meines Erachtens auch heute zu einem größeren »aggiornamento« der Orden in säkularen Gesellschaften führen könnten; ich halte es für eine Sünde, dass diese schwer erkauften Erkenntnisse heute übergangen werden.

Im Untergrund arbeiteten jedoch auch viele Priester, die im Geheimen von den heimischen Bischöfen geweiht wurden, die selbst wiederum im Geheimen geweiht worden waren. Die Anfänge dieses Zweigs der geheimen Kirche reichen noch in die Zeit vor dem kommunistischen Putsch zurück. Papst Pius XII. hegte – im Unterschied zu vielen westlichen Politikern, die sich durch die Anti-Hitler-Koalition mit Stalin in

Sicherheit wiegten – keinerlei Illusionen darüber, dass er den sowjetischen Kommunismus ändern könne. In dem Augenblick, als Stalin feststellte, dass ein nicht geringer Teil der Einwohner der Sowjetunion – vor allem in der Ukraine – nicht beabsichtigte, sein Leben für die Aufrechterhaltung der sowjetischen Herrschaft zu opfern, und dass diese Menschen die deutschen Truppen sogar als potenzielle Befreier begrüßten, änderte Stalin – dies war in den vierziger Jahren – zeitweilig seine Taktik und damit auch seine Haltung gegenüber der Kirche. Der Krieg gegen Hitler wurde nun nicht mehr als Verteidigung des kommunistischen Reiches ausgegeben, sondern als »Großer Vaterländischer Krieg« und an der Spitze der Divisionen der Roten Armee tauchten orthodoxe Priester auf, mit Ikonen und Wimpeln, auf denen Bilder der Gottesmutter und von Christus dem Erlöser prangten. Dies – zusammen mit dem Grauen vor den Gewalttaten, welche Hitlers Truppen und besonders die SS in den eroberten Gebieten verübten – brachte eine Wende im Krieg und führte zur Niederlage von Hitlers Ostfeldzug. Nach dem Krieg aber endeten die kurzen »Flitterwochen« Stalins mit der orthodoxen Kirche und das alte Modell kehrte zurück – die Kirche war vollständig unter der Knute des Staates, Kollaborateure oder direkt Agenten des Geheimdienstes KGB wurden zu ihren obersten Repräsentanten ernannt, die Religion wurde von Neuem aus dem öffentlichen Leben verdrängt und unangepasste Priester und Gläubige wurden wieder verfolgt. Pius XII. rechnete mit einer Expansion des Kommunismus in weitere Länder Mitteleuropas nach dem Krieg und traf bestimmte vorläufige Vorkehrungen für die Zeit der Verfolgung. Zu diesen Maßnahmen gehörte auch die Anordnung an die Bischöfe in der Tschechoslowakei, ganz im Geheimen je einen Hilfsbischof zu weihen, für den Fall, dass ihnen die Ausübung ihrer Tätigkeit verwehrt würde, dass sie ins Gefängnis gehen müssten, in Konzentrationslagern verschwänden oder auf dem Hinrichtungsplatz endeten. Heute weiß man, dass Pius XII. eine wirklich harte Zeit der Repressionen erwartete (darum ermunterte er zum Märtyrertum), aber eine kurze. Er glaubte nicht, dass der Sieg der Kommunisten von langer Dauer sein würde oder gar endgültig wäre; darum rief er auch zur Ablehnung jedweden Kompromisses mit den Kommunisten auf. Jene, die wie auch immer mit der kommunistischen Regierung im Guten auskommen wollten, setzten sich kirchlichen Strafen aus, die Exkommunikation drohte sogar für das Lesen der kommunistischen Presse. In diesem Geiste war auch der Hirtenbrief des Prager Erzbischofs Beran gehalten, der gegen die ersten Schritte der kommunistischen Regierung gegen die Kirche und die Religionsfreiheit protestierte. Für das Verlesen dieses Hirtenbriefs von der Kanzel fanden sich die Priester auf der schwarzen Liste des Regimes wieder.

Einige Schritte des Vatikans blieben jedoch erfolglos. Die Namen der im Geheimen geweihten Bischöfe wurden aufgedeckt und sie befanden sich häufig noch früher im Gefängnis, als die residierenden Bischöfe ihren Sitz verlassen und ihr Amt aufgeben mussten. Man hat sagen hören, dass ein guter Monsignore im Vatikan – darauf vertrauend, dass die violetten Knöpfe auf seinem Gewand und die physische Nähe zum Grab der Apostel Petrus und Paulus eine ausreichende Garantie für eine intelligente Entscheidung seien – ihre Namen in den amtlichen Dokumenten des Heiligen Stuhls abdrucken ließ, und hier lasen sie mit Interesse die sowjetischen Agenten. Gleichermaßen erwies sich die Einschätzung der Vitalität der kommunistischen Herrschaft als falsch. Später, während des Pontifikats von Johannes XXIII. und besonders von Paul VI., kamen die päpstlichen Behörden zu der Überzeugung, dass es nötig sei, den harten Kurs gegen die kommunistischen Regime, der die erwarteten Ergebnisse nicht gezeitigt hatte, neu zu bewerten, und dass sich zu einem neuen Kurs hauptsächlich jene äußern sollten, die mit der dortigen Realität mehr

Erfahrung hatten, also die Repräsentanten der Kirche unter kommunistischer Herrschaft. Aber diejenigen, die damals offiziell im Namen der tschechischen Katholiken sprechen konnten, nämlich die Kapitularvikare, welche scheinbar die Diözesen von längst verwaisten Bischofsresidenzen aus dirigierten, waren Marionetten des kommunistischen Regimes und dessen Propagandasprachrohr. Die »Friedenspriester« waren das gänzlich fügsame Werkzeug der »Pax sovietica«. Der Heilige Stuhl ersetzte damals – offenbar unter dem Einfluss einer globalen Lockerung der politischen Spannungen in den sechziger Jahren und der Erwartung einer schrittweisen Liberalisierung des sowjetischen Blocks – die alte Taktik aus der Zeit des Kalten Krieges durch eine neue, viel entgegenkommendere »Ostpolitik«[52], deren Architekt dann für lange Jahre Kardinal Cassaroli wurde. In einigen Ländern – insbesondere in Ungarn – verursachte diese Politik der Kompromisse und der »kleinen Schritte« den Kirchen langfristige und gravierende Schäden; sie untergrub ihre moralische Glaubwürdigkeit. Zum Glück war das kommunistische Regime in der Tschechoslowakei fast während seiner ganzen Dauer so unzugänglich durch seine Gegnerschaft der Kirche gegenüber – mit der Ausnahme der kurzen Zeitspanne des Prager Frühlings –, dass nicht einmal Cassarolis politisches Entgegenkommen in Kompromisslösungen endete, die zwar der Kirche ein wenig Erleichterung gebracht, sie aber auf der anderen Seite moralisch schwer kompromittiert hätten.

Kehren wir jedoch zurück zu den Anfängen der »geheimen Kirche« in den fünfziger Jahren. Es scheint, dass einige der im Geheimen geweihten Bischöfe der »ersten Welle«, noch bevor die Repressionen des Regimes sie voll treffen konnten, weitere Bischöfe weihen konnten, die sie hätten ersetzen können. Das geschah allerdings schon in einer Situation, als es nicht mehr möglich war, das übliche Verfahren bei Bischofsernennungen einzuhalten, es war keine Zeit mehr und es gab keine Möglichkeit, nur solche Bischöfe zu weihen, die vom Papst ernannt worden waren. Das Kirchenrecht ist in dieser Frage jedoch unbeugsam: Der Bischof, welcher einen anderen Bischof ohne Ernennung durch den Papst weiht, sowie der Bischof, welcher eine solche Weihe empfängt, fallen unter die schwerste Kirchenstrafe – die Exkommunikation. Gab es etwa irgendwelche Ausnahmen für ganz extreme Situationen? Konnte man voraussetzen, dass die Kirche solche Schritte, die bona fide und aus heldenhafter Opferbereitschaft getan worden waren sowie aus einem Verantwortungsgefühl für die Kirche, nachträglich mit dem kanonischen Recht in Einklang bringen würde? Hier geraten wir in ein Labyrinth von Mutmaßungen zu Angelegenheiten, die nicht nur in Böhmen, Mähren und in der Slowakei, sondern auch in China und an anderen Orten, an denen sich die Kirche unter extremen Umständen befindet, bis heute rätselhaft und schmerzlich ungelöst sind.

Hier beginnt die Genealogie jenes Teils der Untergrundkirche, die später insbesondere durch die Tätigkeit des geheimen mährischen Bischofs Felix Davídek bekannt wurde. Ich habe Davídek nie persönlich getroffen, auch wenn ich schon seit dem Ende der sechziger Jahre viel von ihm gehört hatte, hauptsächlich von Priestern, die mit ihm im Gefängnis gewesen waren. Aus den Nachrichten über ihn gewann ich den Eindruck, dass es sich bei ihm um eine außergewöhnliche Persönlichkeit handelte, an der Grenze zur Genialität und einer gewissen psychischen oder charakterlichen Abnormität. Davídek hatte sicher viele beachtenswerte Intuitionen, einen maßlosen Mut, aber zugleich nicht immer eine genügend realistische Einschätzung der Situation und ausreichend vorausschauende Geduld. In seine grandiose Struktur der Untergrundkirche, wie er sie aufgebaut hatte, gerieten anscheinend auch Leute, die nicht ganz besonnen und zuverlässig waren.

Auch das konspirative Verhandeln mit Rom wurde offenbar durch ein »Gewirr von Informationen« und einen Strom von Gerüchten gestört, was bewirkte, dass Bischof Felix und die ihm Nahestehenden – ich glaube, dass sie dies bona fide taten – ihre Kompetenzen beträchtlich überschritten. Das war dann einer der Steine des Anstoßes bei den Verhandlungen seiner Schüler mit der Kirchenleitung nach 1989. Ich vermute, dass für diese Verwirrung vor allem der im Geheimen geweihte und aus dem Jesuitenorden stammende slowakische Bischof Hnilica verantwortlich war, der lange Jahre im westlichen Exil wirkte. Mit Hnilica habe ich mich um das Jahr 1989 herum mehrmals allein getroffen und ich gewann den Eindruck, dass es sich um einen hochgradig unseriösen Menschen handelt, der in seiner Naivität kaum einen Unterschied zwischen der Realität und seinen Phantasien und Wünschen macht. Das war eine typische Erkrankung, die jenen Menschen drohte, die lange Zeit unter den extremen Umständen der Konspiration und Verfolgung gewirkt hatten. Insbesondere Hnilicas Informationen führten Davídek wahrscheinlich zu der Überzeugung, dass der Papst über seine Experimente informiert sei und sie gutheiße.

Felix Davídek beeinflusste mit seiner originellen, wenn auch etwas konfusen Theologie der Inspiration nach Teilhard sehr viele Menschen. Er weihte – in eigener Person wie auch mittels seiner Mitarbeiter – eine Reihe von Priestern, zu denen auch sehr wertvolle Persönlichkeiten gehörten und gehören, sowohl unter den zölibatär lebenden Priestern als auch unter den verheirateten. Ich weiß aus eigener Erfahrung mit einigen geheim geweihten verheirateten Priestern, dass sie niemals das Gelübde des Zölibats für Priester nach westlichem Ritus in Zweifel gezogen haben, und sie haben ihre eigene Weihe in der Überzeugung auf sich genommen, dass Felix Davídek und seine Leute die Zustimmung aus Rom dafür haben, unter den bei uns herrschenden außergewöhnlichen Umständen römische Katholiken nach dem östlichen Ritus zu weihen, nach dem es von Anfang an verheiratete Priester gegeben hat. Diejenigen, die ich kannte, waren keine kirchlichen Dissidenten oder »Progressisten«; manche vertraten sogar sehr traditionelle theologische Ansichten – ähnlich wie einige verheiratete Priester, ehemalige anglikanische Pastoren, die ich später in Großbritannien traf. Westliche Publizisten der Bewegung »Wir sind Kirche«[53] interessierten sich später jedoch sehr für Davídeks verheiratete Priester – und ihnen imponierte besonders die Tatsache, dass Davídek mindestens zwei Frauen zu katholischen Priesterinnen geweiht hatte. Er begründete dies mit seiner Erwartung, dass es in den siebziger Jahren zu einer ähnlichen Verfolgung der Kirche kommen würde wie in den fünfziger Jahren und dass Christinnen, die sich im Gefängnis oder im Konzentrationslager befinden würden, priesterlichen Beistand brauchen würden.[54] Diese falsche Einschätzung der Situation zeugte allerdings davon, dass Davídek sich allmählich von einem nüchternen Urteil entfernte. Darum kam es auch in seiner Gemeinschaft »Koinotes« zwischen Priestern und Bischöfen zu Spaltungen und Brüchen. Davídek hat die Ereignisse des Jahres 1989 nicht mehr erlebt.

* * *

Auch wenn nach der Niederschlagung des Prager Frühlings nicht der stalinistische Terror zurückkehrte, so lebten wir doch immer noch in einem Polizeistaat. Auch in den späten achtziger Jahren wurde das Schikanieren der Kirche und die Verfolgung der Untergrundaktivitäten fortgesetzt. Von Zeit zu Zeit brachte sich die Geheimpolizei in Erinnerung, etwa durch einen plötzlichen Hausbesuch und eine unsinnige Kontrolle der Dokumente. Es war ein einschüchterndes Signal: Nehmt euch in Acht, wir wissen über euch Bescheid! In anderen Fällen griff die Polizei ganz im Gegenteil lange Zeit nicht ein, verschleierte sorgfältig ihre Verfolgung und bereitete den

Eingriff bis zu dem Augenblick vor, da sie die Beweismittel für eine Verhaftung und einen Gerichtsprozess haben würde.

Von Zeit zu Zeit erfuhr ich, dass sich die Geheimpolizei bei Verhören anderer nach mir erkundigte, dies begann mit der ersten Internierung des Philosophen Dr. Hejdánek. Das war noch lange vor meiner Weihe. Später rückte die Aufmerksamkeit der Polizei stetig näher, und sobald irgendwo bei einem Verhör mein Name fiel, musste ich – gemäß einer verabredeten Taktik – den Kontakt zu unserem Kreis unterbrechen und mich sehr in Acht nehmen, um nicht die ganze Gruppe zu gefährden. In den Nächten habe ich dann Samizdat-Dokumente weggebracht und Aufzeichnungen verbrannt.

Einmal überraschten sie uns auf dramatische Weise im Heizkeller, in dem mein Freund Martin Palouš als Heizer arbeitete (nach der Samtenen Revolution Botschafter der Tschechischen Republik in den Vereinigten Staaten und später bei der Ständigen Vertretung der Tschechischen Republik bei der UN in New York). Dort hielten wir unser philosophisches Seminar und an jenem Tag hatten wir auch eine Messe gefeiert. Es war am Gedenktag des hl. Andreas im November 1977 und an dem Gottesdienst nahm ich schon als Diakon teil. Beim Abräumen des Tischchens nach der Messe machte mein Kollege Zdeněk Neubauer fröhlich die Bemerkung, so wie heute behauptet werde, man solle sich das Leben der frühen Christen nicht so vorstellen, als ob sie wirklich hauptsächlich in den Katakomben gelebt hätten, so würden die Historiker, wenn über die Untergrundkirche der Tschechoslowakei geschrieben werden würde, hinzufügen, dass diese Menschen sich natürlich nicht in irgendwelchen Kellerräumen aufgehalten hätten ...

In dem Augenblick trommelte jemand an die Tür und es erklang der zweideutige Satz: »Sicherheitskontrolle im Heizkeller!« Es zeigte sich, dass es wirklich die Sicherheit war, die kontrollieren würde.[55] Es war eine Gruppe von Geheimpolizisten, die eine Razzia durchführte. Im Nachhinein ist mir bewusst geworden, wie man in einem solchen Augenblick mit der besonderen Fähigkeit begabt ist, blitzschnell zu reagieren. Alle Gegenstände, die an eine Messe gemahnten, sowie Samizdat-Dokumente aus dem Umkreis der Charta 77 hatten wir blitzschnell versteckt. Dann wurden wir in die Zentrale der Geheimpolizei in der berüchtigten Bartholomäusstraße gebracht, wo wir die ganze Nacht verhört wurden. Wir wiederholten jedoch nur die verabredete Version über die Feier eines Namenstages[56] und verweigerten weitere Auskünfte, sodass sie uns am nächsten Morgen aus Mangel an Beweisen (zum Glück führten sie in dem Heizkeller keine gründliche Suche durch) entließen.

Dann wurde ich selbst mehrfach zum Verhör abgeführt. Meist ging es nicht direkt um Untergrundaktivitäten der Priester (ich habe Grund anzunehmen, dass die Polizei meine Existenz als Priester wohl nie aufgedeckt hat, auch wenn sie natürlich einen Verdacht hegte), sondern um meine Kontakte zum kulturellen Untergrund, zu politischen Dissidenten und dem Netzwerk des katholischen Samizdat. Bei den Verhören wurde ich von der Polizei stark eingeschüchtert, nach einer Weile versprach man mir wiederum, dass ich sofort wieder an der Universität unterrichten und ins Ausland reisen dürfte, sobald ich die Erklärung über die Zusammenarbeit unterschrieben hätte. Das klassische Modell bei Verhören bestand in der Kombination eines »bösen« und eines »guten« Ermittlers. Der »böse« schrie und drohte, ging dann für eine Stunde fort und ließ den Verhörten allein mit dem »guten«, verständnisvollen und versprechenden: Anfangs willigte in eben jenem Augenblick eine Reihe von Menschen in die Zusammenarbeit ein. Jedes Verhör war eine sehr nützliche Gelegenheit zur Selbsterkenntnis. Die Fragen der Ermittler arbeiteten wie ein Röntgengerät, bemüht, die Schwachstellen aufzudecken – das zu finden, wonach sich ein Mensch maßlos sehnt oder wovor er sich fürchtet.

Gott sei Dank antwortete ich auf alle Drohungen und Versprechungen mit einem klaren NEIN und es zeigte sich, dass dies eine bessere Lösung war als die Versuche anderer, mit der Polizei allzu sehr zu taktieren. Als nach 1989 die Archive der Geheimpolizei geöffnet wurden, las ich in ihren Einträgen, dass ich mich »hochmütig verhielt, die Zusammenarbeit ablehnte und die intellektuelle Überlegenheit herauskehrte«.

Einmal sagten mir die Ermittler, dass es ihnen zwar trotz aller Bemühungen nicht gelungen sei, etwas in meinem Leben ausfindig zu machen, womit sie mich erpressen könnten, aber dass sie schon Materialien vorbereitet hätten, die sie mir unterschieben würden und die mich moralisch kompromittieren könnten. Sie setzen unterschiedliche Methoden ein, um psychischen Druck auf mich auszuüben, aber ich wurde nie – im Unterschied zum Beispiel zu den Verhören von Václav Malý, dem späteren Weihbischof von Prag – Schlägen oder physischer Gewalt ausgesetzt. Vielleicht täusche ich mich, aber ich hatte manchmal sogar den Eindruck, dass mich einige der intelligenteren Ermittler persönlich schätzten. In jenen Jahren ging es hauptsächlich um meine Beziehungen zu den Dissidenten im kulturellen Bereich, in den philosophischen Zirkeln und im Samizdat, namentlich zu Václav Havel und zu seinem Bruder Ivan. Gegen Ende der Verhöre sagten sie einmal zu mir: »Glauben Sie nicht, dass wir nicht über Ihre bedeutende Stellung im Jesuitenorden Bescheid wissen.« Mit einem Lächeln antwortete ich ihnen damals, dass ich die Polizei bewundere, die sogar Dinge über mich weiß, die ich selbst nicht von mir weiß. Damit war mir klar, dass sie so viel auch wieder nicht wussten, dass sie in vielen Fällen nur blufften.

Ein psychologisches und geistliches Problem war unsere persönliche Haltung unseren Ermittlern gegenüber. Es klingt wie aus einem Glaubensratgeber, aber oft betete ich für sie – auf den Rat von Priestern hin, die viele Jahre im Gefängnis verbracht haben. Einmal stellte ich mir während eines Verhörs die Szene vor, wie bei einem staatlichen Umsturz eben jener Ermittler der Staatssicherheit zu mir gelaufen kommt, damit ich ihn vor der rasenden Menge rette, und ich fragte mich selbst, ob meine Liebe zu meinen Feinden so aufrichtig ist, dass ich dies – vielleicht um den Preis, dabei mein eigenes Leben zu riskieren – tun würde. Ich sagte mir damals, dass ich bereit sei, dies zu tun.

Diese Szene hatte ein komisches Nachspiel nach 1989. Einmal, ich stand an einer Kreuzung, hielt neben mir ein Luxuswagen, und ein Mann, den ich anfangs nicht erkannte, ließ das Fenster herunter und grüßte mich fröhlich. Erst als er zu mir sagte: »Ich verfolge Sie immer noch, Herr Doktor«, erkannte ich meinen Ermittler, heute angeblich Vertreter bei einer westlichen Firma. Auf meinen überraschten Gesichtsausdruck hin fügte er hinzu, er verfolge mich im Fernsehen, wo ich doch so schön zu sprechen wisse, und dass er sich gesagt habe, dass er bestimmt irgendwann vorbeikommen werde, um sich meine Predigt anzuhören. Er fuhr fröhlich davon und ich, zu Fuß und im Regen stehend, musste mich fragen, ob er durch den Verlust von Gedächtnis und Gewissen so krank ist oder so arrogant, ob der Fehler in ihm liegt oder im allzu »samtenen« Charakter unserer Revolution und ob ich das alles nicht nur geträumt habe. Ich war vielleicht nicht einmal wütend, eher habe ich mich für ihn (oder für wen und wofür?) zu Tränen geschämt; es war einer der wenigen Augenblicke im Leben, als ich nicht üble Lust hatte, mich zu betrinken.

* * *

Der Druck der Staatssicherheit bewirkte später, dass ich meine Anstellung am Institut des Ministeriums für Industrie verlor. Der Direktor teilte mir ziemlich offen mit, dass die

Polizei Druck auf ihn ausübe, und obwohl er mich sehr brauche, werde er mich nicht halten können; ich kündigte also lieber selbst. In der Zeit wurde eine Stelle an der Klinik für Suchtmedizin des Fakultätskrankenhauses beim hl. Apollinaris frei – einige Schritte entfernt von der Geburtsklinik, in der ich geboren worden war. Die Staatssicherheit urteilte offenbar, dass ich durch die Arbeit mit Alkoholikern und Drogensüchtigen der Gesellschaft keinen Schaden zufügen könne, und so überlebte ich in dieser Stellung bis zum Ende des Jahres 1989. Ich trat als Psychotherapeut an und vervollständigte für diese Arbeit meine Qualifikation, indem ich die Zulassung in Klinischer Psychologie erwarb. So begann ein neues, für mich überaus ertragreiches Kapitel meines Lebens und wiederum bestätigte sich, dass jene, die mir schaden wollten, mir in Wirklichkeit nutzten.

Die Zusammensetzung der Patienten war vielfältig, sie reichte von den typischen Kneipenvagabunden und jugendlichen Drogensüchtigen über überarbeitete Ärzte und viele Künstler bis zu gescheiterten Parteifunktionären und ehemaligen Geheimdienstoffizieren, die Opfer ihres Berufs geworden waren. Es gab dort sowohl wirkliche »Sozialabsteiger«, notorische Kriminelle und Kleinbetrüger, als auch unglaublich empfindsame Menschen, die in objektiv schweren Lebenslagen dem Alkohol verfallen waren. Es gab Psychopathen und gespaltene Persönlichkeiten, aber auch Menschen, die eine großartige Arbeit leisteten und deren Umgebung die Schwäche für Gewohnheitsdrogen bei ihnen noch nicht bemerkt hatte. Die Arbeit an der Klinik beim Heiligen Apollinaris war anspruchsvoll und interessant, einige hundert menschliche Schicksale gingen durch mein Sprechzimmer, gezeichnet durch Alkoholabhängigkeit oder andere Süchte. Ich hatte die Möglichkeit, mit jedem meiner Patienten einige Monate lang vom Morgen bis zum späten Nachmittag zu leben und zu arbeiten; die Grundlage der Behandlung bildeten die therapeutische Gemeinschaft und Methoden der Gruppentherapie.

Es war für mich eine neuartige menschliche Erfahrung. Zum ersten Mal verließ ich die Welt der Intellektuellen und musste lernen, häufig auch mit ganz einfachen Menschen verständlich zu kommunizieren, was mir überhaupt nicht leichtfiel. Ich habe nie auf Menschen ohne Bildung und ohne höhere soziale Stellung herabgesehen, aber wegen der Umgebung, in der ich aufwuchs und arbeitete, kam ich mit ihnen einfach nicht in Kontakt. Und so musste ich mühsam meine Erfahrungen vervollständigen, wie wenn man eine fremde Sprache oder einen neuen Beruf erlernt.

Als ich am Anfang eine Runde durch die ganze Einrichtung machte – beginnend mit dem Nachtdienst in der Auffangstation – kamen mir Dostojewskis Worte aus den Brüdern Karamosow in den Sinn: »Verneige dich. In alle vier Himmelsrichtungen verneige dich vor dem großen menschlichen Leid.« Mir wurde klar, dass ich hier am richtigen Ort war: Ein Priester soll den Armen dienen. Und eben diese Patienten erschienen mir als die wirklich Ärmsten der Armen unserer Zeit. Alkoholiker und Drogensüchtige verlieren nach und nach alles: Gesundheit, Geld, Familie, Karriere, ihren guten Ruf, ihre Ehre und Selbstachtung. Ohne diese schwierigen Jahre in der Suchttherapie hätte mein Priestertum eine »Salonbeschäftigung« bleiben können und ganz sicher würde ihm eine grundlegende Dimension fehlen.

Diese Menschen brauchen vor allem ein menschliches Aufgenommenwerden, aber ein solches, das kein sentimentales Gerührtsein ist. Liebe und menschliche Solidarität müssen sich auch im Festhalten an der Ordnung zeigen und man muss auch den Mut haben, Konflikte einzugehen und von Seiten der Patienten alle möglichen Projektionen und »Feindbilder« zu ertragen. Man muss jedes Mal wieder das ganze Drama der Beziehung zwischen Therapeut und Patient durchleben, inklusive dessen, was die Psychoanalytiker »negative Übertragung« nennen. Die Psychotherapie ist eine harte und sehr anspruchsvolle Arbeit, die eine maßlose Geduld verlangt und eine Widerstandsfähigkeit gegenüber Enttäuschungen – insbesondere in der Psychotherapie von Abhängigen, wo Lügen und Rückfälle die üblichen Krankheitserscheinungen sind und man nicht einmal dann den Patienten als Menschen »abschreiben« darf.

Beim Verstehen der Ursachen von Süchten half mir der Buchtitel eines Psychotherapeuten, eines Schülers von Viktor Frankl, dem Begründer der Logotherapie: »Hinter jeder Sucht steckt eine Sehnsucht«. Man muss diese Sehnsucht aufdecken und dann einen besseren Weg zu ihrer Erfüllung suchen, als es die tückische »Abkürzung« durch die Droge ist. Zu den sozialen Ursachen von Süchten gehört auch ein verengtes Repertoire an Weisen des Feierns in der säkularen Gesellschaft. Der Mensch braucht den Feiertag und das Feiern; aber in einer Gesellschaft, in der das Heilige[57] einen so geringen Stellenwert hat, gehen der Feiertag und die Kultur des Feierns verloren – wohl nicht nur in Tschechien ist der Satz »wir gehen das feiern« häufig ein Synonym für »gehen wir uns betrinken«.

Die Abhängigkeit von der Droge – so wie jegliche Abhängigkeit – hat ihre »religiöse Dimension«, es geht eigentlich um Götzendienst, eine Fixierung auf den Götzen, die uns versklavt. Und darum muss man dem süchtigen Menschen helfen, den Weg zur inneren Freiheit zu finden. Bei Sucht kann man nicht nur ein einziges Erklärungsmodell geltend machen, auch nicht ein nur medizinisches, nur soziales oder nur moralistisches – ein Alkoholiker ist weder »nichts als ein Sünder« noch »nichts als ein armer Kranker« und auch nicht »nichts als ein Opfer sozialer Umstände«. Die Abhängigkeit hat alle diese Aspekte und noch weitere. Mir wurde in der Klinik auch die tiefe Analogie zwischen Sünde und Krankheit klar sowie der Zusammenhang zwischen der individuellen Sünde und der »Sünde der Strukturen«, dem sozialen, überindividuellen Aspekt des Bösen. Man kann den Süchtigen nicht einfach nur moralisch verurteilen und ermahnen, aber man kann ihm auch nicht jegliche Verantwortung abnehmen mit der Betonung, dass es »nur« eine Krankheit sei. Schließen wir jedwedes Vorhandensein einer realen Schuld aus – und sei es auch in gutwilliger therapeutischer Absicht, schließen wir damit zugleich das Element Verantwortung aus und so leugnen wir im Grunde genommen die Freiheit des Menschen und sehen ihn nur als Spielball biologischer und sozialer Bedingtheiten.

Viel habe ich über die gebrochenen Schicksale nachgedacht und auch viel an ihnen gearbeitet. Ich bemühte mich nicht darum, die Patienten zum Glauben zu bekehren, ich halte einen solchen Machtmissbrauch des Therapeuten gegenüber dem Patienten nicht nur für einen Verstoß gegen die klinische Ethik, sondern auch für etwas Kontraproduktives aus pastoraler Sicht. Der Theologe Bonhoeffer kritisierte zu Recht seine Kollegen, die zuerst den Menschen mit zwei Schlägen in die Ecke drängen müssen (»Du bist sündig!«, »Du wirst sterben!«) und ihn erst dann für ihre Arbeit schön vorbereitet glauben. Ich vertraue nicht allzu sehr den Bekehrungen im Gefängnis und im Krankenhaus, in Angst und Not. Ich glaube, dass der Mensch zuerst aus der Angst zur Freiheit geführt werden muss; Gott verdient ein *freies* JA.

Trotzdem war mir bewusst, dass Suchttherapie (und Psychotherapie überhaupt), wenn sie in die Tiefe geht, auch die geistige Dimension des Menschen betrifft. Gott hat mit jedem Menschen seine Geschichte, er selbst arbeitet im Herzen eines jeden Menschen, auch des hartnäckigsten Atheisten. Manchmal spürte ich, wie Gott in den Schicksalen meiner Patienten wirkte. Ich weiß, dass einige von ihnen – und ich denke nicht im Geringsten, dass dies durch mein »Verdienst« geschah –

später zur Taufe oder zum Wiederaufleben des religiösen Lebens gelangten. Im Leben anderer wiederum trat Gottes Macht anonym in Erscheinung, etwa dadurch, dass sie wieder Geschmack am Lieben und Arbeiten fanden.

»Religiöse Motive« traten auf interessante Weise auch bei Atheisten auf, beispielsweise in ihren Träumen und Zeichnungen. Ich habe mich davon überzeugt, dass diese Dimension einfach zum Menschen gehört, dass der Mensch »unheilbar religiös« ist, auch wenn der moderne Mensch häufig die Religion verdrängt und tabuisiert, ähnlich wie die viktorianischen Patienten von Freud ihre Sexualität und Aggressivität unterdrückten. »Wer unterdrückt denn heute noch seine Sexualität und Aggressivität?«, pflegte ich meine psychoanalytischen Freunde zu fragen. Die klassische Freud'sche Theorie ist heute ein Anachronismus und man trägt damit Eulen nach Athen; vielleicht würde Freud selbst heute eher daran arbeiten, die Barrieren auf dem Weg zur unterdrückten und verdrängten Religion und zu geistigen Werten überhaupt zu beseitigen.

Das regelmäßige Kulturprogramm an Donnerstagabenden, das im Rahmen des »Klubs der Patienten« stattfand, wurde zu einer Gelegenheit, ein Signal zu senden, dass man mich auch nach »diesen Dingen« fragen konnte. Zu einer besonderen Tradition wurden meine Programme in der Vorweihnachtszeit und vor den Osterfeiertagen, bei denen ich den Teilnehmern – den Patienten und ihren Familien, aber auch den anwesenden Ärzten und Schwestern – mittels Musik und durch die Auslegung der Bräuche und Traditionen auch die Geschichten des Evangeliums nahebrachte. Einmal erhob sich einer der Patienten und fragte mich vor allen Anwesenden, ob ich gläubig sei. Dem Therapeuten eine solche Frage vor der ganzen Gemeinschaft der Patienten, vor Kollegen und Schwestern zu stellen, galt in jener Zeit als eine klare Provokation mit einer gefährlichen politischen Reichweite und alle warteten angespannt, wie der Herr Doktor sich da herauswinden würde. »Ja«, antwortete ich. Von der Zeit an gewann ich bei den Patienten wie auch beim Personal, und das auch bei der atheistischen Mehrheit, einen besonderen Respekt. Wir sollen bereit sein, Rede und Antwort zu stehen, nicht aber agitieren.

An jener Klinik arbeitete ich in einem winzigen und engen Raum und ich habe eine lebendige Erinnerung an die Gespräche mit den Patienten, die dort stattfanden. Manchmal übernachtete ich dort und einige Male hielt ich dort, nach einem Nachtdienst in der Auffangstation, bei Sonnenaufgang eine Messe, allein, hinter verschlossenen Türen. Ich hatte dabei Erlebnisse, über die ich in dem Text »Die Messe über die Welt« von Teilhard de Chardin gelesen hatte, wo Teilhard davon spricht, wie er alle menschlichen Sehnsüchte und Leiden in den Kelch hineinlegt und wie sich ihm die kosmische Dimension des Gottesdienstes erschließt. Auf gleiche Art konnte ich die Schicksale der Menschen, denen ich dort begegnet bin, auf den Altar legen (als Altar diente mir ein einfacher Schreibtisch). Ich entdeckte dort eine neue Dimension der Messe.

Während meiner Arbeit an der Klinik, die Teil des Universitätsklinikums war, leitete ich die Praktika der Medizinstudenten und hielt für sie Vorträge über Abhängigkeit und Psychotherapie im Allgemeinen. In jener Zeit erfuhren die Studenten im Rahmen ihres Medizinstudiums so gut wie nichts über die psychologische, philosophische und ethische Seite ihres Faches, insbesondere auf dem Gebiet der Beziehungen von Arzt und Patient. Zu jener Zeit arbeitete ich schon lange eng mit der Mikrobiologin Dr. Scarlett Vasiluková-Rešlová zusammen. Scarlett hatte viele Jahre an der Erforschung von Tumorerkrankungen gearbeitet. Während ihrer Arbeitsaufenthalte in den Vereinigten Staaten war sie an der Entdeckung eines Platinmedikaments gegen Tumore beteiligt gewesen. Sie beschäftigte sich auch mit Medizinethik und Fragen des Lebensstils. Das, was ich aus psychologischer und philosophischer Sicht wusste, ergänzte sie durch eine qualifizierte Sicht der wissenschaftlichen Zusammenhänge dieser Fragen, insbesondere auf dem Gebiet der Psychoneuroimmunologie. Über all das diskutierten wir viel und schließlich erarbeiteten wir gemeinsam einen Lehrplan für Medizinstudenten und Ärzte, der die Beziehung von Arzt und Patient sowie die Beziehungen im klinischen Team zum Thema hatte. Einige Jahre lang hielten wir zu dieser Problematik Vorlesungen für Medizinstudenten im Rahmen eines »studentischen wissenschaftlichen Arbeitskreises«, später dann für Ärzte in Zusammenarbeit mit dem Weiterbildungsinstitut für Ärzte und Pharmazeuten – und zwar in Form aktiven sozialen Lernens. Es war eine interessante und nützliche Arbeit. Heute, da neue Entdeckungen in der Medizinforschung der Menschheit bislang ungeahnte Möglichkeiten eröffnen, halte ich es für doppelt wichtig, dass die Medizin – und dies gilt für die Lehre angehender Mediziner wie auch für die laufende Fortbildung von Ärzten – nicht nur eine naturwissenschaftliche Disziplin bleibt, sondern dass auch die philosophische und besonders die ethische Seite der medizinischen Tätigkeit nachhaltig kultiviert wird.

VI. Die Wege zu den Nachbarn

Nach der Rückkehr aus Italien im Herbst 1969 musste ich mir für lange Jahre die Erfüllung meiner Leidenschaft, zu reisen und neue Kulturen, Gegenden und Menschen kennenzulernen, versagen. Alle Anträge auf einen »Ausreisevermerk für die Reise ins kapitalistische Ausland« wurden abgelehnt. Darum konnte ich bis zur Zeit der »Perestroika« kurz vor dem Jahr 1989 nur in »Länder des sozialistischen Lagers« reisen.

Ich reiste wiederholt nach Polen, wo ich viele Freunde hatte, besonders in Krakau im Umkreis der Zeitschriften »Znak« und »Tygodnik Powszechny« sowie unter Dominikanern und Jesuiten. Der polnische Katholizismus wird in Tschechien – und offenbar nicht nur in Tschechien – als volkstümlich, traditionalistisch, nationalistisch wahrgenommen, symbolisiert durch die Massenwallfahrten nach Tschenstochau (Częstochowa) und später durch den Kult um den »polnischen Papst«. Aber das ist nur eine Seite. Dies kam mir bei meinem ersten Besuch Anfang der siebziger Jahre sehr deutlich zu Bewusstsein. Ich trat in eine dominikanische Kirche – es war inmitten der Marienandacht, die Kirche war voller alter Frauen, rhythmisch sich bis zur Erde verneigend vor der Ikone der Schwarzen Madonna, der »Königin Polens«[58]. Aber als ich durch die Sakristei schritt, traf ich auf einen sehr lebendigen Studentenklub, in dem gebildete und sehr offene junge Dominikaner leidenschaftlich und sachkundig mit Studenten über zeitgenössische Literatur, moderne Kunst und Politik diskutierten. Auch hier wuchsen die Wurzeln der Bewegung »Solidarność« heran, die dann in den achtziger Jahren der Hegemonie des internationalen Kommunismus einen tödlichen

Schlag versetzte. Hier reifte die unabhängige und demokratische Kultur des freien Polen heran. Und dies geschah wörtlich unter einem Dach! Mir wurde klar, dass es der volkstümliche und der Massencharakter der polnischen Kirche war, der auch diese zweite Gestalt ermöglichte, dass er einen Schutzwall bildete, hinter dem die Kirche großzügig all jenen einen Raum der Freiheit zur Verfügung stellte, die die Konformität mit dem totalitären Regime ablehnten.

Später lernte ich in Polen jenen »zweiten Katholizismus« näher kennen, der an die Tradition der Vorkriegstreffen in Laski[59] bei Warschau anknüpfte und stark beeinflusst war vom damaligen modernen französischen katholischen Denken, besonders von den Vertretern des Personalismus[60] aus dem Umkreis der Zeitschrift »Esprit«. Dies war ein Milieu, das auch den jungen Karol Wojtyła intellektuell stark beeinflusst hat. Wenn unter Tschechen über die polnische Kirche gesprochen wird, bemühe ich mich immer aufzuzeigen, dass sie auch dieses zweite, vielleicht weniger auffällige, aber zumindest für mich sehr interessante Gesicht des »offenen« polnischen Katholizismus hat, eines Katholizismus gebildeter und nachdenklicher Menschen, die sowohl im Glauben und in der Spiritualität nationaler Traditionen als auch im westeuropäischen philosophischen Denken tief verwurzelt sind. Polen hat für immer einen Platz in meinem Herzen.

* * *

Vor allem zwei Kulturen könnte ich meine zweite Heimat nennen, und dies sind die englische und die deutsche Kultur; ich halte mich für einen Anglophilen und Germanophilen. Vielleicht resultiert dies auch daraus, dass es leider die einzigen beiden Sprachen sind, in denen ich mich so weit zu Hause fühle, dass ich in der Lage bin, in ihnen auch zu denken. Wann immer ich für längere Zeit in einer englischen oder deutschen Umgebung bin, ertappe ich mich bald dabei, wie ich in diesen Sprachen auch denke und manchmal auch träume. Die Tatsache, dass wir Tschechen so viele Jahre lang nicht frei reisen konnten, war ein starkes Handicap für meine Generation, was sprachliche Kenntnisse angeht. Auch wenn ich in einigen anderen Sprachen mündliche Rede zu verstehen und ohne größere Probleme zu lesen vermag, so bin doch nicht fähig, in ihnen zu denken. Es ist jedoch sehr wichtig, dass man sich in den Geist einer bestimmten Sprache einleben kann und damit auch in den Geist dieser Kultur. Masaryk pflegte zu sagen: »So viele Sprachen du sprichst, so oft bist du Mensch.« Daran ist sicher viel Wahres.

Vielleicht waren meine Präferenzen auch einem bestimmten politischen Protest geschuldet. Denn diese beiden Welten griff die kommunistische Propaganda am stärksten an. Die angelsächsische Welt war ein Symbol des Westens, des feindlichen kapitalistischen Auslands. Auch meine Sympathie für die deutsche Kultur war wohl ursprünglich durch den Widerstand gegen das permanente Schüren der Angst vor den Deutschen von Seiten der Kommunisten gegeben, insbesondere vor den »Revanchisten« oder den nach dem Krieg aus den Sudetengebieten vertriebenen tschechischen Deutschen. Auch fühlte ich Widerstand gegen den Missbrauch von Ressentiments gegen den großen und mächtigen Nachbarn, die jahrhundertelang in Tschechien überdauert haben und die natürlich durch den Krieg und die deutsche Okkupation vervielfacht wurden. In meiner Generation verflüchtigten sich die antideutschen Stimmungen jedoch, unser traumatisches Erlebnis war die sowjetische Okkupation.

Die tschechische Kultur entfaltete sich während ihrer ganzen Existenz vor allem im Kontext der deutschen Kultur. Die böhmischen Länder waren in der Vergangenheit Teil des Heiligen Römischen Reiches Deutscher Nation – und zweimal, unter Karl IV. und Rudolf II., war Prag im Grunde genommen das Herz dieses Reiches. Die Prager Karlsuniversität war die älteste Universität in diesem Kulturraum. Als ich 1993 Kardinal Ratzinger bei seinem ersten Besuch in unserem Land durch Prag führte, blieb er auf der Karlsbrücke stehen und mit Blick auf die Prager Burg rief er mit Erstaunen aus (ähnlich wie vor Jahrzehnten Edith Stein): »Das ist wirklich eine kaiserliche Stadt!« Die Deutschen bildeten für den Großteil unserer Geschichte mehr als ein Drittel der Einwohner der böhmischen Länder und auch weitere europäische Einflüsse kamen meistens über Deutschland zu uns. Ich bin überzeugt, dass es für einen Tschechen eine kulturelle Pflicht ist, sich die deutsche Sprache gut anzueignen und die deutsche Kultur gut zu kennen.

Die tschechoslowakische kommunistische Propaganda unterschied allerdings stets konsequent zwischen den »guten Deutschen« (den Genossen in der DDR) und den »bösen Deutschen«, gefährlichen westdeutschen »Revanchisten«, die angeblich hinter der böhmisch-bayrischen Grenze lauerten und Pläne für einen neuen Krieg schmiedeten. Da wir allerdings zu den »guten Deutschen« reisen konnten, habe ich davon ausgiebig Gebrauch gemacht.

Die katholische Kirche lebte auch in der DDR nicht in vollkommener Freiheit, sie war in ein bestimmtes Ghetto zurückgedrängt worden, hatte allerdings in diesem Ghetto unvergleichlich mehr Raum zum Leben als in der Tschechoslowakei. Durch Vermittlung des Erfurter Weihbischofs Meisner knüpfte ich Kontakt mit dem Kloster der Redemptoristen in Heiligenstadt, in dem ich einige Jahre lang jeweils drei Wochen Urlaub machte. Ich kam mir dort wie im Paradies vor: Ganze Tage und einen großen Teil der Nächte verbrachte ich mit Studien in der schönen barocken Klosterbibliothek, reich ausgestattet mit der allerneuesten theologischen Literatur aus der Bundesrepublik. Manche der dortigen Priester, die im Rentenalter waren und Verwandte im Westen hatten, konnten sogar in die Bundesrepublik reisen. In dieser Bibliothek entdeckte ich unter anderem die Bücher von Anselm Grün – gleich nach dem Fall des Kommunismus wurden dann auf meine Empfehlung hin mehrere seiner Bücher ins Tschechische übersetzt und viel gelesen. Mit Pater Grün freundete ich mich an und er gab bei uns wiederholt Exerzitien, sogar in unserer akademischen Pfarrei.

In Heiligenstadt konnte ich Mitte der achtziger Jahre auch zweimal an Zen-Übungen unter der Leitung von Enomiya-Lassalle teilnehemen. Hugo Makibi Enomiya-Lassalle war ein deutscher Jesuit, der den Großteil seines Lebens als Missionar in Japan verbracht hatte; er war einer der ersten, die nach dem Atombombenabwurf auf Hiroshima der Bevölkerung Hilfe leisteten. Als Missionar begriff er, dass er selbst zuerst intensiv von den japanischen spirituellen Erfahrungen lernen musste; wenn er sich an die japanische Umgebung wenden wollte, musste er dieses Land mit seiner sehr alten und vornehmen Kultur zu verstehen suchen. Er befasste sich so intensiv mit der Kultur des Zen, dass er nach Jahrzehnten des Übens ein bedeutender Zen-Meister wurde. Enomiya-Lassalle publizierte auch viel auf dem Gebiet der Religionsphilosophie und zum Problem des interreligiösen Dialogs. Später verbrachte er regelmäßig einen Teil des Jahres in den USA und in Europa, wo er geistliche Zen-Übungen leitete. Hin und wieder bot er sie auch für Osteuropa, insbesondere für die DDR an. Sie fanden auf halb-konspirative Weise[61] in einem katholischen Zentrum in Heiligenstadt nahe der Grenze zu Westdeutschland statt.

Neun Tage lang hielten wir das Gebot absoluten Schweigens ein, lediglich einmal täglich fand das »dokusan« statt, die Möglichkeit zu einem persönlichen Treffen und einer kurzen Unterredung mit dem Meister. Die Meditationen füllten den ganzen Tag aus, sei es in der klassischen Meditationshaltung im Sitzen oder in einer besonderen Weise des Gehens in den Pausen zwischen den Sitzmeditationen. Wer wollte, konnte auch nachts im Sitzen meditieren. Im Saal ging, wie es beim »Zazen« in japanischen Klöstern üblich ist, ein Helfer des Rōshi[62] mit einem großen Stab herum, und wenn wir im Begriff waren, der Versuchung zum Schlaf nachzugeben, baten wir ihn mittels einer stummen Geste, uns mit diesem »Warnungsstab« einen genau eingeübten Schlag zu versetzen, der uns weckte und gleichzeitig die steifen Nackenmuskeln lockerte. Am Nachmittag hielt Enomiya-Lassalle einen Vortrag und danach zelebrierte er am Boden vor einem kleinen Altar sitzend eine Messe, zu der er mit den sympathischen Worten lud, die ich von ihm gelernt habe und bei verschiedenen Gelegenheiten spreche: »Alle sind eingeladen, niemand aber ist gezwungen.«

Unter den Teilnehmern an den Übungen waren nämlich sowohl Katholiken und Protestanten als auch Menschen, die außerhalb der Kirche standen. Manche suchten in den Zen-Meditationen einen Weg zu religiöser Innerlichkeit, zu einer tieferen Konzentration im Gebet, andere wiederum hofften auf einen »Kontakt mit der Tiefe«; ausgebrannte Manager erwarteten eine ganzheitliche Entspannung, Erholung und Erneuerung der inneren Kräfte, Künstler eine Vertiefung ihrer schöpferischen Fähigkeiten, der Imagination und Kreativität ... Pater Enomiya-Lassalle hielt all diese Erwartungen für legitim, betonte nur den üblichen Grundsatz, dass man bei den Zen-Übungen nicht den Willen haben dürfe, ein bestimmtes Ziel zu erreichen, sondern viel von diesem Streben ablegen solle. Zen habe ich als einen Weg zu innerer Befreiung erfahren, zum »Armwerden«, zu Vereinfachung, zur »Gelassenheit«[63] – einem freudigen Loslassen, einem Ablassen von den Dingen, einem Mut, »die Dinge geschehen zu lassen«, die Zügel loszulassen und sich leer zu machen für Gott – eine Leere, die zugleich eine Fülle ist.

* * *

Im Oktober 1977 nahm ich an einem sozialpsychologischen Training für Führungskräfte in Ostberlin teil. In der Übungsgruppe waren nur zwei Ausländer – außer mir noch eine chilenische Soziologin, eine politische Emigrantin, die mit ihrem Mann vor dem Regime von General Pinochet geflohen war. Sie war gleich auf den ersten Blick eine sehr intelligente und gebildete Frau; bald freundeten wir uns an, und weil es während des Kurses viel freie Zeit gab, verbrachten wir diese meistens gemeinsam: Wir besuchten die Berliner Museen, gingen in Konzerte und Ausstellungen und führten lange Gespräche. Nach einiger Zeit vertraute sie mir ihre Lebensgeschichte an. Sie stammte aus höheren chilenischen Kreisen und war eine nahe Verwandte des chilenischen Erzbischofs und Kardinals Silva Henríquez[64]. Sie hatte Soziologie in Cambridge studiert. Während ihres Studiums hatte sie sich jedoch links orientiert, hauptsächlich unter dem Einfluss ihres zukünftigen Mannes, eines Arztes und kommunistischen Funktionärs, der später zum Leibarzt des Präsidenten Allende wurde. Durch ihren Mann geriet sie in unmittelbare Nähe von Allende, den sie gemeinsam bei seinen Auslandsreisen begleiteten; unter anderem erzählte sie mir von ihrer Reise nach China, wo sie im Gefolge von Allende Mao Tse-tung persönlich getroffen habe. Aus ihren Erzählungen gewann ich ein plastisches Bild von der chilenischen Situation: Die Kommunisten gingen genau nach dem Szenarium des Prager Februarputsches von 1948 vor. Die sozialistische Regierung von Allende kam ohne die starke Unterstützung der Kommunisten nicht aus, die Kommunisten bereiteten jedoch systematisch den Putsch vor. Hätte General Pinochet den Putsch nicht durchgeführt, wäre einige Tage später der Putsch der Kommunisten erfolgt und es hätte ein ähnlicher Kreislauf von Repressionen begonnen, nur »in Rot«. Allende selbst sollte nur eine Übergangsfigur sein.

Meine Bekannte erzählte, obwohl sie eine absolute Atheistin war, mit großer Achtung von den Aktivitäten der chilenischen katholischen Kirche: Sie streite für die Einhaltung der Menschenrechte und helfe den Bedrohten ohne Rücksicht auf deren politische Überzeugung. Kardinal Silva sei die höchste moralische Autorität im Land: Selbst Pinochet müsse ihn respektieren und die ganze Linke schätze ihn. Sie erzählte mir vom moralischen Elend des kommunistischen Exils und ihrer Ernüchterung über den Marxismus nach Erfahrungen mit dem »realen Sozialismus«. Sie glaubte nicht daran, dass in Chile von Neuem die radikale Linke an die Macht käme – die Kirche würde einst einen friedlichen Übergang von der Diktatur zu einer Mitte-Rechts-Regierung gewährleisten, in der die christlichen Demokraten das Sagen hätten. Als ich mich einige Jahre später in Ostdeutschland nach dieser Frau erkundigte, antwortete man mir sehr ausweichend – und schließlich teilte mir jemand im Privaten mit, dass sie mit ihrem Mann nach Spanien gezogen sei und von dort sei sie wahrscheinlich später nach Chile zurückgekehrt. Damals ahnte ich nicht im Geringsten, dass auch ich einige Jahre später die Gelegenheit haben würde, Chile zu besuchen, und dann sogar an der chilenischen Botschaft in Prag den ersten chilenischen Präsidenten treffen würde, der nach dem Ende von Pinochets Diktatur sein Amt antrat.

* * *

Russland, die Urheimat und Wiege des Bolschewismus, besuchte ich zu Beginn der Ära Gorbatschow. Ich war dienstlich dort als Mitarbeiter der antialkoholischen Abteilung, um die Erfahrungen der sowjetischen Genossen mit Gorbatschows »Anti-Alkohol-Kampagne«[65] einzuholen.

In jener Zeit behauptete die sowjetische Propaganda zwar immer noch, dass das Problem des Alkoholismus, das typisch für die verrottete kapitalistische Gesellschaft sei, die großen Länder der Sowjets praktisch nicht betreffe, aber halboffiziell kam zum Vorschein, dass das Gegenteil der Fall war. Das sowjetische Reich war von oben bis unten von Alkohol durchtränkt wie wahrscheinlich kein anderes Land auf der Welt. Auf dem Lande in Russland sahen wir überall Frauen mit Spitzhacken und Spaten schuften – die Männer lagen schon morgens im Suff. Es verlautete, dass die plötzliche Offenheit der sowjetischen Führung für Abrüstungsabkommen und Friedensverträge mit den Amerikanern nicht so sehr das Werk russischer Friedensliebe gewesen sein soll als vielmehr das Ergebnis dessen, dass in vielen Kasernen der berühmten Roten Armee angeblich schon um neun Uhr morgens schwerlich ein Soldat zu finden war, der nüchtern genug gewesen wäre, um ein Maschinengewehr von einer Zahnbürste zu unterscheiden.

Meistens hielt ich mich in Moskau auf, heimlich reiste ich jedoch sogar in das berühmte orthodoxe Kloster in Sagorsk. Ausländer durften sich in Russland nicht frei bewegen, für sie war sorgfältig eine Strecke voll potemkinscher Dörfer mitsamt gut instruierten Reiseführern vorbereitet worden. Das Land war aber schon damals so weit heruntergekommen, dass hinter dem mit aller Kraft aufrechterhaltenen Glanz ideologischer Lüge überall die entsetzliche Wahrheit hindurchschimmerte. Sogar die internationalen Hotels waren schon voller Schmutz und auf den größenwahnsinnigen Ausstellungen von Raumschiffen konnte man zu seinem Würstchen kein Besteck auftreiben.

Aus der Atmosphäre der russischen Gesellschaft schlug einem das Grauen entgegen – nirgends sonst habe ich so viel gegenseitige Grobheit gesehen wie in den geschmacklosen unterirdischen Palästen der Moskauer Metro. Ich hatte nicht erwartet, dass ich in den Geschäften auf das Lächeln, die Gefälligkeit, die Ehrlichkeit und den Anstand westlichen Verkaufspersonals stoßen würde, aber die Realität übertraf sogar die schlimmsten Befürchtungen. Hinter den Theken der fast leeren Geschäfte thronten die Verkäuferinnen, unterhielten sich miteinander und nur von Zeit zu Zeit schrien sie arrogant zu den Kunden hinüber, die sich wie Bittsteller in unendlichen Warteschlangen aneinanderdrückten: »Haben wir nicht!« Nur hin und wieder schoss ein Mann aus der Schlange hervor, der die Verkäuferinnen grob zusammenschrie, und diese verwandelten sich blitzschnell für eine kurze Weile in verschreckte Dienstmädchen. Die grauen, abgestumpften Gesichter der Massen, die sich durch die Moskauer Straßen wälzten, waren wirklich bedrückend. Zeitweilig krampfte sich mir das Herz zusammen vor Mitleid mit den zerlumpten Greisinnen – schon fast siebzig Jahre lang, ein ganzes Leben, sind sie in dieser Hölle! Ich schmuggelte eine russische Bibel nach Moskau ein und nahm Verbindung zu einer angeblichen Gruppe von Christen auf, deren Adresse ich von Prager Freunden erhalten hatte. Die Gespräche mit ihnen waren jedoch um nichts weniger bedrückend als das ganze Panorama der Moskauer Gesellschaft: Diese Menschen hatten eine merkwürdige Mischung von Religion und Okkultismus im Kopf vom Typ der Theosophie der Madame Blavatsky.

Ich hatte erwartet, dass die »Perestroika« eine Atmosphäre in der Art des Prager Frühlings nach Moskau bringen würde. Ja, im Kino sah ich eine bemerkenswerte georgische Filmtrilogie, aus der dann in Prag der Film »Die Reue« zu Recht berühmt wurde[66]. Ansonsten jedoch – keine Begeisterung, kein Hauch von Freiheit in den Straßen, nur der vergiftete Atem einer Gesellschaft, die schon seit langem geistig tot war und die nun die Kraft verloren hatte, den Prozess totalen Verfalls zu verbergen. Ich streifte durch die Moskauer Galerien, ich spazierte durch den Kreml, ich besuchte das Grab des Philosophen Solowjow, ich meditierte über den Denkmälern der russischen Kultur. Ich wusste, dass irgendwo noch ein »anderes Russland« existieren musste, das Erbe der psychologischen Tiefe von Dostojewski, der überwältigenden Schönheit der russischen Ikonen und der Dynamik klassischer russischer Musik, aber weder in der damaligen sowjetischen Metropole noch später an einem anderen Ort traf ich es an. Vor dem Gemälde, das Peter den Großen darstellt, wie er verstockten Bojaren die Bärte abschneidet, entschuldigte ich mich im Geiste bei der Aufklärung und dem Rationalismus, die viele Katholiken gerne verachten. Das Grauen einer Gesellschaft, die nicht durch die Aufklärung gegangen ist und in der alle Versuche, die Werte der Aufklärung zu implantieren, gescheitert sind, wurde mir erneut bewusst.

Stets habe ich mich darum bemüht, dass mein Widerwille gegen das sowjetische Regime meine Beziehung zum russischen Volk und seiner Kultur nicht beschädigt. Siebzig Jahre Kommunismus und die Jahrhunderte absolutistischer Monarchie in Russland haben es jedoch offenbar vermocht, diese Kultur zu einem gewaltigen Ausmaß geistig einzufrieren und moralisch zu korrumpieren. Mir taten immer die mutigen und vereinzelten »Westler«[67] unsäglich leid, die sich in der Vergangenheit darum bemüht hatten, europäische Werte in die russische Gesellschaft hineinzutragen. Die Droge des panslawischen Mythos, welche die Slawophilen feilboten und die so vollkommen den ideologischen Bedürfnissen des russischen Imperialismus sowohl zur Zeit des Zaren wie auch zur Zeit der Bolschewiken zupass kam, war stets stärker. Auch in der tschechischen Geschichte waren viele Patrioten des 19. Jahrhunderts dieser ideologischen Droge verfallen, für die meine Nation so schrecklich bezahlen musste, und nur wenige – wie zum Beispiel der Journalist und Politiker Karel Havlíček Borovský – wagten sich wirklich nach Russland, um durch das Zusammentreffen mit der Realität von diesen Illusionen über »das Licht aus dem Osten« für immer gründlich geheilt zu werden.

Ich liebte Dostojewski und Michail Bulgakow, ich las Mereschkowski, Berdjajew, Lev Schestow und viele andere russische Autoren. Ich glaube dass – mit Ausnahme Nietzsches – kein Mensch geboren wurde, der mit einem solchen Mut in die Nachtseite des Lebens geblickt hat und der so durchdringend sogar die verborgensten und finstersten Windungen der menschlichen Seele beschreiben konnte wie Dostojewski. Alexander Solschenizyn hielt ich lange für einen der größten Männer des 20. Jahrhunderts. Nach der Rückkehr aus Moskau sortierte ich Solschenizyn aus dem Fach mit meinen liebsten Autoren aus. Ich schätze weiterhin seinen Mut, seine Leidenserfahrung, seine Romane, besonders das großartige Fresko »Archipel Gulag«, das die Anatomie des missratensten Regimes der Menschheitsgeschichte festhält. Was jedoch seine politische Philosophie betrifft, halte ich ihn für einen falschen Propheten. Seine Kritik am Westen, die sich an den russischen Messianismus anlehnt, ist Ausdruck eines tiefen Unverständnisses der modernen Kultur, von der Russland unberührt blieb – nicht zu seinem Heil, sondern zu seinem Schaden. Ja, ich wiederhole stets mit Ehrerbietung die vorausschauende Antwort, die Solschenizyn einst auf die Frage gab, was nach dem Kommunismus käme: »Es wird ein langer, überlanger Weg der Genesung.« Ich glaube allerdings nicht, dass der Weg der Genesung in die Richtung gehen wird, die Solschenizyn erwartete, ich erwarte kein Licht des Heils von der heiligen Mutter Russland, das die Welt erneuern wird. Im Gegenteil – ich fürchte dass Russland dauerhaft hin und her geworfen werden wird zwischen Diktatur und Chaos, weil ich dort die kulturellen und moralischen Voraussetzungen für den Aufbau einer demokratischen Gesellschaft vermisse. Ich habe die Befürchtung, dass auch das Ideal von Johannes Paul II. – ein einheitliches Europa vom Atlantik bis zum Ural – zwar eine sehr positive Funktion bei der Destruktion des kommunistischen Reiches gespielt hat, aber am Ende nur ein schöner Traum gewesen sein wird, der sich zumindest in der historisch absehbaren Zeit nicht erfüllen wird.

Oftmals habe ich mir die Worte des großen russischen Theologen Sergej Bulgakow ins Gedächtnis gerufen, die in seiner meisterhaften Analyse der *Brüder Karamasow* stehen: »Warum ist gerade die Krankheit des Gewissens unser nationales Charakteristikum? Die Antwort auf diese Frage muss einem jeden klar sein. Es rührt daher, weil zwischen Ideal und Wirklichkeit, zwischen den Erfordernissen des Verstandes und des Gewissens und zwischen dem tatsächlichen Leben bei uns ein maßloser Abgrund klafft, es besteht hier eine entsetzliche Disharmonie und dies ist die Ursache unserer Krankheit. Das Ideal entspricht grundsätzlich nicht der Wirklichkeit und verleugnet sie, jedoch der Grad, nach dem diese beiden nicht zusammenstimmen, kann unterschiedlich sein und in Russland misst man ihn mit dem Unterschied einiger Jahrhunderte.«

Ich fürchte, dass diese Worte weiterhin gelten: Russland hat die Dämonen seiner Seele immer noch nicht ausgetrieben und die Welt sollte diese Tatsache nicht unterschätzen.

* * *

Nach Russland bin ich dann noch einmal zurückgekehrt, schon nach dem Fall des sowjetischen Regimes im Januar 2000, um einen Vortrag über Religion und internationale Politik bei der amerikanischen Fulbright-Stiftung im Zentrum von Moskau zu halten. Aber das war eher ein Vorwand für meine Reise: Ich wollte hauptsächlich sehen, was sich dort in den fast fünfzehn Jahren seit meinem ersten Besuch verändert hat.

Der Januar ist die richtige Zeit für eine Reise nach Russland: Auf den Straßen von Moskau liegt Schnee, der Frost beißt in die Wangen. Gleich der erste Gang nach meiner

Ankunft führte mich über einen langen und breiten Boulevard auf den Roten Platz. Es überraschte mich, dass der Platz nun geschlossen war durch die wiederaufgebauten Kirchen, die Stalin einst abreißen ließ, damit die Panzer bei Paraden triumphierend vorfahren konnten. Dort in der Ferne, wo ich mich an ein Freibad im Zentrum der Stadt erinnern konnte, erhebt sich wieder die majestätische Christ-Erlöser-Kathedrale. Der ehrgeizige Moskauer Oberbürgermeister Luschkow ließ sie in Rekordzeit wiedererrichten. Vor dem Eingang zum Roten Platz fand eine gewaltige politische Kundgebung statt, der Redner beschimpfte jemanden und drohte ihm mit den Fäusten, die Menge erwiderte es: An etwas Ähnliches erinnere ich mich nur aus den Filmen über die Oktoberrevolution. Das riesige »Univermag«[68] gegenüber dem Kreml, früher das Hauptkaufhaus des Landes, wo ich mich noch an unendliche Warteschlangen zerstrittener Menschen vor halbleeren Regalen und arroganten Verkäuferinnen erinnere, gemahnt im Inneren nun an westliche Supermärkte. Dieser Konsumtempel des Neuen Russland zusammen mit der orthodoxen Kathedrale und der heiligen Nekropole des Kommunismus bilden den symbolischen Vorhof der Regierungsgebäude.

Viele Kapellen sind hier entstanden, aber auf fast jeden Schritt kann man auf Denkmäler des Kommunismus stoßen. Von den meisten stalinistischen Wolkenkratzern sind die roten Sterne verschwunden und es ist interessant, wie diese Gebäude nun an Teile von New York aus den 20er Jahren erinnern. Es lohnt sich, den ganzen Tag in der neuen Galerie Tretjakow zu verbringen: Man kann hier die Affinität der frühen russischen Moderne und der französischen erkennen, dann jene besondere Empfindsamkeit für soziale Themen – und dann das stufenweise Zurücksinken der Kunst bis hin zu den grauenvollen propagandistischen Großleinwänden des Stalinismus. Es lohnt sich, die zeitgenössische Kunst aufmerksam zu verfolgen oder aber in die Sammlung der Ikonen hinüberzugehen, vor denen z. B. eine junge Lehrerin Schulkindern auf rührende Weise die biblischen Geschichten erzählt.

Moskau hat sich nach dem Fall der Sowjetunion sichtbar verändert. Vergeblich aber habe ich auch beim zweiten Besuch dort überall – in den Geschäften, in der Metro, im gängigen Augenkontakt bei flüchtigen Begegnungen auf der Straße – das gesucht, was mich bei meinen ersten Aufenthalten im Westen stets bezauberte: die Höflichkeit der Menschen und eine natürliche Noblesse, Freundlichkeit, Gelassenheit, ein selbstverständliches, ungebeugtes Entgegenkommen in den kleinsten Dingen des Alltags und der gegenseitige Respekt freier Menschen. Wird irgendwann einmal aus Russland jener allgegenwärtige »Geist der Schwere« verschwinden und wird irgendwann einmal mit dem Einzug politischer Freiheit auch der westliche »Esprit« herüberwehen? Vielleicht liegt hier noch zu sehr der Staub von den Trümmern des entmenschlichenden kommunistischen Imperiums auf den Seelen. Die Schamlosigkeit und die kulturelle Barbarei der Neureichen aus der neuen ökonomischen Elite steht in nichts zurück hinter der Grobheit und Arroganz der bolschewistischen »Apparatschiks«. Die Armut der einfachen Menschen ist nicht mehr so verborgen wie noch vor Jahren. Was ich bewunderte, war der Mut der Journalisten und die Offenheit mancher Fernsehreportagen, die z. B. die Grausamkeit der russischen Soldaten in Tschetschenien kritisierten; von Zeit zu Zeit bezahlt einer der Journalisten seinen Einsatz für die Öffentlichkeit mit dem Leben.

* * *

Mitten auf dem Roten Platz befindet sich ein Ort, der mich damals merkwürdig anzog: Lenins Mausoleum, einer der wichtigsten kultischen Orte des vergangenen Regimes, zu dem Menschenmengen pilgerten, um sich schweigend in unendlichen Reihen davor zu verneigen – wie es meine Generation von Fotografien und Filmen gut kennt. Wer weiß, ob es bei meinem nächsten Besuch, welcher Art auch immer er sein wird, diesen Ort hier noch geben wird und ob er nicht durch eine Kooperation mit Disneyland in eine Attraktion der Unterhaltungsindustrie nach amerikanischer Art verwandelt sein wird? Am dritten Tag meines Moskauer Aufenthalts ging ich wirklich durch diese merkwürdige höhlenartige Gruft aus rotem und schwarzem Marmor, ohne große Warteschlange, dafür mit einer vorangehenden gründlichen Leibesvisitation. Es kam mir alles überraschend klein vor, einschließlich der heiligen Ikone der Revolution und des wächsern-bleichen Körpers im Kristallsarg. Drumherum standen Soldaten, welche die Leute grob anschrien, sobald jemand versuchte etwas zu flüstern oder sich zu langsam bewegte. Am Morgen desselben Tages hatte ich im Neuen Testament die Stelle über Christi Grab aufgeschlagen, und nun fiel mir auf, dass es wohl im ganzen Weltraum keine größeren Gegensätze geben kann: Das Grab Christi ist schlicht und leer; das Mausoleum ist prunkvoll und in ihm thront »für ewige Zeiten« eine einbalsamierte Leiche.

Wie tragikomisch die Schicksale dieser materialistischen Karikatur der Ewigkeit sind, belegt eine etwas morbide Geschichte, die mir jemand an der tschechischen Botschaft erzählte. Nicht weit entfernt vom tschechischen Botschaftsgebäude steht ein mächtiges, früher sorgfältig bewachtes Bauwerk mit einem etwas mysteriösen Namen, der andeutet, dass es sich um irgendein biologisches Forschungsinstitut der Akademie der Wissenschaften handelt. In Wirklichkeit ist dies der Sitz eines Instituts, dessen einzige Aufgabe jahrzehntelang darin bestand, für ein tadelloses Äußeres der heiligen Reliquie des Großen Führers des Proletariats zu sorgen. Sie halten sich dort angeblich noch eine Leiche eines

Menschen, der zur selben Zeit gestorben war, und an ihr erproben sie zuerst alles, womit sie jene am besten bewachte Leiche der Welt ausbessern. Weil aber die Pflege der heiligen Ikone der Revolution in der Zeit der aufblühenden Marktwirtschaft wenig einbringt, verdient dieses Institut mit all seinen Akademikern in der heutigen Zeit dazu, indem es für Dollar wunderschöne private Mausoleen auf den Latifundien der »neuen Russen«, der Mafiabosse und Neureichen, baut, von denen es im heutigen Russland wimmelt – mehr als in der Unterwelt von Chicago in den dreißiger Jahren. Lenin würde sich wahrscheinlich in seinem Kristallsarg umdrehen, wenn er wüsste, wie die sorgsam ausgewählten Hüter seiner leiblichen Hülle nun gleichzeitig dem wirklich merkwürdigen Geschmack der Vorkämpfer des siegreichen Kapitalismus katzbuckeln.

Nach all dem, was ich in Moskau sah und hörte, tat mir der »ewig lebende Lenin« fast schon leid; nachdem die Angst vor der Macht verschwunden war, die ihren Kontext bildete, kam mir die verlassene Leiche, die die Zeit ihrer Verehrung überlebt hatte, irgendwie kläglich und nackt vor, wie die ausgeraubten Grabmäler der Pharaonen, die ich in Ägypten gesehen hatte. Derjenige, der eine neue Variante der weltbeherrschenden Vision von Russland als einem »dritten Rom, nach dem es kein weiteres geben wird«[69] gesponnen hatte, derjenige, dessen Visionen Millionen von Menschen in den Höllen der Konzentrationslager geopfert worden waren und der mit dem Versprechen eines Himmels auf Erden einmal einen großen Teil der gebildeten Europäer in die Irre geführt hatte, lag hier wie eine vergilbte wertlose Banknote, nicht gedeckt durch das Gold irgendeiner Hoffnung. Einmal sah ich in der russisch-orthodoxen Kirche am Fuße des Ölbergs in Jerusalem ein Bild, auf dem Maria Magdalena mit einem Ei in der Hand Pilatus das Geheimnis der Auferstehung von den Toten erklärt. Hier aber war nur eine leere Eierschale. Leere, Vergeblichkeit, modernde Zeit im toten Winkel der Geschichte. Hier war kein Raum für Auferstehung.

* * *

Noch zur Zeit von Gorbatschows »Perestroika« konnte ich nicht einmal an eine private Reise in den Westen denken, aber zu meiner Überraschung gelang es mir, im Jahr 1988 eine Zustimmung zu einer Dienstreise in die neutrale Schweiz zu erhalten. Meine früheren Studienkollegen, die nach 1968 emigriert waren, besorgten mir eine Einladung zum Kongress einer daseinsanalytischen psychotherapeutischen Gesellschaft nach Zürich. Dort hielt ich einen Vortrag und wurde Mitglied dieser Gesellschaft. Ich verband mit diesem Vortrag einen dreiwöchigen Aufenthalt in der Schweiz und nutzte ihn unglaublich intensiv. Heute blicke ich mit einem Lächeln und mit Erstaunen darauf zurück, was mir alles bei diesem ersten freien Atemholen im Westen glückte …

Aber erst einmal musste die Ausreise auch wirklich gelingen. Denn die Polizei hatte manchmal sadistische Neigungen, sie ließ einen Menschen alle Formalitäten erledigen und dann schickten sie ihn an der Grenze zurück. Mit großer Erleichterung passierte ich die Grenze und nach kurzer Zeit berührte ich zum ersten mal wieder freien Boden, ich stieg in München um. Dort hatte ich einen kurzen Aufenthalt, und so ging ich vom Bahnhof ins Zentrum der Stadt spazieren. Ich wusste, dass irgendwo in München der Jesuit Rupert Mayer[70] begraben ist, ein mutiger Widerstandskämpfer gegen die Nationalsozialisten, der später seliggesprochen wurde. Ich wollte mich erkundigen, ob sein Grab in erreichbarer Nähe sei. Da sah ich ein Haus, das ein wenig an eine Kirche erinnerte,[71] und so trat ich ein, um nach dem Weg zu fragen – und plötzlich stand ich vor dem Grab von Rupert Mayer. Also vertraute ich ihm im Geiste meine ganze Reise an: Und es wurde im Grunde genommen ein Kontinuum kleiner Wunder.

Auf dem Kongress traf ich meine Kollegen, die vor zwanzig Jahren emigriert waren, und wir konnten uns über unsere Schicksale austauschen, die sich sehr komplementär ineinander fügten wie zwei Varianten tschechischen Schicksals jener Zeit. Sogar unsere Träume passten zusammen: Sie träumten wiederum, dass sie nach Tschechien zurückgekehrt seien, nun aber konnten sie nicht wieder von dort fort ... Es war angeblich ein typischer Traum für Emigranten.

Zur Zeit meines Aufenthaltes in der Schweiz fanden gerade zwei Ereignisse statt, welche die Entwicklung der katholischen Kirche nicht nur in der Schweiz geprägt haben. Zum Bischof von Chur wurde Monsignore Haas ernannt, von dem bekannt war, dass er zu den extremen Konservativen gehörte und dass seine Weihe die Spannung innerhalb der Schweizer Kirche auf die Spitze treiben würde. Ich konnte aus nächster Nähe die scharfe Polemik in der Presse mitverfolgen und mir darüber bewusst werden, wie stark die dortige Kirche polarisiert war. Darauf folgte die Nachricht über die Entscheidung des traditionalistischen Erzbischofs Marcel Lefebvre, vier neue Bischöfe ohne Billigung des Vatikans zu weihen, was dessen Exkommunikation sowie ein offenes Schisma bedeutete.

Ich hatte viel von Ecône gehört, Lefebvres traditionalistischem Seminar und Hauptstandort der Widersacher des Zweiten Vatikanischen Konzils in der katholischen Kirche. Dort sollte die Weihe stattfinden. Ich beschloss, dieses Milieu näher kennenzulernen, und an meinem ersten freien Tag stieg ich in den Zug, obwohl ich nicht genau wusste, wo Ecône lag. Dort kam ich mit einem jungen Priester in Soutane ins Gespräch – es zeigte sich, dass er ein Anhänger der Lefebvristen aus den USA war, der zu eben dieser kontroversen Bischofsweihe fuhr. Er bot mir an, mich dort hinzuführen.

Unterwegs erzählte er mir seine Lebensgeschichte. So konnte ich die traditionalistische Bewegung auch von der anderen Seite kennenlernen. Nach Darstellung dieses Priesters handelte es sich eigentlich um eine Gegenkultur zu der zu links, zu sozial und zu »horizontalistisch« orientierten amerikanischen Kirche, die sich angeblich mit unverantwortlichem liberalistischem Leichtsinn dem Zeitgeist unterwarf. Sie habe die Dimension des Heiligen verloren, verwandle sich in ein mediales »business« und akzeptiere unkritisch die politischen Losungen der Linken, einschließlich der Homosexuellenbewegung und der Feministinnen – und betreibe Schritt für Schritt einen Ausverkauf katholischer Identität. Die traditionalistische Bewegung hingegen erhalte angeblich die Oasen traditioneller Familienwerte, innerhalb der Bewegung gäbe es harmonische kinderreiche Familien, in denen die Kinder vorbildlich auf die Eltern hörten, alle gemeinsam den Rosenkranz beteten und die Mütter der Erziehung ihrer Kinder den Vorzug vor einer Karriere gäben. Der dünne Mann in langer Soutane glaubte zweifellos all das, was er sagte, und er meinte es sehr redlich. In mir rief das viele Fragen hervor. Befanden sich die amerikanische Gesellschaft und die Kirche, die sich in diese integriert hat, wirklich in einem solchen Zustand des Verfalls? War der Traditionalismus in der Lage, den »idyllischen« Zustand vormoderner Gesellschaft zu erhalten – und wenn ja, um welchen Preis?

Ich ging durch das Seminar in Ecône und sah auch das Gerüst, das für die Bischofsweihe aufgestellt worden war, ich sprach dort mit vielen Menschen und ich betete lange in der dortigen Kapelle darum, die Wahrheit zu erkennen und mir das Verständnis für beide Seiten zu erhalten. Von allen Seiten kamen traditionalistische Äbte und Nonnen im vorkonziliaren Habit angereist. Einige von ihnen waren auf den ersten Blick merkwürdige Persönlichkeiten. Es machte auf mich den Eindruck eines Panoptikums, wie eine Szene aus einem historischen Film, manchmal sogar wie aus einer Klinik für Nervenkranke. Die ganze Atmosphäre hatte etwas Sektiererisches an sich, etwas Verkrampftes – es war wahrlich keine »gesunde« geistliche Umgebung. Ich entschied für mich, dass hier wirklich kein Weg lang führte.

Eine meiner nächsten Reisen führte mich nach Fribourg zu Professor Christoph Schönborn, einem Landsmann, der damals Dekan der dortigen theologischen Fakultät war. Unser Gespräch drehte sich um das Geschehen in Theologie und Kirche und dauerte bis Tagesanbruch; in mein Zimmer nahm ich dann viele Bücher mit, die er mir geschenkt hatte. War ich betrübt über die Spaltung in der Schweizer Kirche, so war Schönborn mir ein Halt; es schien mir, dass er eine kultivierte »Mitte-Rechts-Position« verkörperte, der auch ich mich am nächsten fühlte. Mit Schönborns Empfehlung wollte ich mich auch zu jenem großen Schweizer Theologen auf den Weg machen, den ich stets bewundert hatte, zu dem schon sehr alten Hans Urs von Balthasar, den viele den gebildetsten Menschen des 20. Jahrhunderts genannt haben. Früher hatte er in der Kirche viel Unrecht erlitten und war auf Unverständnis gestoßen, in eben jenen Tagen war er jedoch von Johannes Paul II. zum Kardinal ernannt worden und machte sich bereit, nach Rom zu reisen. Wie groß war meine Überraschung, als ich am nächsten Tag las, dass Hans Urs von Balthasar sozusagen am Vorabend seiner Reise nach Rom plötzlich verstorben war.

In der Schweiz hatte ich nicht nur Kontakt zu Katholiken, sondern auch zu tibetischen Buddhisten. Ich war von meinen Freunden zu einer Session mit dem Dalai Lama eingeladen, der gerade zu jener Zeit in Zürich war, um tibetische Emigranten zu besuchen. Es war eine merkwürdige Begegnung. Ich wusste, dass diese Einladung sehr kostbar war, und dennoch ging ich eigentlich mit einer gewissen Unlust hin; ich fragte mich selbst, was ich dort eigentlich wollte. Ich trat in eine große Halle, in der auf dem Boden einige hundert Tibeter saßen. Am Rande waren einige Amerikaner mit rasierten Köpfen und in safranfarbenen Gewändern. Als ich mich setzte, kam eines der tibetischen Kinder zu mir gelaufen und setze sich mir auf den Schoß. Die Tibeter um mich herum schienen es als eine Art Zeichen zu verstehen, begannen mich anzulächeln und sich zu verneigen, nahmen mich zu sich und boten mir Essen an.

Dem Dalai Lama hörte ich ohne große Begeisterung zu, weil ich das Gefühl hatte, dass ich das alles schon viele Male gehört und darüber gelesen hatte. Es war eine fast schon katechismusartig einfache Auslegung der grundlegenden Wahrheiten des Buddhismus. Als ich jedoch von dort fortging, erlebte ich plötzlich eine ungeheuer starke Berührung durch das Gute, durch Licht und Kraft, die mich noch einige Tage bei Meditation und Gebet trug. Als wäre ich in das Kraftfeld von etwas sehr Tiefem und Ruhigem getreten, vergleichbar mit dem, was ich einige Male bei geistlichen Übungen oder auf dem Gipfel der Osterliturgie erlebt habe. In der Erklärung des Zweiten Vatikanischen Konzils »Nostra Aetate« hatte ich zwar gelesen, dass der Geist Gottes auch in nichtchristlichen Religionen wirke, »er weht, wo er will«, wie das Evangelium sagt, aber damals war dieses Wissen zum ersten Mal bestätigt durch meine innere Erfahrung. Vom Dalai Lama ging wirklich etwas Machtvolles und Gutes aus. Ein Buddhist ist nicht aus mir geworden, aber Evangelikale, die gegen den Besuch des Dalai Lama in meinem Land protestieren, werden mich niemals in ihren Reihen sehen.

Mit dem Dalai Lama traf ich mich in den nachfolgenden Jahren wiederholt an verschiedenen Orten der Welt – auch in Prag – und ich hatte mehrmals die Möglichkeit, persönlich mit ihm zu sprechen. Einmal führten wir eine gemeinsame Meditation in unserer Kirche durch. Ich darf wohl sagen, dass wir persönliche Freunde geworden sind. Er wirkte stets sehr sympathisch auf mich, aber es war nicht mehr so machtvoll wie bei der ersten Begegnung. Nur bei drei weiteren Menschen erlebte ich im Laufe meines Lebens ein ähnliches »Ausstrahlen« – bei Professor Patočka, bei Johannes Paul II. und bei Roger Schutz, dem Gründer der Taizé-Gemeinde.

Während meines Aufenthalts in der Schweiz besuchte ich eine Reihe von Orten, die tief auf mich gewirkt haben. Ich erhielt Zutritt zu einem berühmten Kloster der Trappisten in den Bergen, besuchte die Orte, an denen Friedrich Nietzsche sich aufgehalten hatte, als er seinen Zarathustra schrieb, und ich erlebte wunderbare Augenblicke in einer Einsiedelei in den Bergen, in welcher der Schutzpatron der Schweiz, Bruder Klaus, gelebt hatte, als er Gottes Ruf erhörte und seine weltliche Karriere und sein Familienleben aufgab. Noch die letzten Stunden meines Aufenthalts in der Schweiz bescherten mir ein erstaunliches Geschenk. Auf dem Rückweg hielt ich an einem Ort, von dem ich vermutete, dass dort in der Nähe der Turm von Bollingen stand, das sagenumwobene Haus von C. G. Jung, das er eigenhändig gebaut und in dem er seine Meisterwerke geschrieben hatte. Ich wollte es wenigstens von Weitem erblicken, weil mir gesagt worden war, dass es die Familie Jung bewohne, die einen Besuch des Hauses grundsätzlich nicht zulasse.

Nach langem Suchen, als ich schon aufgeben wollte, wandte ich mich schließlich an einen Jungen, der am Ufer des Sees saß; ich hatte wahrlich wenig Hoffnung, dass er mir Antwort geben könnte auf die Frage, wo hier früher C. G. Jung gewohnt habe. Es zeigte sich aber, dass der Junge mit dem Haus mehr als vertraut war – er war einer von Jungs Urenkeln und er wohnte in diesem Haus. Weil niemand von den Erwachsenen gerade zu Hause war, ließ er mich ein – offenbar trotz des elterlichen Verbots – und ich konnte mir jene Orte genau ansehen, die jedem Jungianer heilig sind.

Wer Jungs Essays über die Kommunikation mit den Toten kennt, wird sich nicht wundern, dass ich diesen »Zufall« dankbar als Geschenk des »Weisen von Bollingen« empfing. Nach all den Jahren geistigen Hungers war diese erste Reise in den Westen wahrlich ein bis zum Rand gefüllter Kelch!

* * *

Wenn ich mich zu meiner Sympathie zur deutschen und britischen Kultur bekannt habe, muss ich auch meine tiefe Beziehung zu Kultur, Land, Nation und zum Glauben des Volkes Israel erwähnen, »Gottes erster Liebe«. Mit den Juden, dem Volk Mose und Jesu, bin ich leider nicht blutsmäßig verbunden, aber ich nehme die Worte ernst, die Pius XI. zur Zeit des Aufkommens des nationalsozialistischen Antisemitismus gesagt haben soll: Wir Christen sind doch alle *im geistigen Sinne* Semiten.

Nach Israel konnte ich zum ersten Mal erst nach dem Fall des Eisernen Vorhangs reisen (später konnte ich dies öfter), aber ich war stets ein Liebhaber des Alten Prag gewesen, mit seiner jüdischen Umgebung auf Schritt und Tritt. Seit meiner Jugend las ich mit großer Begeisterung Prager jüdische Autoren, besonders Franz Kafka, Franz Werfel, Max Brod oder Gustav Meyrink. Später studierte ich die Werke der jüdischen Philosophen Martin Buber, Franz Rosenzweig, Emmanuel Levinas und Hans Jonas und noch später las ich – mit dem Gefühl großer gedanklicher Nähe – die Bücher der Rabbiner Abraham Heschel und Jonathan Sacks.

Aber eine wirklich persönliche Beziehung zu Juden und zum Judentum eröffnete mir erst eine bemerkenswerte, gänzlich unerwartete persönliche Begegnung. Es war irgendwann Mitte der neunziger Jahre. Damals nahm ich gemeinsam mit tschechischen Bischöfen an Gesprächen mit polnischen Bischöfen im Sekretariat der Bischofskonferenz in Warschau teil. Als wir danach auf dem Warschauer Flughafen etwa fünf Stunden wegen schlechten Wetters auf den Rückflug warteten, stand eine Gruppe amerikanischer Juden in unserer Nähe, die sich auf einer Reise zu europäischen jüdischen Gedenkstätten befanden und nun auch aus Polen nach Prag zurückkehrten. Plötzlich löste sich aus der Gruppe ein alter bärtiger Mann, dessen Äußeres mich an Martin Buber oder die jüdischen Propheten des Alten Testaments erinnerte, und begann mit mir ein Gespräch. Ich weiß nicht, weshalb er gerade zu mir kam, aufgrund des Kollars musste er wissen, was ich bin, er musste auch die Bischöfe ringsum wahrgenommen haben. Er sagte mir, dass ich der erste Mensch sei, mit dem er nach Tagen spreche. Er sei vor ein paar Tagen in Auschwitz gewesen, wo ein Großteil seiner Familie ermordet worden war, und es sei für ihn ein so erschütterndes Erlebnis gewesen, dass er seit der Zeit weder habe sprechen, schlafen noch essen können; er begreife nicht, dass seine Frau hier ganz normal einkaufen gehen könne ... Und mit vorwurfsvoller Stimme fragte er mich: Was habt ihr Christen dafür getan, dass so etwas nicht geschieht? Wenn ein Stück Fleisch anbrennt, ist der Gestank davon im ganzen Hause wahrnehmbar, hier aber starben sechs Millionen Menschen und ihr habt von nichts gewusst? Er behauptete, dass die Wurzel des Antisemitismus und all des Grauenvollen eigentlich im Christentum liege: »Ihr wolltet uns nicht, ihr wolltet uns als Juden nicht hier haben, ihr wart der Ansicht, dass das Judentum nach dem Aufkommen des Christentums hier keinen legitimen Platz mehr hat.« Er sprach mit Schmerz und Zorn.

Und mir wurde in dem Augenblick klar, dass ich nun schweigen müsste. Ich kannte zwar viele Gegenargumente dazu, wie die Kirche den verfolgten Juden Hilfe leistete, darüber, dass doch ein grundsätzlicher Unterschied besteht zwischen dem Antijudaismus des Christentums und dem neuheidnischen Antisemitismus der Nationalsozialisten und so weiter und so fort. Mir wurde jedoch bewusst, dass er zu mir in der Sprache des Schmerzes sprach, ähnlich wie der biblische Ijob. Und auf einmal sah ich unsere gemeinsame Geschichte mit seinen Augen. In dieser Weise folgte ich seinen Worten. Dann saßen wir den ganzen Weg im Flugzeug zusammen und ich hörte ihm weiter zu. Auf dem Prager Flughafen verabschiedeten wir uns mit einer Umarmung. Er spürte, dass ich ihn verstand, dass ich sein Zeugnis in mein Herz aufgenommen habe. Ja, es war für mich ein so starkes emotionales Erlebnis, dass ich mich seither verpflichtet fühle, im katholischen Umfeld gegen alle Formen des Antisemitismus und Antijudaismus aufzutreten und den Respekt vor den Werten des Judentums zu unterstützen. Sind die Juden doch wirklich, mit den Worten des Papstes Benedikt gesprochen, unsere »Väter im Glauben«.

Viele Male habe ich dann mit dem Prager Rabbiner und mit Vertretern der Prager Jüdischen Gemeinde gesprochen. In unserer Hochschulgemeinde haben wir eine Reihe von Begegnungen mit Juden organisiert und mit großer Freude kann ich berichten, dass die junge Generation der Christen bei uns nicht nur nicht antisemitisch, sondern sogar philosemitisch ist, dass sich viele junge Katholiken brennend für die hebräischen Wurzeln des Christentums interessieren, dass einige auch eine Beziehung zur traditionellen jüdischen Musik und zu jüdischen Tänzen als Ausdruck des Gebets gefunden haben. Einige Christen bereiten auch zu Ostern zu Hause ein Mahl, ähnlich jenem Pessach-Mahl, bei dem die Eucharistie begründet wurde.

Ein großes Erlebnis waren für mich später, nach dem Jahr 1989, mehrere Reisen ins Heilige Land, Augenblicke an der westlichen Tempelmauer – der »Klagemauer«, der Besuch Hebrons mit dem Grab der Patriarchen, der Festung Masada und vieler bedeutender Orte, die ich aus den Geschichten der hebräischen Bibel kannte. Ich werde niemals jene Nacht im September vergessen, als ich in der Nähe der galiläischen Ortschaft Tabgha einige Stunden im See Genezareth schwamm:

Der Mond stand voll am Himmel, er tauchte den Berg der Seligpreisungen in Glanz und ich fühlte mich wohl ähnlich, wie sich die Apostel gefühlt haben müssen, als der Rabbi aus Nazareth an diesen Stellen den Sturm stillte und in ihre Herzen das Gefühl von vollkommenem Frieden und Geborgenheit legte.

Im Laufe der Jahre bin ich einigen bedeutenden Rabbinern persönlich nahegekommen, dem Hauptrabbiner in der Londoner Westminster Synagoge Friedlander, dem Rabbiner Melchior, der eine wichtige Position in der israelischen Regierung innehatte, und später auch dem Rabbiner Rosen, einem herausragenden Repräsentanten des jüdisch-christlichen Dialogs. Seit Jahren stehe ich in Kontakt mit dem Woolf Institut – dem Zentrum für Studien jüdisch-christlicher Beziehungen (CJCR) in Cambridge, an dem ich auch einige Zeit anlässlich von Studien und Vorträgen verbracht habe. Zusammen mit dem gegenwärtigen Prager Erzbischof Dominik Duka habe ich mich an der Gründung einer der regionalen Gesellschaften für Christlich-Jüdische Zusammenarbeit in unserem Land beteiligt und wir beide gehören deren ehrenvollem Rat an. Als ich 2011 in der Warschauer Synagoge vom polnischen Rat dieser Gesellschaft für Verdienste um den christlich-jüdischen Dialog den Ehrentitel »Mensch der Versöhnung« erhielt, rührte mich besonders, dass ich zum ersten Mal in einer Synagoge sprechen durfte – und das gerade in der Synagoge mitten im Warschauer Ghetto, in welchem sich während des Krieges jene grässlichen Ereignisse abgespielt haben.

Zweimal reiste ich zu den ehemaligen Vernichtungslagern Auschwitz und Birkenau, Orte, die »geweiht« sind durch den Schmerz und das Leiden von Millionen Juden, aber auch vieler Christen, unter ihnen einige tschechische Priester. Die sogenannte »Theologie nach Auschwitz«, die jüdische wie die christliche, ist eine sehr bedeutende Inspiration meiner Spiritualität und meines theologischen Denkens. Auch ich habe sehr redlich eine Antwort auf die Frage »Wo war Gott in Auschwitz?« gesucht. Ich habe mir die Antworten zweier jüdischer Denker zu eigen gemacht. Zum ersten: Gott war da in seinem Gebot: Du sollst nicht töten! Und zum zweiten: Die richtige Frage lautet: »Wo war *der Mensch* in Auschwitz?«

Wenn wir unsere menschliche Verantwortung auf Gott abschieben, machen wir ihn zu einer Projektionsfläche unserer Wünsche oder unserer Schmerzen, unseres Zorns und unserer moralischen Empörung. Der »Gott auf der Kapitänsbrücke«, irgendwo hoch über den Wellen unseres Schmerzes, der wie ein Deus ex Machina immer dort herabsteigen würde, wo wir Menschen aus der Welt eine Hölle gemacht haben, jener Welt, die er uns anvertraut hat, dieser Gott ist wirklich tot – und für viele sicher auch im Zusammenhang mit den Tragödien, wie es die Weltkriege waren, Auschwitz und der Gulag. Ein solcher Gott war eine menschliche Projektion. Die Erinnerung an die Gewalttaten des zwanzigsten Jahrhunderts kann uns in einer bestimmten Weise die rätselhaften prophetischen Worte Nietzsches aufschließen: »Das Heiligste und Mächtigste, was die Welt bisher besass, es ist unter unseren Messern verblutet, – wer wischt diess Blut von uns ab?«[72] Gott als Garant eines gelingenden Ablaufs menschlicher Geschichte im Sinne eines ununterbrochenen Fortschritts ist tot – und mit ihm auch der naive Optimismus des aufklärerischen Humanismus und der aufklärerischen Theologie.

In meinen Büchern bezeichne ich unsere Zeit als eine »postoptimistische« Zeit. Dabei unterscheide ich scharf zwischen Optimismus und Hoffnung. Optimismus ist für mich die naive Annahme, dass alles sich zum Guten wenden wird. Hoffnung ist die Kraft, standzuhalten und nicht aufzugeben, auch in Situationen, in denen sich alles zum Schlechteren wendet. Optimismus ist ein Charakterzug; Hoffnung ist eine Tugend.

VII. Der Weg des Erwachens

Die Bewegung »Charta 77«, die Wahl eines polnischen Papstes, die Entstehung der polnischen Gewerkschaftsbewegung Solidarność, die Wende in der amerikanischen Außenpolitik – Carters Betonung der Menschenrechte und Reagans eindeutige Bezeichnung des kommunistischen Systems als Reich des Bösen –, die Entschiedenheit von Thatcher und schließlich Gorbatschow und seine »Perestrojka« – das alles waren Signale, dass das sowjetische Imperium in seinen Grundfesten erschüttert wurde. Nach innen zeigte das kommunistische Regime jedoch bis dahin keinerlei Anzeichen für Reformen, im Gegenteil, nervös verfolgte es die inoffiziellen Aktivitäten des politischen, kulturellen und kirchlichen Widerstands.

Im Widerstand nahmen die Samizdataktivitäten und die Vortragstätigkeiten zu sowie die Besuche westlicher Intellektueller und das Nachdenken über die Zukunft. Irgendwann um das Jahr 1983 herum kontaktierte mich Oto Mádr und lud mich ein, an der Redaktion einer Untergrundzeitschrift für christlich orientierte Psychologen, Psychiater und Psychotherapeuten mitzuarbeiten, die unter dem Titel »Ψ« (Psi) zu erscheinen begann.

Später lud mich Mádr ein, ihn bei weiteren Plänen und Aktivitäten zu unterstützen. Wie ich schon sagte, nach 1968 hatten wir uns praktisch nicht mehr getroffen, dennoch war er bemerkenswert gut über mich informiert; er war überzeugt, dass ich Priester und Jesuit sei. Als wir die Dinge beidseitig geklärt hatten, verriet er mir, dass er ein Beratungszentrum aufbaue, das in der tschechischen Kirche einen neuen Kurs vorbereiten solle, der den sich abzeichnenden neuen

Bedürfnissen entsprechen würde. Es sollte eine Art »Denk-Trust« für den altgewordenen Kardinal Tomášek sein, den wir wegen seines Alters und seiner bisherigen Vorsichtigkeit nicht abschreiben sollten – in einigen Fällen habe es sich doch gezeigt, dass er bereit sei, sich mit stiller Diplomatie für verfolgte Priester einzusetzen, und hätte er eine geeignete Rückendeckung durch verlässliche und kompetente Mitarbeiter, könnte er sich noch weiter vorwagen. In diesem Gremium sollten die Vorsteher der größten Männerorden vertreten sein, die in der Illegalität wirkten, einige Schlüsselgestalten unter den Priestern der einzelnen Diözesen (es ginge also um einen wichtigen Zusammenschluss der offiziellen und der »unterirdischen« kirchlichen Strukturen) und einige theologisch »offene Köpfe«, wie Josef Zvěřina, Redakteure der einflussreichsten Periodika des Samizdat und andere aktive katholische Kreise. Es ginge in erster Linie darum, die ganze Situation zu sondieren, die Zerstreuung zu überwinden und – weil es bei uns keine Bischofskonferenz gäbe, die das Leben der Kirche lenken würde – »die Dinge in einer ganzheitlichen bischöflichen Sicht sowie mit Weitblick zu betrachten«.

Über dieses Angebot beriet ich mich sorgfältig mit meinen Vorgesetzten in der Priestergemeinschaft. Es war uns klar, dass die Entstehung eines solchen Gremiums erforderlich, ja sogar notwendig war, und gleichzeitig entsprach es den Aufgaben, die sich unsere Gemeinschaft zum Ziel gesetzt hatte: ein Ort zu sein für konzeptionelle Erwägungen für die Zukunft. Es war jedoch gleichzeitig offensichtlich, dass es maßlos gefährlich sein würde: Wenn ich diesem Kreis beiträte, würde ich dadurch den Grundsatz strenger Geheimhaltung verletzen und nicht nur mich selbst gefährden, sondern auch die übrigen im Geheimen geweihten Priester und Priesterkandidaten, mit denen ich zusammenarbeitete. Für Mádr war der anfangs vorgeschlagene Kompromiss, dass ich nur ein »Verbindungsmann« zwischen ihm und diesen Kreisen sein sollte, unannehmbar. Ich war jahrelang der »Verbindungsmann« zwischen unserer Gemeinschaft und Kardinal Meisner, den ich regelmäßig während meiner Dienstreisen nach Berlin aufsuchte. Meisner als der einzige Bischof, der sich regelmäßig zwischen dem Osten und dem Westen bewegte – er war Bischof von beiden Teilen Berlins –, verband unseren Kreis mit dem Vatikan. Aus vielerlei Gründen, unter anderem wegen dieser Bindung an Kardinal Meisner und an Rom, wollte Mádr mich als ständiges Mitglied in seinem Kreis haben. Am Ende kamen wir überein, dass ich für diese Arbeit von unserer Gemeinschaft freigestellt und mich ihr mit all ihren Risiken widmen würde; unsere Priestergemeinschaft würde ich nur bei drei konspirativen Treffen im Jahr auf dem Laufenden halten.

Nach und nach entstanden einige Arbeitsgruppen. Die wichtigste erhielt den Decknamen »Senior«, um sich vom Theologieseminar zu unterscheiden. »Senior« wurde dann zum wirklichen Mitarbeiterstab für die Belebung der Kirche vor 1989; es kamen unter anderem regelmäßig auch die beiden späteren tschechischen Kardinäle Miloslav Vlk (damals Fensterputzer) und Dominik Duka (damals Angestellter der Škoda-Werke in Pilsen (Plzeň)) dahin. Wir trafen uns in verschiedenen Wohnungen, begannen nach dem Eingangsgebet stets mit einem »Panorama« – einem Überblick über die aktuelle Situation – und anschließend folgten eine Beratung sowie die Verteilung der Aufgaben. Später entstand ein engeres Dreigestirn aus Zvěřina, Mádr und mir für den engsten Kontakt zu Kardinal Tomášek; ich oder Mádr hatten meistens die Aufgabe, Textentwürfe für die offenen Briefe des Kardinals an die Regierung auszuarbeiten sowie für einige Predigten.

Außer dieser Priestergruppe entstand später noch eine Art »zweite Kammer«, in der die Laien überwogen. Zu dieser reisten auch slowakische Katholiken an, einschließlich einiger nach dem November 1989 bedeutenden slowakischen Politiker wie Jano Čarnogurský oder František Mikloško. Ich erinnere mich daran, wie mich im Jahr 1988 bei der Vorbereitung eines Textes, nämlich der Erklärung der tschechoslowakischen Katholiken zum 70. Jahrestag der Entstehung der Tschechoslowakischen Republik, die Reaktion der Slowaken überraschte, die einen Widerstand von einem Großteil der slowakischen Katholiken befürchteten, bei denen bis dahin die Idee einer unabhängigen slowakischen Republik lebendig war. Auch wenn ich vermute, dass unsere Freunde damals aufrichtig für das Zusammenleben beider Nationen in einem Staat, in einer Föderation, gegebenenfalls in einer Konföderation waren und dass separatistische Bestrebungen erst später geweckt wurden – insbesondere durch Einflüsse aus der slowakischen Emigration, einschließlich der priesterlichen Emigration aus Rom und aus Kanada –, so kam mir damals zu ersten Mal zu Bewusstsein, dass die Zukunft unseres staatlichen Zusammenlebens nicht so selbstverständlich war, wie es aus Prag erschien.

Diese gemischt zusammengesetzte Gruppe machte nicht einmal einen Bogen um politische Erwägungen; eine Quelle der Inspiration war besonders der Text von Václav Benda »Jak dál po Velehradě?« (»Wie weiter nach Welehrad?«)[73]. Als die nationale Wallfahrt nach Welehrad im Jahr 1985 in eine Kundgebung für Religionsfreiheit überging, erkannten wir darin jenen Zeitpunkt, in dem die katholische Minorität Mut schöpfte. Ihre Sehnsucht nach Religionsfreiheit wurde zu einem bedeutenden Teil des politischen Erwachens der Nation und der ganzen Bewegung, die den kommunistischen Totalitarismus erschüttern konnte.

Im Jahr 1986 druckte die polnische Zeitschrift »Tygodnik Powszechny« den Artikel »Jan Hus – Häretiker oder Vorreiter des zweiten Vatikanischen Konzils?« des Philosophen Stefan Swiezawski ab. Weil es sich um den Text eines ehemaligen engen Mitarbeiters und Freundes von Johannes

Paul II. handelte, sahen wir darin das Versprechen einer möglichen Neubewertung von Hus' Vermächtnis von Seiten der katholischen Kirche. Ich sprach vorsichtig mit Kardinal Tomášek darüber, aber ich sah, dass für ihn wie für die Mehrheit der Katholiken seiner Generation das Andenken an Hus verbunden ist mit der antikatholischen Kampagne zu Beginn der ersten Republik. Er sagte zu mir: »Lassen wir die Vergangenheit ruhen, beleben wir sie nicht wieder.« Josef Zvěřina führte unter seinen Freunden eine soziologische Amateurstudie durch, in der er sie dazu befragte, wie sie es aufnehmen würden, wenn die Kirche sich positiver zu Jan Hus stellen würde. Es kam heraus, dass es vorwiegend für die katholischen Intellektuellen der mittleren Generation von Bedeutung war; die ältere Generation dachte ähnlich wie Tomášek und von den Jüngeren wurde Jan Hus wegen des Einflusses durch das kommunistische Schulwesen als unsympathischer »Vorgänger der sozialistischen Revolution« wahrgenommen. Das beschäftigte mich sehr und ich nahm nach Jahren meine Studien zu Jan Hus wieder auf; Hus war eine etwas in Vergessenheit geratene alte Liebe meiner Jugend gewesen. Ich verfasste einen Essay, der zuerst in den »Theologischen Texten« des Samizdat erschien und dann in der römischen Exilzeitschrift »Studie«. Darin dachte ich über die Beziehung von tschechischer kultureller Identität und Katholizismus im Allgemeinen nach und zum ersten Mal führte ich probeweise den bis dahin unpublizierten Gedanken an eine zehnjährige Vorbereitung auf die Millenniumsfeier des hl. Adalbert an. Ich vertrat die Ansicht, dass die katholische Kirche, wenn sie eine integrierende Rolle bei der Erneuerung der tschechischen Gesellschaft spielen soll, die engen klerikalen Horizonte überschreiten, sich an der Heilung der Wunden der Vergangenheit beteiligen und irgendwie den großen Archetypen der tschechischen Nation gerecht werden müsse, zu denen ohne Zweifel Hus gehört.

»Hus gehört auch zu uns, keinesfalls als Standarte ... sondern als unsere Verbindlichkeit und unser Kreuz.«

Ich machte in dem Text den Vorschlag, bei einer neuen Untersuchung der »Causa Hus« sorgfältig zu unterscheiden zwischen der Persönlichkeit von Hus, seinem Werk und Hus als Projektionsfläche, auf die unterschiedliche Zeiten ihre jeweiligen Ideale projizieren. Jede Interpretation der Vergangenheit geschieht aus einem bestimmten Vorverständnis heraus und wir müssen unsere heutige Perspektive reflektieren, die eine andere ist als zum Beispiel jene aus der Zeit der ersten Republik. Am Schluss formulierte ich als »Traum« eine Vision, in der ein slawischer Papst einmal nach Prag kommt und inmitten der Menge tschechischer Katholiken und Protestanten bei einem ökumenischen Gottesdienst für die Heilung der Wunden der tschechischen Vergangenheit betet und auch Worte des Entgegenkommens für Jan Hus findet. Der Artikel rief viel Polemik hervor und ein mährischer Katholik lachte mich für diesen einfältigen Traum in einem Samizdatartikel zur Genüge aus. Wer aber hätte gedacht, dass es einige Jahre später wirklich dazu kommen würde?

* * *

Es war anscheinend Josef Zvěřina, der in einer sehr finsteren Zeit Anfang der 80er Jahre für das Ausland eine mutige und genaue anonyme Analyse der Situation der verfolgten Kirche formulierte. Dieser Text geriet in die Hände der Geheimpolizei und diese fasste einen teuflischen Plan: Sie sandte den Text unter dem Namen des Erzbischofs Tomášek zur Publikation ins Ausland und zwang diesen dann, sich von diesem Text öffentlich zu distanzieren. So wollte sie diesen Appell diskreditieren. Es geschah jedoch etwas, womit die Kommunisten nicht gerechnet hatten: Zvěřina und Tomášek trafen sich zu einem sehr ernsten Gespräch und dieses wurde offenbar zu einem Wendepunkt in der ganzen neueren Kirchengeschichte. Tomášek berief daraufhin Josef Zvěřina, Oto Mádr und weitere Regimekritiker zu seinen Beratern und engsten Mitarbeitern und schlug einen gänzlich neuen Kurs ein. Während kurzer Zeit veränderte sich der fast neunzigjährige Kardinal: Aus dem vorsichtigen, fast schon furchtsamen Hierarchen wurde ein international anerkanntes Symbol des Widerstands nicht nur der Kirche, sondern der ganzen Nation gegen den Totalitarismus; er lieh seinen Namen und seine Autorität Dokumenten, die den Menschen wirklich Hoffnung gaben und ihnen Mut machten.

Zvěřina hatte eine glückliche Natur, er war ein innerlich freier und freudiger Mensch, der vor Humor sprühte und niemanden betrüben konnte. Auch er musste sich aber sicherlich seine geistigen Qualitäten erkämpfen. Einmal erzählte er mir von einer großen Krise, die er als junger Priester bei Studien der Kunstwissenschaft in Paris durchgemacht hatte. Er war sogar in Versuchung gewesen, seinen Priesterdienst aufzugeben; nach einigen Stunden des Gebets in der Kathedrale von Notre Dame fand er jedoch inneren Frieden. Als ich kurz nach seinem Tod in den neunziger Jahren in Paris war, ging ich gezielt in diese Kathedrale, um Gott für diese Augenblicke zu danken. Und ich machte mir bewusst: Wäre sein Kampf im Gebet an jener Stelle anders ausgegangen, so wäre unsere neuere Kirchengeschichte vielleicht anders verlaufen und ganz bestimmt die Schicksale vieler Menschen, die Zvěřina maßgeblich beeinflusst hat.

* * *

Als Oto Mádr nach der sowjetischen Okkupation von der Theologischen Fakultät ausgeschlossen wurde und sich begreiflicherweise auf der Liste der unerwünschten Personen und der Verfolgten wiederfand, verschaffte er noch großzügig dem verfolgten Milan Machovec, einst der wichtigste marxistische Experte für das Christentum, in der Prager St.-Antons-Kirche eine Anstellung als Organist. Diese Handlung brachte Mádr vermutlich die Abschiebung aus Prag in die entlegene Pfarrei in Sandau (Žandov) ein. Wie ein Soldat ging er wieder gehorsam dorthin, wohin man ihn schickte. Später – als er in die Rente geschickt worden war und nach Prag zurückkehrte – wurde er zum Hauptorganisator und zur »Seele« des weitläufigen katholischen Samizdat und einer der Hauptveranstalter unterschiedlicher Untergrundkurse und -seminare.

Mádr war ein völlig anderer Charakter als Zvěrina. Seine asketische Ausrichtung auf die Tätigkeit für die Kirche und die Vernachlässigung aller Annehmlichkeiten des Lebens waren fast unglaublich. Er lehnte grundsätzlich jegliche Bewirtung ab und verlangte lediglich warmes Wasser. An Tagen, an denen er besonders gut aufgelegt war, fügte er etwas Zitronensaft hinzu. Oft traf ich ihn, wie er auf den Treppen der Metro im Laufen ein trockenes Brötchen kaute; ich konnte mir vorstellen, dass dies sein ganzes Mittagessen war. Jeden, der Interesse an seinen persönlichen Schwierigkeiten bekundete, fertigte er mit einer Handbewegung ab: Darüber spricht man nicht. Er war selbst diszipliniert und daher konnte er Disziplin und höchsten Einsatz auch von allen seinen Mitarbeitern verlangen. So wie er einem beim Arbeiten fast maschinenähnlich und übermenschlich erscheinen konnte – er arbeitete präzise und leistungsorientiert wie eine Maschine –, so konnte er menschlich warm und großzügig sein, wenn sich jemand an ihn als Priester mit persönlichen, häufig sehr komplizierten und delikaten Problemen wandte.

Ich erinnere mich an ein konspiratives Treffen, bei dem jemand von den Zuspätgekommenen mit der Nachricht eintrat, dass wir wahrscheinlich von der Polizei beobachtet würden, die plötzlich auftauchen und uns festnehmen könne. Josef Zvěřina, für den die Polizeiverhöre sich mit der Zeit beinahe zu einem beliebten Sport entwickelt hatten, die er immer humorvoll kommentierte, ging sogleich auf den Balkon, um nachzusehen. In der Tat gingen vor dem Haus drei sehr verdächtige Herren auf und ab. Mádr hatte inzwischen organisiert, was wir tun würden, falls sie hochkämen, wer die schriftlichen Unterlagen liquidieren würde, was wir bei den Verhören sagen sollten, und dabei begann er mitten auf dem Tisch Blumen und Häppchen anzuordnen. Wir sollten übereinstimmend aussagen, dass wir einen Geburtstag feierten. Gerade als er die Blumen in der Vase ordnete, kehrte Josef Zvěřina vom Balkon zurück und fragte entsetzt: »Oto, was tust du da?« Mádr erklärte es ihm und Zvěřina antwortete: »Aha, dann verstehe ich es, wenn du das aus konspirativen Gründen tust. Ich dachte schon, du magst Blumen!«

Oto Mádr verstand es, präzise und strategisch zu denken und realistisch die Situation sowie die Möglichkeiten der Menschen einzuschätzen. Mit minutiöser Genauigkeit analysierte er Texte, die er für den Samizdat erhielt, und stets deckte er ihre Schwachstellen auf. Der Samizdat litt an einem Mangel an Kritik, man war froh darüber, dass so etwas überhaupt existierte, und übersah Fehler, weil man die schwierigen Bedingungen kannte, unter denen diese Texte entstanden und verbreitet wurden. Mádr jedoch war anspruchsvoll, unbeugsam, sorgfältig. Ich erinnere mich daran, wie ich ihm einst einen Artikel für den Samizdat in seine Wohnung brachte. Er begrüßte mich wie immer mit einem grünen Redakteursschild auf der Stirn. Die wesentlichen Dinge teilten wir uns im Badezimmer mit, weil man dort das Wasser fließen lassen konnte, sodass die Polizei nur schwer unser Gespräch abhören konnte. Wenn wir am Tisch sprachen, schrieb er einige Dinge auf eine Tafel und wischte das Geschriebene gleich wieder weg. Lange las er damals meinen Text und kommentierte dann: »Hier schreibt man nach den neuen Rechtschreibregeln kein »s« mehr, sondern ein »z«, hier fehlt ein Komma« und so ähnlich. Ich wandte ein, dass ich ihm den Artikel als Theologen und nicht als Korrektor vorlegte. Er räusperte sich nur trocken und sagte: Na, für die Zeitung »Rudé právo«[74] würden Sie es sich nicht erlauben, das so abzugeben. Aber für den Herrgott ist alles gut genug, nicht wahr? Ich hatte Lust, ihm eine gepfefferte Antwort zu geben und dann für immer fortzugehen. Stattdessen lief ich zweimal durch das Arbeitszimmer und zählte bis zehn. Dann entschied ich mich zu bleiben.

Als ich ihm den Artikel erneut brachte, sagte er mir, es sei gut, aber ich müsse mir vorstellen, dass es vielleicht ein einfacher traditioneller Pfarrer in einem mährischen Dorf lesen werde. Würde er das verstehen, würde ihn darin nicht etwas unnötig reizen? Nach einer Woche brachte ich ihm eine weitere Version. Zur Abwechslung forderte er mich auf, mir vorzustellen, dass den Artikel der »Bruder Protestant« lesen werde. Sei mein Text ökumenisch ausgewogen genug? In der folgenden Woche fragte er mich, ob ich in Betracht gezogen hätte, dass meinen Text auch ein aufrechter Atheist lesen könnte. Würde dieser nicht denken, dass seine Weltsicht irgendwie missachtet werde? »Nimm's nochmal mit und geh es mit den Augen so eines redlichen Atheisten durch.« Auf diese Weise musste ich den Text mehrmals mit verschiedenen »Augen« durchsehen und ihn umschreiben. Ich habe aber wirklich nach und nach gelernt, meine eigenen Texte kritischer und aus verschiedenen Perspektiven zu lesen und mich etwas verständlicher nach unterschiedlichen Seiten hin auszudrücken. Für diese Schule bin ich ihm heute sehr dankbar.

In der Zeit, als die Polizei eine große Razzia gegen den katholischen Samizdat durchführte und eine Reihe von Menschen verhaftete, waren viele von uns bedrückt und schockiert. Wir warteten ab, was weiter geschehen würde. Am nächsten Tag erschien Oto Mádr, er war sichtlich guter Laune. Er sagte: »Wir sind an der Front, also gibt es auch Verluste. Lasst uns weitermachen. Das Wichtigste ist, ihnen ein Signal zu senden, dass sie uns nicht eingeschüchtert haben. Bist du bereit, etwas Weiteres in Angriff zu nehmen? Für die Menschen, die im Gefängnis sind, werden wir beten. Das ist aber nicht so ganz schlimm, sicherlich wird es ihnen nützen und zu etwas gut sein.« Als ich mir bewusst gemacht hatte, dass dies ein Mensch sagte, der im Gefängnis auf die Todesstrafe gewartet hatte, der dann zu lebenslanger Haft verurteilt worden war und der viele Jahre im Gefängnis verbracht hatte, wurde mir klar, dass aus seiner Perspektive die Welt ganz anders aussah. Sein Mut und sein Verständnis waren eine große Hilfe und eine Ermunterung.

Oto Mádr achtete mit großem Mut und Einsatz vor allem darauf, dass die tschechische Kirche und Theologie nicht den lebensnotwendigen Kontakt mit dem theologischen Denken im Westen verloren, damit es den Kommunisten nicht gelänge, sie gänzlich von der Weltkirche zu isolieren – dadurch würden sie im Provinzialismus untergehen und handlungsunfähig sein. Vor allem dank Mádr gelang es auch in den schlimmsten Jahren der »Normalisierung« unter Präsident Gustav Husák – beinahe unglaublich und mit einem gewaltigen Risiko und Engagement – in Prager Wohnungen sowie außerhalb Prags eine Vortragsreihe der führenden westlichen Theologen zu organisieren. Sie reisten inkognito als Touristen für einige Tage ein und bewegten sich konspirativ, oft sehr abenteuerlich, von Ort zu Ort. Unter ihnen waren Walter Kasper, Christoph Schönborn, Hans Küng, Johann Baptist Metz, Hans Waldenfels, Günter Virt, der Pariser Jesuit Paul Valadier und viele weitere. Ich erinnere mich, wie ich nach dem Vortrag über »Gott nach Auschwitz« von Metz in der Diskussion den Wunsch äußerte, dass diese Theologie, die Ausdruck einer Ernüchterung über die Theodizee der Aufklärung ist, auch durch eine »Theologie nach dem Gulag« ergänzt würde, die eine Ernüchterung über den Marxismus und über die Ideologie der westlichen Linken ermöglichen würde. Mir wurde klar, wie viele Theologen aus Westdeutschland ihre Inspiration aus der Situation der Kirche in Lateinamerika schöpften, aber nicht die geringste Ahnung davon hatten, was einige Kilometer hinter ihrer östlichen Grenze vor sich ging. Auch Theologen, die ich sehr schätzte, wie Dorothee Sölle, hatten gravierende Illusionen über die Länder unter kommunistischer Herrschaft. Vielleicht war es vor dem Hintergrund unserer Erfahrung unsere Aufgabe, eine alternative »Theologie der Befreiung« zu formulieren, ohne dabei in »linke« oder »rechte« Extreme – etwa in die Ideologie der amerikanischen »Religious Right« – zu verfallen. Bestimmte Ansätze erkannte ich in einem Artikel von Oto Mádr mit dem Titel *Modus moriendi ecclesiae* (»Die Art, wie die Kirche stirbt«), dann bei dem protestantischen Theologen Jakub Trojan und bei dem polnischen Philosophen Józef Tischner – aber das waren nur Andeutungen dessen, was, wie ich fühlte, nötig war, dass es einmal geschrieben würde.

Nach Prag kamen in den achtziger Jahren in aller Stille viele bedeutende christliche Persönlichkeiten und ich hatte die kostbare Gelegenheit, mit ihnen zu diskutieren und ihnen Fragen zu stellen. Widerholt besuchte Roger Schutz, der Gründer der Taizé-Gemeinde, seine Freunde in Prag. Einmal tauchte in Prag inkognito sogar Jean Vanier, der Gründer der Bewegung L'Arche, auf – ich erinnere mich, wie ich ihn in einem Prager Park traf und wir darüber sprachen, wie sich Kontemplation und Dienst an Leidenden zueinander verhalten. Damals meditierte ich viel über das biblische Bild der Geschwister von Bethanien, darüber, wie sich Maria, Marta und Lazarus gegenseitig ergänzen – und Jean Vanier war zweifellos der bestmögliche Gesprächspartner bei diesen Überlegungen. Also auch in Prag unter kommunistischer Herrschaft hat sich der beliebte Satz der Yoga-Meister bewahrheitet: »Wenn der Schüler bereit ist, wird der Guru kommen.«

Aber zurück zu Oto Mádr. Das Hauptverdienst von Mádr war, dass er jenes qualitativ hochstehende Netzwerk von beratenden Fachgremien für Kardinal Tomášek schuf. Ich wiederhole, dass es vor allem das Verdienst von Mádrs unermüdlicher Diplomatie war (zusammen mit der moralischen Autorität von Zvěřina), dass sich Kardinal Tomášek in seinen letzten Jahren von einer kläglich übervorsichtigen Figur in ein international anerkanntes Symbol moralischen Widerstands gegen den kommunistischen Totalitarismus verwandelte.

Mádr war der wichtigste von drei Menschen, die in den entscheidenden Augenblicken Kardinal Tomášek am nächsten standen, und eben ihm gebührt daher das größte Verdienst um jenen ungewöhnlichen Zuwachs moralischer Autorität der Kirche in den achtziger Jahren. Das war etwas Einzigartiges, unvergleichlich in der gesamten neueren Geschichte des tschechischen Katholizismus. Obwohl Oto Mádr sein Bestes für die praktisch-organisatorischen Belange gab, war er auch als theologischer Kopf von Bedeutung. Insbesondere seinen Artikel »Modus moriendi ecclesiae« halte ich für eine wirkliche Perle und einen der besten Versuche, die Erfahrung unserer Kirche theologisch zu interpretieren und so in den Kontext der Weltkirche einzubringen.

Aber das wichtigste Zeugnis, das ich ablegen muss, ist ein anderes. Als wir mit einigen ausländischen Theologieprofessoren, die heimlich bei uns vortrugen, über die Möglichkeit sprachen, zwei von unseren bedeutendsten Repräsentanten der Untergrundkirche und -theologie, nämlich Zvěřina und Mádr, an einer ausländischen Universität das Ehrendoktorat zu verleihen, erfuhr Mádr trotz Geheimhaltung davon. Er suchte mich auf und sagte eindringlich: »Das Doktorat darf nur Zvěřina erhalten. Er ist das Symbol, er muss in Erscheinung treten, die Sache darf nicht geteilt und dadurch in ihrer Bedeutung geschwächt werden, ich muss entschieden im Hintergrund bleiben.« Ich sah, dass er es absolut ernst meinte und da – mehr als in allen anderen Situationen, in denen er sich gleichfalls meisterhaft und kühn bewährt hatte – erkannte ich seine unbestrittene moralische und geistige Größe.

Oto Mádr wurde um das Jahr 1989 herum ungerechterweise übergangen. Es ist ein Skandal, dass er nicht einmal eingeladen wurde, an die theologische Fakultät zurückzukehren. Als sich die neue Bischofskonferenz formierte sowie die Gremien um die Bischöfe, haben jene, die ihn dazuladen konnten und sollten, dies nicht getan. Und so wurde dieser Priester, der mit einigen seiner Mitarbeiter diskret hinter dem Namen des Kardinals Tomášek verborgen geblieben war und die Kirche in schweren und entscheidenden Zeiten gelenkt hatte, schließlich nicht mehr allzu oft um seinen Rat und um seine Meinung gebeten. Er trug es schweigend und tapfer, aber er trug schwer daran. Es erinnerte ein wenig an das Schicksal von Winston Churchill nach dem Sieg. Auch ich, der ihm so nahe gewesen war, war allzu sehr in tausenderlei Verpflichtungen verstrickt und auf Reisen, sodass wir uns viel weniger sahen; ich bin froh, dass ich wenigstens aus der Position eines Sekretärs der Bischofskonferenz und dank meiner Kontakte nach Rom wohl ein wenig dazu beitragen konnte, dass er und Jiří Reinsberg am Ende eine gewisse Würdigung von Johannes Paul II. erfuhren. Ihm jedoch lag nichts an Ehrungen, sondern daran, in seinem Dienst im Zentrum der Entscheidungen und Informationen zu verbleiben.

Oto Mádr nahm um sein achtzigstes Lebensjahr herum erneut den Kampf auf, er kämpfte mit seinem Alter, wie er einst mit dem Kommunismus gekämpft hatte, aber die Natur war stärker als das totalitäre Regime. Sein Blick, der früher so präzise alle Nuancen von Meinungen unterschieden hatte, verengte sich nun zu einer dreifarbigen Skala, die Welt verwandelte sich ihm in ein Schachbrett – rechts die weißen Fundamentalisten, links die schwarzen Progressisten, in der Mitte er selbst, der einsame König der goldenen Mitte. Aber die

Welt war währenddessen viel farbiger und komplexer als je zuvor. Die begreiflichen Verengungen, die das Alter mit sich bringt, projizierte er auf seine Befürchtungen um seine geliebte Kirche – aber anstelle ihrer komplexen Veränderungen begann er vor allem Bedrohungen wahrzunehmen, Bedrohungen von beiden Seiten, besonders jedoch von links, wo er auch seine Schüler zu situieren begann, deren Mündigkeit und Selbständigkeit er irgendwie nicht zur Kenntnis nehmen wollte. Seine langen Ansprachen bei gemeinsamen Treffen, in denen sich immer monoton ein Thema wiederholte: »Lasst uns die goldene Mitte halten«, erinnerten mich an den greisen Apostel Johannes, der gegen Ende seines Lebens stets nur wiederholt haben soll: »Meine Liebsten, liebet einander«. Das, was andere als Erscheinung von Altersschwäche bei dem Apostel werten, war in Wirklichkeit der Kern der lebenslangen Botschaft des Apostels. Und ähnlich musste man auch jenes Rufen des alten Freundes Oto nach der goldenen Mitte verstehen als einen Aufruf zur Liebe, zur Liebe zur Kirche und zur Liebe auch innerhalb der Kirche, über alle Grenzen des Unverständnisses und alle Unterschiede in den Akzentsetzungen hinweg. Mádr hat es verdient, dass die tschechische Kirche ihn nie in Vergessenheit geraten lässt.

* * *

An Silvester des Jahres 1984 ging ich wie an jedem letzten Abend des Jahres in den Veitsdom, um vor dem Herrn das Jahr abzuschließen und um den Segen für das kommende Jahr zu erbitten; die Kirchendiener kannten mich schon und ließen mich auch nach dem Schließen der Kirche länger als zwei Stunden beten, bis sie die ganze Kathedrale aufgeräumt hatten. An jenem Abend konnte ich mich nur schwer konzentrieren. Und dann geschah es, dass ich ins Gebet fiel wie ein Stein in einen tiefen Brunnen. Aus der Tiefe tauchten Gedanken auf, die mir nie zuvor in den Sinn gekommen waren: Das Millennium des Todes des heiligen Adalbert von Prag naht, es ist nötig, dass nicht nur die Kirche, sondern die ganze Nation sich auf diesen Augenblick vorbereitet. Eine systematische Vorbereitung wird nötig sein, wie es bei der »Große Novene« zur Christianisierung Polens war, die Kardinal Wyszyński während seiner Inhaftierung im Gebet konzipierte, man muss alle Menschen ansprechen und einladen, die guten Willens sind, es ist nötig, Sinn und Herz zu heilen und zu verwandeln, weil eine neue Zeit anbricht ...

Ich hatte nie zuvor daran gedacht, aber als ich steifgefroren die dunkle Kathedrale verließ, loderte die Idee in mir schon ganz hell. Erst zu Hause sah ich nach, wann genau der heilige Adalbert gestorben war, und ich stellte fest, dass noch einige Jahre für die Vorbereitung blieben – und dann konnte die Große Novene beginnen. Der erste, zu dem ich mit der noch unfertigen Idee ging, war mein damaliger Beichtvater Petr Pit'ha; und siehe, auch er dachte unabhängig von mir über ähnliche Dinge nach und unsere Gedanken fügten sich in vielem ineinander wie zwei Teile eines zerbrochenen Ringes. Er überzeugte mich, dass die Vorbereitung nicht neun, sondern zehn Jahre dauern sollte und dass die Themen der einzelnen Jahre, für die wir Schutzheilige aus den Reihen der tschechischen Heiligen auswählten, sich an die Zehn Gebote anlehnen sollten.

So entstand die Initiative »Ein Jahrzehnt geistlicher Erneuerung der Nation«. Diese Initiative sollte nicht nur eine Vorbereitung auf das Millennium des heiligen Adalbert sein, sondern auch eine Vorbereitung auf den Eintritt in das neue Jahrtausend, sie sollte eine Art Laboratorium für einen neuen Lebensstil für das nachfolgende dritte Jahrtausend sein. Sie sah große gemeinschaftliche Exerzitien vor, eine Reflexion der Tradition, aber vor allem ein Wiederfinden der Werte, die in die Fundamente der zukünftigen Gesellschaft eingehen könnten.

Ja, wir spürten die Nähe großer gesellschaftlicher Veränderungen, und wir wollten nicht, dass es nur bei so etwas wie einer Gorbatschow'schen »Perestroika« blieb. Wir wussten, dass, wenn es wirklich um eine radikale (und das heißt eine bis zu den Wurzeln reichende) Erneuerung der Gesellschaft gehen soll, es nicht nur bei einem Wandel der äußeren Verhältnisse bleiben darf, einer Veränderung politischer und ökonomischer Strukturen, sondern dass es um eine »Revolution der Köpfe und Herzen« gehen muss oder besser: um die Kultivierung der ganzen moralischen Atmosphäre der Gesellschaft.

Die grundlegende Struktur des Jahrzehnt-Projekts bildeten einzelne Jahresthemen, die immer durch eine positive Formulierung je eines der Zehn Gebote gebildet wurden: So wurde das Gebot »Du sollst nicht töten!« ausgedrückt durch die Worte »Dienst für das Leben«, »Du sollst nicht stehlen!« durch »Arbeit und soziale Verantwortung«, »Du sollst nicht ehebrechen« durch »Familienleben« und so fort. So sollte jedes Jahr durch seine thematische Ausrichtung die Aufmerksamkeit auf die Erneuerung jeweils eines Bereichs des kirchlichen und gesellschaftlichen Lebens bündeln – Familie, Erziehung, Arbeit, Kultur, Kunst und andere. Jedes Jahr sollte auch – im Einklang mit dem Thema und dem ausgewählten Schutzheiligen – eine bestimmte Gruppe in der Gesellschaft besonders ansprechen: das Jahr der Agnes von Böhmen durch sein Thema »Dienst für das Leben« beruflich im Gesundheitswesen Tätige, das Jahr der Erziehung die Lehrer, das Jahr des heiligen Johannes Nepomuk Juristen, das Jahr des heiligen Prokop Ordensangehörige und so fort.

Damit die Themen der einzelnen Jahre nicht abstrakt blieben, sondern ein »Gesicht« bekamen und damit eine Verwurzelung in der nationalen Tradition erhielten, wurden sie durch einen (oder zwei) tschechische Heilige symbolisiert. Darüber hinaus wurde jeder Heilige in der Regel mit einer Ordensfamilie verbunden, und so wollten wir jedes Jahr – es handelte sich ja um eine Zeit, in der die Orden in unserem Land ganz und gar in der Illegalität arbeiteten – eine Ordensgemeinschaft in Erinnerung rufen: Mit Agnes von Böhmen wollten wir an die Franziskaner erinnern, mit dem heiligen Adalbert an die Benediktiner, mit der heiligen Zdislava von Lämberg an die Dominikaner ...

Weiterhin wollten wir in den einzelnen Jahren die Aufmerksamkeit auch auf bestimmte Regionen und Diözesen lenken, die mit den jeweiligen Schutzheiligen in Verbindung standen. Damals begannen die Wallfahrten an Bedeutung zu gewinnen, wie es schon mehrmals in der älteren tschechischen Geschichte der Fall gewesen war. Sie wurden nicht nur zu Manifestationen der Sehnsucht nach Religionsfreiheit, sondern auch zu einer Gelegenheit für unkonventionelle Formen der pastoralen Arbeit. Vergessen wir nicht, dass bis dahin alles außer Gottesdienst der Kirche untersagt war; gerade auf den ersten Wallfahrten des »Jahrzehnts« noch zur Zeit des Totalitarismus wurden Vorträge veranstaltet, Diskussionen, Anbetungen, Konzerte, sogar Theaterstücke junger Autoren, es war also aus Sicht der Polizei eine massive »Vereitelung der staatlichen Aufsicht über die Kirchen« – aber das Regime hatte schon nicht mehr die Kraft, das ganz aufzuhalten oder zu liquidieren.

Das »Jahrzehnt« sollte die Untergrundstrukturen der Kirche mit den offiziellen verbinden, es sollte eine ökumenische Aktion im weitesten Sinne des Wortes sein – wir wollten bei der Umsetzung dieses Projektes nicht nur die Christen der unterschiedlichen Kirchen zusammenbringen, sondern auch der zunehmenden Zahl von Sympathisanten etwas bieten, die bis dahin das Kirchenleben aus einer gewissen Distanz beobachteten.

Das ganze Programm gemahnte an die Figur des heiligen Adalbert von Prag als Symbol unserer Zugehörigkeit zu Europa – von Adalbert kann man zu Recht als vom »ersten Europäer tschechischer Herkunft« und vom ersten Tschechen mit wirklich europäischer Gesinnung und europäischem Format sprechen. Adalberts Reformeifer blieb jedoch in seiner Heimat zu seiner Zeit unverstanden und wurde nicht angenommen und dieser große Bischof musste – wie so viele Tschechen in der ganzen darauf folgenden Geschichte, einschließlich Adalberts modernem Nachfolger Kardinal Beran – ins Ausland gehen; auch dieses Motiv bewegt zum Nachdenken über die tschechische Geschichte!

Wie hinter vielen Reformprojekten in Tschechien (erinnern wir uns z. B. an Masaryks politisches Programm) stand auch hinter dem »Jahrzehnt« eine bestimmte Philosophie der tschechischen Geschichte: Wir betonten, dass den »roten Faden« in der tschechischen Geschichte gerade das Streben nach moralischer Erneuerung bildet, das wiederholt nach Phasen des Verfalls auftritt ... Adalbert stand in Verbindung mit einer der großen Reformbewegungen der damaligen Kirche, mit der Cluniazensischen Reform, und seit der Zeit fanden in bestimmten Geschichtsperioden Reformgedanken in Tschechien immer sehr fruchtbaren Boden. Weil das Schicksal von Adalbert jenen tragischen Kontrapunkt verkörperte – diese prophetischen Gestalten hatten es bei uns nicht leicht –, ging es uns darum, dass die Feierlichkeiten zu seinen Ehren im Jahr 1997 nicht im triumphalen und oberflächlichen Geist des »Stolzes auf den großen Landsmann« stattfanden. Vielmehr sahen wir im Millennium und in der gesamten Vorbereitung eine Gelegenheit zur »metanoia« – zu Umkehr, Buße, Genesung, zur Wiederentdeckung der Werte, die Adalbert verkündet hatte, wir sahen darin ein Ja zu einer Versöhnung der Nation mit diesem zurückgewiesenen Heiligen und allem, woran seine Gestalt gemahnt. Dazu haben sich die Tschechen im Übrigen schon vor knapp tausend Jahren feierlich am Grabe von Adalbert in Gnesen (Gniezno, in Polen) bekannt, noch bevor sie die sterblichen Überreste dieses Heiligen gehoben hatten.

Weil ich die Idee des »Jahrzehnts« immer für eine göttliche Eingebung gehalten habe und niemals für »mein Werk«, darf ich wohl sagen, dass ich dieses Projekt bislang für eine der vielversprechendsten geistlichen Initiativen in meiner Generation halte. Als sich nach einigen Jahren die Tore zu einem freien Leben geöffnet hatten, war der Großteil unserer Gesellschaft von der neuen Situation überrumpelt: Viele gesellschaftliche Gruppen schusterten übereilt unausgereifte Konzepte und Projekte zusammen und viele kleideten das Alte nur in »neue Gewänder«. Noch Jahre nach dem November 1989 klagten Politiker, dass »Visionen fehlten«. Die katholische Kirche hielt jedoch ein Projekt in Händen, das es ermöglichte, der Gesellschaft nicht nur eine Vision anzubieten, sondern ein konkretes Programm, das auf die allerdringendsten Fragen der damaligen Zeit antwortete. Damals hatte die Kirche wirklich eine große historische Chance und es wurde viel von ihr erwartet. Im Übrigen, wer hätte damals die Gesellschaft besser ansprechen können als die katholische Kirche, die hauptsächlich dank des »neuen Kurses« von Kardinal Tomášek populärer geworden war als jemals zuvor in der ganzen neueren tschechischen Geschichte? Die Kirche begann in breiten Schichten der Gesellschaft eine große moralische Autorität und Glaubwürdigkeit zu gewinnen.

Wir wussten jedoch auch, dass wir mit der Devise: »Wir sind viele und haben sehr gelitten« nicht lange auskommen würden, dass die Kirche die Gesellschaft mit etwas ansprechen, einen neuen Gedanken in den Raum stellen und zu einem neuen Weg ermuntern musste. In den Erklärungen zum Programm, mit denen wir die Initiative begleiteten, betonten wir daher ununterbrochen, dass die Kirche nicht als Erlöser der Nation auftreten wolle und könne und dass es von Seiten der Kirche zugleich naiv und arrogant wäre, die Sache der moralischen Erneuerung der Gesellschaft lediglich in eigener Regie führen zu wollen. Wir erklärten eindeutig, dass die

Kirche nur dadurch zur Erneuerung der Gesellschaft beitragen könne, dass sie sich konsequent und demütig um ihre eigene Erneuerung bemüht, dass sie in der Lage ist, ihre historische Schuld und gegenwärtigen Schwächen einzugestehen, und dass sie sich in diesen zehn Jahren selbst auf den Weg der Erneuerung begibt, den Weg der Buße und der Genesung. Das »Jahrzehnt« wollte keine Erscheinung des katholischen Messianismus sein, sondern die Bereitschaft der Kirche ausdrücken, mit allen, die eine Verantwortung für den moralischen Zustand der Gesellschaft fühlen, als Partner an deren Erneuerung zusammenzuarbeiten.

Es war uns jedoch klar, dass diese Idee innerhalb der Kirche nicht vereinigend wirken und allgemein akzeptiert werden würde, wenn sie nicht von einem tschechischen Primas verkündet würde und den päpstlichen Segen hätte. Und noch bevor wir wagen würden, diese Angelegenheit den höchsten kirchlichen Autoritäten vorzulegen, müssten hinter ihr nicht nur zwei im Geheimen geweihte Priester stehen, sondern es müsste hier auch einen bestimmten Konsens geben. Diesen würden wir nicht erreichen, solange nicht einige Personen in Schlüsselpositionen der Kirche sowie außerhalb ihrer sagen könnten, dass sie dieses Projekt nicht nur kennen, sondern dass sie auch die Möglichkeit hatten, sich daran zu beteiligen und dazu Stellung zu nehmen, bevor es seine definitive Gestalt erhielt, dass sie also nicht »von oben« damit überrascht worden seien. Aber wie sollte man all das durchführen, ohne dass die allgegenwärtige Geheimpolizei davon erfuhr und auf irgendeine Weise dessen Initiator liquidierte oder Druck auf den Kardinal ausübte, damit er mit so einer Aktion in keinem Fall seinen Namen in Verbindung brächte?

Ich muss sagen, dass wir für das Gelingen vor allem viel gebetet haben. Und dann machten wir uns an die schwere Kleinarbeit. In den Jahren 1985 bis 1992 wurde das Jahrzehnt-Projekt zur absoluten Priorität in meinem Leben, ich machte mich mit allen Fasern meiner Seele ans Werk und dachte Tag und Nacht daran. Der Gedanke daran durchdrang meine gesamte Tätigkeit und trieb sie an, er verzehrte mich wie ein Fieber oder wie eine Leidenschaft: Ich war überzeugt, dass durch diese Sendung Gott meinem Leben für eine lange Zeit eine Richtung und eine Aufgabe gegeben hat. Ich war glücklich wie ein Mensch, dem es gelingt, sich selbst fast vollständig zu vergessen im Dienst einer Sache, die ihn selbst übersteigt.

Zuerst gelang es mir, Oto Mádr für diesen Gedanken zu gewinnen sowie Josef Zvěřina und ein ganzes Team, in dem die Repräsentanten der Orden und, für die einzelnen Diözesen, Priester mit großer moralischer Autorität vertreten waren. Dann war es nötig, zwei der einflussreichsten geistlichen Bewegungen in der tschechischen Kirche jener Zeit zu gewinnen, die Fokolar-Bewegung und die Charismatische Bewegung. Über die zivilgesellschaftlichen Konsequenzen dieser Initiative sprach ich mit einigen Vertretern des politischen Widerstands. Um zu beurteilen, wie die Intelligenz außerhalb der Kirche reagieren könnte, entschied ich mich, mit Václav Havel zu sprechen, mit dem ich mich Anfang der achtziger Jahre enger angefreundet hatte. Havel hatte mich mehrfach in den »Wohnungsseminaren« vortragen gehört und hatte mich um Teilnahme an einem Projekt für einen repräsentativen Sammelband tschechischen Denkens gebeten, der später im Samizdat und im Ausland zu seinem fünfzigsten Geburtstag erschien. Auch wenn er damals schon voll und ganz durch Aktivitäten des Widerstands ausgelastet war, studierte er aufmerksam nicht nur das Jahrzehnt-Projekt, sondern auch meine Hus-Studie, in der ich zum ersten Mal philosophische Zusammenhänge mit dieser Initiative andeutete, und kommentierte sie konstruktiv.

Als wichtig, aber zugleich sehr schwierig, erwies sich die Aufgabe, dieser Initiative einen ökumenischen Charakter zu geben. Ich erinnere mich an ein nächtliches konspiratives Treffen mit einer relativ großen Gruppe protestantischer Theologen, Pfarrer und Laienaktivisten, überwiegend aus dem protestantischen Widerstand, in einer Pfarrei im Kreis Leitmeritz (Litoměřice). In einer mehrstündigen Diskussion stellte sich heraus, dass für die Protestanten die Betonung der tschechischen Schutzheiligen unannehmbar war, weil der Heiligenkult (und besonders jener Heiligen, die von der Gegenreformation hervorgehoben wurden) sie ungewöhnlich reizte, und einige hegten die offensichtliche Befürchtung, ob es sich nicht etwa um die raffinierte Version einer »Rekatholisierung der tschechischen Nation« handelte. Wir mussten zuerst ungewöhnlich gründlich über unsere Vorstellungen von Ökumene sowie über die Möglichkeit, konfessionelle Stereotypen hinter uns zu lassen, sprechen und gemeinsam eine solche Philosophie der tschechischen Geschichte durchdenken, die die bisherige »Schizophrenie der Traditionen« überwinden und allen großen christlichen Gestalten einen gerechten Ort zugestehen würde, auch jenen, die im Lauf der Jahrhunderte mit dem Ballast späterer ideologischer Projektionen beladen worden waren.

Das Ergebnis dieser Diskussionen war die spätere Osterbotschaft von Kardinal Tomášek, die den Christen der reformierten Kirchen anbot, den Gedanken des »Jahrzehnts« im Geiste ihrer eigenen Traditionen auszuarbeiten. Zusammengefasst lautete die Botschaft: Die katholische Kirche präsentiert diesen Gedanken als eine Inspiration, die auf den Zehn Geboten basiert. Wenn sie für ihre eigenen Gläubigen im Geiste ihrer Tradition zur Illustration der einzelnen Themen einige Zeugen des Glaubens anführt, die sie als Heilige verehrt, dann will sie diese Dimension des »Jahrzehnts« niemandem aufzwingen. Sie begrüßt es, wenn evangelischen Christen die Zeugen ihrer eigenen Tradition der Nation vorstellen, wie es z. B. Comenius und Hus sind, und sie gibt zu bedenken, ob es nicht möglich wäre, dass wir uns auf die Verehrung der großen Gestalten der gemeinsamen Vergangenheit der noch ungeteilten Kirche einigen wie Wenzel, Adalbert, Ludmilla, Prokop oder Agnes. Zugleich weiß und respektiert sie, dass der Stil der Verehrung der »Zeugen des Glaubens« in beiden Traditionen theologisch ein verschiedener ist.

Ich denke, dass sich da eine neue Tür zu einem tieferen ökumenischen Dialog geöffnet hat. Mir wurde klar, wie wir uns durch optimistische Erfahrungen mit spontaner Ökumene aus den Zeiten der Bedrängnis durch einen gemeinsamen Feind hatten täuschen lassen und wie viel Arbeit noch zu tun blieb, damit aus dem billigen, durch äußere Umstände bestimmten »negativen Ökumenismus« ein positiver und theologisch gründlich reflektierter Ökumenismus würde und damit ein Prozess wirklicher Versöhnung und Heilung der gegenseitigen Beziehungen in Gang käme.

Wir sandten auch in die Slowakei an Bischof Korec und an seine Mitarbeiter Signale; es zeigte sich jedoch, dass für slowakische Katholiken die Vorstellung, sich einem solchen Unternehmen anzuschließen, das in Prag konzipiert worden war, unannehmbar war.

Es war uns sehr daran gelegen, für dieses Projekt die Unterstützung des Heiligen Stuhls zu gewinnen. Wie sollte man aber in einer Zeit »bischöflichen Notstands« vorgehen, in der die Mehrzahl der Bischofssitze vakant war und der Kontakt mit Rom mehr als beschwerlich?

Noch bevor ich den ganzen langen Hergang der Verhandlungen mit Kardinal Tomášek schildere, erwähne ich eine Begebenheit, die wiederum – würden nicht Zeugen und sogar eine fotografische Dokumentation existieren – wie eine süßliche Legende klingen könnte. Wer die damalige Situation der tschechischen Katholiken nicht durchgemacht hat, wird nur schwer die maßlose Verehrung und Liebe begreifen, die wir Johannes Paul II. entgegenbrachten. Der polnische Papst hat kurz nach seiner Wahl durch seine Antwort auf die Frage der

Journalisten, wie seine »Ostpolitik« aussehen würde, nämlich dass sie »nicht naiv sein würde«, ein riesiges Signal der Hoffnung hinter den Eisernen Vorhang gesendet. Und dann hat er diese Hoffnung durch viele Schritte erhärtet, und auch durch sein Verdienst begann der »Eiserne Vorhang« tatsächlich aufzureißen. Aus der moralischen Atmosphäre seines ersten Besuchs in der polnischen Heimat heraus wurde die Gewerkschaftsbewegung Solidarność geboren. Sein Gedanke eines »gemeinsamen Hauses Europa«, den sich dann Gorbatschow für seine politische Rhetorik lieh, seine Vision eines »geeinten Europa vom Atlantik bis zum Ural, eines Europa, das mit beiden Lungenflügeln atmet«, begann auch dank seiner moralischen Autorität in der Weltpolitik Gestalt anzunehmen. Die »schweigende Kirche schweigt nicht mehr, sie spricht durch den Mund ihres Papstes«, antwortete Johannes Paul II. auf ein tschechisches Transparent in der Menge bei seinem ersten Besuch Polens. Mit seinem Einfluss flößte er dem vorsichtigen und sehr alten Kardinal Tomášek ungeahnten Mut und Kraft ein. Der polnische Papst war für uns kein »Superstar« wie für die sensationslüsterne Presse, er war allerdings mehr, er war ein Stern der Hoffnung. Aber wie sollte man zu ihm gelangen, wenn es nicht einmal für einen Kardinal und ein Staatsoberhaupt so leicht und selbstverständlich war, den Treppenaufgang hinter dem Bronzetor zu passieren?

Im Jahr 1986 gelang es Scarlett Vasiluková zum ersten Mal als Touristin in den Westen zu reisen; sie machte mit ihrem Mann eine Italienrundreise für Architekten und auf dem Programm stand auch eine kurze Besichtigung Roms. »Sag mir mal bitte, wie spricht man offiziell den Heiligen Vater an?« fragte sie mich scherzhaft kurz vor dem Abflug. Und dann zeigte sich, dass ein Gebet auch das Bronzetor öffnen kann. Scarlett fasste die Rundreise als Wallfahrt auf; anstelle der ganztägigen Besichtigung Roms entschied sie sich dafür, die ganze Zeit mit Beten im Petersdom zu verbringen. Aber nach einer gewissen Zeit wurde sie aus der Sakramentskapelle hinausgewiesen: Eine große Feierlichkeit stand nämlich bevor, der Papst selbst wurde erwartet und sollte einen Bischof weihen. Aber nach einer Weile kehrte sie in den Dom zurück und wandte sich in Englisch an eine Gruppe von Priestern – es stellte sich heraus, dass es Polen waren, weil es um einen polnischen Bischof ging –, ob sie sie nicht zum Papst mitnehmen könnten. Als diese hörten, dass sie Tschechin war, drückten sie sie sogar bis in die erste Reihe zwischen die Familienangehörigen des Bischofs durch und nach dem Weiheritus gelangte sie in ihrem Gefolge auf eine kleine Privataudienz beim Heiligen Vater. Der Papst, der vielleicht spürte, dass die Frau inmitten der Bischöfe, Priester sowie der Familienangehörigen des geweihten Bischofs etwas Besonderes auf dem Herzen hatte, widmete ihr mehr Zeit als den Augenblick, der für eine formale Vorstellung und den Handkuss üblich ist. Scarlett ergriff die Gelegenheit, um ihm blitzschnell von dem Plan einer Vorbereitung auf das Millennium des den Tschechen und Polen gemeinsamen Heiligen zu erzählen sowie von dem Gedanken einer Erneuerung der Nation, die sich an alle Menschen guten Willens in Tschechien wenden sollten. Der Papst sandte der Idee seinen Segen, segnete auch Scarlett und ihre Familie und drückte ihr zwei Rosenkränze in die Hand. Scarlett behauptet, dass sie mich, als sie mir nach der Rückkehr einen dieser beiden Rosenkränze überreichte, zum ersten und letzten Mal in den langen Jahren unserer Zusammenarbeit vor Ergriffenheit habe weinen sehen.

* * *

Zwei Jahre später, als es auf die Agnes-Gedenkwallfahrt im Veitsdom zuging, die de facto eine Art öffentlicher Beginn des »Jahrzehnts« werden sollte, erfuhr ich an einem Dienstag vor den Feierlichkeiten, die am Sonntag stattfinden würden, dass Kardinal Meisner am nächsten Tag, dem Tag, auf den der Gedenktag der Agnes fiel, es war Mittwoch, der 2. März, nach Rom fliegen würde. Mir fiel ein, dass am Mittwoch für gewöhnlich die Generalaudienz beim Papst stattfindet, und ich begann zu handeln. An der Klinik nahm ich einen Urlaubstag, in der Nacht fuhr ich mit dem Schnellzug in Prag los und um halb sechs Uhr morgens kam ich in Berlin an. Vierzig Minuten später konzelebrierte ich mit dem Berliner Kardinal in seiner Privatkapelle die Messe und dann ging ich mit ihm zu einem Arbeitsfrühstück, wie es üblich war. Der Kardinal wählte dazu für gewöhnlich einen anderen Raum als den Speisesaal, von dem er annahm, dass er von der STASI abgehört wurde. Dort übergab ich ihm einen Text, in dem es um Agnes von Böhmen, ihr Gedenkjahr sowie um das ganze tschechische Jahrzehnt-Projekt ging. Ich hatte ihn am Morgen in der U-Bahn verfasst, damit er bei der Grenzkontrolle nicht der Polizei in die Hände fiele. Der Kardinal sollte in einer Stunde nach Rom fliegen und noch auf dem Westberliner Flughafen telefonierte er mit dem Vatikan und bat darum, dass der Heilige Vater in seine Rede einen Satz einbauen sollte, den er ihm unmittelbar bei der Audienz mitteilen würde. Ich fuhr zurück nach Prag und am Abend vor acht Uhr nahmen wir bei Freunden diesen Satz des Papstes über den tschechischen Sender des Radio Vatikan auf Tonband auf, den eine Grafikerin sogleich zu einem Plakat gestaltete, das zu der Feierlichkeit am Sonntag einlud. Ja, auch auf diese Weise haben wir gearbeitet und die Hand des Herrn war über uns. Es war in der Tat eine abenteuerliche Serie kleiner Wunder.

Die Schlüsselfigur für die Unterstützung des »Jahrzehnts« war jedoch Kardinal Tomášek. Um meine Beziehung zu diesem Mann zu erläutern, muss ich viele Jahre zurückgehen. Meine erste Begegnung mit Bischof Tomášek fand im Frühjahr 1967 statt. Es war ein Jahr nach meiner Konversion und ich begrüßte das Angebot eines Seminaristen sehr, mit einigen Freunden den Herrn Bischof zu besuchen, weil dieser angeblich gern die Meinungen junger Leute kennenlerne. Damals wusste ich wenig über die Aufgaben eines Bischofs in der Kirche; ich lieh mir in der Universitätsbibliothek einen »Katechismus des guten Tons« für Priester aus der Zeit der ersten Republik, aus dem ich in Erfahrung brachte – über verschiedene Hinweise hinaus, wie sich ein Domherr in öffentlichen Bädern zu verhalten habe –, dass man den Bischof kniend mit einem Handkuss begrüßt und mit »Eure Exzellenz« oder »Euer bischöfliche Gnaden« anspricht. So belehrt, schritt ich in das Erzbischöfliche Palais.

Es stellte sich heraus, dass der Autor des »Katechismus des guten Tons« das Zweite Vatikanische Konzil nicht vorausgesehen hatte; der Herr Bischof schüttelte uns die Hände und wollte mit »Vater Bischof« angesprochen werden. Gänzlich verwirrt hat mich dann, dass er wie ein mährischer Landmann wirkte. Er sprach zu uns mit einem starken mährischen Akzent in kurzen, schlagwortartigen und katechismusartigen Belehrungen wie zu Schulkindern und die ganze Konversation geriet ziemlich ins Stocken. Unterwegs dorthin hatte mir einer meiner Kollegen erzählt, dass die Prager Salvatorkirche früher die Kirche der Hochschulstudenten gewesen war, und so fragte ich den Bischof, ob man diese Tradition nicht erneuern könnte. Der Bischof hustete und schaltete das Radio an und aus dem Transistorgerät auf dem Tisch erklangen die Lieder des populären Sängers Waldemar Matuška. Es kam mir so vor, als ob sich der Bischof ziemlich merkwürdig benahm. Mein Kollege, ökumenisch orientiert und frisch konvertiert, machte dem Bischof den Vorschlag, dass man die Kirche in »Kirche zu den drei Johannes« umbenennen könnte, womit der Apostel Johannes, Jan Hus und Johannes Nepomuk gemeint waren. Ich wusste damals wenig über den Ökumenismus und die Reichweite der ökumenischen Gesinnung

Bischof Tomášeks, aber mir kam in den Sinn, dass dies doch etwas gewagt sei und dass uns der Herr Bischof nun rauswerfen lassen könnte oder dass ihn der Schlag treffen könnte. Nichts dergleichen geschah, der Herr Bischof lächelte höflich und notierte sich alles. Er ermunterte uns, den Rosenkranz zu beten und regelmäßig zur Beichte zu gehen, fragte, ob wir Taschen dabei hätten, und schob uns unauffällig Rosenkränze und das »Geistliche Tagebuch« Johannes XXIII. hinein und schaltete das Radio aus. Danach gingen wir nach Hause.

Erst viel später erkannte ich den Zweck des Radios auf dem Tisch: Bischof Tomášek lebte immer in Räumen, die abgehört wurden. Das Transistorradio hatte mehr eine psychologische als eine das Abhören wirklich vollständig störende Funktion. Nichtsdestoweniger rührte es mich, dass dasselbe altgediente Transistorgerät spielte, als ich mit eben dem Mann am selben Tisch zwanzig Jahre später wirklich schwerwiegende Dinge verhandelte, die sich in die tschechische Geschichte und Kirchengeschichte einschreiben würden, jenes Transistorradio, das 1967 unsere einfältigen jugendlichen Reden begleitet hatte. Als ich an diesem Tisch im Januar 1990 von Kardinal Tomášek die Ernennungsurkunde zum Rektor der Hochschulkirche des hl. Salvator erhielt, war das Transistorradio noch da, aber diesmal blieb es stumm. Ich war überzeugt, dass dasselbe Lied von Waldemar Matuška erklingen würde, wenn wir es einschalteten, aber ich hatte nicht den Mut, den Kardinal darum zu bitten.

Nach dieser kurzen Begegnung im Jahr 1967 ging ich eine Zeit lang zu den Gottesdiensten am Sonntagvormittag in den Veitsdom und einer der Domherren bat mich, den Herrn Bischof von der Kathedrale in das Erzbischöfliche Palais zu begleiten, damit er nicht allein durch die Prager Burg ginge. Das wiederholte sich einige Male und Bischof Tomášek stellte mir bei der Gelegenheit stets Fragen und interessierte sich für das Leben der Studenten. Dann stand ich mit ihm während des Prager Frühlings als Vertreter der Studentenvereinigung Vigilia in Kontakt. Nach Beendigung des Studiums sandte ich ihm meine Promotionsankündigung und er überraschte mich mit einem persönlichen Brief, in dem er schrieb: »Ich habe Sie persönlich kennengelernt, erlauben Sie mir darum, Ihnen dem gemäß meine Wünsche für Ihre weitere Zukunft auszudrücken. Sie haben früh erkannt, dass, wenn eine Tätigkeit heutzutage nützlich für das Heil der Welt ist, es die geistliche Tätigkeit ist. Sie verlangt aber in dieser Zeit eine tiefe philosophische Grundlegung. Diese haben sie erworben, nun geht es darum, dass Sie eine Analyse Ihrer Sendung aus der Sicht Gottes durchführen und sich in die Reihen der Fachleute eingliedern als einer der Apostel Christi. Ich weiß nicht, auf welche Wege Sie Ihre Tätigkeit führen wird, aber immer soll es der Weg eines treuen Nachfolgers Christi sein, der gut mit dem anvertrauten Pfund wirtschaftet.«

In späteren Jahren sahen wir uns selten; als heimlich geweihter Priester hielt ich mich an die Weisung, die Aufmerksamkeit so wenig wie möglich auf mich zu ziehen. Als aber Mitte der achtziger Jahre die Vorbereitungen für das Jahrzehnt-Projekt abgeschlossen waren, erhielt ich den Auftrag, den Kardinal über das ganze Vorhaben zu informieren und seine Unterstützung zu gewinnen, die für den Erfolg der ganzen Angelegenheit absolut unerlässlich war. Ich ging mit großen Bedenken zu ihm: Würde mich der sechsundachtzigjährige Greis nach so vielen Jahren wiedererkennen, würde er Vertrauen zu mir haben?

Das erste Treffen wirkte auf mich ziemlich trist. Ich ging durch geräumige verlassene Säle des Erzbischöflichen Palais, das mich an Kafkas Schloss erinnerte oder an Szenen aus Buñuels Filmen. Im Arbeitszimmer fand ich einen Greis vor, der sehr verlassen und depressiv wirkte. Der einzige Hoffnungsschimmer war, dass er mich sofort wiedererkannte und ohne den Schatten eines Misstrauens mit mir verhandelte. Er antwortete jedoch auf alles, dass er vollkommen allein sei. Mehrmals erkundigte er sich nach der Situation »draußen« – in der tschechischen Gesellschaft, aber auch in der Kirche. Es kam mir vor, als stünde er in dem Palast unter einer Art Hausarrest; vielleicht war es ein Augenblick der Erschöpfung, als er sich wirklich so vorkam. Es waren derselbe Tisch und das Transistorradio da, der Kardinal hörte meine Erklärungen an, nickte und notierte sich alles.

»Zehn Jahre«, seufzte er, »das werde ich nicht mehr erleben.« Er nahm von mir den Entwurf für einen Hirtenbrief mit der Verkündung des »Jahrzehnts« in Empfang, aber er wiederholte immer, dass er vollkommen allein sei. »Wir lassen sie nicht allein«, versprach ich ihm, »wir können zumindest Ihre Arme stützen, wie man dem alten Moses die Arme im Kampf gestützt hat. Und Sie wissen doch, was geschrieben steht: ›Solange Mose seine Hand erhoben hielt, war Israel stärker; sooft er aber die Hand sinken ließ, war Amalek stärker‹ (Ex. 17, 11). Und jetzt bricht der Kampf um die grundlegenden Werte an. Das ›Jahrzehnt‹, Eminenz, das werden ihre über der Nation aufgestützten Hände sein, das Zeichen der Verbundenheit mit Gott, das Zeichen der Hoffnung.« Er schaltete das Radio aus und mit schleppendem Schritt begleitete er mich bis zur Tür, wo er mich segnete. Der Hirtenbrief wurde aber nicht veröffentlicht.

Ich erzählte Mádr und Zvěřina davon. Sie versicherten mir, dass sie sich schon eine ganze Zeit darum bemühten, die Isolation des Kardinals zu durchbrechen, dass dabei auch sein ganz ausgezeichneter Sekretär Pater Vyhlídka behilflich sei; aber in Augenblicken der Ermüdung sehe der Kardinal die Dinge offenbar in dieser Weise. Ich entschied, auf Ausdauer zu setzen, und ging wieder und wieder zu ihm. Ich schrieb neue und wieder neue Entwürfe für Hirtenbriefe und versuchte mich seinem Stil anzupassen. Weil alle Hirtenbriefe durch die Zensur des staatlichen Amtes für Kirchenangelegenheiten gehen mussten, war es nötig, mit Vorsicht vorzugehen. Es wurde wieder nichts veröffentlicht.

Einmal im Sommer ging ich wieder einmal in das Erzbischöfliche Palais. Der Pförtner sagte mir, dass der Kardinal niemanden empfangen könne, weil Kardinal Gantin[75] zu Besuch gekommen sei und die beiden in der Kathedrale seien. Dann öffnete sich plötzlich die Tür und Kardinal Tomášek trat ein. Ich fing wieder vom »Jahrzehnt« an und übergab ihm einen weiteren Entwurf des Hirtenbriefes. Ich kam mir schon vor wie ein lästiger Versicherungsagent und dachte bei mir: Das ist der letzte Versuch. Der Herr Kardinal las den Text wie immer aufmerksam durch und lobte: »So sollen Hirtenbriefe entstehen, im Terrain, nicht am grünen Tisch! Aber warum gleich zehn ganze Jahre? Würde nicht das erste Jahr, das Agnes-Jahr, genügen? Und dann sehen wir weiter ...« Ich rief ihm seine eigenen Worte von einer längst vergangenen Predigt über den Beruf des Priesters in Erinnerung: »Junge Menschen brauchen anspruchsvolle Ziele, ein kleines und leicht zu erreichendes Ziel zieht nicht.« »Das ist wahr, das haben Sie sich gut gemerkt«, sagte er. »Und dann«, fügte ich hinzu, »hat der Leser das Recht, von Anfang an zu erfahren, ob er eine kurze Erzählung liest oder das erste Kapitel eines umfangreichen Romans.« »Das ist auch wahr«, stimmte er zu, segnete mich und gab mir wie schon vordem einen Rosenkranz.

An Mariä Himmelfahrt erschien ein Pastoralbrief, in den eine erste Erwähnung des »Jahrzehnts« hineinmontiert war, und im Rundschreiben des Erzbistums erschien dann am 8. September das ganze Programm. Es ist seltsam, dass die entscheidenden Schritte des »Jahrzehnts« immer zu Marienfesten geschahen. Im November brachte ich dem Kardinal dann einen Text, der das ganze »Jahrzehnt« feierlich verkündete. Er überarbeitete ihn dann gründlich, aber insbesondere der Anfangssatz, an dem mir am meisten lag, blieb im Text erhalten: »Richtet euch auf und erhebt die Häupter! Das ›Jahrzehnt‹ hat aufgehört, ein Traum zu sein, und ist Wirklichkeit geworden, es hat begonnen.« Es war am ersten Adventssonntag des Jahres 1987.

* * *

Damals wusste auch Kardinal Tomášek nicht, dass ich Priester war. Das quälte mich sehr, weil ich in den Jahren 1985 bis 1989 beim Kardinal häufig zu Gast war; sei es in Sachen des »Jahrzehnts« oder in Angelegenheiten der Gruppe »Senior«; ich brachte ihm meistens Vorschläge für Hirtenbriefe, für offene Briefe an die Regierung, wichtige Predigten und ähnliches. Manche Texte arbeitete ich alleine aus, andere in Zusammenarbeit mit Mádr oder es war eine kollektive Arbeit der ganzen Gruppe. Ich muss jedoch hinzufügen, dass die Überzeugung der Polizei, dass der Kardinal eine senile Marionette in den Händen einiger Exponenten der Untergrundkirche sei, falsch war. Es ist selbstverständlich, dass ein Mann vom Alter des Kardinals und in seiner Position nicht alle Texte allein vorbereitet, doch Kardinal Tomášek pflegte alles sorgfältig durchzulesen, wägte ab, beriet sich mit anderen und griff auch in die Texte ein. Er war sich des Gewichts der Schritte bewusst, die er mit seiner Unterschrift vollzog, durch welche die Texte erst freigegeben wurden. Er trug bewusst die ganze Last der Verantwortung. Ich bewunderte seinen Mut und seine Demut, mit denen er nicht nur erfahrenen und langjährigen Mitarbeitern aus der Zeit des Prager Frühlings, den bedeutenden Theologen Zvěřina und Mádr, Vertrauen schenkte, sondern auch mir, dem Unbedeutenden, dem um fünfzig Jahre Jüngeren, den er überdies für einen Laien hielt.

Ich bat Kardinal Meisner – dem ich damals zu Gehorsam verpflichtet war (unsere Gemeinschaft hatte in einem bestimmten Sinne eine »Ausnahmestellung«, rechtlich unterstand sie keineswegs dem örtlichen Bischof, sondern einem Ordinarius, der uns mit Rom verband, und das war damals der Berliner Bischof) – darum, Kardinal Tomášek sagen zu dürfen, dass ich Priester sei, aber ich erhielt die Anweisung, meine Weihe auch vor ihm, so lange es ginge, geheim zu halten. In Berlin glaubte man offenbar nicht allzu sehr daran, dass man Abhöraktionen der Polizei durch ein Transistorradio stören könne. Im Herbst 1988 gelangte ich zu der Ansicht, dass die Geheimhaltung nicht mehr länger möglich sei. Als der Kardinal über einem Text sitzend, den ich ihm gebracht hatte, sich wieder einmal lobte, was er doch für kompetente Laien habe, schrieb ich auf ein kleines Stück Papier den Satz: »Eminenz, ich bin schon seit zehn Jahren Priester, ich wurde im Geheimen im Ausland geweiht«, reichte ihm diesen zum Lesen und vernichtete ihn sofort. Der Kardinal strahlte und auf seinem Gesicht erschien ein Lächeln: »Habe ich es mir doch gedacht!«, er stand auf, kam zu mir herüber und umarmte mich. Danach sprachen wir bis zum November 1989 nicht wieder davon.

In kurzer Zeit legte ich dem Kardinal einige weitere Entwürfe, die im Zusammenhang mit dem »Jahrzehnt« standen, zum Bedenken und zur Genehmigung vor. Im Frühjahr 1988 war dies eine ökumenische Botschaft an die Repräsentanten der Kirche und alle Menschen guten Willens in Tschechien, die den ökumenischen Charakter dieser Initiative auslegen und die Aufnahme des »Jahrzehnts« außerhalb der katholischen Kirche unterstützen sollte. Der Kardinal nahm diesen Text vorbehaltlos an, obwohl es um einen sehr ernsten Schritt im ökumenischen Prozess ging, welcher durch die Ungnade der Kommunisten in Tschechien offiziell sehr ins Stocken geraten war. Unter anderem hieß es dort: »Wenn wir einen Blick in unsere Vergangenheit werfen, haben wir alle Grund, um Vergebung und die Barmherzigkeit Gottes zu bitten, und die katholische Kirche verbirgt ihren Anteil an der Schuld an den schmerzhaften Seiten unserer Geschichte nicht (wie beispielsweise Kardinal Beran hierüber im Zusammenhang mit der Verbrennung des Meisters Jan Hus sprach sowie über die Gewalt bei der Rekatholisierung Böhmens zur Zeit der Schlacht am Weißen Berg). Wir wünschen uns, dass die Arbeit des ›Jahrzehnts‹ dazu beitragen möge, die Streitigkeiten der Vergangenheit nicht in das neuen Jahrtausend herüberzutragen.« Wir müssen uns hierbei klarmachen, dass dies noch sehr lange vor dem Apostolischen Schreiben *Tertio millenio adveniente* von Johannes Paul II. war.

Das ökumenische Echo auf das »Jahrzehnt« war und blieb dennoch fragmentarisch; zum Teil lag dies sicher auch daran, dass viele der Vorwende-Funktionäre nichtkatholischer Kirchen entweder direkt mit dem damaligen Regime verstrickt waren oder zumindest so vorsichtig waren, dass sie nicht durch eine zu deutliche Verbindung mit Kardinal Tomášek und der katholischen Kirche riskieren wollten, eine größere Ungnade der Behörden auf ihre Kirchen zu ziehen.

Ende des Jahres 1988 präsentierte ich den Plan, die Bischöfe jener Diözesen, die durch die Verehrung des heiligen Adalbert verbunden waren (einschließlich des römischen Bischofs), aufzufordern, an einer jährlichen »Brücke des Gebets für die Vereinigung Europas, für die moralische und geistliche Erneuerung der europäischen Nationen sowie für Verständigung und den Respekt aller Menschenrechte« teilzunehmen. Der zugehörige Text sprach vom heiligen Adalbert als einem »lebendigen Symbol der Einheit der Nationen Mitteleuropas« und machte den Vorschlag, einen internationalen »Kreis des heiligen Adalbert« zu gründen. Ich träumte damals sogar davon, ob nicht der Kardinal den Papst darum bitten könnte, den heiligen Adalbert zum »Schutzpatron Mitteleuropas« zu erklären, und beriet mich hierüber mit den Herausgebern der Samizdat-Zeitschrift »Mitteleuropa«. Meine Freunde beurteilten dies jedoch als übertrieben und so ließ ich davon ab. Die europäische »Brücke des Gebets« wurde jedoch verwirklicht.

Es war ebenfalls Ende des Jahres 1988, als mich auf einer Dienstreise in Krakau die Nachricht über das katastrophale Erdbeben in Armenien erreichte (die Reise nutzte ich zu langen und fruchtbaren Gesprächen über das »Jahrzehnt« mit Kardinal Macharski, mit Menschen aus den Kreisen um die Zeitschriften »Znak« und »Tygodnik Powszechny« sowie den Krakauer Dominikanern). Nach einigen Tagen unterbreitete ich Kardinal Tomášek eine weitere Idee, nämlich die Gläubigen zur Gründung von »Ausschüssen christlicher Hilfe« in allen Pfarreien aufzufordern; zunächst zur Hilfe für die Betroffenen im sowjetischen Armenien (das könne doch die kommunistische Regierung nicht verbieten!), allerdings mit der in die Zukunft reichenden Perspektive, sich um Verlassene und Leidende auch in unserem Land zu kümmern. Die Absicht war klar: Mit dieser Frucht des Jahres der Agnes von Böhmen mit dem Thema »Dienst für das Leben«, das sich an Menschen wandte, die Leidenden halfen, sollte das Monopol des Staates auf dem Gebiet der Sozialarbeit gebrochen und die institutionellen Grundlagen für ein Netzwerk kirchlicher karitativer Arbeit sollten gelegt werden. Der Kardinal stimmte voll und ganz zu und der Gedanke wurde tatsächlich an einer Reihe von Orten umgesetzt: Und eben an diese Grundlagen konnte dann nach der Wende die Arbeit der Caritas anknüpfen.

* * *

In der zweiten Hälfte der achtziger Jahre wurde es üblich, dass ausländische Bischöfe nach Prag reisten, um durch ihren Besuch den Prager Kardinal moralisch zu unterstützen; in ähnlicher Weise nahmen auch westliche Staatsmänner bei offiziellen Besuchen eine Audienz im Prager Erzbischöflichen

Palais in ihr Programm auf. Dem Regime war natürlich an seinem Ruf im Ausland gelegen, und es konnte nicht anders, als die Besuche mit zusammengebissenen Zähnen zu tolerieren; und damit wurde auch das politische und diplomatische Gewicht der Person des Kardinals sowie seiner Behörde erhöht. In diesen Jahren lud mich der Herr Kardinal – offenbar hatte sein Sekretär Monsignore Vyhlídka ein großes Verdienst hieran – recht häufig zu diesen Besuchen dazu und ich begleitete die Gäste durch Prag, offiziell als freiwilliger Reiseführer für kirchliche und historische Sehenswürdigkeiten. Ich kannte das Alte Prag, sprach mehrere Sprachen und kannte das Benehmen nach dem diplomatischen Protokoll, warum also nicht. In Wirklichkeit war es eine willkommene Gelegenheit, den Abhörmaßnahmen zu entkommen und die Bischöfe über die tatsächliche kirchliche Situation bei uns zu informieren. Ich nutzte dies auch in umgekehrter Richtung und fragte viel nach der Situation im Westen und nach den Erfahrungen der Besucher. Sie wussten vom Kardinal (und später auch von ihren Mitbrüdern und von einigen Personen in Rom), dass sie mir absolut vertrauen konnten, und sprachen zu mir ebenso offen wie ich zu ihnen.

Selbstverständlich entging dies nicht gänzlich der Aufmerksamkeit der Polizei; in den heute zugänglichen Archivdokumenten finden sich Berichte der Staatssicherheit, in denen ich als besonders gefährlicher Mensch bezeichnet werde, der die Texte des Kardinals vorbereitet und sich unter dem Schutz des Kardinals mit den ranghöchsten westlichen Kirchenmännern trifft. »Seine Aktivitäten können wir bislang nicht unterdrücken«, endet der Bericht. Das war an der Wende des Jahres 1988/89, in der Luft lag schon das Heraufkommen großer Veränderungen, die Staatssicherheit registrierte eher die Aktivitäten des Widerstands, als dass sie dagegen vorging. Es scheint, dass sich damals auch in hohen Parteikreisen und insbesondere innerhalb der Geheimpolizei politische Kämpfe abspielten. Vielleicht dachten einige schon an ein Hintertürchen, während andere ein hartes Vorgehen befürworteten. Man hat sagen hören, dass Experten des sowjetischen Geheimdienstes KGB nach Prag reisten, um insbesondere unter einigen Ökonomen – auch unter denen, die keine Parteimitglieder waren oder die 1968 aus der Partei ausgeschlossen worden waren – Personen als »Kaderreserve« auszuwählen, welche die damalige kompromittierte Führung der Partei und des Staates würden ersetzen können. Es ist interessant, dass viele, deren Namen damals geflüstert wurden, nach dem November 1989 tatsächlich in Schlüsselpositionen der neuen politischen Parteien und dann auch an sehr wichtigen Stellen der Staatsführung auftauchten.

* * *

Ende März / Anfang April 1989 kam der Pariser Erzbischof Kardinal Lustiger nach Prag. Ich wusste, dass es sich um eine der bemerkenswertesten Gestalten des zeitgenössischen europäischen Katholizismus handelte, um einen Mann, der dem Papst persönlich sehr nahe stand. Wir trafen uns heimlich nachts auf der Prager Kleinseite und einige Stunden lang gingen wir die Treppen zur Burg hinauf und hinunter und dann durch die krummen Gässchen; weit hinter uns ging der Sekretär des Kardinals und kontrollierte, ob wir nicht von der Polizei verfolgt oder abgehört wurden. Wir sprachen über die ganze Situation, über die Untergrundkirche, über das »Jahrzehnt«, über den Einfluss von Gorbatschows Perestroika auf die Kirchenpolitik des Prager Regimes. Als ich sah, dass das Interesse des Kardinals und seine Fähigkeit, unsere Situation zu begreifen, außergewöhnlich waren und unvergleichlich größer als bei den meisten anderen westlichen Bischöfen und dass zwischen uns sogar der Funken persönlicher Sympathie übergesprungen war, wagte ich es, ihm all meine Überlegungen zu den gegenseitigen mitteleuropäischen Verhältnissen anzuvertrauen, einschließlich der Gedanken zu einer institutionellen Zwischenstufe innerhalb der europäischen kirchlichen Struktur für das Gebiet Mittelosteuropas. Ich war von seiner lebendigen Reaktion sehr überrascht: »Sie müssen persönlich den Heiligen Vater treffen und ihm all das erläutern.« Ich antwortete ihm mit einem Lächeln: »Das ist sicher nicht schwer für Euch, Eminenz, aber ich bin ein unbekannter Prager Psychologe und im Geheimen geweihter Priester und seit genau zwanzig Jahren hat mir das Regime keine einzige private Reise in den Westen bewilligt.« Er sagte, dass wir dafür beten und uns auch etwas einfallen lassen müssten. Ich antwortete, dass es vielleicht eine Möglichkeit als kleinen Hoffnungsschimmer gebe. »Das Regime lockert die Bestimmungen für Auslandsreisen und ich konnte sogar im letzten Jahr schon ins Ausland fahren, wenn auch nur auf eine Dienstreise. Ich werde es also mit einer Privatreise versuchen – im Sommer wird eine Jugendwallfahrt ins spanische Santiago de Compostela stattfinden.« »Na sehen Sie, der Papst wird dort sein und auch ich werde dort sein, melden Sie sich bei mir und es wird mir schon gelingen, Sie zum Papst zu schaffen; diese Dinge sind wirklich bedeutend und Ihr Zusammentreffen mit dem Papst liegt in Gottes Plan, dessen bin ich gewiss.«

Diese seltsame Begegnung hatte eine noch bemerkenswertere Fortsetzung. Zu meiner großen Überraschung erhielt ich das Papier mit dem »Ausreisevermerk« nach Spanien wirklich. Wir pilgerten entlang der traditionellen Route von Paris nach Compostela mit Zwischenstationen an Orten wie Paray le Monial oder Le Puy sowie in einigen herrlichen alten Klöstern, welche die jahrhundertalte europäische Pilgerstraße säumten, wir besuchten Lourdes, Loyola, den Geburtsort des heiligen Ignatius, eine kleine romanische Kirche in den spanischen Bergen, wo der Sage nach der Heilige Gral aufbewahrt wird, und einige große Kathedralen in Spanien. Unterwegs traf ich einige interessante Menschen, zum Beispiel den bekannten Pariser Priester Guy Gilbert, der sich um Drogenabhängige kümmerte. Als echter Franzose sprach er nicht ein Wort in einer anderen lebenden Sprache als eben in Französisch, und so bemühten wir uns in der Stierkampf-Arena in Pamplona um eine lateinische Konversation, die vermutlich recht komisch war und in gegenseitiger Segnung und Umarmung endete; so verstanden wir uns prächtig.

Der letzte Streckenabschnitt war noch anspruchsvoller als die ganze ermüdende Reise und es herrschten wahrlich Feldbedingungen. Die letzte Nacht schliefen wir durstig, hungrig, schmutzig und erschöpft auf bloßer Erde nahe bei einem Stadion, in dem am folgenden Morgen der Papst eine feierliche Messe halten sollte; alles war von Staub bedeckt. Eben da hatte ich ein eigenartiges Erlebnis. Als ich am Morgen erwachte, stellte ich fest, dass ich erstens unter bloßem Himmel im Staub liege und mit den Füßen in einer Pfütze, was an sich schon für einen geordnet lebenden unsportlichen Vierzigjährigen ein ungewohntes Erwachen ist, und zweitens, dass über mir der Pariser Erzbischof steht. Das eine wie das andere ist für sich genommen seltsam genug, aber wenn die beiden Dinge im Verein auftreten, gibt das ein so schlagendes Erlebnis, dass ich wieder meine Augen schloss und dachte, ich hätte das nur geträumt. Aber es war kein Traum. Kardinal Lustiger hatte sich am Morgen auf einen Spaziergang begeben und in dem Feldlager, in dem sich vielleicht eine Million Menschen befanden, die hierher zum Weltjugendtag gepilgert waren, haben wir uns tatsächlich getroffen. Er erkannte mich sofort, obwohl ich mit Staub bedeckt war und eine Jeans trug, und sagte: »Da sehen Sie, dass es geklappt hat. Kommen Sie nach der Papstmesse zu mir und ich schaffe Sie irgendwie zum Heiligen Vater.« Hier aber endet scheinbar das Wunder, weil es nach der Messe des Papstes nicht möglich war, sich durch den Polizei-Kordon und durch die Menge von Millionen von Menschen zu zwängen; der Papst war inzwischen längst in seinem Helikopter weggeflogen.

Am Nachmittag traf ich auch Dom Hélder Câmara[76] und erneut Kardinal Lustiger. Ich entschuldigte mich, dass es mir nicht gelungen sei durchzukommen, und er antwortete ruhig, dass wir versuchen würden, eine andere Möglichkeit zu finden. Es schien mir, dass dies bei der Heiligsprechung der Agnes von Böhmen in Rom im November möglich sein könnte, wenn ich eine Ausreisegenehmigung nach Rom erhielte. Kardinal Lustiger sagte mir, dass er das Treffen in Rom vorverhandeln wollte und dass ich für ihn auf meiner Rückreise über Paris einige Angaben über mich sowie über die ganze Angelegenheit bei dem Jesuiten Petr Kolář zurücklassen sollte. Wenn es mir gelingen würde nach Rom zu kommen, sollte ich mit Berufung auf ihn ein Gesuch um ein persönliches Gespräch mit dem Papst über Monsignore Dziwisz, den Sekretär des Papstes, stellen. Auf dem Rückweg – es war der 21. August 1989 – hörten wir von Demonstrationen in Prag. Etwas hing in der Luft und wir haben viel, viel gebetet.

VIII. Der Weg der Katharsis

Im November 1987 startete der mährische Aktivist Augustin Navrátil zum ersten Tag des Jahrzehnts geistlicher Erneuerung eine Unterschriftenaktion für die »Petition der 31 Punkte«[77]. Im Laufe einiger Monate unterstützten mehr als eine halbe Million Menschen dieses Manifest für Religionsfreiheit und so wurde diese Aktion zur vermutlich größten Unterschriftenaktion im Ostblock. Sie bereitete auf diese Weise auch den Boden für das Manifest mit dem Titel »Einige Sätze«[78] aus dem Kreis um Havel. Das kommunistische Regime und die Parteipresse tobten. Die Texte des Kardinals, die wir in der Arbeitsgruppe »Senior« vorbereiteten, wurden im Samizdat und in westlichen Medien veröffentlicht und erreichten ein breites Publikum; der Kardinal wurde Mitte der achtziger Jahre zu einem der weltweit bekanntesten Symbole geistlichen und moralischen Widerstands gegen den kommunistischen Totalitarismus. Er war sogar für den Friedensnobelpreis im Gespräch. (Heute ist jedoch bekannt, dass die Geheimpolizei durch die Unterstützung von Tomášeks Kandidatur im Rahmen der »Aktion Keil« (»akce Klín«) die Opposition entzweien und die Chancen für eine mögliche Nominierung Václav Havels schwächen wollte).

Im Frühjahr 1988 bildete die nationale Wallfahrt zum Prager Veitsdom anlässlich des Gedenktages der Agnes von Böhmen eine Art öffentliche Ouvertüre für das Jahrzehnt geistlicher Erneuerung; das erste Jahr, nämlich 1989, war das »Jahr der heiliggesprochenen Agnes von Böhmen« und sollte die Gesellschaft auf die erwartete Heiligsprechung vorbereiten. Ich verfasste den Text einer Novene zu diesem

Gedenktag und Pfarrer Vágner trug die Novene mutig und würdevoll in der Salvatorkirche vor. Neun Abende lang trafen sich dort Scharen von Menschen, hauptsächlich von jungen Leuten, zu gemeinsamen Meditationen, die von Taizé-Gesängen begleitet wurden; zu einem der Abende kam auch Václav Havel. Selbstverständlich erkannten wir in der Menge die Gestalten der Geheimpolizei und es wurde offensichtlich, dass diese sonntägliche Wallfahrt nicht so leicht über die Bühne gehen würde.

Als ich zwei Tage vor der Wallfahrt dem Kardinal den Textentwurf für eine Homilie übergab, um den er mich gebeten hatte, sowie die Niederschrift der Worte des Papstes von der Mittwochsaudienz in Rom, wartete im Vorzimmer der Generalvikar Lebeda auf mich, der etwas später von Gnaden des Regimes zum Prager Weihbischof ernannt werden sollte. Monsignore Lebeda war soeben ordentlich erschrocken vom Innenministerium zurückgekommen, wohin man ihn vorgeladen hatte, und bedrängte mich, dem Kardinal die Wallfahrt auszureden. »Das wird eine politische Demonstration! Agnes wäre nicht damit einverstanden, Agnes liebte die Stille!«, schrie er mich an. Lebeda war ein seltsamer Mensch. Dieser unglückliche Mann war merkwürdig verliebt in die Friedhofsruhe; seine Freizeit verbrachte er vor allem mit Spaziergängen auf Friedhöfen und in seinen Gedichten sowie in seinen unendlichen Predigten sprach er oft über seine Gespräche mit den Toten; auf einem Friedhof in der Nähe von Prag hatte ich schon Jahre zuvor ein Grab gesehen, das er sich dort schon hatte bereiten lassen, sogar mit einer dekorativen Aufschrift, und wohin er sich wohl begab, um über sich selbst zu trauern. Es ist klar, dass ähnliche traurige Typen in der Kirchenführung dem Regime große Freude bereiteten.

Der Kardinal zeigte mir einen Drohbrief, der von Satanisten unterschrieben war: »Wir übermitteln dir die Botschaft aus den finstersten Finsternissen vom Herrn des Bösen und des Schreckens ... aus dessen Willen wir leben, vernichten und morden ... du lädst Scharen deiner Schäfchen zu der Feier beim Veit ... wir hoffen, dass du nicht zu sehr erschrickst, wenn es hochgeht ...« etc. Ich sagte ihm meine Meinung, dass es sich um eine Provokation der Staatssicherheit handle, die einen Vorwand suche, um den Gottesdienst zu verbieten, und die sich ungewollt ganz treffend vorgestellt habe. Der Kardinal lachte und gab nicht nach.

Das kommunistische Polizeiregime hatte jedoch wirklich teuflische Manöver vorbereitet, eine Demonstration seiner Macht. Es beorderte Polizeikräfte aus der ganzen Republik nach Prag, mobilisierte die Volksmilizen (eine »Armee der Partei«, aufgebaut nach dem Krieg nach dem Vorbild der nationalsozialistischen SA) und die Betriebsorganisationen der Kommunistischen Partei, es hielt Züge und Autobusse zurück, die Pilgernde nach Prag brachten, es ließ Dutzende führender Dissidenten in »Vorbeugehaft« abführen, Straßenbahnen wurden umgeleitet, sodass sie nicht mehr zur Burg fuhren,[79] und nahegelegene Metrostationen geschlossen, Kordons aus Wachleuten wurden aufgestellt und die Ärzte der Prager Krankenhäuser wurden zum außerordentlichen Bereitschaftsdienst aufgefordert, für den Fall einer massenhaften Einlieferung Verwundeter. Es war deutlich, dass das Regime von Angst in die Enge getrieben war. Wieder einmal konnte ich mich davon überzeugen, dass diejenigen, die Angst haben, es nötig haben, dass andere sich vor ihnen fürchten, dass sie allerdings in ihren paranoiden Anfällen wirklich gefährlich werden können. Ich hatte kein allzu gutes Gefühl, als ich in die Kathedrale trat und dort viele »unauffällige Herren« sah, die – wie wir später erfuhren – mit Rosenkränzen und einer Krone für die Spendenbüchse ausgerüstet worden waren und die sogar eine liturgische Schulung gemacht hatten. (Zum Gruß sagen wir nicht »Ehre der Arbeit!«, sondern »Friede sei mit dir!«). Der Gottesdienst verlief jedoch so würdevoll, dass wohl auch die Satansjünger beim St.-Veit-Hymnus unter dem Gewölbe der Kathedrale etwas spüren mussten, das ihnen die Parteischulung nicht hatte bieten können.

Etwa drei Wochen später, am Karfreitag, fand jedoch in Bratislava eine Gebetsversammlung von mehreren tausend Gläubigen für Religionsfreiheit statt, die von der Polizei auf brutale Weise mit Knüppeln, Hunden und Wasserwerfern aufgelöst wurde; dabei floss auch Blut.

* * *

Das Jahr 1989 begann für uns mit der »Jan-Palach-Woche« – mit Massendemonstrationen in Prag zum 20. Jahrestag seines Todes –, mit der Inhaftierung von Václav Havel und einer Zunahme der politischen Spannungen. Niemand von uns ahnte, wie das Jahr zu Ende gehen würde.

Der neue Kurs des Kardinals hinsichtlich seiner Beziehung zum Regime radikalisierte sich nach seinen offenen Briefen ständig weiter. Im Januar war es zuerst ein Protest gegen das brutale Vorgehen der Polizei gegen die Demonstranten in der »Jan-Palach-Woche«, im April folgte dann am Gedenktag des hl. Adalbert ein »Aufruf an alle katholischen Gläubigen« sowie ein Brief an den Ministerpräsidenten. Kardinal Tomášek rief die Gläubigen auf, sich aktiv für die Verteidigung ihrer Rechte einzusetzen, und die Regierung rief er dazu auf, ihre Haltung zu ändern, die Menschen- und Bürgerrechte zu respektieren und endlich in den Dialog mit den Bürgern und der Opposition einzutreten. Der Kardinal bot sich selbst, gegebenenfalls seine Mitarbeiter, als Vermittler in diesem Dialog an.

In dieser Zeit beschloss ich, auch öffentlich aufzutreten. Im Mai 1989 fand eine Wallfahrt zu dem Heiligen des nächsten Jahres des »Jahrzehnts« statt, zum heiligen Klemens Maria Hofbauer[80], diesmal in der Kathedrale in Brünn (Brno). Es war uns klar, dass diese großen Versammlungen nicht nur Ausdruck des stärker werdenden Selbstbewusstseins und der wachsenden Zahl entschlossener Gläubiger bleiben dürfen, sondern dass die Kirche vor allem die Kraft inspirierender Gedanken bieten muss. Ich beschloss nach gründlicher Überlegung sowie nach Gebet und Beratung mit Freunden, nun auch um den Preis aller möglichen Risiken aus der Anonymität herauszutreten. Im Rahmen des geistlichen Programms vor dem Hauptgottesdienst trat ich in der Kathedrale, die mit Pilgern aus der ganzen Republik überfüllt war, vor und hielt eine etwa einstündige Ansprache, in der ich den Sinn und das Ziel des »Jahrzehnts« erläuterte und zur bevorstehenden Heiligsprechung der Agnes von Böhmen sprach.

Ich stellte Klemens Maria Hofbauer als einen »Mann des Kampfes für die Freiheit der Kirche gegen die bürokratischen Schikanen des absolutistischen Staates« vor, der sich darum bemüht hatte, »dass die Kirche die lebendige Verbindung mit der Welt des Geistes nicht verlor, mit den führenden Denkern und Künstlern, aber auch mit der Welt der Armen und der Unrechtleidenden«. Die ganze Rede baute ich auf seinen Worten auf: »das Evangelium neu verkünden«. Ich sagte: »Viele haben sich bislang auf die Verteidigung der Rechte der Gläubigen konzentriert. Dazu muss man vielleicht nur dies sagen: Einen würdigen Platz für die Kirche in dieser Gesellschaft zu suchen, damit sie freie Hand hat für ihren Dienst an allen und damit sie Zeugnis für ihren Glauben ablegen kann, ist eine Selbstverständlichkeit. Wer sollte sich dafür einsetzen, wenn nicht die Gläubigen selbst und ihre Hirten? Aber dies darf nicht unsere einzige Bemühung bleiben: Denn dies ist (nur) ein Mittel, nicht das letzte Ziel. Wir nähern uns einer neue Schwelle auf unserem Weg. Eine neue Etappe, in der wir das Hauptgewicht nicht mehr auf unsere Rechte legen werden, sondern auf unsere Verantwortung. Auf unsere gemeinsame Verantwortung für das Leben der Nation und der Gesellschaft (…) Was ist das wesentliche Zeichen von Reife, wenn nicht die

Fähigkeit, Verantwortung zu tragen – nicht nur für sich, sondern auch für andere, für das Ganze? (...) Wir wollen uns nicht nur um uns selbst, um unser Überleben und um unsere Absicherung kümmern, wir wollen nicht nur ›unser eigenes Schäfchen ins Trockene bringen‹. Wir ergreifen von Neuem und mit Entschlossenheit die grundlegende Sendung der Kirche: allen Geschöpfen das Evangelium zu verkünden, jede Krankheit im Volk zu heilen, das Salz der Erde zu sein. Das Evangelium muss auf eine völlig neue Weise verkündet und bezeugt werden. Das bedeutet jedoch nicht, dass wir die Sache der Erneuerung der Nation ausschließlich in unsere Hände, in unsere eigene Regie nehmen wollen. Wir wollen das gemeinschaftliche Gute im Geist des Dialogs unterstützen sowie eine breite ökumenische Offenheit und eine zivilgesellschaftliche Zusammenarbeit mit allen Menschen guten Willens.«

Ich erläuterte ausführlich das ganze Programm des »Jahrzehnts« und den Inhalt der einzelnen Jahre sowie die symbolische Bedeutung des hl. Adalbert.»Seien wir in allem Wandel der Zeit und von Angesicht zu Angesicht mit den vielen Möglichkeiten sehr wachsam, damit – mit den Worten der Bibel gesprochen – unser Herz nicht verfette und nicht verhärte. Die Kirche darf nicht zu einem in sich geschlossenen Ghetto werden, sie darf nicht die lebendige Verbindung mit dem alltäglichen Leben der Menschen um uns verlieren, mit ihren Problemen und Schwierigkeiten – eine Verbindung, die sich gerade in den letzten Jahren so vertieft hat. Hüten wir uns vor Selbstzufriedenheit, kehren wir nicht zurück zu allen alten Formen, meiden wir vor allem jeden Triumphalismus, alle Pracht, Äußerlichkeit und allen Pomp, der in der Vergangenheit so viele Menschen abgeschreckt hat! In diesem Punkt ist gerade unsere Nation maßlos empfindlich. Zu ihrem Herzen kommt man nicht in beschlagenen Schuhen und auch nicht in Gold gekleidet – nur ›barfuß‹[81]. Dieser Nation haben Macht und Prunk nie imponiert; wer sie sich geneigt machen wollte und dabei zu irgendwelchen Privilegien für sich selbst griff, hat es sich mit ihr immer innerlich verdorben. Bewahren wir uns auch in Zukunft den Geist der Bescheidenheit und die Einfachheit des Kirchenlebens wie ein königliches Juwel und wie eine große Chance!«

Ich sagte, dass das gegenwärtige Erwachen der Kirche und die Konversion der Jungen die Frucht des Leidens seien, und dankte den Verfolgten: »Es ist eine Erfahrung, bewährt durch zwanzig Jahrhunderte Christentum, dass jedes Leiden und jede Verfolgung die Kirche reinigt und festigt. Viele dieser Menschen leben noch heute unter uns. Ich möchte ihnen für mich, für meine Generation, für die noch Jüngeren und auch für jene, die nach uns kommen werden, an dieser Stelle meinen wärmsten Dank und meine Dankbarkeit aussprechen. Die Christen der ersten Jahrhunderte küssten jenen die Hände, welche einst als Märtyrer die Fesseln für Christus trugen. Feiern wir die Heiligen der vergangenen Jahrhunderte, vergessen wir nicht die großen Bekennenden, die noch heute unter uns leben!«

Ich wandte mich auch an die Priester, die aus allen Winkeln des Landes in die Brünner Kathedrale gekommen waren: »Wir sind unseren Priestern für ihren Dienst unter den schweren Umständen dankbar. Aber auch hier gibt es vieles, das wir nicht ewig auf äußere Schwierigkeiten schieben können ... Wer bringt unsere Priester von dem Baugerüst herunter, wohin sie oft vor ihren wesentlichen Aufgaben fliehen, zum Tabernakel und in die Mitte der gläubigen Gemeinde? Wer zeigt ihnen, dass sie eine viel größere Verantwortung für den lebendigen Tempel Gottes haben, der wir selbst sind, als für die Instandhaltung der Kirchengebäude? Wer macht aus den vielen einsiedlerischen und isolierten Priestern eine brüderliche und kollegiale Gemeinschaft? Wer lehrt sie jenen zuhören und mit jenen sprechen, zu denen sie ausgesandt wurden? Wer wird für mehr Bildung unserer Priester sorgen? Wer überwindet die Instandhaltungsmentalität in der Kirche und weckt in ihr den missionarischen Geist der Gründer und Schöpfer?« Ich äußerte die Vision, dass wir trotz aller Schwierigkeiten bald neu ernannte Bischöfe haben würden, und ich äußerte die Hoffnung, dass es Männer sein würden, »die mit dem Herzen verstehen, was der Geist zur Kirche spricht, die die Kirche lieben und zugleich die Zeit und die Welt, in der wir leben, begreifen, die Weitblick haben sowie eine tiefe Verankerung im Herrn und uns auf dem Weg der Erneuerung führen werden«.

Ich sprach aus der Tiefe meines Herzens und nach bestem Wissen und Gewissen, ähnlich wie einst bei meiner Promotionsrede, und verbot mir, an die Folgen zu denken, die diese Rede für mich haben könnte; ich war überzeugt, dass gerade dies nun laut ausgesprochen werden musste. Die Rede erschien bald in den Zeitschriften des Samizdat, sie wurde abgeschrieben und in Form von Tonbandaufnahmen im ganzen Land verbreitet. Einige Menschen sagten mir, dass ihnen erst damals deutlich bewusstgeworden war, dass ein Leben mit der Kirche nicht nur persönliche Frömmigkeit bedeutet, eine regelmäßige Teilnahme an Gottesdiensten und die Bemühung um ein geordnetes Privatleben, sondern dass die Kirche und jedes ihrer Mitglieder wirklich Verantwortung für das Ganze der Gesellschaft trägt. Die Würfel waren gefallen.

* * *

In jener Zeit spürte ich, dass ich intensiv von der Polizei beobachtet wurde. Ich erlebte jedoch nur eine deutliche Schikane: Als die zweite krönende Wallfahrt dieses Jahres stattfand, die Juni-Wallfahrt nach Prachatitz (Prachatice) zum hl. Johannes Nepomuk Neumann, erschien fünf Minuten vor meiner geplanten und schon angekündigten Ansprache der dortige Pfarrer, der mir mitteilte, dass er von der Polizei die Anordnung erhalten habe, mich mit allen Mitteln daran zu hindern, öffentlich zu sprechen.

Nichtsdestoweniger denke ich sehr gerne an diese Wallfahrt zurück. Nach den Erfahrungen mit der dramatischen Agnes-Wallfahrt unterbreitete ich Kardinal Tomášek den Vorschlag, zu jeder der großen Wallfahrten des »Jahrzehnts« als offiziellen Gast einen hohen Repräsentanten der Kirche aus dem Westen einzuladen. Weil dem Regime daran lag, ein gewisses Dekorum vor dem Ausland zu wahren, war das gleichzeitig so etwas wie ein Schutzschild. Nach Brünn (Brno) kam Kardinal Groër aus Wien und zur Wallfahrt nach Prachatitz (Prachatice), dem Geburtsort des Johannes Nepomuk Neumann, des Bischofs von Philadelphia, pilgerte dessen damaliger Nachfolger auf dem Bischofsstuhl von Philadelphia, der Erzbischof Bevilacqua.

Der Erzbischof kam etwas früher; wir trafen uns in einem kleinen Kaffehaus in Prag und drei Tage lang streiften wir durch die Stadt und kamen einander sehr nahe. Er war ein großartiger Mann mit starkem Interesse für das Leben der Kirche bei uns und besonders für das der Untergrundkirche. Er antwortete mir auch mit großer Aufrichtigkeit auf viele Fragen nach der Situation der Kirche im Westen. Mehrmals traf er sich mit jungen Leuten in Privatwohnungen und bezauberte sie sehr durch seine Direktheit, Offenheit und durch seinen Humor. Es schockierte mich dann aber doch, als auf der Straße fromme junge Frauen zu ihm kamen, um seinen Bischofsring zu küssen, und er erwiderte: »Nicht dahin, küsst mich auf die Wange. Wir haben da in Amerika so eine Kampagne: Today kiss your wife, today kiss your dog – und ich verkünde heute: Today kiss your bishop!« In Prachatitz (Prachatice) ging er dann in all seiner bischöflichen Pracht auf ein Bier ins Gasthaus und unterhielt sich sehr lebendig mit den erschrockenen Stammgästen. Er hörte sich mit amerikanischer Großzügigkeit viele meiner Ideen und Pläne an und gab mir jede Menge nützlicher Ratschläge aus seiner überreichen Lebenserfahrung, Ratschläge, von denen ich bis heute zehre. Von Prag flog er direkt zum Papst und er war bereit, meinen Brief über das »Jahrzehnt« mitzunehmen. Nach Jahren trafen wir uns in Amerika wieder und wir verbrachten einen fabelhaften Abend im Garten seiner Residenz; er empfing mich sehr herzlich und es war zu erkennen, dass auch für ihn das damalige Pragerlebnis inspirierend gewesen war: Er erinnerte sich daran bis in die erstaunlichsten Details.

* * *

Als das definitive Datum der Heiligsprechung der Agnes von Böhmen festgesetzt und entschieden worden war, dass es in Rom stattfinden würde – die tschechischen Katholiken hatten sich nämlich danach gesehnt, dass der Papst nach Prag käme, um Agnes heiligzusprechen –, wartete man, wie sich das Regime zu diesem Ereignis verhalten würde. Jemand warnte klugerweise die kommunistischen Behörden, falls sie die massenhafte Teilnahme der Gläubigen aus der Tschechoslowakei nicht zuließen, so würde das ganze Ereignis zu einer Angelegenheit der tschechischen politischen Exilanten und Emigranten werden und zu einer riesigen internationalen Schande für das Regime. Die Behörden gaben tatsächlich nach und entschieden, Tausenden von Gläubigen die Reise nach Rom zu erlauben, einschließlich jener, die jahrelang nicht in den Westen hatten reisen dürfen; dennoch haben einige der bekanntesten Dissidenten, denen früher die Pässe abgenommen worden waren – zu ihnen gehörte zum Beispiel Josef Zvěřina – den »Ausreisevermerk« auch dann nicht erhalten.

Ich wartete gespannt und zu meiner Überraschung erhielt ich die Bewilligung. Kardinal Tomášek bat mich, etwas früher nach Rom zu fahren und in der tschechischen Sendung des Radio Vatikan eine geistliche Vorbereitung zu geben, die vor der Heiligsprechung neun Tage lang jeden Abend in die Heimat gesendet werden sollte und die auch von den Pilgern während ihrer Reise gehört werden könnte.

Mein ganzer Aufenthalt in Rom erschien mir wie ein Traum. Nach fast zwanzig Jahren war ich wieder dort und ich begegnete vielen Menschen, die ich bis dahin nur aus Büchern und aus Exilzeitschriften kannte, insbesondere Monsignore Škarvada[82], dem Bischof für die Seelsorge der tschechischen Emigranten. Ich war im Generalat der Jesuiten in unmittelbarer Nähe des Vatikans untergebracht und verbrachte viel Zeit auf der Terrasse, dem höchsten Punkt dieses riesigen Gebäudes, wo ich betete und die Meditationen für den Rundfunk vorbereitete sowie bei Sonnenaufgang und Sonnenuntergang das einzigartige Panorama der Ewigen Stadt betrachtete. Neben der Arbeit beim Rundfunk zog ich tagsüber als Pilger durch die römischen Kirchen und vertraute der Fürbitte der Heiligen einen großen Wunsch an: den Papst zu treffen.

Gemäß dem Rat von Kardinal Lustiger sandte ich – durch Vermittlung von Bischof Škarvada – einen Brief an den Sekretär des Heiligen Vaters, Monsignore Dziwisz, mit der Bitte um eine Audienz und unter Angabe der Themen, die ich gerne dem Papst darlegen wollte, und gespannt wartete ich, ob überhaupt eine Antwort käme. Am Samstag war ich in der Vatikanischen Basilika, in der Kapelle, in welcher der Papst mit den Gläubigen den Rosenkranz betet; dieses Gebet überträgt Radio Vatikan in die ganze Welt. In dem Augenblick, als der Papst mit seinen Mitarbeitern vorbeiging, sprach ich seinen Sekretär an. Der fragte nach meinem Namen und aus seiner lebendigen Reaktion war ersichtlich, dass er meinen Brief schon gelesen hatte. Er blinzelte mir verschwörerisch zu und dann zog er mich an den Wachen vorbei in einen der angrenzenden Räume, wo ich zum ersten Mal persönlich dem Papst begegnete. Ich konnte ihm nur einige Worte über das Jahrzehnt geistlicher Erneuerung sagen und dass wir Tschechen uns freuen würden, wenn er einmal zu uns käme. Ich hatte den Eindruck, dass die Angelegenheit damit beendet war, und war etwas enttäuscht. Ich sprach über diese Begegnung mit Bischof Škarvada und er sagte darauf: »Na, warte ab, das wird wohl noch nicht alles gewesen sein.«

Zwei Tage danach kam ein Brief vom Sekretär des Papstes, der Heilige Vater lud Bischof Škarvada und mich am 7. November zu einem privaten Abendessen ein. Den Nachmittag dieses Tages verbrachte ich in der Kirche San Bartolomeo all'Isola auf der Tiberinsel, wo sich die Reliquien des hl. Adalbert befinden. Während der Mittagspause hielt ich dort hinter verschlossener Tür eine Messe für das »Jahrzehnt« und bat um den Segen für die Begegnung mit dem Papst. Als wir dann am Abend mit Bischof Škarvada durch die Tore des Vatikans fuhren und in den dämmrigen Höfen eine Wache nach der anderen, in den Uniformen des Michelangelo, passierten, begannen mir ein wenig die Knie zu zittern. Bischof Škarvada zwinkerte mir in dem Augenblick zu und sagte: »Das hättest du dir nicht träumen lassen, dass wir Jungs aus Prag einmal zusammen zum Abendessen beim Papst gehen werden!« Als er »Jungs aus Prag« sagte, fiel alle Anspannung von mir ab; damals habe ich Bischof Škarvada für den Rest meines Lebens ins Herz geschlossen.

Wir gingen an der Päpstlichen Schweizergarde in den altertümlichen Uniformen vorbei und stiegen die breiten Treppen hinauf bis zu der Stelle, an der uns der Kammerdiener bat, eine Weile zu warten. Sekretär Dziwisz kam, um uns zu begrüßen, und führte uns in die Wohnung des Papstes. Dann trat der Heilige Vater ein und führte uns – wie bei allen nachfolgenden Besuchen – zuerst in seine Kapelle, dort kniete er mit uns vor dem Tabernakel zu einem langen stillen Gebet nieder. Dies war eigentlich der stärkste Augenblick. Ich sah, dass der Papst ins Gebet versank, wie ein Stein in einen tiefen Brunnen fällt, und es war, als ob er uns mit sich in die Tiefe hinabzog. Ich dachte bei mir: Also von hier wird die ganze Kirche gelenkt – und erinnerte mich an verschiedene Situationen der Welt- und Kirchengeschichte, welche dieser Papst sowie seine Vorgänger an eben der Stelle vor dem Herrn ausgebreitet und für die sie nach einem Zeichen für ihre Entscheidung gesucht hatten.

Dann bat uns der Papst in das Esszimmer, wo wir etwa zweieinhalb Stunden zu viert wie im Kreis der Familie aßen. Ich erzählte ihm von der Untergrundkirche und der ganzen Situation der Kirche bei uns. Man konnte erkennen, dass der Papst sehr gut informiert war.

Schon zu Beginn hatte uns der Papst gefragt, in welcher Sprache wir das Gespräch führen würden. Ich antwortete ihm in gebrochenem Polnisch, dass Deutsch oder Englisch am besten wären. Darauf antwortete der Papst: »Ksiądz bardzo świetne mówi po polsku!«[83] Ich widersprach ihm, dass dies nicht »po polsku« sei, sondern »to jest take panslavianske esperanto«.[84] Der Papst klopfte mir auf die Schultern und sagte: »Tak, tak, będziemy mówić w pansłowiańskim esperantu.«[85] Wir unterhielten uns also in diesem sonderbaren universalen slawischen Dialekt und verstanden einander gut.

Es war eigenartig zu beobachten, wie der Papst und sein Sekretär vollkommen aufeinander eingespielt waren, sodass sie sozusagen ein einziges Wesen bildeten; der Papst hörte größtenteils nur aufmerksam zu und oft war es der Sekretär, der Fragen stellte und antwortete. Als ich über die Notwendigkeit sprach, in den Ländern Mittelosteuropas die Kirchenarbeit zu integrieren, kam die Rede verständlicherweise auch auf die Politik – es war am Vorabend des Falls der Berliner Mauer und das Fernsehen berichtete schon von immer größer werdenden Demonstrationen in Ostdeutschland. »Das ist das Ende des Kommunismus«, verkündete der Papst entschieden, »und das nicht nur in Ostdeutschland –

bereitet euch darauf vor, auch ihr werdet sehr bald frei sein!« Ich dachte bei mir, dass sich hierauf die Unfehlbarkeit des Papstes nicht erstreckt, und erlaubte mir, meine Skepsis auszudrücken, dass nun vielleicht einige Jahre einer Art Perestroika nach Gorbatschow bevorstünden. Der Papst erwähnte, dass er vor kurzer Zeit eben an diesem Ort mit Gorbatschow gesprochen habe. Er wiederholte jedoch von Neuem, dass der Kommunismus sehr bald zusammenbrechen würde und dass unsere Kirche sich auf diese Zeit vorbereiten solle.

Dann fragte er mich nach meinen persönlichen Plänen. Ich vertraute ihm eine Sache an, an die ich in den letzten Monaten gedacht hatte, nämlich daran, in den fast aussterbenden Orden der Kreuzherren mit dem Roten Stern einzutreten – den einzigen Orden tschechischen Ursprungs und den einzigen Männerorden, den eine Frau gegründet hat, nämlich Agnes von Böhmen aus dem Herrscherhaus der Přemysliden –, und dass ich versuchen würde, anlässlich der Heiligsprechung der Agnes einen neuen Geist in diesen Orden zu tragen: Dieser ursprüngliche Spitalorden könnte seinen Dienst auf Fragen der Medizinethik ausrichten sowie auf die Evangelisierung des Gesundheitswesens, er könnte eine besondere Verehrung der tschechischen Heiligen pflegen – also eine Art geistlicher Motor des »Jahrzehnts« sein. Als ich sagte, dass dieser Orden durch besondere Treue an den Prager Erzbischof gebunden sein könnte, ähnlich wie die Jesuiten durch Treue an den Papst gebunden sind, lachte Johannes Paul: »Die Jesuiten? Das war einmal, mein Lieber, vor vierhundert Jahren!« Dann schüttelte er zu meinen Überlegungen, in einen Orden einzutreten, den Kopf: »Ihr Orden wird die Kirche sein!«

Danach gingen wir erneut zu einem kurzen Gebet in die Privatkapelle des Papstes – ich erlaubte mir, den Papst um eine Fürbitte zu bitten, nämlich dass ich einmal öffentlich der Kirche würde dienen können – und die Zeit des Abschieds brach an. Zehn Tage nach dieser Begegnung kam es in Prag zu den bekannten Ereignissen des 17. November und die Tore zur Freiheit öffneten sich weit. Viele sprachen damals von der »Revolution der heiligen Agnes«.

* * *

Am Sonntag, den 12. November erfolgte die eigentliche Kanonisierung der Agnes im Petersdom und am Tag darauf fand eine Audienz für elftausend tschechische und slowakische Pilger beim Papst statt. Es war abgemacht, dass ich kurz vor der Ankunft des Papstes in der Aula Pauls VI. ein Grußwort an die Pilger vortragen würde. Ich erinnere mich daran, wie ich am Abend zuvor durch Rom ging und überlegte, ob ich endlich die Illegalität ablegen und gänzlich als Priester sprechen sollte. Am Morgen darauf befragte ich Bischof Škarvada dazu und er brachte mich zum Staatssekretariat; dort urteilten Erzbischof Colasuonno und Monsignore Bukowski, die in den letzten Jahren für den Vatikan mit der tschechoslowakischen Regierung verhandelt hatten und die Situation kannten, dass es nötig sei, meine priesterliche Identität noch nicht preiszugeben.

Ich hielt eine Ansprache an die Pilger und sagte darin, dass eine tschechischen Legende aus der Barockzeit besage, erst wenn Agnes heiliggesprochen sei, werde es in Böhmen endlich gut; dass wir schon das Kommen dieser besseren Zeiten spürten wie ein Wehen des Frühlings, das schon an unsere Herzen rührt. Die Pilger antworteten mit einem Beifallssturm. Ich erblickte gerade noch die hassverzerrten Gesichter der Vertreter des tschechoslowakischen Amts für Kirchenangelegenheiten in der ersten Reihe. (Eine Woche später erzählte mir eine Frau in der Prager Kathedrale, wie sie am Tage nach der Rückkehr ihrem Chef von dieser Prophezeiung erzählt habe, der sie daraufhin lauthals ausgelacht hätte; drei Tage später im Angesicht der Ereignisse des 17. November habe er sich jedoch bei ihr entschuldigt und hinzugefügt, dass sie dieser Agnes ausrichten solle, sie sei in der Tat eine fähige Frau.)

Aus der Zeit dieser Wallfahrt nach Rom erinnere ich mich noch an eine kleine Begebenheit. Am Tag vor der Heiligsprechung ging ich mit einem meiner Freunde, einem Priester, der sich ebenfalls an der Initiative des Jahrzehnts geistlicher Erneuerung beteiligt hatte, durch Rom. Ich schilderte ihm vielleicht zwei Stunden lang eine Reihe meiner Visionen darüber, welche Richtung die Kirche bei uns einschlagen solle, wenn das kommunistische Regime fiele. Wir beendeten die Debatte mit einem langen stillen Gebet in einer römischen Kirche. Als wir aus der Kirche traten, sagte mir mein Freund: »Jetzt habe ich dafür gebetet, dass du einmal Bischof wirst.« Ich antwortete ihm wahrheitsgemäß: »Und ich habe wiederum darum gebetet, dass du Bischof wirst.« Es stellte sich heraus, dass ich wahrscheinlich frömmer bin als er, weil sich mein Gebet kurz nach der Wende wirklich erfüllt hat, während mich der Herrgott vor der Erhörung seines Gebets gnädig bewahrt hat.

Die Nachrichten von den Ereignissen des 17. November erreichten mich erst am folgenden Tag. Am 18. November war ich mit Professor Karel Skalický in Ostia und von ihm erfuhr ich, dass nach Meldungen der internationalen Nachrichtenagenturen wie auch des italienischen Fernsehens am Abend zuvor in Prag eine große Studentendemonstration sehr brutal unterdrückt worden war. Nach und nach kamen weitere Informationen hinzu. Am frühen Morgen des 20. November zelebrierte ich eine Messe beim Altar des hl. Wenzel im noch leeren Petersdom. Es war schon offenbar, dass in meiner Heimat etwas Bedeutendes vor sich ging. Ich betete also in dieser Messe im Herzen der römisch-katholischen Kirche für das Schicksal unserer Nation.

Am Abend flog ich mit Kardinal Tomášek zurück nach Hause. Weil es ein tschechoslowakisches Flugzeug war, konnten wir an Bord die Zeitung des Regimes »Rudé Právo« (»Rotes Recht«) lesen, in der berichtet wurde, dass bei der Demonstration vielleicht ein Student getötet worden sei und dass Aufrufe zum Generalstreik laut wurden. Ich erinnere mich daran, wie Kardinal Tomášek mit seinem charakteristischen Schritt über den Gang trat und mir die Zeitung zeigte: »Was sagen Sie dazu? Was sagen Sie dazu?« Am Flughafen wartete der italienische Botschafter auf den Kardinal und seine ersten Worte waren: »Eminenz, hier ist eine Revolution.«

* * *

Schon am Flughafen warteten einige meiner Freunde auf mich, sie nahmen mich gleich mit zu sich und erzählten mir vom Verlauf der Demonstrationen und darüber, dass diese von Tag zu Tag anwuchsen. Als ich zu Hause angelangt war, kamen um Mitternacht zwei Studenten zu mir und wir schrieben eine Erklärung der Katholiken zur Situation nieder. Vom nächsten Tag an begannen mich Einladungen der streikenden Studenten zu Vorträgen zu erreichen. Während der Besetzungsstreiks organisierten die Studenten einen Vortragszyklus unter dem Titel »Was wir in der Schule nicht gelernt haben« und luden dazu Vortragende unterschiedlicher Disziplinen ein, denen bis dahin verboten worden war, an der Universität zu unterrichten, und die den Studenten nun bislang tabuisierte Themen zugänglich machten. Ich hielt einige Vorträge und diskutierte über Religion, die Kirche und über das »Jahrzehnt«.

Es überraschte mich, dass während des Streiks beinahe an allen Fakultäten ein bestimmter Raum für Gebet und Meditation geschaffen wurde; ein Zimmer, in dem 24 Stunden hindurch eine Vielzahl von Studenten betete. Damals nahmen es alle – in einer Gesellschaft, die vierzig Jahre lang durch die staatliche Ideologie des Atheismus geformt worden war! –

als eine Selbstverständlichkeit. Es kamen nicht nur Studenten aus gläubigen Familien dorthin und solche, die in den vorangegangenen Jahren konvertiert waren – und es war selbstverständlich, dass sie dort in einer vollkommenen Einheit der Gläubigen aller Kirchen versammelt waren –, sondern auch viele, die in eben jenen dramatischen Tagen Gott entdeckt hatten. Einige dieser »Konvertiten des 17. November« taufte ich in den folgenden Jahren, für andere blieb es eine Episode ihrer Lebensgeschichte. Mir wurde bewusst, dass in Zeiten, in denen es um alles geht, in denen besonders junge Herzen von starken Erfahrungen und Gefühlen überschwemmt werden – Freude über die neue Lebensperspektive, Hoffnungen, aber zugleich Befürchtungen, ob die »Samtene Revolution« nicht noch durch den Terror des erschütterten Regimes erstickt werden wird –, die Menschen beginnen, diese starken Emotionen spontan durch Beten auszudrücken. Die säkulare Sprache und säkulare Ausdrucksmittel erweisen sich bei solchen Gelegenheiten als allzu arm. Den Mut zum Beten findet auch der, dem eine solche Handlung bis dahin gänzlich fremd war oder einfältig erschien.

Es waren erstaunliche Augenblicke, in denen sich vieles abspielte, was einige Tage zuvor noch undenkbar gewesen wäre. Prag hatte damals zwei Helden: Václav Havel und den Priester Václav Malý[86]. Außerhalb von Prag und außerhalb der Dissidentenkreise waren sie nicht allzu bekannt, außer aus hasserfüllten Zeitungsartikeln der kommunistischen Presse. Havel wurde zum Kopf des Bürgerforums und Václav Malý übernahm die sehr wichtige Aufgabe eines Moderators bei den Massendemonstrationen.

Ich erkannte eine weitere Dimension seines persönlichen Charismas, aber auch des Charismas des Priestertums als solchen. Der Priester Václav konnte durch seine moralische Festigkeit, Ruhe und durch seinen Humor die Launen der Massen meistern. Hätte an seiner Stelle irgendein Demagoge gestanden, hätte er zu jener Zeit der aufgepeitschten Emotionen die Scharen von Hunderttausenden von Menschen in ein vernichtendes Element verwandeln können. Václav Malý konnte etwas stimulieren, was lediglich in dramatischen Augenblicken der tschechischen Geschichte regelmäßig auftaucht: die Fähigkeit zu tätiger Solidarität, die gegenseitige liebenswürdige Aufmerksamkeit, das schöpferische Reagieren und vor allem einen fabelhaften Humor. Politologen und Sozialpsychologen sollten die einzigartigen Situationen studieren, als die Menschenmengen mit Václav Malý, der auf einem Balkon inmitten des überfüllten Wenzelsplatzes am Mikrofon stand, einen Dialog führten und im wörtlichen Sinne »wie ein Mann« antworteten.

Die Revolution stand im Zeichen des Witzes, des Lachens und des Liedes; die Menschen lynchten niemanden, sondern »läuteten dem Regime zum Abdanken«, mit Schlüsseln und Glöckchen. Keine Gewalt, kein Rufen nach Vergeltung und kein Suchen nach Sündenböcken: eher »fiesta«, ein freudiger Volksfeiertag. Die frostigen Novembertage verwandelten sich in den Frühling großer Hoffnungen. Viele von uns, die wir in den Menschenmengen auf dem Wenzelsplatz standen, konnten jedoch auch einen schmerzhaften Gedanken nicht aus dem Herzen verdrängen: dass unsere Eltern das nicht mehr erlebt haben, unsere Verwandten, Freunde, all jene, die in den kalten fünfziger Jahren sich jedes Jahr damit trösteten, dass »es bis Weihnachten vorbei ist«! In jenen kalten Novembertagen wärmte uns der Gedanke, dass das bevorstehenden Weihnachtsfest vielleicht das erste wirklich freie in unserem Leben sein würde.

* * *

Oto Mádr verfasste für Kardinal Tomášek den Text einer radikalen Erklärung zu den Ereignissen und legte ihn diesem gleich nach der Ankunft aus Rom zur Genehmigung und Unterschrift vor. Dann aber erschien im »Rudé Právo« die Nachricht, dass dieser Text dem Kardinal von Feinden des Sozialismus nur untergeschoben worden sei und er sich von ihm distanziert habe. Der Parteisekretär der Kommunistischen Partei Miroslav Štěpán besuchte Kardinal Tomášek persönlich und verkündete in den Medien, dass der Kardinal sich nicht zu dem Schreiben bekenne; das Fernsehen zeigte Aufnahmen von diesem Treffen. Bei vielen Menschen rief das Enttäuschung hervor und die Öffentlichkeit war verwirrt. Daher beeilte ich mich, den Herrn Kardinal über den Ernst der Situation zu informieren – die Fernsehaufnahmen mit Štěpán konnten einen riesigen Prestigeverlust bedeuten. Wir verabredeten, dass der Herr Kardinal sich am Samstag nach der Messe zum Dank für die Heiligsprechung der Agnes in der Kathedrale zu der ganzen Angelegenheit äußern würde. Er sagte mit der festen Stimme eines Befehlshabers zu mir: »Bereiten Sie einen Text vor. Er soll ordentlich scharf sein.«

Es war das erste Mal in der Geschichte des tschechoslowakischen Fernsehens, dass eine direkte Übertragung eines tschechischen Gottesdienstes stattfand. Die Kathedrale war zum Platzen gefüllt, vor den Bildschirmen saßen Millionen von Zuschauern. Vor der Übertragung der Messe brachte das Fernsehen Aufnahmen von der nächtlichen Sitzung des Zentralkomitees der Kommunistischen Partei der Tschechoslowakei, auf der sich die Kommunisten »fünf nach Zwölf« entschieden hatten, der Nation Reformen anzubieten. Aber das interessierte niemanden mehr. Zum ersten Mal nach mehr als vierzig Jahren war es plötzlich schon völlig bedeutungslos, wer an der Spitze der Kommunistischen Partei stand. Der Präsident der Republik Gustav Husák ließ sich nicht blicken, dann erschien er, als schon alles vorbei war, zum letzten Mal für einen kurzen Augenblick in der Öffentlichkeit. Nachdem er der neuen Regierung die Hand geschüttelt hatte, dankte er ohne irgendeine Rede ab. Die direkte Übertragung des würdevollen Gottesdienstes aus der Kathedrale, die auf das kommunistische ideologische Gewäsch folgte, zeigte den ungeheuren Kontrast dieser zwei Welten. Die Nation war eine Stunde lang in Gedanken in der Kathedrale und der Kommunismus stürzte zusammen wie ein Kartenhaus. Die Nation begann über den Gräbern ihrer Heiligen und ihrer Könige wieder ihre große Geschichte zu leben.

Der Kardinal sprach am Ende der Messe die historischen Worte »Ich habe euch eine Botschaft geschrieben und stehe hinter jedem einzelnen Wort. In dieser entscheidenden Stunde des Kampfes um Wahrheit und Gerechtigkeit in unserem Land stehen ich und die ganze katholische Kirche auf der Seite der Nation! Niemand von uns sollte abseits stehen, wenn es um eine bessere Zukunft unserer Nation geht. Ich bitte euch, in diesen Tagen Mut mit Weisheit zu verknüpfen und den Weg der Gewalt abzulehnen. Gott befreie uns durch die Wahrheit und erneuere das Antlitz unserer Heimat, des ganzen Landes, der ganzen Welt!« In dem Augenblick hatte ich ein schwindelähnliches Gefühl, als fiele der jahrhundertealte Damm zwischen Nation und Kirche, als schlössen sich unverheilte Wunden unserer Geschichte und als überschritten wir alle gemeinsam eine neue Schwelle.

* * *

Aus der Kathedrale strömten die Menschenmengen nach Letná[87], zur größten Kundgebung, die sich in der Geschichte Prags je ereignet hat: Es waren dort deutlich mehr als eine halbe Million Menschen versammelt. Die Menge begrüßte Václav Havel und pfiff den Premier Adamec aus. In der Luft lag eine beträchtliche Spannung, als einer der Polizisten aus dem Kommando, das die Studentendemonstration unterdrückt hatte, auf die Tribüne stieg; bei seinen ersten Worten tobte die Menge und ich fürchtete, dass der Geist der Rache auf sie überspringen könnte, der diesen Menschen in Stücke gerissen hätte. Der junge Polizist entschuldigte sich mit stockender Stimme und Václav Malý rief die Menge zu Versöhnung und Vergebung auf, zum Beten des Vaterunsers mit Blick auf die Kathedrale und mit Betonung der Worte »vergib uns unsere Schuld, wie auch wir vergeben unseren Schuldigern«. Ich sah, wie viele Menschen die Worte des Vaterunsers aus ihrem Gedächtnis fischten, Worte, die sie einst vielleicht gekannt hatten ...

Es war ein ganz unvergesslicher Augenblick. Damals ging es nicht mehr um einen politischen Kampf, sondern um etwas viel Bedeutenderes, um spirituelle Genesung. Es war wirklich ein heiliger Moment von therapeutischem Ausmaß. Ich hörte dann, wie viele Leute Václav Malý wegen dieser Aufforderung kritisierten: Gläubige, die behaupteten, dass das Gebet in die Kirche gehört und nicht auf eine politische Demonstration, und Atheisten, die darin den Versuch sahen, den dramatischen Moment ideologisch zu missbrauchen. Ich bin jedoch überzeugt, dass Václav Malý, ein Priester ohne staatliche Anerkennung, in dem Augenblick das Werkzeug Gottes war und dass dabei etwas Großes geschah. Ähnlich wie die Ereignisse von 1968, der Prager Frühling und die August-Okkupation, für mich durch das Opfer Jan Palachs eine geistliche und moralische Dimension gewannen, so wurde die »Samtene Revolution« im November 1989 für mich zur »Wende« im Augenblick jenes Gebets auf der Letná-Ebene. Die Historiker mögen sich streiten, an welchem Punkt des damaligen Verlaufs der Ereignisse das totalitäre Regime endgültig zusammenbrach; ich bin überzeugt, dass es damals geschah, als durch jene symbolische Geste die Wurzel des Kommunismus abgehauen wurde, nämlich der Hass.

IX. Der Weg des Übergangs

»Als der Herr das Los der Gefangenschaft Zions wendete, / da waren wir alle wie Träumende. / Da war unser Mund voll Lachen / und unsere Zunge voll Jubel. / [...] / Ja, Großes hat der Herr an uns getan. / Da waren wir fröhlich.« (Ps 126, 1–3) Dieser Psalm lag uns in der Zeit unmittelbar nach dem November 1989 tatsächlich oft im Sinn und auf der Zunge.

Ich durchlebte diese Zeit wirklich wie in einem Fiebertraum. Alles floss in schneller Folge ineinander, nicht einmal mit großem Abstand kann ich die Erinnerungen an die Zeit und die damaligen Ereignisse auseinanderhalten. Ständig war ich vom Gedanken an das »Jahrzehnt«, an die Idee der Erneuerung der Kirche und der Gesellschaft in Beschlag genommen und mit meinem Dienst im Schatten des Kardinals Tomášek beschäftigt. Als in den Tagen der Revolution einige Menschen aus dem Kreis um Václav Havel mit dem Angebot auf mich zukamen, ob ich nicht Kulturminister für die gerade entstehende neue Regierung werden wollte, lehnte ich ab. Mir war gar nicht so sehr bewusst, wie bekannt mein Name schon damals nach den Ansprachen in Brünn (Brno) und in Rom geworden war. Nach der Reaktion des Papstes hatte ich aufgehört, an den Eintritt in den Orden der Kreuzherren mit dem Roten Stern zu denken, und so ging ich weiterhin zur Arbeit an der Klinik – ich war jedoch zugleich in das Geschehen ringsum eingebunden. Für Gedanken an meine persönliche Zukunft hatte ich einfach keine Zeit.

Dann erhielt ich die Nachricht, dass auch am Priesterseminar in Leitmeritz (Litoměřice) gestreikt wurde und dass die Studenten forderten, die politisch kompromittierten Lehrenden sollten die Fakultät verlassen. Als die Studenten sich dazu äußerten, wen sie als Nachfolger wünschten, wurde auch mein Name genannt. Sie wollten, dass anstelle der marxistischen »Gesellschaftswissenschaften« nun Psychologie und Soziologie gelehrt würden. Also schrieb ich einen dienstlichen Brief an Kardinal Tomášek über die Umstände meiner Priesterweihe sowie meine Qualifikation und ich gab an, dass ich bereit wäre, augenblicklich meinen weltlichen Beruf aufzugeben und mich voll und ganz in den Dienst der Kirche zu stellen. Ich schrieb, dass ich bereit sei, den Wünschen der Studenten in Leitmeritz (Litoměřice) zu entsprechen und an der Theologischen Fakultät zu lehren, und dass ich schon lange die Sehnsucht verspürte, unseren Traum von 1968 wahrzumachen und in Prag eine Hochschulgemeinde zu gründen. Ich fügte jedoch hinzu, dass ich all diese Dinge in seine Hand lege und dass ich bereit sei, überall dort als Priester anzutreten, wohin er mich als mein Bischof senden würde, auch wenn es die Stelle eines Kaplans in der letzten Pfarrei im Grenzgebiet wäre – und ich meinte es ehrlich.

Die Antwort ließ lange auf sich warten, wie es in der Kirche üblich ist – erst im Januar erhielt ich die amtliche Benachrichtigung, dass der Kardinal mir die *Venia Docendi* für die Lehre an der Theologischen Fakultät erteile und mich zugleich zum Rektor der Salvatorkirche ernenne mit der Aufgabe, dort die Hochschulpastoral wiederaufzubauen.[88] Ich kündigte an der Klinik und ging zur Abteilung für Kirchenangelegenheiten beim Prager Magistrat – dort saßen noch die alten kommunistischen »Sekretäre für Kirchenangelegenheiten«, nun waren sie aber schmeichlerisch dienstbeflissen. Sie stellten mir ein Dekret aus und eine Gehaltsberechnung über tausendzweihundert Kronen monatlich, was ungefähr ein Viertel meines bisherigen Gehalts im Krankenhaus war; ich war jedoch völlig zufrieden und übte mich darin, die administrativen Aufgaben meines neuen

Amtes zu erledigen, liturgische Gewänder und Gefäße zu verwenden, sowie in anderen Fertigkeiten eines Kaplan-Eleven.

Bei der Weihnachtsfeier teilte ich all meinen Mitarbeitern und Patienten vom Fakultätskrankenhaus beim hl. Apollinaris mit, dass ich schon seit elf Jahren Priester sei und dass ich nun die Klinik verlasse, um mich ganz der Arbeit in der Kirche zu widmen. Der Abschied war nicht gerade leicht, weil mich mit den meisten meiner Kollegen und Patienten eine herzliche Beziehung verband; es war bemerkenswert, dass alle die Nachricht über meine Priesterschaft mit großem Verständnis und mit Sympathie entgegennahmen, viele, auch Atheisten, behaupteten, dass sie »etwas Ähnliches« schon geahnt hätten.

Ähnlich reagierten fast alle aus meinem Bekanntenkreis, denen ich es erst nun vollständig mitteilen konnte; Gläubige wie Atheisten wünschten mir, dass ich in der neuen Situation jene Aufgabe ganz und gar erfülle möge, zu der ich mich vor Jahren freiwillig entschlossen hatte. Es blieb nicht viel Zeit, um zu erklären, dass auch der »verborgene Weg« meines Priesterdienstes eine vollwertige priesterliche Erfahrung gewesen war. Es war eine hektische revolutionäre Zeit; auch ich dachte nicht allzu sehr darüber nach, ob ich nicht durch den Übergang in den öffentlichen Kirchendienst dem spezifischen Charisma und der Spiritualität meines Priesterberufs untreu würde – ich stellte mich einfach zur Disposition und die Entscheidung des Bischofs nahm ich selbstverständlich an und fügte mich ihr mit Gehorsam. Übrigens bereue ich es nicht: Der Herrgott selbst sorgte dann dafür, dass ich von dem Weg, den er mir bestimmt hat, nicht abkam.

* * *

Die »Eingliederung in die öffentlichen Strukturen der Kirche« war dann jedoch schwerer, als ich angenommen hatte. Ende des Jahres 1989 kam Bischof Škarvada nach Prag und teilte mir mit, dass ihm die tschechische Kirche ziemlich gespalten erscheine. Denn nun, da die Menschen aus der »Deckung« ihrer Gruppen herausträten, hörten sie Reden der einen gegen die anderen, sogar Schelte von Seiten der Priester gegenüber Menschen mit einem solchen Verdienst, wie Mádr und Zvěřina es seien. Er sagte mir, dass er aber infolge meiner öffentlichen Auftritte in Brünn (Brno) und in Rom von allen Seiten Lob über mich höre. Er setzte gleich hinzu, dass ich mich darauf gefasst machen solle, dass sich dies bald ändern werde, sobald ins öffentliche Bewusstsein gedrungen sei, dass ich Priester sei, weil die »invidia clericalis«, der »Neid unter Priestern« eine der größten Krankheiten der Kirche sei. Wie oft habe ich später an diese seine Worte zurückgedacht!

In den ersten Dezembertagen lud mich mein Freund Josef Hrdlička, der spätere Weihbischof von Olmütz (Olomouc), zum Priestertreffen des Erzbistums, um dort über die Aufgaben zu sprechen, die nun auf die Kirche warteten; dort trat ich noch als Laie auf. Auf dem Rückweg hörten wir im Auto die Übertragung der Parlamentssitzung, in welcher der Artikel über die führende Aufgabe der Kommunistischen Partei aufgehoben wurde. Es war damit klar, dass der Kommunismus nun endgültig verloren hatte und dass es nicht nur um irgendeine innere Reform des bestehenden Systems gehen würde im Stil eines »Sozialismus mit menschlichem Antlitz«.

Am 14. Dezember fand ein historisches Priestertreffen des Prager Erzbistums in der St.-Josephs-Kirche auf dem Platz der Republik statt. Zum ersten Mal trafen sich hier die Priester von der offiziellen Seelsorge, solche ohne »staatliche Zustimmung« sowie die im geheimen geweihten Priester. Oto Mádr, der mich einführte, stellte mich zum ersten Mal allen Priestern als ihren Mitbruder vor. Ich trug anschließend eine überarbeitete Version des Referats aus Olmütz vor und diese Rede erschien später als programmatischer Text in einer der ersten Nummern der Katholischen Wochenschrift.

Ich versuchte, in zehn Punkten eine Konzeption für das Wirken der Kirche in einer freien Gesellschaft darzulegen. Zunächst drückte ich den Priestern von der öffentlichen Seelsorge meine Achtung und meinen Dank dafür aus, dass sie unter den schwierigen Umständen an kirchlichem Dienst aufrechterhalten haben, was sie nur konnten; ich sagte aufrichtig, dass ich nun am liebsten von einem zum andern gehen und ihnen die Hand küssen würde. Ich wollte der Ansicht zuvorkommen, dass die Priester aus dem Untergrund als Richter auftreten über diejenigen, die gezwungen waren, Kompromisse unterschiedlicher Art zu schließen, es ging mir um Vergebung und Vereinigung. An die Adresse der Bewegung »Pacem in terris« richtete ich die Bemerkung, dass man die Kollaboration klar beim Namen nennen und als Haltung bekennen müsse, dass aber die Schuld der einzelnen betroffenen Priester nur Gott allein beurteilen könne, wir sollten uns um Vergebung, Heilung und um Versöhnung bemühen. Ich sagte, dass wir noch nicht im gelobten Land seien, aber dass wir aus Ägypten in die Wüste ziehen müssten und eine lange Wanderung vor uns hätten. Wir sollten nicht dem Gefühl des Triumphes verfallen, wenn wir die gegenwärtige Begeisterung für die katholische Kirche sähen. Elemente des tschechischen Antiklerikalismus könnten zurückkehren, insbesondere wenn wir uns nicht vor bestimmten gefährlichen Fehlern in Acht nähmen: »Die erwähnten Sympathien zur Kirche ... sollte man nicht überbewerten und es ist nötig, sich klarzumachen, dass die Kirche sie leicht verlieren kann – besonders wenn sie nun dem Triumphalismus verfällt, der Sehnsucht nach Macht, Besitz und Ähnlichem, oder allem, was in diesem Sinne ausgelegt werden könnte. Erhalten wir uns Demut, Nüchternheit, Geschmack und Diskretion.«

Ich sagte: »Wir dürfen nicht damit rechnen, dass es weiterhin all jene zur Kirche ziehen wird, die unzufrieden mit dem bisherigen Regime waren. Wir können nicht um die Sympathie der Nation mit dem Programm werben: Wir sind viele – wir haben keine Angst – wir haben viel gelitten. Wir können uns nicht einmal auf die traditionellen Formen der Kirchenarbeit beschränken: Wir haben die Pflicht, der Nation die Botschaft des Evangeliums in einer für diese Zeit angemessenen Weise nahezubringen, uns einzusetzen für ›Inkulturation‹ sowie als kompetenter Partner in den Dialog mit unterschiedlichen geistigen und gesellschaftlichen Strömungen in einer pluralen Gesellschaft einzutreten.«

Als ersten Punkt nannte ich eine wahrheitsgetreue Bestandsaufnahme der tatsächlichen Lage der Kirche, die eine solide soziologische Analyse einschlösse. Ich warnte vor einer restaurativen Tendenz – dem Versuch, den Bundeskatholizismus aus der Zeit vor 1948 zu erneuern und sich in seine eigene Glaubenswelt einzuschließen. Ich schlug vor, eine Synode einzuberufen, die ein Wendepunkt im Leben der Kirche sein sollte. Ich bat um systematisches Vorgehen bei der Schaffung der grundlegenden Strukturen der Kirche im Geiste des Zweiten Vatikanischen Konzils – angefangen bei einer Bischofskonferenz mit den entsprechenden fachlichen Beraterteams bis hin zu Pfarrgemeinderäten und insbesondere einer größeren Einbindung von Laien in die Seelsorge. Ich schlug die Ausarbeitung und Verabschiedung einer langfristigen Konzeption für die pastorale Tätigkeit mit klaren Prioritäten vor, die sich an dem ideellen Grundriss des »Jahrzehnts« orientieren könnte. Ich entwarf eine Reform der Gemeindepastoral, bei der das bisherige Josephinische Modell der Territorialpfarreien durch eine flexiblere Struktur ersetzt würde, die lebendige Regionen und Missionsgebiete unterschiede, die einen je anderen Stil in der Herangehensweise erforderten. Ich schlug die Einrichtung einer christlichen Akademie vor sowie die Erstellung einer wirksamen Konzeption für Bildungsarbeit innerhalb der Kirche einschließlich der unerlässlichen Reform der theologischen Lehranstalten für zukünftige Priester. Ich befürwortete die Einführung einer Institution

Ständiger Diakone, die allerdings einen guten Spiritual benötigen würden, damit es eine geistliche Identität für diesen Dienst innerhalb der Kirche gäbe und keine »Kentauren« entstünden – Mischwesen zwischen Pfarrer und Laie.

Ich bat darum, der rechtzeitigen Eingliederung der geheim geweihten Priester in das Ganze des Presbyteriums die gebührende Fürsorge zu widmen, und zwar auf eine Weise, bei der es nicht zu einer Nivellierung des Klerus käme, sondern zu einer »Einheit in der Verschiedenheit«. Wir sollten die Erfahrungen der »geheimen Kirche« aus der Verbindung des Priesteramts mit einem zivilen Beruf nicht geringschätzen und nicht vergessen: »Hüten wir sie wie unseren Augapfel, vernichten wir sie nicht durch eine kurzsichtige Überführung all dieser Priester in die Territorialpfarreien! Respektieren wir den Beruf und die Entscheidung dieser Priester, die weiterhin gleichzeitig in zivilen Berufen werden arbeiten wollen und so an Menschen herantreten, an die ein Priester in der Pfarrei niemals herankommt oder von denen er nicht ernst genommen wird. Ich weiß, wie dringlich der Priestermangel in den Pfarreien ist, dennoch beschwöre ich Bischöfe und Ordinarien aufgrund langjähriger, sorgfältig und theologisch wie soziologisch reflektierter Erfahrung: Seien wir umsichtig und großzügig, denken wir nicht nur an die aktuellen Bedürfnisse, sorgen wir verantwortungsvoll und weitblickend schon heute für die weitere Zukunft der Kirche in unserem Land und nicht nur in ihm.«

Ich wies auf die Gefahr des Praktizismus hin, darauf, dass Priester Fortbildung für einen Luxus hielten und nicht für eine selbstverständliche Dimension ihres Berufs, ich machte aufmerksam auf das Fehlen eines theoretischen Überblicks und auf Rückständigkeit in der Theologie. Ich bat darum, dass wir im Kontakt mit dem Westen keinem der beiden Extreme unterliegen sollten: dass wir weder unkritisch alles übernehmen noch den Westen fürchten sollten oder uns aus einem uneingestandenen Minderwertigkeitskomplex heraus ein falsches Bild der westlichen Kirche machen sollten, etwa als einer Brutstätte von Irrlehren und Verfall, während bei uns der einzig wahre Glaube und religiöse Begeisterung herrschten.

Ich trat dafür ein, dass die Kirche lernen sollte, den inneren Dialog zu führen, damit nach langer Zeit des Schweigens nun ein jeder die Möglichkeit hätte, sich zu äußern, und damit man alle Vorschläge und Anregungen sammeln könnte, dass aber insbesondere Teams wirklich kompetenter Fachleute gebildet würden, besonders aus den Reihen der Laien. Ich machte darauf aufmerksam, dass wir eine ausgewogene Beziehung zur politischen Sphäre finden müssten, dass die Kirche sich nicht allzu eng an eine politische Kraft binden dürfe, sondern dass sie werde lernen müssen, sich rechtzeitig und kompetent zu gesamtgesellschaftlichen Problemen zu äußern. Am Ende kehrte ich erneut zur Bedeutung der Initiative des Jahrzehnts geistlicher Erneuerung zurück: »In einer Zeit, in der eine Revolution von einigen Tagen in der Gesellschaft so viel verändert hat, dass vieles plötzlich nicht mehr gilt und niemand es wagt, die weitere Entwicklung vorauszusagen, steht die katholische Kirche inmitten der Gesellschaft als praktisch einzige Kraft da, die ein durchdachtes und langfristiges Programm für die Reform des Lebens der Nation bietet, das mit keinem der entstehenden politischen Programme in Konkurrenz steht, weil es viel tiefer zielt. Es zielt auf jene Ebene nationalen Lebens, die sich als wesentlich herausstellt und ohne welche alle politischen und ökonomischen Reformen ihr Ziel nicht erreichen würden – nämlich auf die geistige und moralische Ebene ... Nun zeigt sich, welche tiefe Verbindung das Jahrzehnt-Projekt zwischen der Erneuerung der Kirche und der gegenwärtigen Erneuerung der Nation herstellen kann.«

Schließlich bat ich darum, dass wir vor all unseren Konzeptionen und Plänen dem Wehen des Geistes den Vorrang geben, dass wir im Gebet stets zu jener Mitte der Kirche zurückkehren, die der lebendige Christus ist, und im Lichte seines Geistes den Zeichen der Zeit nachforschen und den Mut haben, Abraham, dem Vater der Gläubigen nachzufolgen, der »dem Herrn vertraute und sich auf den Weg machte, obwohl er nicht wusste, wohin er ging«.

Die Priester bezeugten mir zwar Beifall und viele klopften mir auf die Schulter, ich musste jedoch an jene Szene aus Bernanos' »Tagebuch eines Landpfarrers« denken, als die Gemeindemitglieder einem Priester, der soeben den Inhalt seines ganzen Herzens vor ihnen ausgebreitet hat, sagen: »Schön habt Ihr Euch entrüstet!« In den Augen vieler las ich Misstrauen: »Wer ist er schon, dass er es wagt, uns zu belehren? Vor ein paar Monaten kannte ihn noch niemand und jetzt hört man ihn überall!« Mir wurde bewusst, dass ich für jene Zeit in der Illegalität, als ich anonym im Schatten des Kardinals Tomášek tätig war, noch einen Preis würde zahlen müssen. Ich stellte fest, dass eine Reihe von Priestern davon überrascht war, dass ihnen diese Vision über das Leben der Kirche jemand vorlegte, der nicht die übliche Pfarrlaufbahn absolviert hatte.

Heute stelle ich mir oft die Frage, wo ich einen Fehler gemacht habe. Befände ich mich heute erneut in jener Situation, drei Wochen nach den Novemberereignissen, spräche ich wie damals; ich denke, dass die weitere Entwicklung die Richtigkeit der gesamten Konzeption wie auch die Berechtigung der Warnung ganz und gar erwiesen hat. Was hätte ich damals noch dafür tun sollen, damit die Verantwortlichen in der Kirche über diese Vorschläge wenigstens ein wenig nachdenken? Nein, ich will nicht den verkannten Propheten spielen, nach dessen Worten die »Geschichte kein Wenn kennt«. Ich will auch niemanden verurteilen. Sagt man, »die Kirche hat versagt«, kann ich als ein Teil von ihr nur bekennen, dass auch ich versagt habe. Vielleicht hätte ich die Ideen geduldiger immer wieder wiederholen sollen, noch öfter, und sie in kleinen Portionen dosieren. Vielleicht hätte ich mich in den folgenden Jahren nur dem Durchdenken, Propagieren und der Organisation des »Jahrzehnts« widmen und alle weiteren Aufgaben ablehnen sollen, vor allem nachdem meine engsten Mitarbeiter mit einer Unmenge anderer Aufgaben überhäuft wurden: Der Großteil der Mitglieder des »Oberkonsistoriums« wurde zu Bischöfen, Petr Pit'ha wurde zum Bildungsminister, Personen aus dem »unteren Konsistorium« gingen in die Politik oder erhielten Universitätsstellen ...

Am ehesten neige ich der Antwort zu, dass ich die Lage und die Möglichkeiten der Kirche überschätzt habe. Ich bewegte mich doch in einem ziemlich engen Kreis und so habe ich vielleicht unbewusst – und sehr naiv – angenommen, dass der Großteil der Priester Persönlichkeiten wie Zvěřina und Mádr wären. Dann musste ich mit Bedauern feststellen, dass vierzig Jahre Kommunismus die Kirche weit mehr zerstört haben, als ich geahnt hatte. Diese Zeit der Unterdrückung hinterließ besonders bei den Priestern deutliche Spuren. Dabei habe ich vor Priestern sehr große Achtung – das, was ich ihnen gegenüber fühlte, war eine Mischung aus menschlichem Respekt und großer Bedrücktheit. Die allermeisten tschechischen Priester waren für lange Jahre des Kontakts zur Weltkirche, zum theologischen Denken und zum Leben um sie herum beraubt. Manche waren großartig während des Totalitarismus, aber der Einzug der Freiheit hat sie sehr überrumpelt. Auf einmal war es, als ob alle aufgestaute Müdigkeit bei ihnen ausbräche und als ob sie um eine ganze Generation gealtert wären. Es blieben ihnen keine Kapazitäten mehr, um sich in der neuen Situation zu orientieren, und sie hatten keine Kraft mehr für neue Aufgaben.

Mir wurde bewusst, dass ich in Priesterkreisen – bis auf einige wenige Freunde, vor allem unter Ordensangehörigen – sehr allein blieb, während ich mich mit vielen Menschen aus dem akademischen Milieu, aus den Medien, aus der Politik, der Kunst und anderen Bereichen blendend verstand. Die Unterschiede in unseren Sichtweisen traten immer deutlicher hervor. Heute muss ich mit Bedauern bekennen: Fahre ich über unsere Grenze irgendwohin in Richtung Westen, so begegne ich augenblicklich den dortigen Kollegen so, als wären es wirklich meine Kollegen und Brüder. Wir lesen dieselben Bücher, wir machen uns dieselben Sorgen und stellen dieselben Fragen; wenn ich jedoch zum tschechischen Klerus zurückkehre, komme ich mir manchmal wie ein Fremder vor. Manchmal sogar wie ein Mensch, den eine Zeitmaschine mindestens fünfzig Jahre zurückversetzt hat.

* * *

Als Bischof Škarvada einmal in der Vorweihnachtszeit in die Tschechoslowakei reiste, führte ich ihn durch Prag – er war mehr als vierzig Jahre lang nicht mehr in seiner Geburtsstadt gewesen. Am 23. Dezember nahm ich ihn mit ins Haus zum »Špalíček« auf dem Wenzelsplatz, wo in den Tagen der Revolution das Bürgerforum saß, zu Václav Havel. Es war einige Tage vor der Präsidentenwahl und damals sprach man schon mit ziemlicher Sicherheit davon, dass Havel zum Präsidenten gewählt würde. Bei Gelegenheit dieses Besuchs teilte ich Havel auch mit, dass ich Priester sei. Er sagte darauf, dass er das doch schon lange wisse und dass ich ein Jesuit wäre. Ich sagte ihm, dass das die Staatssicherheit immer gedacht habe, aber dass es nicht zuträfe. Er lachte und sagte, dass er es wohl nicht von »denen« gehört habe.

Václav Havel erwähnte in unserem Gespräch, dass er sehr gerne den Papst in die Tschechoslowakei einladen würde, falls er Präsident würde. Er sagte, er wäre froh, wenn sich der Besuch so bald wie möglich realisieren ließe, noch vor den ersten freien Parlamentswahlen. Havel wollte, dass der Besuch zur Beruhigung beiträgt und sich positiv auf die moralische Atmosphäre im Land auswirkt. Bischof Škarvada gab zu bedenken, dass dies nicht möglich wäre, weil ein solcher

Besuch Gegenstand einer mindestens zweijährigen Planung sei. Václav Havel gab seine Idee jedoch nicht auf und entgegnete darauf: »Wenn es wenigstens für einen Tag wäre.«

Wenn ich den Ereignissen etwas vorgreifen darf, so folgte in dieser Angelegenheit eine erstaunliche Entwicklung. Nachdem Monsignore Škarvada nach Rom zurückgekehrt war, speiste er mit dem Papst zu Abend und übermittelte ihm Havels informelle Einladung. Zu seiner großen Überraschung hörte er die positive Antwort, dass es vielleicht möglich wäre. Noch am selben Abend rief er mich in Prag an, es sei nötig, eine offizielle Einladung vorzubereiten. Ich ging also zum Präsidenten und teilte ihm die Nachricht mit. Und Tschechien öffnete seine Tore für den ersten Besuch des Oberhauptes der katholischen Kirche in der Geschichte des Landes.

Vor Weihnachteten leitete ich zum ersten Mal öffentliche geistliche Übungen für Studenten. Am Heiligen Abend konzelebrierte ich zum ersten Mal öffentlich mit Pfarrer Reinsberg bei der Mitternachtsmesse. Einige Tage darauf sah ich im Fernsehen die Präsidentenwahl und das dazugehörige feierliche Te Deum. Ich fuhr dann mit Freunden nach Breslau zum Europäischen Jugendtreffen, das von der Communauté de Taizé organisiert worden war. Dort hörten wir über das Transistorradio die Neujahrsansprache des Präsidenten, in der er auch seine Absicht aussprach, den Papst in die Tschechoslowakei einzuladen. Zurück aus Breslau kehrten wir im Dunkeln heim, es war eiskalt, Schneeflocken trieben durch die Luft und mir war an jenem Neujahrsabend ähnlich zumute wie einst auf dem Weg von London nach Bangor; etwas Neues begann, etwas gänzlich Unbekanntes.

* * *

Das Jahr 1990 hatte für mich einen umwälzenden Charakter und brachte eine vollständige Änderung meines Lebensstils mit sich. Am Abend des 25. Januar fand meine verspätete Primiz in der Teynkirche statt. Dieses Datum hatte ich absichtlich gewählt, denn es war der Gedenktag der Bekehrung des hl. Apostels Paulus. Die Gestalt des Apostels Paulus war mir stets sehr nah gewesen und ich zog auch in Erwägung, dass es ein großer Gedenktag der Reformation ist; ich wollte, dass meine erste Messe auch ökumenischen Charakter haben sollte, weil ich die Sorge für die Einheit der Kirche als eine nicht zu vernachlässigende Dimension meines Priesterdienstes verstand. Bei diesem Gottesdienst führte Petr Eben seine »Polní mše« (»Feldmesse«) auf. Es konzelebrierten die Bischöfe Liška und Otčenášek, Pfarrer Reinsberg, die Priester Zvěřina, Mádr, Duka und Opatrný sowie weitere Freunde; nahe dem Altar standen auch zwei evangelische Pastoren, Alfréd Kocáb und Miroslav Heryán.

Ich hatte die Kündigung an der Klinik beim hl. Apollinaris zum 1. Februar eingereicht. Nun trat ich an der Theologischen Fakultät an und wurde als Hochschulpfarrer in der Salvatorkirche eingesetzt. Es war für mich nicht einfach, nach elf Jahren in der Illegalität die Liturgie in der Kirche zu bewältigen. Man hätte an einer Hand abzählen können, wie oft ich bis dahin ein Messgewand getragen hatte, da ich sonst zu Hause in Zivil an einem kleinen, schlicht bereiteten Tischchen die Messe zelebrierte, in einem Wochenendhaus oder in freier Natur. Plötzlich erhielt ich eine riesige Barockkirche im Zentrum Prags überantwortet. Die Menschen begannen mich nach kirchlicher Art anzusprechen, was mir eine gewisse »Identitätskrise« verursachte. Das war zu einer Zeit, in der sich auch die Beziehung von Staat und Kirche veränderte. Meine Eingliederung in die Kirchenverwaltung verhandelte ich mit den »Staatssekretären für Kirchenangelegenheiten«, die noch vor einigen Monaten als arrogante Herren über den Priestern gestanden hatten. Nun waren sie schon sehr weich geworden und schon fast aufdringlich hilfsbereit und diensteifrig. Das Land suchte erst noch nach dem Weg zur Freiheit der Kirche – und dies auch in rechtlicher Hinsicht.

Für Anfang Februar vereinbarten wir für einige Priester eine Reise zu österreichischen und deutschen Bistümern. Es waren alles Priester, die aus dem Umkreis des Jahrzehnts geistlicher Erneuerung stammten. Wir wollten die positiven wie auch die negativen Erfahrungen der Kirche in den Nachbarländern kennenlernen und die Organisation der Kirchenarbeit in freien Gesellschaften. Wir erkannten, wie unterschiedlich die dortigen Diözesen waren. Manche waren in pastoraler Hinsicht sehr offen, andere wiederum befanden sich in den Fesseln der Bürokratie. Unterwegs in einem dichten Schneesturm, erreichten wir schließlich München, wo wir in den Nachrichten die Meldung hörten, dass einer von uns, Miloslav Vlk, zum Bischof des Bistums Budweis ernannt worden war. Er wusste es schon seit einer Woche, durfte aber nicht darüber sprechen. Am Abend feierten wir das Ereignis und am nächsten Morgen machten wir uns – Miloslav Vlk, František Radkovský und ich – auf den Weg in das entsprechende Geschäft für Kirchenbedarf, um für den frischgebackenen Bischof die nötige Kleidung einzukaufen. Die ganze Art, wie wir das Soli Deo und die Mitra aussuchten und dabei herumscherzten, weckte den Verdacht des Verkäufers. Er war an distinguierte Monsignori gewöhnt und hatte den Eindruck, dass es sich bei uns offenbar um irgendwelche Betrüger handeln musste. Schließlich glaubte er uns aber und ließ sich von unserer fröhlichen Stimmung anstecken.

Am letzten Abend dieser Reise, als ich allein betete, befiel mich wie ein unabweisbarer Gedanke eine sonderbare Vorstellung, die ich am nächsten Morgen meinen Freunden mitteilte: dass in unserer Gruppe diese Bischofsernennung nicht die letzte sein würde. Dass wir hier nicht zufällig zusammengekommen seien. Dass jeder von uns – sei es als Bischof oder in einer anderen Funktion – seine unvertretbare Mission in der Kirche haben würde, dass wir unsere Freundschaft pflegen sollten, die wir in diesen Tagen an der Schwelle zur Freiheit so spontan durchlebt haben, dass wir uns zukünftig gegenseitig unterstützen sollten – gerade auch in unserer Verschiedenheit, damit wir die Verantwortung für die Kirche in unserem Land tragen könnten. Und wirklich: Mehr als die Hälfte der damaligen Reisegruppe stand nach kurzer Zeit an der Spitze der böhmischen und mährischen Diözesen.

* * *

Kurz nach der Reise nach Österreich und Deutschland bat mich Kardinal Tomášek zu sich in das Erzbischöfliche Palais. Dort erwartete mich der päpstliche Legat Erzbischof Colasuonno und übergab mir ein Flugticket nach Rom, das auf den nächsten Tag ausgestellt war. Ich sollte ungefähr einen Monat im Vatikan verbringen und mich an der Vorbereitung des Papstbesuches beteiligen; über den genauen Inhalt meiner Arbeit durfte ich mit niemand sprechen. Binnen einiger Stunden abzureisen war gar nicht so einfach, weil ich im letzten Augenblick mein volles Programm bis Ostern gänzlich ändern und alles Nötige veranlassen musste. Am nächsten Tag ging mein Flug und gleich am Morgen darauf sollte ich vor den Papst treten. Es wurde betont, dass ich mit Kollar kommen solle und in ordnungsgemäßer Priesterkleidung. Das war ein weiteres winziges Problem, denn bis zu dieser Zeit besaß ich nichts dergleichen.

So begann ein weiteres interessantes Kapitel meines Lebens. Als ich in Rom landete, erwarteten mich schon zwei Vertreter des Vatikans, die mich mit eleganter Geste durch alle Zollkontrollen führten, mich ins Auto setzten und zu dem Haus brachten, in dem für gewöhnlich Bischöfe bei Ad-limina-Besuchen untergebracht sind. Am nächsten Morgen machte ich mich auf den Weg in ein Geschäft für klerikale Bekleidung, um mich für die Audienz beim Papst ordnungsgemäß anzuziehen. Es war sehr früh am Morgen, zumindest für italienische Verhältnisse, und das Geschäft hatte noch geschlossen. Als geöffnet wurde, stürzte ich, noch in Zivil, als Erster in den Laden und griff das erstbeste Kollarhemd, das zur Hand war. Es war mir zu klein. Mühsam zog ich es an und eilte – mit dem frischen Ausweis winkend – durch das Bronzetor in den Vatikan, wo die erste Vorbereitungssitzung stattfand.

Über den eigentlichen Inhalt der Vorbereitungen darf ich nicht sprechen, denn ich wurde durch ein Schweigegelübde gebunden. Gerne möchte ich jedoch an die ganze Atmosphäre zurückdenken. Zur ersten Audienz beim Papst ging ich mit Bischof Škarvada und Kardinal Tomko[89]. Als ich im Vorzimmer mit Kardinal Tomko zusammentraf, vertraute ich ihm an, dass ich zum ersten Mal eine Soutane und ein Kollar trage. Er verriet es dann dem Papst, der lächelte und mir das Gewand segnete. Dann begann ein Monat intensiver Arbeit. Täglich stand ich sehr zeitig auf und ging bei Tagesanbruch zum Petersdom. Dort feierte ich eine Messe an einem Altar in der Krypta unterhalb der Basilika. In der großen Sakristei der Basilika trafen sich viele Bischöfe und Priester aller möglichen Ethnien und von vielen Kontinenten. Es stand dort schon eine Gruppe von Ministranten bereit, meist Schüler kirchlicher Schulen. Mit der Zeit freundete ich mich dort mit einem jungen Ministranten an, der dann an jedem Morgen schon Ausschau nach mir hielt. Er kam mit Messbuch und Kelch angelaufen und dann wählte ich einen Altar in der Basilika aus, entweder den Altar des heiligen Wenzel oder eines meiner Lieblingsheiligen. Manchmal feierten wir die Messe unten in der Kapelle, wo sich das Grab des Kardinals Beran befindet. Dies war für mich stets ein lebendiges Gespräch mit der Tradition und Geschichte der Kirche und ich betete sehr gerne morgens am Grab des Apostels.

Danach ging ich durch das Bronzetor und trat meine Arbeit an. Auf den Gängen salutierten die Schweizergarden und grüßten die Vorübergehenden mit der Hellebarde. Ich ging durch die Höfe des Vatikans bis zu dem klassischen Aufzug vom Anfang des Jahrhunderts. Im Aufzug begegnete ich immer neuen Prälaten und Kardinälen. Nachmittags teilte ich mir das Büro mit dem Herrn Bischof Škarvada. Es war ein wunderschönes Büro mit einer prächtigen Aussicht auf ganz Rom; anfangs hatte ich Zweifel, ob ich dort überhaupt zu etwas komme, weil der Ausblick so faszinierend war.

Der vatikanische Arbeitsrhythmus bedeutet, dass man bis ungefähr ein Uhr nachmittags arbeitet, danach ging ich zum Mittagessen und nach der unerlässlichen Siesta setzte ich meine Arbeit bis zum Abend fort. In der kostbaren freien Zeit am Abend oder an Sonntagen streifte ich durch das alte Rom zu Kirchen und anderen Sehenswürdigkeiten. Während dieses Aufenthalts hatte ich wiederholt die Möglichkeit, mit dem Papst zu sprechen.

Der Papst bereitete sich sorgfältig auf die Reise vor. Er wollte so viel wie möglich über die tschechische Kultur und Geschichte erfahren. Es überraschte mich, mit welcher Dringlichkeit er immer wieder auf Jan Hus zurückkam; er wollte wissen, warum die Tschechen in dieser Sache noch nichts unternommen hätten. Ich erkannte, dass dieser Papst, der Galilei rehabilitiert hatte und für den die Heilung der Wunden der Geschichte sowie die Auseinandersetzung mit den dunklen Seiten der Vergangenheit der Kirche ein großes Thema waren, den Fall Hus in diesem Kontext wahrnahm. Mehrmals erinnerte er mich mit einem Lächeln daran, dass der Einzige, der auf dem Konzil von Konstanz für Hus eingetreten war, ein polnischer Theologe aus Krakau war. Einmal zeigte mir der Papst auf seinem Tisch eine Reihe von Büchern von Václav Havel und fragte mich, was er vor allem lesen sollte. Zufällig nannte ich wohl drei Titel, die ich für die wichtigsten hielt, und er antwortete mir: »Die habe ich schon gelesen.« Ich reagierte überrascht und er fügte hinzu: »Der Papst liest in der Nacht.«

Papst Johannes Paul II. hatte einen starken Sinn für Humor. Mir schien, dass er es nicht allzu gerne sah, wenn ein Priester einen Bart trug. Mehrmals zu Beginn unserer Treffen machte er irgendeine Bemerkung zu meinem Bart und manchmal zog er mich scherzhaft daran. »Er trägt einen Vollbart, wie die Orthodoxen, wir werden ihn wohl nach Russland schicken!«, bemerkte er einmal zum Sekretär Dziwisz hin. »Aber ich kann den Bart nicht mehr abrasieren!«, entgegnete ich. »Warum?«, wunderte sich der Papst. »Na, er wurde vom Papst berührt – das bedeutet, dass er jetzt so etwas wie eine Reliquie ist!«, antwortete ich. Der Papst begann zu lachen und sprach nie mehr über meinen Bart.

Nach einigen Jahren kam mein Bart zu weiteren Ehren: Als in unserer Kirche eine Meditation mit dem Dalai Lama stattfand, verkündete er mir in der Sakristei: »Wir sind wie Brüder! Hier (er strich mir über die Glatze) sind wir gleich, aber hier – und er zupfte mich am Bart – sind wir verschieden.« Ich bin überzeugt, dass auf diesem Planeten außer meinem kein Vollbart existiert, den sowohl Seine Heiligkeit der römische Papst als auch Seine Heiligkeit der tibetische Dalai Lama berührt haben.

* * *

Es war eine sehr interessante Erfahrung, den Vatikan so nah zu erleben, weil er dadurch für mich gewisse menschliche Dimensionen annahm. Ich sah, dass er auch aus gewöhnlichen Menschen mit ihren Problemen bestand. Er verlor für mich die Aura von etwas Geheimnisvollem und Überirdischem und auf der anderen Seite sah ich, dass die Sicht der Journalisten, die auf Skandale zielte und die »dunklen Geheimnisse des Vatikans«, genauso naiv und weit von der Realität entfernt war. Es kam mir so vor, als ob das Leben vieler hoher Beamter der Kurie eigentlich ziemlich stereotyp sei. Es wurde auch samstags gearbeitet, der Vatikan erklärte jedoch eine Reihe von kirchlichen Gedenktagen zu Feiertagen. Ich sah, dass die Menschen dort Teil eines großen bürokratischen Systems waren und oft keine weitere Dimension des Lebens hatten, weder Familie noch eine Pfarrei. Nur hin und wieder halfen sie in einer der römischen Pfarreien aus und an den freien Donnerstagnachmittagen trafen sie sich zu Feiern oder zu Ausflügen in die Natur.

Als ich auch später noch, zur Zeit meiner römischen Studien und Dienstreisen, die Möglichkeit hatte, das Leben der vatikanischen Dikasterienbeamten genauer kennenzulernen, bedeutete mir das viel. Ich verstand nun, wie weise es ist, dass die Kirche einige ihrer Priester, vor allem jene, die Verantwortung in den lokalen Kirchen tragen sollen, zu Studien nach Rom schickt. Erst in Rom nämlich kann man sich das ganze Ausmaß dessen bewusst machen, was die katholische Kirche eigentlich ist. Priester, die nur in ihrer angestammten Umgebung aufwachsen, können das schwerlich ganz erleben. Ich konnte sozusagen die ganze Skala dessen, was zur Kirchengeschichte gehört, mit der Hand greifen, angefangen bei den Katakomben und den Orten, wo die Kirche in Rom ihren Anfang nahm, bis zu den triumphalen Denkmälern, welche die Zeit der Renaissance-Päpste in Erinnerung rufen, und so weiter bis zu unserer Zeit. In das Antlitz Roms ist für ewige Zeiten die dramatische Geschichte der Kirche eingeschrieben. Hier wird uns auch die Universalität der Kirche bewusst. Ich traf in Rom Studierende unterschiedlichster Herkunft und diskutierte mit ihnen über Probleme der Kirche in Asien,

Afrika und Südamerika. Was ich bis zu dieser Zeit lediglich aus theoretischer Sicht kannte, das konnte ich nun förmlich greifen – die ganze gewaltige Universalität der Kirche und ihre innere Pluralität. Erst in Rom macht sich ein Priester vollends klar, was Katholizismus bedeutet, welcher Art von Institution er angehört und welcher Sache er dienen darf. Nun kann er beide Extreme vermeiden – sowohl eine äußerst pessimistische Sicht, die nur auf einen Teil der Kirche und ihre lokalen Probleme fixiert ist, als auch Illusionen und ideologische Brillen, die menschliche Schwächen sowie die menschliche Seite der Kirche nicht in Betracht ziehen.

Ich freundete mich mit dem Leiter der deutschsprachigen Redaktion des Radio Vatikan, dem Jesuitenpater Eberhard von Gemmingen an, der den Papst auf vielen seiner Reisen begleitet hat, und ein Gespräch mit ihm gewährte einem stets einen sehr sachkundigen Einblick in die Probleme der einzelnen regionalen Kirchen auf dem ganzen Planeten. Ich lernte ebenfalls den ersten Mann des Opus Dei im Vatikan und Sprecher des Papstes, Dr. Joaquín Navarro-Valls, gut kennen, einen Spanier, ursprünglich Psychiater von Beruf, einen Mann von brillanter Intelligenz mit einem erstaunlichen Überblick über die Probleme der Welt. Er war sehr an der Entwicklung der postkommunistischen Welt interessiert. Er lud mich ein, ihn immer zu besuchen, wenn ich in Rom wäre, was ich auch regelmäßig tat. Mit seiner Empfehlung besuchte ich den Hauptsitz der Prälatur des Opus Dei. Es ist ein sehr seltsamer Ort, unauffällig untergebracht in einem Haus inmitten eines der reichsten römischen Viertel. Im Untergeschoss befinden sich mehrere Stockwerke und eines davon beherbergt einen großen sakralen Raum, unter welchem damals die Gruft des Gründers des Opus Dei und seiner Schwester lag. Im Gespräch mit den Angestellten aus dieser Zentrale erkannte ich, dass es scharfsinnige Männer mit weitem Horizont waren. Gleichzeitig wurde mir klar, dass dies nicht mein Weg ist.

Ich lernte auch das sogenannte »vatikanische Polen« kennen, die engen Mitarbeiter des Papstes, die er aus Polen mitgenommen hatte. Insbesondere bin ich Professor Stanislaw Grygiel nahegekommen, einem Philosophen aus Krakau. In seiner Familie lernte ich auch den Krakauer Professor Tischner kennen, einen phänomenologisch orientierten Philosophen und durchdringenden Analytiker der geistigen und moralischen Probleme unserer Zeit und einen der geistigen Väter der Solidarność. Józef Tischner bin ich dann in den folgenden Jahren wiederholt in verschiedenen Winkeln Europas begegnet.

Von den italienischen Philosophen bin ich persönlich Rocco Buttiglione und einigen seiner Freunde nähergekommen, die der Bewegung »Comunione e Liberazione« (CEL) (italienisch für »Gemeinschaft und Befreiung«) nahestanden, und selbstverständlich stand ich in Kontakt mit der Gruppe um die Zeitschrift »Il nuovo Areopago«, die während des totalitären Regimes unsere Texte publiziert hatte. Buttiglione wurde eine Zeit lang in Rom für den »Hofphilosophen« von Johannes Paul II. gehalten. Was sich hinter diesem Beinamen, ein wenig von Neid und ein wenig von Ironie getönt, verbarg, war offensichtlich die persönliche und gedankliche Nähe dieser beiden Männer. Buttiglione war stark inspiriert von dem Phänomenologen Dietrich von Hildebrand, der außer dem ziemlich unglücklichen Buch über die nachkonziliare Entwicklung der Kirche – »*Das trojanische Pferd in der Stadt Gottes*« – Autor tiefer Texte auf den Gebieten der Religionsphilosophie, der philosophischen Anthropologie und der Ethik war. Hildebrand interessierte mich, weil er aus der Gruppe jener Husserlschüler hervorgegangen war, die sich um eine Verbindung der Phänomenologie mit der katholischen Tradition bemühten, sei es mit dem Thomismus, mit der klassischen Metaphysik oder mit dem existenziell gefärbten Personalismus und der Mystik. Die bekanntesten von ihnen waren Edith Stein und Max Scheler. Hildebrands Nachlass wurde hauptsächlich im Archiv an der »Internationalen Akademie für Philosophie« in Liechtenstein aufbewahrt und Buttiglione war eine ihrer tragenden Säulen, bevor er aktiv in die große Politik ging. Buttiglione machte mich auf die Entwicklung der amerikanischen Religionssoziologie aufmerksam, nachdem Peter L. Berger die These von der Säkularisierung der gegenwärtigen Welt angezweifelt hatte, und empfahl mir, Richard John Neuhaus zu lesen. Ich vermute, dass vor allem Buttiglione zusammen mit Michael Novak hinter meiner Einladung in die USA im Jahr 1994 standen, bei der ich Peter L. Berger sowie Neuhaus persönlich kennenlernen konnte. Bei dieser Gelegenheit wurde mir zugleich klar, dass auch der amerikanische Neokonservativismus nicht meine geistige Heimat werden würde.

Kurz vor meinem Abflug aus Rom rief mich der Vertreter des Päpstlichen Rates für Gerechtigkeit und Frieden »Iustitia et Pax« an, der sich mit der Anwendung der kirchlichen Soziallehre im öffentlichen Leben befasste, insbesondere mit der Überwachung der Einhaltung der Menschenrechte und der Förderung des Weltfriedens. Er sagte, dass ihm Johannes Paul II. seine Absicht bekanntgegeben habe, mich in Zukunft zum Mitglied dieser Kommission zu ernennen; es stellte sich jedoch heraus, dass die Verhandlungen hauptsächlich in Französisch geführt wurden und dass meine nicht ausreichende Kenntnis dieser Sprache eine unüberwindliche Hürde darstellen würde. Als ich vor meinem Abflug bei Johannes Paul II. war, um mich zu verabschieden, lud er mich noch zum Abendessen ein und äußerte den Wunsch, ich möge an einer der Päpstlichen Universitäten in Rom ein postgraduales Studium der Theologie absolvieren und ein Doktorat in Philosophie oder Theologie in Polen erwerben; diese Verbindung von Prag, Rom und Polen sollte eine gute Grundlage für mein weiteres Wirken bilden. Monsignore Dziwisz versprach mir ein

Stipendium des vatikanischen Staatssekretariats für postgraduale Studien und so erörterte ich ganz am Ende meines römischen Aufenthalts mit Professor Skalický die Möglichkeit, dass ich, wenn Kardinal Tomášek einverstanden wäre, im nächsten akademischen Jahr mein Lizentiat-Studium unter seiner Führung an der Päpstlichen Lateranuniversität aufnehmen würde.

Im selben Jahr erinnerte sich Johannes Paul II. noch zweimal an mich: Als er im August vom plötzlichen Tod Josef Zvěřinas erfuhr, den er zum theologischen Berater für die Vorbereitung der europäischen Synode ernannt hatte, äußerte er den Wunsch, mich an seiner Stelle zu ernennen; weil es aber nicht gelungen war, mich im Sommer in Prag zu erreichen – ich befand mich auf einer internationalen Konferenz in der englischen Abtei Ampleforth –, musste die Stelle mit einem anderen Kandidaten besetzt werden. Dann erhielt ich einen Brief, in dem mich Johannes Paul II. zum Konsultor des Päpstlichen Rates für den Dialog mit den Nichtglaubenden ernannte, was mir für drei Jahre die Möglichkeit einer engen Zusammenarbeit mit dem Heiligen Stuhl eröffnete.

Der geistige Vater und der erste Präsident dieses Rates war Kardinal König. »Zu meiner Zeit« war der französische Kurienkardinal Paul Poupard der Präsident. Die Aufgabe dieses Rates bestand darin, Entwicklung und Formen des Atheismus in der Welt zu untersuchen und Berührungspunkte für eine Zusammenarbeit mit Nichtglaubenden zu finden. Die Arbeitsformen waren unterschiedliche Besprechungen, Kolloquien, internationale Konferenzen, aber auch akademische und Publikationstätigkeiten, gegebenenfalls das Führen bestimmter Verhandlungen im Auftrag des Heiligen Stuhls. Mitglieder und Berater waren Kardinäle, Bischöfe, Priester und Laien von so gut wie allen Kontinenten. Jedes Mitglied war verpflichtet, alle zwei Jahre einmal an den großen Sitzungen in Rom teilzunehmen; in der Zwischenzeit fanden einige kleinere Sitzungen auf der ganzen Welt statt. Es war auch aus dem Grund interessant, weil der erste Tag dieser Treffen für Nachrichten von den verschiedenen Kontinenten über die dortige Situation der Kirche reserviert war. Dies eröffnete mir die Möglichkeit zu einer globaleren Sichtweise nicht nur auf die Weltkirche, sondern auch auf die Verhältnisse zu Hause, die man erst im globalen Kontext umfassender begreifen kann.

Zum Abschluss der Zusammenkünfte empfing der Papst in der Regel die Teilnehmer in einer eigenen Audienz und ließ sich über Verlauf und Ergebnisse der Sitzung informieren. Ich lernte dort sehr viele unglaublich beeindruckende Menschen kennen und konnte Kontakte knüpfen, die mir später bei unterschiedlichen Auslandsreisen sehr nützlich waren.

* * *

Am letzten Tag im März des Jahres 1990 kehrte ich nach Prag zurück. Vor dem Besuch des Papstes traf ich mich noch einige Male mit Václav Havel, der sich auf diesen Besuch ebenfalls sehr gründlich vorbereitete. Am Karsamstag trafen wir uns nachmittags im Schloss Lány, dem Zweitsitz des Präsidenten, und sprachen über einige Details sowie über die Mitteilung, die Johannes Paul II. dem Präsidenten Havel durch mich übermitteln ließ. Anschließend nahm mich der Präsident mit dem Auto mit nach Prag zurück, weil er an Gottesdiensten in der Kirche St. Gabriel teilnehmen wollte, wo damals Václav Malý wirkte. Er bedeutete dem Chauffeur, ihm das Steuer zu überlassen. Unterwegs entschloss er sich zu einem seiner legendären »Überraschungsbesuche«. Wir hielten an einem Wirtshaus am Rande Prags, wo der unerwartete Besuch des Präsidenten einigen Aufruhr verursachte. Ich wunderte mich über die Bravour, mit der Václav Havel mit Menschen zu kommunizieren verstand, die sich ihm gegenüber tatsächlich völlig ungezwungen benahmen und ihm verschiedene Anliegen und Ideen vortrugen. Der erste Bürger des Staates, bei dem ich stets eine persönliche Schüchternheit beobachtet habe, konnte diese menschlich anspruchsvollen Situationen einzigartig meistern.

Dann kam der Papstbesuch, der auch ein Meilenstein in der postrevolutionären Entwicklung des Verhältnisses von Kirche und Gesellschaft war: Der historisch erste Besuch eines Papstes in Böhmen und Mähren, und darüber hinaus eines slawischen Papstes, wurde als eine Feier der Freiheit begriffen. Václav Havel kommentierte das mit den berühmt gewordenen Worten, mit denen er den Papst auf dem Flughafen empfing: »Ich weiß nicht, ob ich weiß, was ein Wunder ist.« Der Papstbesuch erfreute sich ungeheurer Aufmerksamkeit in unseren wie in den Welt-Medien. Hunderte von Journalisten kamen zu uns und einer Reihe von ihnen musste ich ganze Tage lang von der Geschichte der Kirche in unserem Land, ihrem gegenwärtigen Stand und den Prognosen hinsichtlich der weiteren Entwicklung berichten.

Der Papstbesuch war ein prächtiges Fest. Es war erstaunlich, dass es in unserem Land gelungen war, alles organisatorisch in unglaublich kurzer Zeit vorzubereiten, praktisch ohne Erfahrungen hierin und ohne eine »Infrastruktur« in unserer Kirche und Gesellschaft. Die Reden des Papstes zielten ins Herz der dringlichsten Probleme der Kirche wie auch der Gesellschaft und vermochten es, auch Menschen außerhalb der Kirche zu erreichen.

Auf der anderen Seite war es offensichtlich, dass einige politische Kreise aus diesem Ereignis für sich politisches Kapital vor den Wahlen schlagen wollten; in trauriger Weise tat sich darin der damalige Vorsitzende der Volkspartei Bartončík hervor, der kurz darauf als ehemaliger Agent der Staatssicherheit enttarnt wurde. Vielleicht rüttelte eben dieser Umstand eine Reihe von Leuten zur Wachsamkeit auf, die bis dahin den Katholiken freundschaftlich gegenübergestanden hatten. Ich verzeichnete auch eine gewisse Krise in den ökumenischen Beziehungen; ich bekam von einigen Vertretern anderer Kirchen zu hören, dass wir uns benahmen, als ob die katholische Kirche die einzige Kirche in der Tschechoslowakei wäre, und dass ihre Existenz irgendwie in Vergessenheit geraten sei. Man hörte erneut antiklerikale Töne anklingen, die dann im Laufe der folgenden Jahre laut zu werden begannen. Ich registrierte auch bei einigen, vorwiegend jungen Katholiken, die zur Kirche in ihrer verborgenen und unterdrückten Gestalt konvertiert waren, einen anhaltenden psychologischen Widerstand gegen alles, was offiziell war: Das offizielle Auftreten der Kirche rund um den Papstbesuch überrumpelte sie. Für die Kirche öffnete sich ein neuer Raum, aber einige von uns waren von den neuen Möglichkeiten, die sich boten, so hingerissen, dass sie die Sensibilität für die übrige Gesellschaft verloren. Mit dem Papstbesuch im April 1990 endete also in gewissem Sinne die Phase der postrevolutionären Euphorie und der Alltag begann.

* * *

Anfang der Neunzigerjahre begann ich nicht nur an der Universität zu lehren, sondern ich wurde auch wieder Student. Ich begann ein postgraduales Studium der Theologie und Religionswissenschaft an der Päpstlichen Lateranuniversität in Rom. Wegen meiner übrigen Verpflichtungen konnte es lediglich ein Fernstudium sein. Von meinen Prager Pflichten wurde ich nur für wenige Monate im Herbst 1990 und im Frühjahr 1991 entbunden sowie später kurz zur Verteidigung meiner Lizentiatarbeit im Februar 1992. Ich musste mich auf die Prüfung vorbereiten, dann diese Prüfung in ungefähr zwanzig Fächern ablegen und die Lizentiatarbeit schreiben. Es war ein fabelhafter und sehr nützlicher Spaziergang entlang meines bisherigen intellektuellen Weges; ich konnte reichlich aus den Jahren meines intensiven Philosophiestudiums bei Professor Patočka schöpfen, aus meinem selbständigen »Untergrundstudium«, aus Vorlesungen in den Untergrundseminaren sowie aus Texten, die ich während der zwanzig Jahre ohne Hoffnung auf öffentliche Publikation »für die Schublade« geschrieben hatte.

In Rom wohnte ich im tschechischen Kolleg »Nepomucenum«, in dem einst viele Priester ihre Bildung erfahren haben, die in der Vergangenheit in das Leben der tschechischen Kirche bedeutungsvoll eingegriffen hatten. Ich war froh darüber, dass ich dort wenigstens für kurze Zeit etwas Ähnliches wie sie erlebte. Obwohl ich als Priester und postgradualer Student nicht an die Seminarordnung gebunden war, wollte ich sie wenigstens für eine Weile auskosten und ich habe sie mir noch ordentlich verschärft. Ich stand um fünf Uhr auf, duschte im eiskalten Wasser (mit der Vorstellung, dass mir an dem Tag wohl nichts Schlimmeres mehr zustoßen könne), dann meditierte ich in der kalten Kapelle, zelebrierte eine Messe und arbeitete danach den ganzen Vormittag. Nach dem Mittagessen und einer kurzen Siesta setzte ich meine Arbeit bis zum Abendessen fort. Danach machte ich einen Spaziergang im Park des Nepomucenums und arbeitete erneut bis um ein Uhr in der Nacht. In diesem Rhythmus lebte ich ununterbrochen einige Monate hindurch, Tag für Tag außer an Sonntagen, an denen ich verschiedene Orte in Rom besuchte.

Diese Art, den Tag einzuteilen, begann mir zuzusagen. Später pflegte ich im Scherz zu sagen, dass die Siesta ein Teil meiner römisch-katholischen Identität sei und Ausdruck meiner geistigen Solidarität mit dem Heiligen Stuhl. Ein solcher Tagesrhythmus gewährt nämlich die Möglichkeit, die Segnungen zweier sehr fruchtbarer Tageszeiten zu nutzen, die des frühen Morgens und der späten Nacht. Meist teilen sich die Menschen in Frühaufsteher und in jene, die bis spät in die Nacht arbeiten. Dank der Siesta habe ich festgestellt, dass es möglich ist, beides zu verbinden, und dass dies sehr vorteilhaft ist.

Die äußeren Umstände des Studiums waren sehr unkomfortabel, weil im Kolleg so gut wie gar nicht geheizt wurde; die Zimmer waren nüchterne, fast vier Meter hohe Zellen mit einem Fußboden aus Marmor und ohne jeden Teppich; sie hatten Fenster mit einfacher Verglasung. In jenem Jahr war ein besonders hartnäckiger und einem durch Mark und Bein dringender Winter. Ich arbeitete eingehüllt in Decken, mit zwei Pullovern übereinander und einer Mütze auf dem Kopf. Später kam es zu einer scheinbar märchenhaften Lösung dieses Problems: Eine tschechische Adelige, die einen österreichischen Diplomaten des Vatikans geheiratet hatte, rief mich an, ihr sei während der Messe ein plötzlicher Einfall gekommen, sie schenke mir ihren kleinen Gasofen. Aus diesem Ofen trat jedoch Gas aus, sodass ich mich oft entscheiden musste, ob ich lieber vor Kälte sterbe oder an Gasvergiftung. Als das Gas im Zimmer zu einem Grad angestiegen war, dass man dort schon nicht mehr atmen konnte, ließ ich eisige Luft ins Zimmer strömen und umgekehrt.

Bei der Nikolausfeier haben die Studierenden dann diese kühlen Verhältnisse wunderbar karikiert; sie spielten eine Szene vor, in der das Kardinalskollegium darüber berät, ob sie den Vizerektor des Seminars heiligsprechen sollen, der im Nepomucenum erfroren ist. Sie kamen zu der Ansicht, dass es sich um einen Märtyrertod handelt, dass der neue Heilige zum Patron von Grönland ernannt werden soll und dass der erste Eisbrecher des Vatikans auf seinen Namen getauft wird.

Ich erlebte Ostern in Rom und nahm an allen Zeremonien im Petersdom teil. Am Morgen des Gründonnerstags erneuern dort alle Priester, die in Rom anwesend sind, ihre Gelübde. Am Karfreitag stieg ich kniend mit den Pilgern die Heilige Treppe in der Nähe der Lateranbasilika hinauf und betete in der Nacht den Kreuzweg, der vom Papst am Kolosseum begleitet wurde. Bei der Papstmesse zu den Vigilien der Auferstehung reichte ich die Eucharistie und beteiligte mich so direkt an der großartigen Liturgie. In der Heiligen Woche kam auch die Nachricht über die Ernennung meines langjährigen Freundes Miloslav Vlk zum Prager Erzbischof.

Ende 1992 habilitierte ich mich in Soziologie an der Karlsuniversität Prag, den Habilitationsvortrag hielt ich über die soziologische Seite der Sozialenzyklika von Johannes Paul II. Später habilitierte ich mich an der Päpstlichen Theologischen Fakultät in Breslau (Wrocław) auf dem Gebiet der praktischen Theologie zum Thema kirchliche Soziallehre. Das Diplom eines habilitierten Doktors der Theologie überreichte mir der Großkanzler der Fakultät persönlich, der Breslauer Erzbischof Kardinal Gulbinowicz. Das vorangegangene Vierteljahrhundert des stillen selbständigen Studiums trug so nach langer Zeit in schneller Folge Früchte.

* * *

Nach dem Besuch des Papstes formierte sich die Bischofskonferenz. Viele der neu ernannten Bischöfe waren meine Freunde und Mitarbeiter aus dem Komitee des »Jahrzehnts«. Diese Tatsache wurde für das Jahrzehnt-Projekt paradoxerweise ziemlich schicksalhaft, weil jene, die seine Träger sein sollten, nun von neuen Pflichten überhäuft wurden. Es hat mich geärgert, dass eine Reihe von ihnen sich allzu sehr durch praktische kurzfristige Aufgaben in Anspruch nehmen ließ und dass eine längerfristige Konzeption, wie es das »Jahrzehnt« war, nicht zu ihren Prioritäten gehörte, als hätten sie diese vergessen. Den Gedanken des »Jahrzehnts« brachten systematisch und ausdauernd eigentlich lediglich zwei Bischöfe in Erinnerung, Liška und Otčenášek. Diese waren zwar rechtschaffene Männer, fromm und innerlich aufrichtig, lebten aber ihrer theologischen Prägung und ihren Vorstellungen von Kirche und Gesellschaft nach eher in der Vergangenheit, als dass sie offen für die Zukunft gewesen wären.

Für mich entstand die Frage, wo mein Platz war. Sollte ich mich der Seelsorge in der Salvatorkirche und der Fakultät widmen oder meine Arbeit in der Nähe von Kardinal Tomášek fortsetzen? Der Kardinal hatte die Kirche zwar über die Schwelle der Freiheit geführt, aber nun war er wirklich ein alter und kranker Mann. Kurz vor der Wende wurden in der Tschechoslowakei aufgrund eines Kompromisses zwischen dem kommunistischen Regime und dem Vatikan einige Bischöfe ernannt, die zwar nicht aus den Reihen der Kollaborateursbewegung »Pacem in terris« stammten, über die aber die gut informierte Staatssicherheit urteilte, dass sie wohl keine Persönlichkeiten wären, unter deren Führung die Kirche allzu sehr aufblühen würde. Auf den wichtigen Posten des Prager Generalvikars kam der schon erwähnte Jan Lebeda, über den sich Zvěřina einmal treffend äußerte: »Den kenne ich schon mehr als ein halbes Jahrhundert; der war schon auf dem Gymnasium ein Greis!« Nichtsdestoweniger war er ein Bischof – und damit traten die Menschen aus dem Beraterkreis des Kardinals Tomášek institutionell bedingt ein wenig in den Hintergrund. Und siehe – nach der Revolution fragte auch niemand nach ihnen; nicht einmal Mádr und Zvěřina wurden dann an die Theologische Fakultät berufen; Zvěřina erhielt später die formale Funktion eines »Ehrendekans«, wurde jedoch von dem neuen Dekan Wolf ostentativ ignoriert.

In dieser Situation erfuhr ich, dass einige jüngere Bischöfe darüber nachdachten, mich für die Stelle eines Generalsekretärs der Bischofskonferenz vorzuschlagen. Das bedeutete, dass ich in einer bestimmten Weise die Kontinuität würde gewährleisten können zwischen dem Kreis, der in den kritischen Jahren vor dem Zusammenbruch des Kommunismus hinter Kardinal Tomášek gestanden hatte, und der gegenwärtigen Führung der Kirche in der neuen Situation. Der Sekretär der Bischofskonferenz hat – insbesondere in einer Zeit, in der die Grundlagen gelegt werden – eine verantwortungsvolle Funktion. Würde ich sie mit meinen anderen priesterlichen und pädagogischen Aufgaben in Einklang bringen können, denen sich mein Herz spontan mehr zuneigte?

Ich entschied mich dafür, in dieser Sache innerlich frei zu bleiben, es gänzlich der Entscheidung der Bischöfe zu überlassen und diese Entscheidung als den Willen Gottes anzunehmen. Ich war ganz erleichtert, als in der ersten Sitzung der gemeinsamen tschechisch-slowakischen Bischofskonferenz entschieden wurde, dass einer der Bischöfe Generalsekretär sein sollte, nicht ein einfacher Priester; die Wahl fiel auf Bischof Radkovsky. Aber nach kurzer Zeit entschieden die Bischöfe, auch noch eigene Sekretäre für den tschechischen und den slowakischen Teil zu wählen, und diesmal fiel die Wahl tatsächlich auf mich und ich wurde zum Sekretär der tschechischen Bischofskonferenz gewählt und ernannt. Kardinal Tomášek deutete mir zwar an, dass er mich von den übrigen kirchlichen Aufgaben entbinden werde, aber dann wurde es irgendwie vergessen mit der Begründung, dass man für die Fakultät und die Studentenkirche schwerlich einen Ersatz für mich werde finden können. Und so wurde ich zwar nicht ein »Vielpfründner« – diese Funktion war ehrenhaft und unbezahlt –, aber eine Art »Multifunktionär«, was vielleicht nicht allzu gesund war. Einige Jahre lang lebte ich mit dem Gefühl, dass ich mit Aufgaben überflutet werde, die bei weitem die Kräfte eines Einzelnen übersteigen.

Die Anfänge der Bischofskonferenz waren sehr trist. Bei den ersten Sitzungen wurde mir klar, wie viele neu ernannte Bischöfe von ihrer neuen Funktion »überfallen« worden waren. Die Meisten hatten bis dahin keinerlei Erfahrungen mit der Führung von Menschen und mit Managertätigkeiten, damit, wie sich jemand in leitender Position seine Zeit einteilen muss, wie er seine Mitarbeiter auswählen, lenken und motivieren, wie er Aufgaben delegieren und Sitzungen leiten soll. Ich hatte früher am Institut des Ministeriums für Industrie zehn Jahre lang Führungssoziologie und Führungspsychologie unterrichtet, also bemühte ich mich ein wenig zu helfen, aber dabei überzeugte ich mich nur von der Wahrhaftigkeit des Sprichworts, dass der Prophet im eigenen Land nichts gilt.

Hilfe kam dann aber aus dem Ausland, von einem reichen Schweizer Unternehmer und von Professor Zulehner aus Wien. Der Bischofskonferenz wurde eine Schulung auf dem Gebiet der Mitarbeiterführung mit Ausrichtung auf Führung in der Kirchenarbeit angeboten. Das Schulungsprogramm umfasste drei Wochen, die auf eineinhalb Jahre verteilt waren. Die erste fand in Österreich statt, die zweite in Passau und die dritte im Herbst 1992 in Jerusalem. Es war eine überwiegend praktische Schulung unter der Führung eines Teams von Psychologen und Soziologen, die große Ähnlichkeit mit dem hatte, was ich einst gelehrt hatte. Zum Einsatz kamen Methoden des aktiven sozialen Lernens, insbesondere des Rollenspiels. Das Programm umfasste auch theologische Vorträge und Meditationen von Professor Zulehner; der geistliche Betreuer des ganzen Kurses war ein sehr sympathischer Bischof aus dem italienischen Brixen. An einem Diskussionsabend während des Kurses nahm auch Kardinal König teil, der emeritierte Wiener Erzbischof, einer der Architekten des Zweiten Vatikanischen Konzils und offenbar der Hauptinspirator für die Wahl des Krakauer Kardinals zum Papst beim letzten Konklave. Kardinal König hatte ich schon bei meinem kurzen Dienstaufenthalt auf einem psychologischen Kongress in Wien im Jahr 1988 kennengelernt und traf ihn dann fast jedes Jahr bei verschiedenen Gelegenheiten wieder. Ich denke voller Dankbarkeit an jedes Gespräch mit ihm zurück, weil ich ihn für einen wirklichen geistigen Aristokraten hielt und zugleich für das Muster eines modernen Hirten der Kirche –

eine der größten Persönlichkeiten des Katholizismus im zwanzigsten Jahrhundert. Zuletzt sah ich ihn kurz vor seinem Tod – damals empfing ich aus seinen Händen den Kardinal-König-Preis. Die Laudatio von Václav Havel trug bei dieser Gelegenheit der spätere Außenminister Karel Schwarzenberg vor.

* * *

Einige meiner öffentlichen Auftritte, programmatischen Artikel und Aktivitäten aus der Zeit nach der Wende brachten mir selbstverständlich nicht nur positive Resonanz ein, sondern auch viel Polemik und erzeugten Spannungen. Sicher spielte hierbei auch Neid eine Rolle, jene »invidia clericalis«, aber auch ich selbst habe das verschuldet durch eine bestimmte Hartnäckigkeit, durch Dickköpfigkeit und Ungeduld, mit denen ich versuchte, meine Visionen durchzusetzen. Auch mein Verhältnis zu einigen Bischöfen durchlief in den ersten Jahren der Bischofskonferenz bestimmte Prüfungen und Krisen.

»Wie ist deine Beziehung zu den Würdenträgern?«, fragten mich damals meine Freunde im Ausland. »Meine Beziehung zur Hierarchie ist wie ein guter Kaffee«, antwortete ich, »er ist warm, stark, anregend, aber niemals übersüßt.«

X. Der Weg der Gründungen

Im Sommer 1990 war ich traurig gestimmt durch den tragischen Tod Josef Zvěřinas. Die Nachricht von dem unerwarteten Tod einer meiner Lehrer erreichte mich einige Tage vor der Abfahrt zu einer internationalen Konferenz nach England. Zvěřina war plötzlich beim Baden im Meer in der Nähe von Rom gestorben. Einer der Augenzeugen der letzten Augenblicke erzählte mir eine sonderbare Begebenheit: Bevor Josef Zvěřina mit einer Gruppe junger Leute die Messe an seinem Todestag zelebrierte, habe er bei der Bereitung des Tischchens für die Messe lachend zu ihnen gesagt: »Wisst ihr, was ich heute für einen eigenartigen Traum hatte? Ich habe geträumt, dass ich einen Raum betrete, in dem sich all meine verstorbenen Freunde befinden. Aber während die anderen Priester dort schön gekleidet in Albe und Stola waren, hatte ich nur eine Badehose an!« Einige Stunden darauf trat er dann in Badehosen vor den Herrn und die Gemeinschaft der Heiligen, geradewegs aus der Tiefe des Meeres, mit der er häufig die Liebe Gottes verglichen hatte. Seine letzten Worte waren die Antwort auf die Frage, wie er sich fühle: »Großartig, wie ein alter Matrose, der heimkehrt in sein Meer.«

Damit verwaiste auch die Theologische Fakultät, wo er eine Art moralisches Patronat über das Laienstudium innehatte, wenn er schon zur Ausbildung der Priesteramtskandidaten nicht zugelassen worden war. Wir hatten gehofft, dass er durch seinen Einfluss auch den Rest der Fakultät auf einen Stand bringen könnte, der kompatibel wäre mit der Entwicklung in Europa, und dieser Verlust war daher gänzlich fatal.

Von Zvěřina erbte ich bald eine weitere Funktion: Ich wurde zum Präsidenten der Christlichen Akademie gewählt. An die Gründung einer Akademie hatten wir schon zur Zeit der »Untergrundseminare« gedacht. Im Dezember 1989 hatte ich diesen Gedanken als einen von mehreren Vorschlägen in einer Ansprache bei einem Priestertreffen in der St.-Josephs-Kirche vorgestellt. Ich war überzeugt, dass eine Institution geschaffen werden sollte, die eine Plattform für den Dialog zwischen Kirche und Kultur wäre sowie ein Ort der Begegnung mit »Sympathisanten« der Kirche, also mit jenen, die man später in Tschechien nach einem Buch von mir die »Zachäus-Menschen« genannt hat.

Hinter der faktischen Gründung der Akademie in den Monaten nach dem November 1989 stand jedoch nicht ich, sondern damals noch sehr junge Menschen, besonders aus dem Umkreis der Untergrundseminare. Sie überzeugten Josef Zvěřina, das formale Oberhaupt der entstehenden Organisation zu werden. Das Ehepaar Lenka und Filip Karfík konnte während seines Aufenthalts an der Katholischen Universität Eichstätt einige ausgezeichnete Vortragende, Theologieprofessoren verschiedener deutscher Universitäten, gewinnen. Damit begannen die Vortragstätigkeit der Akademie sowie ein Projekt, in dessen Rahmen dann im Laufe der Jahre einige wichtige Werke der modernen Theologie – vorwiegend aus dem Deutschen – ins Tschechische übersetzt und herausgeben wurden.

Josef Zvěřina setzte damals den Gedanken durch, dass die Akademie keine kirchliche Institution sein sollte, sondern eher eine bürgerliche Vereinigung, die sich eine bestimmte formale Unabhängigkeit von der Kirche bewahren und einen konsequent ökumenischen Charakter haben sollte. Das war unglaublich vorausschauend. Als Josef Zvěřina 1990 plötzlich verstarb, wandten sich diese jungen Leute an mich, damit ich mich dieser Institution annähme. Ich wurde daraufhin im

Dezember zum Präsidenten der Akademie gewählt und in den folgenden Jahren dann wieder und wieder – nun stehe ich seit fast einem Vierteljahrhundert an der Spitze der Akademie.

Die Akademie hat heute über eintausendsiebenhundert Mitglieder, sie ist eine der größten gemeinnützigen Organisationen in unserem Land. Sie unterhält regionale Zentren in vierundsiebzig Gemeinden, fast in jeder größeren Stadt in Tschechien. Gerade auf die Aktivität der regionalen Gruppen der Akademie außerhalb von Prag legen wir viel Wert – denn die Hauptstadt ist schon seit Jahren durch eine Vielzahl staatlicher und internationaler Konferenzen und Vorträge aller Art überlaufen. Aber in einigen kleineren Städten einige dutzend Kilometer hinter Prag ist die Christliche Akademie häufig die einzige Institution, die dort regelmäßig Vorträge und Kulturveranstaltungen anbietet. Die Akademie hat auch ihre Kollektivmitglieder, z. B. die Assoziation Katholischer Ärzte, die Gesellschaft für Kirchenrecht oder die Katholische Bewegung von Hochschulstudierenden sowie eine Reihe fachlicher Sektionen: für Philosophie und Theologie, für Geschichte, für Kunstgeschichte, für Pädagogik, aber auch für Naturwissenschaften und Technik, für Ökologie, für Wirtschafts- und Politikwissenschaften, für Psychotherapie usw. Unter den Gästen aus dem Ausland, die im Laufe der Jahre an der Tschechischen Christlichen Akademie vorgetragen haben, waren auch die Kardinäle Ratzinger, König, Cassidy, Schönborn und Kasper, die Bischöfe Wanke, Laun oder auch Kapellari, der Politologe Michael Novak und viele weitere bedeutende Persönlichkeiten aus Ost und West.

Als ich Mitglied einer informellen Gruppe von Intellektuellen geworden war, die sich von Zeit zu Zeit beim Präsidenten Havel in Schloss Lány traf, um in der Art des legendären »Freitagskreises« von Masaryk und Čapek über die Situation der Gesellschaft zu diskutieren und dem Präsidenten kritisch Rückmeldung zu geben, fiel mir ein, dass etwas Ähnliches in der Kirche fehlte. Und so entstand die Tradition monatlicher Diskussionsabende, an denen wir im Rahmen der Akademie mit den jeweils geladenen Gästen – es waren und sind stets neue Personen, je nach Thema, das auf der Tagesordnung steht – frei über bedeutende Probleme der Gesellschaft diskutieren. An diesen Diskussionen nehmen als Gleiche unter Gleichen auch einige Bischöfe teil, einschließlich Kardinal Vlks, des Provinzials der Jesuiten und der Dominikaner sowie führender Repräsentanten nichtkatholischer Kirchen. Im Laufe der Jahre wurde über vielerlei Probleme diskutiert – über soziale Fragen, über die Rolle der Medien und über kirchliche Medien, über Arbeitslosigkeit, über die Arbeit mit Roma und anderen Minderheiten, über Asylsuchende, über Rassismus und Nationalismus, über die neue Verfassung und über die Rechtsordnung, über die Entwicklung der Europäischen Union, über die Entwicklung in Russland und den ehemaligen Sowjetrepubliken, über Energiepolitik, über Reformen im Schul- und Gesundheitswesen, über Ökologie, über das Verhältnis der Generationen, über den modernen Islam, über die christlich-jüdischen Beziehungen, über die Problematik der Familien, über Sexualerziehung an den Schulen, über Positionen der Kirche zur Homosexualität, über den Missbrauch Minderjähriger, über die Zukunft christlicher politischer Parteien, über die katholische Soziallehre und ihre Beziehung zur politischen Linken und Rechten, über moderne Kunst und Kirche – und viele weitere Fragen. Ich erinnere mich besonders an einen der Abende, es fand eine Diskussion zur Rolle der Armee in einer demokratischen Gesellschaft statt, zu Militärseelsorgern und zur Theorie des gerechten Krieges. Wir hatten die Führung der Streitkräfte der Tschechischen Republik eingeladen, des Verteidigungsministeriums, des Generalstabs der Tschechischen Streitkräfte, die Befehlshaber des Heeres, der Luftwaffe und der Antiterroreinheiten. Am Nachmittag vor der Diskussion fragte die Sekretärin aus dem Verteidigungsministerium an, welche Uniform die Herren Generäle anziehen sollten. Es kamen alle Geladenen, die Diskussion war ungewöhnlich lebendig und nach deren Beendigung dankten mir die Generäle ziemlich ergriffen und sagten, dass sie sich nie hätten vorstellen können, dass sie mit einem Kardinal und mit Professoren der Moraltheologie diskutieren würden, und dass dieses Treffen für sie sehr ertragreich gewesen wäre. Aber auch viele andere – die bis dahin häufig nicht in näheren Kontakt mit einem kirchlichen Milieu gekommen waren – schätzen dieses »Laboratorium des Dialogs« sehr hoch.

Die Tschechische Christliche Akademie hat auch eine Publikations- und Forschungstätigkeit begonnen. Nach einer Phase anfänglicher Verlegenheit und wohl auch eines gewissen Misstrauens kamen auch unsere Bischöfe auf den Geschmack, mit der Akademie zusammenzuarbeiten. Wir haben gegenseitig klargestellt, dass die Akademie vor allem keine kircheninterne Ausbildungseinrichtung ist, auch wenn sie zu einem bedeutenden Grad auch diese Funktion vertritt, und dass es ihre Hauptaufgabe ist, eben jene Brücke zur Laiengesellschaft zu schlagen; dazu benötigt sie unabdingbar eine bestimmte Unabhängigkeit von der Hierarchie und einen breit ökumenischen Charakter.

* * *

Ein bedeutendes Tätigkeitsfeld unserer Akademie waren von Anfang an die deutsch-tschechischen Beziehungen. Gleich im Jahr 1990 nahm die gerade entstehende Christliche Akademie in Prag eine partnerschaftliche Zusammenarbeit mit der sudetendeutschen katholischen Ackermann-Gemeinde auf. Diese Vereinigung hatte einer meiner Vorgänger in der Salvatorkirche mitgegründet, Pater Paulus Sladek. Er war ein bemerkenswerter Priester, der in Tschechien zum allerersten Mal eine Messe zelebriert hatte, in der der Priester mit dem Gesicht den Gläubigen zugekehrt war. Das war schon im Jahr 1937 und eben in der Salvatorkirche, wofür er sich dann einen Verweis vom Prager Erzbischof einhandelte. Er widmete sich damals hauptsächlich den Studenten.

Später, in der dramatischen Nachkriegszeit, versuchte er, sich in Deutschland um die Vertriebenen aus dem Sudetenland zu kümmern. Von Anbeginn leitete er sie im Geist der Versöhnung, der Buße und der Verzeihung. Er betonte, dass nicht einmal die grauenvollen Dinge, die nach 1945 in den Grenzgebieten geschehen waren, insbesondere die sogenannten »wilden Vertreibungen« mit bestialischen Massenmorden an deutschen Zivilsten, welche mit den Verbrechen des Nationalsozialismus nichts zu tun hatten, nicht zur Sehnsucht nach Rache und Vergeltung führen dürften oder zum Hass gegen die tschechische Nation.

Er erinnerte daran, dass es nötig sei, sich auch die politische und moralische Verantwortung der Sudetendeutschen dafür bewusst zu machen, dass ein bedeutender Teil von ihnen der nationalsozialistischen Propaganda verfallen war und zur Zerschlagung der Republik beigetragen hatte und dass einige ihrer Vertreter – wie der berüchtigte Karl Hermann Frank – sich direkt an den nationalsozialistischen Verbrechen während des Krieges beteiligt hatten.

Wegen ihrer Bemühungen um die Versöhnung mit den Tschechen wurden die sudetendeutschen Katholiken der Ackermann-Gemeinde oft von Seiten radikalerer Richtungen aus dem Umkreis der Sudetendeutschen Landsmannschaft kritisiert. Während des Kommunismus bemühte sich die Ackermann-Gemeinde auf jede nur erdenkliche Weise, den verfolgten tschechischen Katholiken zu helfen. Sie versuchte ihnen religiöse Literatur zukommen zu lassen, Medikamente sowie materielle Hilfe für sozial schwache christliche Familien mit vielen Kindern. Ich selbst habe von der Ackermann-Gemeinde jedoch erst kurz vor dem Zusammenbruch des Kommunismus erfahren und bin dann erst in persönlichen Kontakt mit ihr getreten. Damals nahmen einige ihrer Mitglieder an einer Wallfahrt in die Brünner (Brno) Peter-und-Paul-Kathedrale teil und ich hatte sie in meiner Rede ausdrücklich begrüßt und auf deutsch angesprochen. Dann erfuhr ich, dass eine Reihe bedeutender tschechischer Persönlichkeiten aus dem Exil, vor allem jedoch der Benediktinerabt vom Stift Breunau (Břevnovský klášter), Anastáz Opasek, schon lange freundschaftliche Beziehungen zur Ackermann-Gemeinde unterhielten. Besonders einige Repräsentanten der Ackermann-Gemeinde wie Franz Olbert oder Pfarrer Anton Otte (heute Vyšehrader Propst) haben sich mit ihrem persönlichen Charisma und großem Engagement darum verdient gemacht, dass sich in der tschechischen Gesellschaft das Bild der Sudetendeutschen, die jahrelang durch die kommunistische Propaganda dämonisiert worden waren, bedeutend verändert hat.

Gleich nach ihrer Entstehung begann die Tschechische Christliche Akademie gemeinsam mit Mitgliedern der Ackermann-Gemeinde die sogenannten »Marienbader Gespräche« zu veranstalten, die zuerst in Marienbad (Mariánské Lázně) stattfanden, dann aber ins Stift Tepl (Teplá) verlegt wurden. Der Dialog hatte für mich auch persönlich eine große Bedeutung, weil ich da unzählige Erzählungen und Zeugnisse von Zeitzeugen hörte und begann, mich mehr mit der Geschichte unserer gegenseitigen Beziehungen zu beschäftigen. Ja, es ist eine tragische Tatsache, dass viele Deutsche in den Sudetengebieten sich in den dreißiger Jahren von der nationalsozialistischen Ideologie mitreißen ließen, aber es waren bei weitem nicht alle. Bei uns wird vergessen, dass auch viele hundert Sudetendeutsche in den nationalsozialistischen Konzentrationslagern litten, seien es Sozialdemokraten oder viele Priester. Einige sudetendeutsche Priester starben dort sogar den Märtyrertod, nachdem sie sich freiwillig zum Dienst in den

Baracken gemeldet hatten, in denen tschechische Gefangene an Typhus erkrankt waren.

Für die Bemühung um den Anschluss an das Dritte Reich und für die Zusammenarbeit mit Hitler haben die Sudetendeutschen schon während des Krieges bezahlt – alle erwachsenen Männer mussten in die deutsche Armee einrücken und ein hoher Prozentsatz von ihnen starb an der Ostfront oder geriet in langjährige russische Gefangenschaft, wo die Soldaten unter schrecklichen Bedingungen lebten. Diejenigen, die dann wirklichem Terror von Seiten der sogenannten tschechischen »Nationalgarden« ausgesetzt waren und die auf der Grundlage der Beneš-Dekrete[90] vertrieben wurden, waren zu einem großen Teil Greise, Frauen und Kinder, die sich keiner Verbrechen schuldig gemacht hatten. Ich war nie mit dem unmoralischen Prinzip der »Kollektivschuld« und der »Kollektivstrafe« einverstanden. Ich habe niemals verstanden, wie jemand die Nachkriegsverbrechen an der Zivilbevölkerung damit entschuldigen kann, dass andere Deutsche bei uns während des Krieges Verbrechen an Tschechen begangen haben, und wie jemand damit argumentieren kann, von welchen Opfern es mehr und von welchen es weniger waren. Für Verbrechen soll gerechterweise der Verbrecher bestraft werden, das Töten Unschuldiger ist moralisch unter keinen Umständen zu rechtfertigen, und erst recht nicht nach Kriegsende. Es ist zu bemerken, dass jene »heldenhaften Partisanen«, die nach dem Krieg in die Sudetengebiete plündern und morden gingen, des Öfteren aus den Reihen derer stammten, die dadurch ihre eigene Kollaboration oder Feigheit während der Okkupation verdecken mussten, während jene, welche die damalige drastische Anwendung des Prinzips der »Kollektivschuld« gegenüber den Deutschen ablehnten, häufig aus Familien stammten, die vom Terror der Gestapo betroffen waren.

Und wenn wir den Sudetendeutschen vorwerfen, dass sie zu einem großen Teil der nationalsozialistischen Ideologie geglaubt haben, vergessen wir dabei nicht, welch hoher Prozentsatz unserer Leute kurz darauf einer weiteren totalitären Ideologie geglaubt hat – dem Kommunismus? Darüber hinaus war das in einer Zeit, als die Verbrechen des Stalinismus doch schon bekannt waren – während zu der Zeit, als Anfang der dreißiger Jahre in den Sudeten sich die nationalsozialistische Ideologie verbreitete, die schlimmsten Verbrechen der Nationalsozialisten noch gar nicht stattgefunden hatten. All diese Überlegungen führten mich dazu, diese Dinge mit etwas anderen Augen zu sehen, als es in Tschechien bis zu der Zeit üblich war.

Die Gespräche der tschechischen und sudetendeutschen Katholiken verliefen ungeheuer offen. Und gerade deshalb, weil diese Gespräche in einem christlichen Rahmen und im Geist des Gebets stattfanden, mit einer gemeinsamen Eucharistie begannen und endeten, wurde mir klar, dass der christliche Glaube auch in zwischenstaatlichen Beziehungen einen therapeutischen Wert haben und wirklich die Wunden der Vergangenheit heilen könnte. Aus den gemeinsamen Gesprächen zwischen der Ackermann-Gemeinde und der Christlichen Akademie gingen dann Gedanken und Formulierungen hervor, die zum einen im Briefwechsel der Tschechischen und Deutschen Bischofskonferenz auftauchten (hier gab es eine klare Inspiration aus dem Briefwechsel der Deutschen und Polnischen Bischofskonferenz viele Jahre zuvor). Zum anderen tauchte eine Reihe dieser Gedanken und Formulierungen in der historischen »Deutsch-Tschechischen Erklärung«[91] auf, welche die Präsidenten beider Länder bekräftigt haben. Václav Havel und Roman Herzog würdigten diese gemeinschaftlichen Bemühungen und empfingen persönlich – zuerst auf der Prager Burg und dann in Berlin – eine Delegation von Vertretern der Ackermann-Gemeinde und der Christlichen Akademie. Häufig, wenn ich in Tschechien in Vorträgen oder in den Medien offen über diese Dinge spreche, ruft es bis heute bei einigen Menschen, besonders aus der älteren Generation,

Missbilligung und Groll hervor, ich erhalte dann auch Drohbriefe und werde oft zur Zielscheibe dreister Verbalangriffe. Ich halte die Aufarbeitung dieser dunklen Kapitel unserer Geschichte jedoch für eine meiner christlichen Pflichten.

* * *

1990 ging ein weiterer Traum in Erfüllung, um dessen Realisierung wir uns schon während des Prager Frühlings 1968 bemüht hatten – in der Salvatorkirche an der Karlsbrücke gelang es, die Hochschulseelsorge zu erneuern. Diese war hier im Jahr 1948 zum Erliegen gekommen – zum einen durch den Weggang von Monsignore Alexander Heidler ins Exil (er wurde dort später stellvertretender Direktor der tschechischen Redaktion des Radio Freies Europa) sowie durch die schrittweise Verhaftung aller Priester, die dort damals mit Studenten arbeiteten: Oto Mádr, František Mikulášek SJ, Antonín Mandl. Diese Kirche – die erste Kirche der Jesuiten in den böhmischen Ländern – hatte eine berühmte und bewegte Geschichte. Hier wurde der englische Missionar und Märtyrer, der heilige Edmund Campion zum Priester geweiht, hier wirkten unter anderem der tschechische Jesuiten-Missionar und Märtyrer in Japan, der selige Karel Spinola, der Jesuit, Historiker und barocke tschechische Patriot Bohuslav Balbín, sodann der Philosoph und Mathematiker Bernard Bolzano, der in der Zeit der Aufklärung zwei Generationen der tschechischen Intelligenz beeinflusst hat, weiterhin der Universitätsprediger und spätere erste Prager Erzbischof nach Entstehung der Tschechoslowakischen Republik, Professor František Kordač, der Professor für Dogmatik an der Theologischen Fakultät der Prager deutschen Universität[92] Michael Schmaus, der später einer der Lehrer von Josef Ratzinger wurde – und viele andere. Am ersten Februar 1990 übernahm ich die Pfarrstelle in dieser Kirche vom Prager Weihbischof Antonín Liška. Während seiner Zeit gab es in dieser Kirche nur einmal wöchentlich eine Messe, am Sonntag um zwei Uhr nachmittags, und es kamen meist nur einige alte Frauen dahin.

Aus meinen ersten Monaten erinnere ich mich an einige für die Zeit charakteristische Kuriositäten. Zum Beispiel kam ein Mensch dorthin zur Messe, der beim Gottesdienst auffällig mit dem Rosenkranz wedelte und ständig niederkniete. Ihm lag sehr an einem Kontakt mit mir. Es stellte sich heraus, dass er ein ehemaliges Mitglied der Kommunistischen Partei war und bis dahin eine hohe Position in einem Ministerium innehatte, dessen Minister nun einer von meinen Freunden geworden war, ein aktiver Katholik. Der Mann brachte zu mir auch seine – verlegene und offenkundig widerstrebende – jugendliche Tochter, er wollte sie taufen lassen. Er vermutete, dass der Katholizismus bei uns die neue herrschende Ideologie werden würde, der ihm eine Exkulpation aus früheren politischen Bindungen sichern würde sowie ein bequemes Überleben in der bisherigen Position. Von solchen Fällen habe ich einige erlebt. Ich versuchte diesen Menschen zu erklären, dass, selbst wenn alle Minister Katholiken wären, die Kirche keinerlei Loyalität dieser Art verlange. Der Glaube sei keine offizielle staatliche Ideologie und werde es nicht sein und auch keine Eintrittskarte für eine Karriere. Die Menschen würden nicht gezwungen werden, in die Kirche zu gehen, so wie früher zu den kommunistischen Maiparaden: Der Glaube habe nur Wert als ein freiwilliger Akt. Sodann stellte ich fest, dass Menschen mit ähnlicher Motivation, deren Hoffnungen ebenso enttäuscht werden mussten, sich von ihrem mehrmonatigen Katholizismus häufig wieder abwandten, bis hin zu einer großen Gehässigkeit gegenüber der Kirche. Den Verlust solcher Anhänger der Kirche bedauere ich aber wirklich nicht.

Anfangs zelebrierte ich lediglich jene »übernommene« Sonntagnachmittagmesse, im Glauben an den Grundsatz, dass ein Priester im ersten Jahr nach seiner Ankunft in einer Pfarrei eher ihre Mentalität studieren sollte, als große Änderungen vorzunehmen. Dann verabredete ich mit meinem langjährigen Freund Aleš Opatrný, der nach der Wende Leiter des pastoralen Zentrums des Prager Erzbistums war, dass er mich bei meinen römischen Aufenthalten vertreten würde, und nach meiner Rückkehr arbeiteten wir in der Salvatorkirche eine Zeit lang zusammen. So haben wir nach und nach das Repertoire des geistlichen Programms in der Studentenkirche erweitert. Nun begannen dort regelmäßige Vorbereitungen von Erwachsenen auf die Taufe stattzufinden und Dienstagsmessen mit anschließenden Diskussionen. Besonders in den ersten Jahren nach 1989 widmeten wir uns auch jenen, die in den letzten Jahren des Kommunismus konvertiert waren, oft eher aus politischer Sympathie zur Kirche als einer Form von politisch-moralischer Opposition. Erst nun aber bekamen sie die Gelegenheit, sich systematisch mit der Bibel und mit den Lehren der Kirche vertraut zu machen. Bei den Dienstagsdiskussionen konnte ich meine Erfahrungen aus dem aktiven sozialen Lernen und aus der Gruppentherapie nutzen. Mir wurde klar, wie wichtig es ist, dass vor allem in der Arbeit mit jungen Menschen ein Priester nicht auftritt als jemand, der auf alle Fragen immer eine fertige Antwort im Ärmel parat hat. Man muss das selbständige Denken fördern und das Suchen der jungen Leute. Konkret bedeutet das, in den Diskussionen kein monologisierender Pädagoge zu sein, sondern eher ein Moderator und Animator, der Fragen aufwirft, auf die Einbeziehung von so vielen Teilnehmern wie möglich in die Debatte achtet sowie allzu selbstsichere und oberflächliche, »schnell hingesagte« Antworten leicht problematisiert. Mir war immer die religiöse Agitation zuwider, die ich von einigen evangelikalen Gruppen kannte. Alles muss man von mehreren Seiten betrachten. Dasjenige, wozu Menschen durch eigenes Nachdenken, provoziert durch gut gewählte Fragen sowie durch die Gruppendiskussionen, gelangen, prägt sich viel tiefer in ihr Bewusstsein ein als das, was ihnen »von außen« ein Vortragender mitgibt; das wusste im Übrigen schon der alte Sokrates mit seiner *techné maieutiké*.

Ich wollte, dass der »Salvator« immer ein offener Ort sein sollte, wo auch ein nichtglaubender oder suchender Mensch hinkommen kann, ohne dass sich mit missionarischem Eifer irgendein verrückter Evangelikaler auf ihn stürzt mit der Frage: »Bruder, bist du erweckt? Komm am Dienstag!« Ich richtete mich nach dem Grundsatz, den ich von Pater Enomiya-Lassalle übernommen habe und mit dem ich auch meinen Mitarbeitern gegenüber betone: Alle sind eingeladen, niemand aber ist gezwungen! Jeder, der kommt, hat das Recht, frei den Grad an Nähe oder Ferne zum Geschehen in der Pfarrei zu wählen, er kann, wenn er möchte, lange oder dauerhaft nur ein still beobachtender Gast sein. Jeder der »Suchenden« hat ein Recht auf seine Fragen, seine Zweifel und Einwände. Man muss in Erwägung ziehen, dass diese jungen Leute aus einer Umgebung kommen, wo sie in der Regel über den Glauben und die Kirche nur Negatives hören konnten, Vorurteile und die üblichen medialen Klischees. Ein jeder muss respektiert werden, ein naiverer Ausspruch darf nicht Gegenstand von Spott werden.

In die Kirche an der Karlsbrücke kamen nach und nach immer mehr junge Leute – in jedem akademischen Jahr tauchte eine neue große Gruppe derjenigen auf, die zum Studieren nach Prag gekommen waren oder die erst im Nachhinein von der Studentenkirche erfahren hatten. Und diejenigen, die kommen – einschließlich der frisch Konvertierten, die sich taufen lassen wollen –, wurden und werden in den bald 25 Jahren nicht weniger. Im Laufe der Zeit habe ich in der Salvatorkirche – stets nach gründlichem, fast zweijährigem Katechumenat – über tausend Erwachsene, meist Studierende, manchmal auch Lehrende der Universität, getauft und gefirmt. Noch größer ist die Zahl derer, die – wie einst ich selbst – als Säuglinge getauft wurden, aber ohne jegliche religiöse Erziehung aufwuchsen und erst während des Studiums zum Glauben gelangten; diese bereitete ich durch einen ähnlich langen Kurs auf die Firmung und auf die Erstkommunion vor.

Gottesdienste, Kurse zu den Grundlagen des Glaubens und offene Diskussionen waren jedoch nicht das Einzige, was das pastorale Programm der Studentenkirche anbot. Von Anfang an fanden dort abends stille Meditationen vor den ausgestellten Eucharistischen Gaben statt, bei denen wir auch für das Sakrament der Versöhnung oder für persönliche Gespräche zur Verfügung standen. Die Anbetung des Allerheiligsten war schon seit meiner Studentenzeit ein wichtiger Bestandteil meiner persönlichen Spiritualität gewesen. Seit fast einem Vierteljahrhundert höre ich an jedem Donnerstagabend, wenn ich in Prag bin, bis spät in die Nacht Menschen zu, die zur Beichte kommen oder die über ihre geistlichen oder andere Probleme sprechen möchten.

Viele Aktivitäten der katholischen Kirche in Tschechien aus der Zeit nach der Wende von 1989 stellten sich als Erscheinungen einer kurzlebigen Euphorie heraus, die nach und nach verflog. Die imponierende Zahl der Interessenten für Priester- und Ordensberufe sank allmählich auf einen Stand, der den Krisen in diesen Berufen in einigen westeuropäischen Ländern ähnelte; die Zahl der Menschen, die bei Volkszählungen als Religionszugehörigkeit »katholisch« angaben, sank drastisch Jahr um Jahr. In Umfragen geriet der Priesterberuf unter die am wenigsten prestigeträchtigen Professionen, nach Erhebungen der Meinungsforschung sank das Vertrauen in die Kirche stetig. Eine Reihe von Politikern und politischen Parteien nutzte die schleppenden Streitigkeiten um die Restitution von kirchlichem Besitz, der nach 1948 durch den Staat konfisziert worden war, populistisch aus und rief so erneut eine Zunahme antikirchlicher Stimmungen hervor. Man begann davon zu sprechen, dass die Kirche in unserem Land die Erwartungen enttäuscht habe. Die Tschechische Republik wurde bislang und wird – neben der ehemaligen DDR – als eines der Länder mit dem höchsten Anteil an Atheisten in Europa bezeichnet, wenn nicht gar auf dem ganzen Planeten.

Die Vitalität der stets sich erneuernden Gemeinschaft junger Menschen in der Salvatorkirche, die später zu einer eigenständigen Personalpfarrei mit dem Namen »Akademische Pfarrei Prag« (»Akademická farnost Praha«) wurde, hat jedoch im Laufe aller weiteren Jahre nicht nachgelassen. Eine Reihe junger Menschen, die während der Zeit hier getauft und gefirmt worden waren, entschied sich für Priester- oder Ordensberufe und unter ihnen wuchsen auch meine heutigen engen Mitarbeiter heran – beispielsweise der Jesuit Petr, Kaplan unserer Pfarrei, Experte für das moderne Kino und ungewöhnliche Exerzitienformen, besonders »geistliche Übungen mit Filmen«, oder die Karmeliterin Denisa, die erste promovierte Theologin an der Prager Katholischen Theologischen Fakultät seit deren Gründung im Jahr 1348. Als ich vor einigen Jahren in Brüssel einen Vortrag hielt, traf ich im Laufe einer Woche auf der Straße circa acht junge Menschen, die mich ansprachen und sich als »Salvatorkinder« zu erkennen gaben – sie waren in Brüssel in unterschiedlichen Positionen beim Europäischen Parlament oder bei der Europäischen Kommission, bei der Ständigen Vertretung der Tschechischen Republik bei der Europäischen Union oder an der tschechischen Botschaft beschäftigt. In ähnlicher Weise begegnete ich »Salvatorkindern« an den tschechischen diplomatischen Vertretungen in den unterschiedlichsten Ländern der Erde, auch bei vielen Ämtern bei uns, in der akademischen Welt sowie in den Medien. Audioaufnahmen der Predigten aus den Messen und den Wortgottesdiensten stehen auf den Webseiten der Pfarrei zur Verfügung, sodass auch die »Salvatorkinder« im Ausland sie mitverfolgen können wie auch viele tschechische Landsleute in den verschiedenen Teilen der Welt.

Die Akademische Pfarrei Prag hat sich über die Jahre hinweg zu einem bedeutenden Ort für den ökumenischen und interreligiösen Dialog entwickelt. Wir konnten in unserer Mitte den tibetischen Dalai Lama begrüßen, einige Rabbiner aus verschiedenen Ländern, buddhistische Mönche aus Tibet sowie aus Japan, einen Imam aus dem Irak, den Hauptpriester eines kaiserlichen Shintō-Schreins in Japan und viele andere. Nach einer gemeinsamen Meditation und Diskussion mit dem Dalai Lama warfen mir einige Priester vor, ich würde unter den jungen Leuten einen religiösen Indifferentialismus verbreiten. Das ist nicht wahr. Wiederholt habe ich erfahren, dass Studenten, denen ihr Katechet die üblichen schematischen Klischees über den Buddhismus sowie über andere Religionen vermittelt hat, später auf ihren Auslandsreisen – wie sie heute üblich sind – Buddhisten und Bekennende anderer Religionen wirklich kennengelernt haben (im Unterschied zu ihrem Lehrer). Da erkannten sie, dass das, was sie von katholischer Seite über andere Religionen gehört hatten, eine Ansammlung von Vorurteilen war, ein Ausdruck von Unkenntnis und mangelnder Bereitwilligkeit zum Verständnis – und das führte bei ihnen manchmal zum Vertrauensverlust, nicht nur dem Priester gegenüber, der ihnen diese Ansichten vermittelt hatte, sondern auch zum Verlust an Glaubwürdigkeit der katholischen Kirche und ihren Lehren gegenüber. Ich selbst habe mich stets darum bemüht, den Studenten die anderen Religionen so zu zeigen, wie sie wirklich sind, wenn möglich also aus »erster Hand«, und ich habe ihnen gegenüber betont, dass wir, um treue Kinder der Kirche zu sein, es nicht nötig haben, andere Religionen herabzusetzen oder schlechtzumachen.

Die Akademische Pfarrei wurde allmählich auch zu einer sehr lebendigen Werkstatt der Kunst und der Kultur. Hier werden regelmäßig Ausstellungen moderner Kunst organisiert, Konzerte ernster Musik, junge Künstler kommen hierher, um während der literarisch-musikalischen Abende ihre Verse oder Erzählungen vorzutragen, ihre Zeichnungen, Skulpturen und Fotografien auszustellen. In der Sakristei, einem großen, barocken Saal, werden, wie zur Zeit der ersten Jesuitenmissionare, manchmal Theaterstücke aufgeführt. Einige junge Komponisten hatten in dieser ihrer Pfarrei die Uraufführung ihrer Werke, wozu auch liturgische Musik bei der Messe gehörte. Jedes Jahr findet hier der »Aschermittwoch der Künstler« (»Popelec umělcú«) statt, das traditionelle Treffen der Welt des Glaubens und der zeitgenössischen Kunst, begleitet von Vernissagen bildender Kunst oder Premieren von Theaterstücken oder musikalischen Werken.

Ein Spezifikum und in den letzten Jahren ein Charakterzug der Pastoral in der Akademischen Pfarrei sind geistliche Übungen und gemeinschaftliche Meditationen, die wöchentlich stattfinden, sowie Meditationskurse oder experimentelle Exerzitienformen, welche an Wochenenden oder unter der Woche angeboten werden.

Über die Pastoral in der Salvatorkirche hieß es jahrelang, es sei eine »one-man-Show« – ähnlich wie es früher über das Wirken von Pfarrer Reinsberg in der Teynkirche gesagt wurde. Das gilt nun Gott sei Dank schon lange nicht mehr. Um mich herum wuchsen fähige Mitarbeiter heran und ich beginne mich nun nach den Worten des Evangeliums zu richten: Sie müssen wachsen, ich aber muss kleiner werden.

Anfang der neunziger Jahre hatte ich das Gefühl, dass das Schicksal mir alles das ersetzt, was mir so lange verwehrt worden war. Es war wirklich wie im Traum: Ich durfte an der Universität arbeiten und akademische Grade erwerben, ich konnte an der Gründung und am Aufschwung eines lebendigen Zentrums für die Studentenpastoral sowie an einer akademischen Plattform für den Dialog zwischen Kirche und Gesellschaft mitwirken, ich hatte eine verantwortungsvolle

Stellung im Sekretariat der Bischofskonferenz inne wie auch in einem Dikasterium des Vatikans, ich konnte die ganze Welt bereisen und in den Medien auftreten.

In den höchsten politischen, kirchlichen sowie akademischen Ämtern waren damals Menschen, mit denen mich eine feste Freundschaft aus der Zeit der Zusammenarbeit in Dissidentenkreisen verband. Ich war »per du« mit dem damaligen Präsidenten der Republik, mit dem Vorsitzenden der Bischofskonferenz und dem Rektor der Universität – ich kannte sie alle seit Jahren gut und hatte weiterhin uneingeschränkten Zugang zu ihnen.

Oft jedoch hatte ich das Gefühl, dass all dies wirklich nur ein bloßer Traum sei, manchmal fürchtete ich, wieder in einen grauen Morgen des »realen Sozialismus« hinein zu erwachen. Noch öfter befiel mich der Gedanke, dass mir mehr in Erfüllung gegangen war, als ich mir je erträumt hatte, aber um einen schrecklichen Preis: dass mein Leben in einem erschreckenden Tempo ununterbrochener Anspannung verrinnt, sodass mir nicht ein Augenblick bleibt, all das auszukosten – keinem Augenblick konnte ich Fausts schicksalhaftes »Verweile doch! Du bist so schön!« sagen. Nicht, dass ich unzufrieden gewesen wäre, aber weil der Fluss des Lebens über die Ufer getreten war und mit solcher Intensität und einem solchen Tempo voranbrauste, dass ich manchmal mein Zeitgefühl verlor, darum fließen in meiner Erinnerung, die sonst so scharf gewesen war, ganze Monate vollständig ineinander.

Aber in einer solchen Zeit geschieht häufig etwas, wovon der Beginn des Buches Ijob in einer schönen mytho-poetischen Sprache erzählt: »Nun geschah es eines Tages, da kamen die Gottessöhne, um vor den Herrn hinzutreten; unter ihnen kam auch der Satan« (Hb 1,6). Es kam die Zeit, in der ich auf die Probe gestellt und geläutert werden sollte, damit ich von vielem befreit würde und viele Dinge aufgab, damit sich ein Weg zu einer größeren Tiefe öffne.

XI. Der Weg der Nächte

An die Theologische Fakultät wurde ich von Kardinal Tomášek auf Grundlage des Gesuchs der Seminaristen vom November 1989 berufen. Damals wurde das Fach »Gesellschaftswissenschaften« abgeschafft, das von Vertretern der kommunistischen Staatsverwaltung gelehrt worden war, und ich sollte es durch das Arbeitsgebiet »praktische Psychologie und Soziologie« ersetzen. Im Rahmen der Soziologie sollte das Schwergewicht auf der Soziallehre der Kirche liegen, also einem Fach, das zu kommunistischen Zeiten aus der Fakultät gänzlich ausgeschlossen und auch davor nur als Randgebiet der Moraltheologie gelehrt worden war.

Ich habe eine lebendige Erinnerung an meinen ersten Weg zur Fakultät im Februar 1990. Ich fuhr zusammen mit Josef Zvěřina mit dem Autobus nach Leitmeritz (Litoměřice), wo damals die Fakultät noch angesiedelt war. Zvěřina wurde Ehrendekan der Fakultät, aber in die Arbeit der Lehranstalt konnte er nicht eingreifen, wohl auf Veranlassung von Menschen, die ihn nicht leiden konnten. Mádr oder Bouše wurden gar nicht um Lehrtätigkeit gebeten. Bei meiner ersten Sitzung konnte ich auch das alt-neue Kollegium kennenlernen. Obwohl ich mich auf diese Tätigkeit freute, war gleich mein erster Eindruck aus schwer zu erklärenden Gründen ganz und gar beklommen; ich fühlte, dass ich auf der Hut sein musste.

Ich machte mir klar, dass die ganze Fakultät die schwere Last der letzten vierzig Jahre trägt. In den fünfziger Jahren war sie gewaltsam von der Universität getrennt, aus Prag ausgesiedelt und aus der Sphäre der Hochschulbildung herausgenommen worden. Sie geriet vollständig unter die Kontrolle des Regimes, das ein Interesse daran hatte, dass ihr Niveau so trist wie nur möglich war. Anfangs haben die Bischöfe Priestern, die der Kirche treu waren, sogar verboten oder zumindest mit Nachdruck davon abgeraten, hier zu unterrichten, sowie den Priesteramtskandidaten, an diesem kommunistischen potemkinschen Dorf überhaupt zu studieren. Später, aus Mangel an Alternativen, tolerierten sie diese Fakultät, aber jedem vernünftigen Menschen war klar, dass diese »höhere Ministrantenschule«, wie sie von ihren eigenen Studenten jahrelang genannt wurde, ihrem Niveau und ihrer Atmosphäre nach nichts mit einer wirklichen universitären Theologischen Fakultät gemein hatte. Ein Übergangsversuch, der zur Zeit des Prager Frühlings das Niveau anheben sollte, wurde im Keim erstickt, und so mussten bald so gut wie alle anständigen und qualifizierten Lehrer die Anstalt verlassen – bis auf wenige Ausnahmen, besonders in den nichttheologischen Fächern. Es gelang nicht, die ganze Situation der Fakultät nach dem November 1989 zu ändern – nicht einmal durch das Ausscheiden der am meisten kompromittierten Mitglieder des Professorenkollegiums und der darauf folgenden Rückkehr der Fakultät in den Universitätsverbund und in das ursprüngliche Gebäude im Prager Stadtteil Dejvice.

Eines der großen Paradoxe der Fakultät war, dass sie versuchte, etwas zu verbinden, das meines Erachtens schwer zu verbinden ist – eine theologische Lehranstalt vom Typ eines Diözesan-Seminars und eine universitäre Fakultät. In einigen Ländern existieren Diözesan-Seminare, in denen die Priester sowohl mit den Grundlagen der Theologie vertraut gemacht als auch auf die gängige Seelsorgepraxis vorbereitet werden; aber nur wenige theoretischer orientierte Absolventen gehen dann an die Universität, um Theologie zu studieren. Dort studieren sie dann selbstverständlich gemeinsam mit Männern wie Frauen, die keine Priesteramtskandidaten sind. Vielleicht hätte man das Studium im Rahmen der Fakultät in zwei Studiengänge aufteilen können – in ein Studium mit eher praktisch-pastoraler Ausrichtung und in ein zweites, das wissenschaftlich anspruchsvoller wäre. Unter meinen Zuhörern waren lediglich einige wenige Studenten, die den Ansprüchen an ein Universitätsstudiums genügt und die Voraussetzungen für ein Hochschulstudium mitgebracht hätten. Die Mehrzahl der Studenten sowie des pädagogischen Lehrkörpers stand eher auf dem Niveau eines Diözesan-Seminars. Nur einige der Lehrenden hatten persönliche Erfahrungen mit universitärer Tätigkeit und bemühten sich darum, einen universitären Stil einzuführen, sie stießen jedoch auf Unverständnis bei dem Rest des Kollegiums und bei den meisten Studenten.

Ich selbst hatte stets meine Erfahrung aus der glücklichen Zeit an der Philosophischen Fakultät in den sechziger Jahren vor Augen sowie Erfahrungen mit der britischen Universität. Später lernte ich auch die Fakultät an der Päpstlichen Lateranuniversität in Rom kennen und wurde immer wieder zu Vorträgen an europäische und außereuropäische Universitäten eingeladen, und so versuchte ich, meine guten Erfahrungen mit dem Ausland wenigstens zum Teil an der Fakultät zur Geltung zu bringen. Ich war überzeugt, dass es außer den klassischen Vorlesungen auch noch Seminare geben sollte, in denen mehr diskutiert würde, um die Studierenden zum selbständigen Denken sowie zur selbständigen wissenschaftlichen Tätigkeit anzuregen, und dass Seminar-, Semester- und Magisterarbeiten geschrieben werden sollten. All das war damals an der Theologischen Fakultät absolut ungewöhnlich, und als ich versuchte, wenigstens im Rahmen meiner Vorlesungen eine Form der Diskussion in Gang zu bringen, stieß dies bei einer Reihe von Zuhörern auf Entsetzen. Ein Student zeigte mich sogar prompt beim Erzbischof an, ich würde den Studenten Fragen stellen, was bedeute, dass ich den Stoff nicht beherrsche und auf diese Weise versuche, meine Kenntnisse von den Studenten zu gewinnen. Andere Studenten verlangten, dass ich nicht so schnell vortragen und ihnen im Grunde genommen eine Niederschrift diktieren sollte, wie sie es von der Sekundarschule gewohnt waren. Es existierte damals keine zeitgemäße Fachliteratur in tschechischer Sprache und die Studenten waren meistens in sprachlicher Hinsicht mangelhaft vorbereitet. Dies alles ließe sich durch die »objektiven Probleme« in der schwierigen Anfangszeit entschuldigen, aber die Leitung der Fakultät tat nichts, um diese Situation zu ändern. Wann immer ich an eine ausländische theologische Fakultät kam, schilderten mir ihre Mitglieder mit Bitterkeit, wie der Dekan der Prager Theologischen Fakultät ihre Angebote zur Zusammenarbeit abgelehnt hatte und wie er auf ihre aufrichtig gemeinten Hilfsangebote – sei es in Sachen Gastvorlesungen, Fachliteratur oder Studienaufenthalte für Lehrende und Studierende der Fakultät – reagierte, nämlich so, als ob es sich um den feindlichen Versuch »einer ideologischen Störaktion aus dem Westen« handelte.

Viele Christen, die jahrelang im »Belagerungszustand« gelebt hatten, konnten nicht mehr ohne Feindbild leben. Als der kommunistische Feind fiel, mussten sie einen Ersatz finden – und siehe, der »dekadente Westen« war ein solcher Feind, der gerade zur Hand war. Mir wurde klar, dass manche Katholiken über diesen »Feind« genau so sprachen, wie die kommunistischen Machthaber über den »dekadenten Westen« gesprochen hatten. Das war auch einer der Gründe, weswegen ich entschied, energisch gegen dieses Stereotyp aufzutreten, nach welchem jene die Verdorbenen wären, wir aber die Guten.

Einige besonders konservative Katholiken aus dem Westen kamen damals zu uns und versuchten, uns von ihren Positionen zu überzeugen. Sie kamen zu unserer Kirche, als wären sie Märchenprinzen und unsere Kirche das Dornröschen, das während des Kommunismus die Zeit unterschiedlicher Turbulenzen und das Zweite Vatikanische Konzil selig verschlafen hätte, und als würden sie es nun mit einem zauberhaften Kuss wecken, auf dass die liebliche Unbefleckheit der vormodernen Kirche wiederhergestellt sei. Dies kam mir wie eine schändliche Missachtung alles dessen vor, was sich tatsächlich bei uns ereignet hatte, weil wir hier doch nicht geschlafen haben, wir lebten nicht in irgendeinem Vakuum. Sie lobten uns dafür, dass es bei uns keine »theologischen Auswüchse« wie im Westen gäbe. Ich pflegte darauf zu antworten: Wer sich dessen rühmt, dass er keine Zahnschäden hat, sollte sich zuerst fragen, ob es nicht zufällig daran liegt, dass er statt eines Gebisses eine künstliche Zahnprothese trägt.

Die damalige Leitung der Theologischen Fakultät isolierte sich nicht nur von der Welt, sondern auch von anderen Fakultäten der Universität und mied besonders ökumenische Kontakte. Sie unterstützte in keiner Weise die wissenschaftliche sowie die Publikations- und Forschungstätigkeit – Stipendienangebote wurden automatisch zurückgegeben, der Lehrkörper traf sich rein formal zu Beginn und zum Ende des akademischen Jahres, die einzelnen Fachbereiche arbeiteten überhaupt nicht zusammen – nicht einmal im Rahmen der Fakultät –, es wurde nicht im Geringsten für wissenschaftlichen Nachwuchs gesorgt ... Wenn die Leitung der Fakultät wenigstens angedeutet hätte, dass sie diesen Zustand für provisorisch und ungenügend hielt, hätte ich es verstanden; die Leitung aber adelte ihre Untätigkeit damit, dass sie betonte, sie sei die Hüterin der Orthodoxie und dass jeder, der sie kritisiere, sich gegen den rechten Glauben stelle. Ihre Opponenten aber stellten sich in keiner Weise gegen den rechten Glauben; es ging ihnen nur darum, die Fakultät aus ihrer Untätigkeit und Erstarrung zu wecken.

Etwas Ähnliches kannte ich allzu gut aus der Zeit des Totalitarismus – wer die Macht hat, festigt seine Position und seine Ansichten durch die Ideologie selbst und wird unkritisierbar. Damit aber hört das ganze System auf, sich weiterzuentwickeln – das ist das Geheimnis der scheinbaren Stabilität, aber auch der inneren Fäulnis aller totalitären Systeme. Das allzu bekannte: »Wenn du uns kritisierst, dann stellst du dich eigentlich gegen die Partei – ist dir das klar, Genosse?« änderte sich nur ein wenig in: »Wenn Sie uns kritisieren, dann stellen Sie sich eigentlich gegen den Heiligen Vater – ist ihnen das klar, Herr Doktor?« Waren die Rollen erst einmal so verteilt, dann war ein sachlicher Dialog schon nicht mehr möglich.

Fast zwanzig Jahre lang hatte ich mich auf die Rückkehr an die Universität gefreut, aber das, was unter dem Dach der Theologischen Fakultät vor sich ging, erinnerte wirklich nicht im Entferntesten an eine Universität. Mit Beklemmung dachte ich daran, worüber und wie diese zukünftigen Priester predigen würden, die von allem unberührt waren, was in den letzten Jahrzehnten auf dem Gebiet wissenschaftlicher Exegese geschehen war. Wie werden diese Menschen seelsorgerisch tätig sein, die mit einer Pastoraltheologie konfrontiert sind, welche die Erkenntnisse der Geisteswissenschaften ignoriert, wie werden sie mit Suchenden und Atheisten diskutieren, wenn sie selbst gar nicht erlebt haben, wie eine solide Diskussion geführt wird? All das erfüllte mich mit sehr deprimierenden Gefühlen. Laien waren an der Fakultät nicht zugelassen, für sie war nur ein Fernstudium auf einem skandalösen Niveau vorgesehen. Einer der Studenten an der Fakultät sagte mir, dass »es für einen Pfarrer die Hauptsache sei, Laien nicht zu nah an sich heranzulassen«. Als ich erleben musste, wie die Fakultätsleitung mit zwei Ordensschwestern umging, denen das Privileg eines Studiums gewährt worden war – sie durften nicht gemeinsam mit den Studenten speisen, aber auch nicht mit den Lehrenden der Fakultät und es wurde ihnen ein Tisch in der Ecke des Speisesaals zugeteilt –, beleidigte mich dies als Mann, Christen und Priester und ich ging demonstrativ hin, um mich zu ihnen an den Tisch zu setzen; es ist möglich, dass dies sogar der psychologische Beginn meines Streits mit der Fakultätsleitung war.

Ich muss jedoch ehrlich gestehen, dass ich nicht nur mit dem ganzen Umfeld der Fakultät unzufrieden war, sondern auch mit meiner eigenen Tätigkeit. Ich gab meinen Studenten zwar wohl etwas mehr, als es dort damals üblich war, aber ich gab ihnen bei weitem nicht so viel, wie ich konnte und sollte. Obwohl ich mich auch in der Zeit des Totalitarismus immer bemüht hatte, zu unterrichten, wenigstens in den Untergrundseminaren, musste ich erst lernen, an der Universität zu lehren. Ich hatte nicht genügend Geduld, um die Hörer von dem Stil, an den sie gewöhnt waren, hinzuführen zu einer partizipatorischen Art des Arbeitens, die ich an der britischen Universität kennengelernt hatte. Ich konnte mich nicht genügend auf meine Zuhörer »einstimmen« und ich sprach zu vielen wohl oft »über ihre Köpfe hinweg«. Als ich begriffen hatte, dass der Dekan unter meinen Zuhörern seine Denunzianten hatte, die versuchten, mich durch provokative Fragen bei einer Häresie zu »ertappen«, konnte ich nicht darüberstehen und es demotivierte mich gänzlich. Heute, auch wenn ich müde bin, freue ich mich stets darauf, mich an das Lehrpult zu stellen; damals aber machte die Arbeit mir keine Freude – und das sieht man der Arbeit immer an.

Die Zuhörer waren gewöhnt an einfache Auslegungen im Stil des Katechismus, in denen der apologetische Charakter offenkundig war, bei dem die Ansichten der Gegner und der »Häresie« stets einfach und schnell vom Tisch gefegt wurden. Ich hatte von Chesterton gelernt, dass »Häresien verrückte Wahrheiten sind«, dass Häresien – wie es auch die mittelalterliche Scholastik sah, die aus freien universitären Disputationen hervorgegangen war – immer irgendeinen »wahren Kern« in sich tragen, den man nur dechiffrieren, von seiner Einseitigkeit befreien und in einen breiteren Kontext integrieren muss. Josef Zvěřina hatte uns beigebracht, das grundlegende Prinzip des Katholizismus sei das »nicht nur, sondern auch« – bei jeder Sache sei es nötig, ihre andere Seite in Betracht zu ziehen. Erst die Kunst des hermeneutischen Zugangs zu den »Geheimnissen des Glaubens« macht aus der Theologie ein aufregendes Abenteuer des Erkennens. Um diese Erfahrung wurden aber die damaligen Studenten weitgehend gebracht.

Ich wusste, dass einige Personen des Lehrkörpers mit der dunklen Vergangenheit der Fakultät und der Kirche verstrickt waren. Es überraschte mich nicht, als später einige Namen in den inoffiziellen Verzeichnissen der Agenten der Staatssicherheit auftauchten. Gerade von Seiten dieser Personen begann ich einen unsäglichen persönlichen Hass zu spüren.

Sehr kompliziert war mein Verhältnis zum Dekan der Fakultät. Ich schätzte ihn, ich zweifelte nicht an seiner politischen Unbescholtenheit und er erschien mir menschlich sympathisch, unser anfänglicher Kontakt entwickelte sich nicht schlecht. Der Dekan selbst war ein erfolgreicher Pädagoge, geliebt von Generationen seiner Studenten, besonders von jenen, die die Dinge gern einfach hatten, problemlos kategorisiert in Schubladen. Auch wenn er kein selbständiger theologischer Denker oder Schaffender war – all die langen Jahre hindurch hatte er kein Buch geschrieben und keinen wissenschaftlichen Beitrag von grundsätzlicherer Bedeutung publiziert –, so konnte man ihn doch unter die kompetenten Fachleute auf dem Gebiet der Neuscholastischen Theologie der Jahrhundertwende einordnen. Das Problem lag eher darin, dass er eine andere Art von Theologie so gut wie gar nicht gelten ließ. Er war ein sprachbegabter Mensch, viel gereist, sportlich, auf den ersten Blick konfliktlos, freundlich und lächelnd. Seine Vorlesungen ließen sogar Humor nicht vermissen, auch wenn die Aufmerksameren unter den Zuhörern dabei auch einen ironischen Unterton registrierten und eine fast aggressive Missachtung anderer Ansichten. Ich war sehr froh darüber, dass es so jemanden an der Universität gab, der den Studenten eine übersichtliche, einfache Einführung geben konnte. Aber dann waren auch andere nötig, sie lehren würden, die Dinge noch von anderen Seiten zu sehen und zu begreifen, dass hinter allen scheinbaren Gewissheiten wieder Schichten anderer Fragen sich öffnen, die in die Tiefe führten und die für die dramatische und überwältigende Landschaft des Erkennens unverzichtbar sind. Wenn ich mit Abstand auf meinen philosophischen Bildungsweg zurückschaue, bin ich unglaublich dankbar, dass wir in meiner Generation Professor Svoboda an unserer Seite hatten, der uns mit positivistischer Übersichtlichkeit in das ABC philosophischer Tradition und Systematik einführte, und Professor Patočka, der uns die dramatische Wende nahebrachte, die sich in der Philosophie ereignete, als Heidegger die vergessenen Voraussetzungen der ganzen metaphysischen Tradition des Westens radikal erkannte und nach neuen Ausgangspunkten suchte. Mir schien, dass der Dekan als Lehrender zweifellos von Nutzen war, dass er aber unbedingt der Ergänzung durch andere bedurfte, die auf positive Weise zum einen andere, ältere Schichten der theologischen Tradition aufzeigen würden und zum anderen das, was sich auf dem Zweiten Vatikanischen Konzil und danach ereignet hatte, da das theologische Denken nicht stehengeblieben war.

Später lernte ich den Dekan näher kennen. Mir schien, dass in den Tiefen seiner Persönlichkeit eine ungewöhnlich intensive Angst gegenwärtig war. Er selbst war angeblich früher ein theologisch sehr offener Mensch gewesen, der Ende der sechziger Jahre die Möglichkeit hatte, an einer westdeutschen Universität zu studieren und sich zu habilitieren. Der Kontakt mit dem damaligen deutschen akademischen Milieu verursachte bei ihm jedoch anscheinend nicht nur einen Kulturschock, sondern auch ein lebenslanges Trauma, also nahm er aus jener Zeit den Vorsatz mit, dass er mit all seinen Kräften gegen die Einflüsse der modernen Theologie kämpfen werde, und insbesondere mit allem, was aus deutschsprachigen Ländern herüberkäme. Er erinnerte mich an einen Typus, dem ich in klerikalen Kreisen öfter begegnet bin: Menschen, die in einer überwiegend weiblichen Umgebung aufgewachsen sind und stark auf die Mutter fixiert waren, übertrugen manchmal diesen Typ der Beziehung auf die institutionelle Seite der Kirche; durch nichts fühlten sie sich so irritiert und bedroht wie durch Menschen, die innerlich freier waren und zur »Mutter Kirche« eine gewissermaßen erwachsenere Beziehung haben konnten.

Nach einiger Zeit war es offenkundig, dass ich für diesen Menschen zur Verkörperung all dessen zu werden begann, was er fürchtete. Ich war in Deutschland geweiht worden und hielt nicht damit zurück, dass mein Denken vor allem durch die Werke bedeutender Theologen aus deutschsprachigen Ländern inspiriert war wie Hans Urs von Balthasar, Karl Rahner, Joseph Ratzinger oder Walter Kasper. Vielleicht wurde ich deswegen zur idealen Projektionsfläche für sein Feindbild – und unsere Beziehung nahm eine ziemlich dramatische Entwicklung. Menschen, die sich fürchten, haben einen enormen Bedarf daran, dass andere sie fürchten; dieser Mensch fürchtete mich und konnte es nicht verkraften, dass ich keine Angst vor ihm hatte. Aber auch ich habe darin versagt, dass ich dieser Tendenz nicht beizeiten genügend Aufmerksamkeit widmete, dass es mir nicht gelang, dieser Angst vor mir entgegenzuwirken, sondern dass ich sie, ohne es zu wollen, wohl durch viele Reaktionen noch verstärkt habe.

Die Spannung stieg, als ich von meinem postgradualen Studium aus Rom zurückkehrte. Gerade diejenigen, welche mit der verhängnisvollen Vergangenheit der Universität verstrickt waren, sahen in mir eine gefährliche Konkurrenz und versuchten, durch die unterschiedlichsten Gerüchte und Verleumdungen den Dekan und die ganze Leitung gegen mich einzunehmen. Alles wurde noch schlimmer, als die Fakultät eine Einladung zum Gründungstreffen der Europäischen Gesellschaft für Katholische Theologie erhielt. Die Leitung übte damals Druck auf das Kollegium aus, sich nicht an dieser Initiative zu beteiligen. Ich war überzeugt, dass tschechische Theologen in dieser Arbeitsgemeinschaft nicht fehlen durften. Ich hatte persönlich mit dem Papst und mit Kardinal Ratzinger in Rom über diese Gemeinschaft gesprochen, und auch wenn ich spürte, dass der Vatikan anfangs dieser Initiative gegenüber zurückhaltend war, so gewann ich ganz entschieden nicht den Eindruck, dass man in Rom wünschte, dass wir sie boykottieren sollten. Einen ähnlichen Eindruck hatte einst auch Zvěřina von einem Gespräch mit dem Papst über die entstehende Europäische Gesellschaft für Katholische Theologie. Ich war aufrichtig davon überzeugt, dass es wichtig sei, dass an dem lange geplanten Gründungskongress auch Theologen aus mittelosteuropäischen Ländern teilnehmen, eben weil sie andere Erfahrungen gemacht haben als ihre westlichen Kollegen. Ich beschloss also, dorthin zu fahren.

Nach der Rückkehr erwartete mich ein Gespräch mit dem Dekan, aus dem für mich hervorging, dass ich an der Fakultät unerwünscht sei und dass der Dekan sowie jene aus seinem Umkreis nur einen Vorwand suchten, um mich loszuwerden. Sie sahen in mir nicht mehr nur einen möglichen Konkurrenten und Gegner, sondern einen Feind, mit dem man nicht diskutiert, den man um jeden Preis loswerden muss. Durch diese Brille nahm der Dekan dann offenbar auch ein merkwürdiges persönliches Missverständnis wahr, das ich bis heute nicht ganz verstehe, weil es dabei durch andere Personen zu Indiskretionen kam sowie zu Fehlinterpretationen einiger Äußerungen aus Privatgesprächen. Ich schickte dem Dekan vor Ostern einen Brief, in dem ich ihn um Verzeihung bat, falls ich ihn unwillentlich verletzt haben sollte. Ich bot ihm ein brüderliches Gespräch an, als einen Weg, auf dem wir gegenseitig die Dinge klären und uns versöhnen könnten. Auf diesen Brief hat er mir nie geantwortet und er lehnte es mehrfach ab, mich zu einem persönlichen Treffen zu empfangen. Stattdessen überbrachte mir der Sekretär der Fakultät mitten in der Vorlesung ein dienstliches Schreiben von ihm, des Inhalts, dass ein Disziplinarverfahren gegen mich eingeleitet worden sei, und ich wurde zu diesem Verfahren vorgeladen mit den Worten: »falls Sie nicht erscheinen, wird in Ihrer Abwesenheit über Sie verhandelt werden«. Ich bat schriftlich um eine Erklärung, worum es sich bei dem Verfahren handelt, damit ich meine Verteidigung vorbereiten könne; wie gewöhnlich erhielt ich auch darauf keine Antwort.

Das »Verfahren« fand Anfang Juni 1992 statt und im Rückblick war es eines der am meisten traumatisierenden Erlebnisse meines Lebens, auch wenn ich es damals unmittelbar eher als eine Farce erlebte, etwas zwischen absurdem Theater aus der Feder von Václav Havel und einem ideologischen »Überprüfungsverfahren« aus der Zeit des Kommunismus. Es wurde irgendein Tribunal gebildet, absurd nicht erst durch die erhobenen »Anklagepunkte«, sondern schon durch seine rechtliche Form. Die Statuten der Universität ließen keinerlei »Disziplinarverfahren« gegen einen Lehrenden zu. Auf meine Eingangsfrage, welchen rechtlichen Charakter unser Zusammentreffen habe (ich war schon trainiert, bei Verhören der Geheimpolizei danach zu fragen), führte der Dekan protokollarisch an, dass dies auf Anordnung des Erzbischofs geschehe. Diese Behauptung erwies sich später als lügenhaft. Es war überhaupt nicht die Rede von dogmatischen Fragen. Weder damals noch irgendwann später im Leben hat mir ein theologisches oder kirchliches Organ einen Satz vorgeworfen, in dem ich von den Lehren der Kirche abgewichen wäre oder Irrlehren verkündet hätte. Was meinen Einfluss auf die Studenten betraf, wurde ich angeklagt, vor ihnen die Konzeption der Fakultät kritisiert zu haben. Das war richtig, ich hatte kritisiert, dass die Fakultät die Richtlinien der Kirche verletze, wenn sie das reguläre Präsenzstudium für Laien nicht zulasse. Die übrigen Einwände, die gegen mich vorgebracht wurden, hatten nur stellvertretende Funktion. Ich hatte den Eindruck, mich ausreichend verteidigt zu haben und dass damit die ganze Angelegenheit geklärt sei. Auf meine letzte Frage, wie also der Abschluss des Verfahrens sei, antwortete mir der Dekan, dass er keinen Abschluss vornehmen werde, den Abschluss werde der Herr Erzbischof machen. Kaum hatte ich die Tür hinter mir geschlossen, diktierte der Dekan ins Protokoll den Zusatz: »Abschluss: Nach Erörterung der ganzen Sache und unter Berücksichtigung aller Umstände gelangten die anwesenden Professoren aus dem Kollegium zu dem Schluss, dass das weitere Wirken von PhDr. Tomáš Halík an dieser Fakultät nicht erwünscht ist.«

Ich bin überzeugt, dass mir diese Menschen nicht einmal zugehört haben und dass sie – genau so, wie es bei den kommunistischen Tribunalen und den Überprüfungskommissionen gewesen war – das »Urteil« schon im Voraus gefällt hatten. Ich war ihnen einfach im Weg, sie wollten mich um jeden Preis loswerden und nichts anderes interessierte sie. Mir wurde klar, dass einigen Menschen, die ich für meine Brüder im Glauben halten muss, nicht an der Wahrheit gelegen ist. Das erschütterte mich wie nichts zuvor in meinem Leben.

Ich legte beim Erzbischof Berufung ein und beschrieb ihm die wahre Ursache des Streites sowie den unerfreulichen Zustand der Fakultät und bat darum, dass man endlich damit beginnen sollte, diesen Zustand zu ändern. Der Erzbischof hob die Kündigung auf, empfahl mir aber, die Fakultät lieber selbst zu verlassen, um die Situation zu entspannen. Nach langer Überlegung willigte ich endlich in diese Lösung ein; ich bat um einen einjährigen unbezahlten Urlaub und an dessen Ende um die Auflösung des Arbeitsverhältnisses.

Nach einigen Jahren – als ich schon an der Philosophischen Fakultät lehrte – erfolgte ein weiterer Versuch eben dieses Dekans, meinen Ruf zu schädigen, zeitlich genau abgestimmt auf die Verhandlungen um meine Professur. Ich bat den Rektor der Universität, die von jenem Dekan gegen mich erhobenen Beschuldigungen zu überprüfen; die gründlichen Ermittlungen durch eine unabhängige Kommission mehrerer Dekane und Juristen rehabilitierten mich schließlich moralisch vollständig. Und so hat diese letzte Aktion jenes Dekans gegen meine Person mir schlussendlich bei den Vertretern der Universität eher genützt als geschadet. »Kein Arzt würde einem anderen Arzt so etwas jemals antun, und ein Jurist einem anderen auch nicht. Wieso tut ein Priester einem anderen Priester so etwas an?«, fragte mich ein Mitglied des wissenschaftlichen Rats der Universität.

Kurz darauf ließ sich der Dekan widerrechtlich erneut in sein Amt wählen, geriet somit in Konflikt mit dem Erzbischof und der Leitung der Universität und musste nun – es war längst fällig – abtreten.

* * *

Dieses Erlebnis war wirklich ein Trauma für mich, aber ich verdanke ihm viel. Bis zu jener Zeit konnte ich mir die abstoßende Seite der Kirche nicht vorstellen. Als ich von Publizisten über die Kirche als eine totalitäre Organisation sprechen hörte, beleidigte es mich und ich hielt es für den Einfluss kommunistischer Propaganda. Ich selbst und meine Freunde, die während des Kommunismus konvertiert waren, kannten die Kirche von einer ganz anderen Seite. Plötzlich erlebte ich am eigenen Leib, dass nicht nur zur Zeit der Allianz von Thron und Altar, sondern auch heutzutage ein Mitglied der Kirche im Namen der Verteidigung der Strukturen kaltblütig die Macht über die Wahrheit stellen kann. Im Geiste entschuldigte ich mich bei all jenen, die ich für Lügner gehalten hatte, weil sie einmal schlecht über die Kirche gedacht oder geschrieben haben. Ich teile nicht ihre negative Sicht auf die Kirche, aber ich gebe zu, dass sie nicht gelogen haben – sie hatten mit der Kirche eben ihre persönlichen negativen Erfahrungen.

Mir wurde jedoch auch bewusst, dass jene »verdammte« säkulare plurale Gesellschaft mit ihren aufklärerischen Idealen der Toleranz, der Menschenrechte und bürgerlichen Freiheiten auch die Kirche schützt – vor der Versuchung eines verhängnisvollen Rückfalls in die Vergangenheit. Es ist gut, dass wir in demokratischen Gesellschaften leben; nach einem »katholischen Staat« habe ich nicht das geringste Verlangen. Dort, wo der Glaube in den Rang einer staatlichen Ideologie erhoben würde, wäre ich – im Namen des Glaubens wie auch im Namen der Freiheit – wohl der erste Dissident.

Ich will keinesfalls dramatisieren, was mir zugestoßen ist. Wenn ich es mit den Schwierigkeiten vergleiche, welche noch vor einigen Jahrzehnten weit bedeutendere und ehrwürdigere Menschen als ich in der Kirche erfahren haben, einschließlich der Theologen Congar, Daniélou, von Balthasar, de Lubac – um nur jene zu nennen, deren Treue zur Kirche später durch den Papst gewürdigt wurde –, so ähneln meine Unannehmlichkeiten nur einem »Mückenstich«. Nicht einen Augenblick zweifelte ich daran, dass die kirchliche Autorität sich bald vom tatsächlichen Stand der Dinge an der Fakultät überzeugen und dass sie mir in diesem Streitfall recht geben würde. Ich war nicht einmal in meiner Existenz geschädigt worden – ich hatte zu jener Zeit als Fachmann schon langsam einen Namen und ich wusste, dass ich problemlos eine Anstellung an praktisch jeder geisteswissenschaftlichen Fakultät bei uns finden oder gegebenenfalls an eine ausländische Universität wechseln könnte. Sehr bald begann ich wieder zu lehren, zuerst an der Sozialwissenschaftlichen

Fakultät, etwas später auch an der Philosophischen Fakultät, wo ich bis heute tätig bin.

Ja, wiederholte ich für mich, »rational« und »objektiv« gesehen, ist mir nichts besonders Schlimmes passiert. Ich bestärkte mich darin, dass ich mich zusammenreißen und als Priester immer zu einem Opfer fähig sein müsse, ich überwand mein Gefühl der Erbitterung und begann umso mehr zu arbeiten. Diese Lösung klingt gut und wird oft empfohlen – indes ich kann sie niemandem empfehlen. Der Mensch besteht nicht nur aus einem kühl kalkulierenden Verstand. Der Mensch hat auch Emotionen und er hat ein Recht auf sie. Damit meine ich nicht, dass er sich von ihnen beherrschen lassen sollte. Er soll sie »verarbeiten«, aber um sie ehrlich zu verarbeiten – und das dauert lange –, muss er die Demut haben, sie mit Bewusstsein zuzulassen, sie sich einzugestehen.

Ich wollte mir nicht eingestehen, dass ich mich von der Kirche frustriert fühlte, die ich liebte, für die ich meine Haut aufs Spiel gesetzt hatte und die mir nun ein Gesicht gezeigt hatte, wie ich es nur von Goyas Karikaturen des Inquisitionstribunals her kannte. Ich wollte mir nicht eingestehen, dass ich mich enttäuscht fühlte vom Handeln der Bischöfe, von denen damals nicht einer für mich eingetreten war und von denen keiner für mich auch nur einen Finger gerührt hatte. Ich dachte, dass ein Priester kein Recht auf solche Gefühle hätte, biss die Zähne zusammen und zog weiter.

Alles, was ich aus der Psychotherapie wusste und was ich anderen hätte raten können, habe ich – da es mich selbst betraf – unterlassen. Ich beging damit einen Fehler. Die Unterdrückung der eigenen Gefühle ist weder moralisch sinnvoll noch so wirksam, wie oft geurteilt wird; es geht eben nicht, man kann vor seinem Herzen nicht davonlaufen.

Einige Monate später, während einer Konferenz in Spanien, bekam ich plötzlich Magenprobleme und heftiges Fieber. Bei der Untersuchung nach meiner Rückkehr zeigte sich, dass ich erhöhte Leberwerte hatte; einer der Ärzte äußerte den Verdacht auf einen bösartigen Tumor. Da erinnerte ich mich an die Verse, die mir mein Vater bei unserer letzten gemeinsamen Silvesterfeier zitiert hatte: Und über die Schulter blickt uns der Tod.

Die psychosomatische Interpretation unterschiedlicher Krankheiten einschließlich der Tumore ist bekannt. Ich wusste, dass viele Kranke, bei denen eine bösartige Tumorerkrankung ausgebrochen war, in der Regel circa zwei Jahren zuvor eine ihr Leben traumatisierende Begebenheit durchgemacht haben, mit der sie sich nicht auseinandersetzen konnten.

Ich meine damit nicht, dass ich all das den Konflikten an der Fakultät zuschreiben könnte sowie der großen Enttäuschung über die Haltung der kirchlichen Autoritäten, von denen ich mehr Verständnis und gerechtere Fürsprache erwartet hätte. Ich war auch insgesamt ausgelaugt, zu Tode erschöpft. Die Jahre vor dem November '89 sowie die ersten Jahre danach waren so hektisch und so übervoll von Arbeit und Ereignissen, dass der Körper sich auflehnen musste. Zum Glück konnte eine weitere ärztliche Untersuchung einen Tumor ausschließen, es ging wirklich um die Folgen einer schweren Stresssituation und langjähriger extremer Belastung; mein Gesundheitszustand war im Laufe eines halben Jahres wiederhergestellt. Aber wer auch nur ein paar Wochen mit diesem Verdacht gelebt hat, weiß, wie nützlich diese Erfahrung in geistlicher Hinsicht ist und wie verschieden sie ist von den Augenblicken, in denen wir in der Stille geistlicher Übungen uns eine Meditation zur Vorbereitung auf den Tod gönnen.

Und schließlich: Ich konnte nicht beten. Gott schwieg, es war Nacht. Kurz zuvor war ich in mein fünfundvierzigstes Lebensjahr eingetreten; wie es mir einst jener alte Priester vorausgesagt hatte: Ich berührte den Grund.

* * *

Ja, die meisten Gläubigen einschließlich der Priester gehen wahrscheinlich zumindest einmal in ihrem Leben durch eine große geistliche Krise. Sie kann durch irgendeinen zwischenmenschlichen Konflikt ausgelöst werden, oder durch Enttäuschung über menschliches Handeln im Rahmen der Kirche, sie kann die Form einer umfassenden Krise des Vertrauens in eine kirchliche Institution haben oder in eine kirchliche Gemeinschaft, bei Geistlichen kann es sich um eine Krise des zölibatären Lebens handeln und um die Erschütterung der eigenen Priester- oder Ordensidentität. Die Krise kann verursacht sein durch vollständige Erschöpfung und Überlastung – auch bei Priestern ist häufig das Syndrom des »Ausgebranntseins« anzutreffen – des »burn-out«. Manchmal kann man vom »Mittagsdämon der acedia« sprechen, einem Zustand plötzlichen Erlahmens und Ermattens, ungefähr in der Lebensmitte. Es kann um das Syndrom der »Torschlusspanik« gehen, wenn der Mensch spürt, dass er zu altern beginnt und sich der ganze Horizont seiner Erwartungen an das Leben und seiner Motivation verändert. Es kann sich um eine Glaubenskrise handeln, wenn infolge stressender Erlebnisse und nicht erhörter Bitten sich dem Menschen seine bisherige Gottesvorstellung verdunkelt, er an Gottes Güte zweifelt, an seiner Nähe, manchmal auch an seiner Existenz. Manchmal spürt der Mensch eine ausgesprochene Unlust zu allem Religiösen und Geistlichen inklusive des Gebets, auch wenn es für ihn früher sehr viel bedeutet hat. Wer kann hier die in der Regel komplex miteinander zusammenhängenden Ebenen spirituellen, psychischen, körperlichen oder zwischenmenschlichen Leidens auseinanderhalten?

Unglückselige Weisen, diese Krisen zu lösen, gibt es viele. Bei Priestern sowie bei geistlichen Personen lernte ich eine Reihe von unterschiedlichen typischen Reaktionen kennen. Einige haben de facto »den Glauben verloren«, ohne dass sie fähig gewesen wären, sich dies einzugestehen, und sie wurden zu »Handwerkern der Religion«. Andere versuchten diesen uneingestandenen »Glaubensverlust« durch etwas zu übertönen und zu kompensieren; von hier rekrutieren sich die meisten der fanatischen Verteidiger des rechten Glaubens, die ihre eigenen Zweifel auf andere projizieren und diese eifrig verfolgen – sie bestrafen damit unbewusst sich selbst. Eine andere Form der Kompensation ist eine krampfhafte Frömmigkeit, die sich auszeichnet durch eine begeisterte Aktivität in unterschiedlichen kirchlichen Gruppierungen sowie durch eine erhöhte missionarische und pastorale Tätigkeit. Es existieren allerdings auch die bekannten Reaktionen in Gestalt von Alkoholkonsum, Fixierung auf eine Karriere, auf Besitz (möglicherweise sublimiert in unterschiedlichen Formen des »Sammlertums«). Auch der Abschied vom Priesterdienst oder eine geheimgehaltene sexuelle Beziehung kommen immer wieder vor. Und vergessen wir nicht die Eiferer vom anderen Lager: Auch viele Kämpfer für die Erneuerung der Kirche, nicht nachlassende Kritiker der »Hierarchie und Roms«, leidenschaftliche Kämpfer für die Abschaffung des Zölibats und für das Priestertum der Frauen und jene, die gegen die Fundamentalisten kämpfen, rekrutieren sich manchmal aus jenen Personen, die mit diesen Aktivitäten den »Verlust des Glaubens« in sich übertönen – jenes Glaubens, den sie eigentlich uneingestanden den Fundamentalisten neiden.

Der Beichtvater einer Ordensgemeinschaft sagte mir einmal vor langer Zeit, dass Röntgenaufnahmen von den Mägen der Schwestern oder Brüder mehr über ein Kloster verraten als die Innengestaltung der Kapelle oder der Gesang im Chor. Magengeschwüre sowie andere Beschwerden können mehr als das ständige Lächeln auf den Gesichtern über die wirklichen Beziehungen innerhalb der Gemeinschaft aussagen, über Stress, der im Interesse der Aufrechterhaltung jenes ewig lächelnden Gesichts manchmal ungenannt bleibt, uneingestanden, innerlich unterdrückt – weitergegeben an die inneren Organe. Das kam mir damals in meinem jugendlichen Idealismus fast lästerlich vor – und noch mehr überraschte mich seine Ansicht, dass das oft empfohlene Bewahren einer frommen Stimmung und einer von Zorn unberührten Seele eigentlich nur ein feiges Abschieben einer geistigen Aufgabe auf den Körper sei.

Heute weiß ich, dass jener erfahrene Priester psychologisch wie auch theologisch recht hatte und nicht die Haufen der möchtegern-frommen asketischen Handbücher, die durch ihre pelagianisch-irreführende Betonung der »asketischen Leistungen«, durch Phrasen und eine sträfliche psychologische Naivität das innere Leiden und die Verbiegung der Persönlichkeit so vieler frommer Menschen verschuldet haben. Noch heute kommen einige Menschen zu mir in den Beichtstuhl, die schwer geschädigt sind durch Beichtväter, die aus solchen Broschüren gelernt haben. Gott sei Dank, dass es die Bücher von Anselm Grün und weiterer Autoren gibt, die aus einer tieferen und authentischeren geistlichen Tradition schöpfen, aus der Spiritualität der Wüstenväter, der ersten Benediktiner und Franziskaner, und die es verstehen, diese schöpferisch mit Ansichten aus der Tiefenpsychologie zu verbinden!

Viele traditionelle Biografien von Heiligen, Predigten und Lehrbücher der Askese und der Moral vermittelten ein ganz und gar lebensfernes und idealistisches Bild des Gläubigen und besonders des Priesters – und viele Priester formten sich in diesem Sinne eine »Maske«, mit der sie vor anderen, vor sich selbst und auch vor Gott ihr wirkliches Ich verbargen. Der Druck, »vollkommen« zu sein, führte manchmal zu tragischer Heuchelei – das, was problematisch war, was »sich nicht gehörte«, verdrängten die Menschen einfach aus ihrem Bewusstsein. Das führte dazu, dass die Probleme zunahmen und diese Menschen dann wirklich ein Doppelleben führten, oft ohne dass sie es sich eingestehen konnten. In einigen Fällen wurde ich als Priester mit psychotherapeutischer Qualifikation zu Gesprächen mit Priestern dazugeholt, die früher eine Einwilligung zur Zusammenarbeit mit der Staatssicherheit unterschrieben hatten. Ich denke, dass sich da etwas Ähnliches abspielte wie in jenen Fällen, in denen einige Priester Jugendliche sexuell missbraucht haben. Diese Menschen haben es vollkommen »vergessen« – es ganz und gar aus ihrem Bewusstsein verdrängt! Der Druck aus der Erwartungshaltung anderer, die durch das romantische Ideal des »heiligen Priesters« herangezüchtet wurde, sowie der psychologische Druck, der durch die Verinnerlichung dieses Ideals während der Ausbildung am Priesterseminar verursacht wurde, erlaubten es diesen Geistlichen nicht, auch nur im Mindesten zuzugeben, dass sie nicht fähig waren, diesem Ideal zu entsprechen. Mir wurde klar, wie wichtig und wie scharf Jesu Kritik ähnlicher »religiöser Professioneller« aus den Reihen der Pharisäer seiner Zeit war.

»Der Mensch ist weder ein Engel noch eine Bestie, und sein Unglück ist, dass er um so bestialischer wird, je mehr er ein Engel sein will«, sagte Pascal. Mit der Versuchung, den Engel zu spielen, sollte der Mensch energisch den Kampf aufnehmen, noch bevor es wirklich zu einer ernsten Persönlichkeitsspaltung kommt und zu einer tatsächlichen dämonischen Fehlbildung. Auch ein gläubiger Mensch, der sich jahrelang um ein Leben in Übereinstimmung mit den hohen moralischen Ansprüchen bemüht hat, soll sich demütig und ohne Scheu eingestehen, dass er nicht vollkommen ist, dass er bislang ungelöste Probleme in sich trägt und dass er von Zeit zu Zeit Anwandlungen von Zorn, Neid, Enttäuschung, Sinnlichkeit, narzisstischer Selbstbezogenheit, Aggressivität und Hartnäckigkeit spürt. Diesen Teil unserer Natur, den wir mit unserem Urvater Adam nach dem Sündenfall teilen, zu verleugnen und zu verbannen ist keine Ehre, sondern ein Sich-selbst-Belügen. Dieses ist gefährlicher als eine ganze Reihe unserer negativen Neigungen, Schwächen und Fehler. Ein weiser

Beichtvater sagte mir einmal einen Satz, den ich nie vergessen werde: Noch vor den Zehn Geboten kommt das Gebot: »Du sollst weder dir selbst noch deinem Herrgott etwas vorlügen! Du sollst dich vor dir selbst und vor ihm nicht anders stellen und besser machen, als du wirklich bist!«

Wenn wir diese Neigungen, die sich in unseren Gefühlen und Stimmungen melden, gleich »moralisieren« und uns ihrer beschuldigen, machen wir alles noch schlimmer. Es ist nötig, sich zuerst ruhig zu sagen, dass es ganz natürlich ist, dass diese Schatten in uns sind – zu einem moralischen Makel würden sie erst dann werden, wenn wir es zulassen, dass sie anfangen, unsere inneren Haltungen, unser Denken und Handeln zu beherrschen. Sogar dann, wenn wir sie hastig und verkrampft ablehnen und ins Unbewusste verbannen, können sie gerade von da aus, aus dem Unbewussten, unser Verhalten und unsere Stimmung weitaus stärker steuern, als wenn wir uns ruhig und bewusst mit ihnen auseinandersetzen. Haben wir sie erst einmal unterdrückt, wird es entschieden schwieriger, sie zu verarbeiten und ihnen »das Steuer aus der Hand zu nehmen«.

Anselm Grün interpretiert in seinen geistlichen Übungen das Märchen von einem Menschen, der gelernt hat, die Sprache der Tiere zu verstehen, und der dadurch einen Schatz gefunden hat. Der Mensch soll die Sprache der Triebe und Emotionen verstehen, besonders jener, die er in sich nicht gern zulässt, er soll mit dem, was tief in ihm anklingt, in den Dialog eintreten. Die Menschen identifizieren sich sehr gerne töricht, billig und heuchlerisch nur mit dem, was im Licht glänzt, was ihren Idealen entspricht und auf was sie stolz sein können. Das, was im Schatten und in der Tiefe ist, fürchten sie – alles Komplexe und Zweideutige halten sie gleich für sündig und wollen damit nicht einmal in Berührung kommen.

Zu Beginn der Messe bekennen wir, dass wir vieles hätten tun sollen, aber nicht getan haben, dass wir gesündigt haben durch die Unterlassung des Guten. Das sollten wir stärker beachten! Es gibt für uns »existentielle Schulden«. Wohl jeder von uns hat in seinem Unbewussten Dinge, die er dorthin verbannt hat oder die er nie aus diesem mächtigen Potenzial seines Seins herausgehoben hat. Schulden sind nicht dasselbe wie Sünden. Aus Schulden können aber dann Sünden werden, wenn sie vergessen und nicht zurückgezahlt werden. Wir haben häufig unseren Fokus auf »Sünden«, die ein Versagen vor bestimmten Regeln oder Idealen sind oder die einfach Ausdruck dessen sind, dass wir schwache und unvollkommene Menschen sind. Aber die am längsten auf unseren Seelen lastenden Schatten können unsere nicht zurückgezahlten »Schulden« sein – ja, das, was »wir hätten tun sollen, aber nicht getan haben«, das, wodurch wir bestimmte Lebensaufgaben übersprungen haben, wo wir oberflächlich waren und unaufrichtig, wo wir ausgewichen sind auf dem Weg zur Reife. Wann nehmen wir das Evangelium endlich ernst und wann wird es uns mehr um Wahrhaftigkeit und Ganzheitlichkeit gehen als um den Katalog unserer guten Taten und um »Unbeflecktheit« (sich bloß nicht schmutzig machen!)?

C. G. Jung bemerkt mit Recht, dass wir uns mehr um »Vollständigkeit«, um »Ganzheitlichkeit« bemühen sollten als um »Vollkommenheit«. Es geht darum, dass wir nicht nur an der Oberfläche leben und uns nicht nur mit einer Seite unseres Seins identifizieren, sondern dass wir Verantwortung für das Ganze unseres Lebens übernehmen. Diese Worte warfen für mich neues Licht darauf, warum Jesus denen den Vorrang gab, die sich ihrer Sünden bewusst waren und sich danach sehnten, freigekauft zu werden, und nicht jenen, die sich mit ihrer Gerechtigkeit auswiesen. Für viele Christen ist es bis heute unverständlich und unannehmbar, dass Jesus notorisch den Zöllnern und den Dirnen den Vorrang gibt vor den wirklich moralischen, gerechten, frommen – allerdings innerlich erstarrten und verschlossenen Pharisäern. Ein demütiges Bewusstsein der eigenen Sündhaftigkeit kann ein guter Start auf dem Weg zu Christus sein; der Stolz derjenigen, die sich in ihrer Gerechtigkeit eingerichtet haben, ist eine sichere Rutschbahn in Richtung Hölle.

Beim Bekenntnis der Sünden schoss es mir einmal durch den Kopf, wie wichtig das Wort *meine* Schuld ist. Es geht in erster Reihe nicht um eine deprimierende Selbstbeschuldigung im Hinblick auf irgendein statisches Ideal von Tugendhaftigkeit und erst recht nicht darum, unsere Schulden auf billige Art weit von uns zu weisen. Im Gegenteil – es geht eher darum, sie anzunehmen, sie auf sich zu nehmen, und das zuerst im Sinne der Erkenntnis: »Auch das bin ich«. Sobald ich dieser zur Demut verhelfenden Integration fähig bin, nämlich die eigenen Schattenseiten wieder in mich aufzunehmen, in die Sphäre meiner eigenen Verantwortung – während ich sie bislang auf andere projiziert oder mich mit äußeren Zwängen herausgeredet habe –, verlieren sie schon einen Großteil ihrer finsteren Macht über mich. Gott nimmt mich so an, wie ich bin – im Unterschied zu den Menschen, zur »öffentlichen Meinung« und auch im Unterschied zu meiner eigenen Neigung, mich vor mir selbst besser zu machen. Und wenn ich mich demütig vor ihn hinstelle – das heißt wirklich aufrichtig, wahrheitsgetreu – mit allem, was Gutes in mir ist und Schlechtes, Helles und Dunkles, beginnt er mich auf den Weg der Reife zu führen. Wenn ich erfahre, dass Gott mich in dieser Weise aufnimmt, kann ich Mut gewinnen, auch mich selbst vollständig anzunehmen – und dann kann ich lernen, auch andere Menschen so anzunehmen, wie sie sind, und nicht so, wie ich sie gerne hätte. Bekehrung, Buße, Vergebung und Versöhnung – das sind nicht nur irgendwelche Übungen in frommen Gefühlen, das ist ein Prozess des Reifens zu Verantwortung, zum Erwachsenwerden und zur Ganzheitlichkeit, dessen unerlässlicher Teil Selbstannahme und Selbsterkenntnis sind.

Meine Schwächen, Schattenseiten und Konflikte sind Aufgaben und Chancen; im Beichtstuhl sage ich oft zu Menschen, die deprimiert davon sind, immer wieder denselben Schwächen trotzen zu müssen: Wäre es nicht langweilig, wenn wir nichts mehr hätten, woran wir arbeiten müssen, und wenn wir wie die Engel wären? Die Nähe zu den Engeln, das ist etwas, auf das wir uns hinter der Pforte des Todes freuen können, was wir aber nicht hier, auf dem irdischen Kampfplatz suchen sollten. Tragen wir unser vieldeutiges und problematisches Irdischsein wie eine fortwährende Aufgabe! Erstarren wir nicht in der seligen Vorstellung, dass wir schon das Ziel erreicht haben! In den Himmel kommt man nicht, wenn man das Irdische überspringt. Auch hier gilt, dass »gratia supponit naturam«, Gnade die Natur voraussetzt.

* * *

Wollten wir Schwächen und Konflikte innerhalb der Kirche verschweigen, würden wir uns gegen die eindeutigen Worte von Johannes Paul II. stellen, dass die Kirche wie ein »Haus aus Glas« sein soll, dass wir transparent sein und nichts vertuschen sollen. Ob es uns nun gefällt oder nicht, in einer medialen Gesellschaft lässt sich im Übrigen nichts vertuschen und die Bemühung darum verschlimmert nur die Situation und führt zum Verlust der Glaubwürdigkeit.

Damit will ich nicht sagen, dass man mit jeglicher Verletzung gleich zum Fernsehen laufen sollte und alle Informationen über die Schattenseiten des kirchlichen Milieus weitergeben sollte, nicht zuletzt an die Boulevardpresse, die im Sommerloch nach Skandalen in der Kirche fahndet. Wir müssen unterscheiden! Wenn jemand über Missstände spricht, denen er in der Kirche begegnet ist, mit denen er sich aber nicht auseinandergesetzt hat, und wenn er durch Publikmachung nur laut die Tür hinter sich zuschlagen und vor sich selbst und vor anderen seine Haltung rechtfertigen will, ist es meistens peinlich. Falls er jedoch etwas in der Art erlitten hat und anderen ein aufrechtes Zeugnis anbieten kann darüber, welchen Weg es gibt, um sich von den Schatten nicht das Leben vergiften und sich nicht brechen zu lassen, so kann er vielen Menschen helfen, die in einer ähnlichen Situation sind. In dem Fall ist die Wahrheit, sei sie auch bitter, subjektiv und partiell – die menschliche Wahrheit ist immer eine Teilwahrheit –, stets eine größere Hilfe als jedwedes Schönreden oder Verschweigen. Es ist nötig, offen über Probleme zu sprechen, aber zugleich deutlich zu machen, dass die Anderen das Recht haben, die Dinge anders zu sehen. Auch vor der Öffentlichkeit ist die Kirche glaubwürdiger, wenn es sich zeigt, dass sie in ihren Reihen Menschen hat, die sie kritisch sehen – damit entwaffnen wir am effektivsten destruktive und feindselige Kritik. Nur die Wahrheit wird uns frei machen.

* * *

Es gibt solche geistlichen Krisen, in denen der Mensch das Gefühl hat, dass er den Glauben verloren hat. Der Glaube ist eine ernste Sache, wir sollten also verantwortungsvoll über seinen Verlust sprechen. Den Glauben verliert man nicht wie einen Geldbeutel. Und falls jemand den Eindruck hat, er habe auf diese Weise seinen Glauben verloren, hat er nichts zu bedauern, weil das, was er so verloren hat, wahrscheinlich nur religiöse Illusionen waren. Den Glauben kann man selbstverständlich vernachlässigen, nicht pflegen, wie jemand eine partnerschaftliche Beziehung vernachlässigt und nicht pflegt und sich dann wundert, dass die Partnerschaft zerbrochen ist. Es kann passieren, dass »das Dorngengestrüpp weltlicher Sorgen« die menschliche Seele so überwuchert, dass der Glaube in ihr »nicht zu Wort kommt« und aufhört, das Denken und Handeln des Menschen zu beeinflussen; und es können viele andere Situationen auftreten, in denen der Glaube verkümmert, worüber das Gleichnis des Evangeliums vom Sämann so schlicht und vielsagend spricht. Aber darüber rede ich hier nicht.

Ich rede von den Augenblicken, in denen sich dem Menschen das Bild, das er sich von Gott gemacht hat, verdunkelt oder in denen es zerfällt, in denen er sich wie im luftleeren Raum fühlt. Wenn jemand durch eine starke Krise geht, die vielleicht damit ihren Anfang nimmt, dass er an etwas in der Kirche leidet, wird ihm oft von Priestern oder anderen gläubigen Freunden die fromme Ermunterung zuteil: »Reiß dich zusammen, das ist doch nicht so schlimm! Jesus hat auch gelitten, du musst das Opfer bringen, du musst dein Kreuz tragen! Hast du denn keinen Glauben?« Das Buch Ijob ist voll von solchen guten frommen Ratschlägen von Ijobs weisen Freunden. Aber zum Glück enthält es auch die Szene, als endlich Gott selbst das Wort ergreift, und das Erste, was er tut, ist, dass er Ijobs Freunde für ihre frommen Ratschläge und moralischen Ermunterungen streng ermahnt und sich Ijobs annimmt, der hart gegen ihn polemisiert hatte, dass es allen Frommen wie Gotteslästerung erschien. »Mein Knecht Ijob soll für euch beten. Denn auf ihn will ich Rücksicht nehmen, dass ich euch keine Schmach antue« (Ijob 42,8), sagt der Herr zu diesen und zu allen anderen ähnlichen Gutmeinenden.

Wenn Sie solche Menschen danach befragen, was sie sich darunter vorstellen, das Kreuz zu tragen und teilzuhaben am Leiden des Herrn, bringen Sie sie in Verlegenheit, weil jene damit meist gar nichts meinen. Sie lassen nur eine Blase mit frommen Phrasen aus ihrem Munde heraus, oder sie bieten Ihnen das pelagianische häretische Ideal eines Moralathleten. Die Reden darüber, dass Ihre Situation doch objektiv gesehen nicht so schlimm sei und dass alles in allem doch nichts geschehen sei, sind zwar oft die »objektive Wahrheit«, aber dies ist nicht die Wahrheit Ihrer Situation und Ihres Lebens. »Der Satte glaubt dem Hungrigen nicht.«

Auf jene grausame Frage: »Hast du denn keinen Glauben?« empfehle ich zu antworten: »Ja, manchmal kommt es mir so vor, als hätte ich keinen.« Da werden sie von Ihnen davonlaufen wie vor einem Aussätzigen, murmelnd, dass sie für Sie beten werden. Jesus stellte diese Frage seinen Aposteln in einem Augenblick, als er mit ihnen in einem Boot stand, das von den Wellen gepeitscht und vom Sturm hin und her geworfen wurde. Aber diese Menschen haben nicht nur keine Macht, den Sturm zu stillen, dem Sie ausgesetzt sind, sondern sie sind vor allem gar nicht an Bord, sie sind weit entfernt von den Stürmen, von denen Sie hin und her geworfen werden.

Sein Kreuz zu tragen und teilzuhaben an Jesu Leiden bedeutet ganz entschieden nicht, die Zähne zusammenzubeißen und sich einreden zu lassen, dass das, was ich als schwarz erlebe, eigentlich rosa sei. Es bedeutet im Gegenteil, in jenen Augenblick von Jesu Finsternis einzutreten, in seine schmerzhafte Frage: »Mein Gott, mein Gott, warum hast du mich verlassen?« (Mt 27, 46)

Es ist ungeheuer wichtig zu wissen, dass solche Augenblicke, wenn der Mensch in seinem geistlichen Leben ganz erschüttert wird, als wäre Gott ihm gestorben, als verdunkelte sich sein Glaube und als habe er wirklich den Grund berührt, wertvoll und bedeutsam sind. Es ist nötig, gerade diese Augenblicke als eine religiöse Schlüsselerfahrung anzunehmen. Hier irgendwo endet das Haben »religiöser Vorstellungen« und der wirkliche Glaube kann beginnen.

Ja, es gibt Menschen, die sich in den Zeiten von Gottes Schweigen von ihm abgewandt haben, weil sie zu der Ansicht gelangt sind, dass es Gott »nicht gibt«. Es wäre ehrenhafter gewesen zu konstatieren, dass ihre bisherige Vorstellung von Gott »nicht funktioniert« hat. Ja, einen Gott, der nach den menschlichen Vorstellungen funktionieren würde, *gibt es* wirklich *nicht*, oder es ist zumindest nicht Gott – es ist ein Götzenbild, und sich von diesem zu befreien ist gut. Diese

Menschen haben ihren Teil an der Wahrheit, aber sie bleiben auf halbem Wege stehen. Der Sinn im Überwinden der Götzen liegt darin, Raum zu schaffen für die Begegnung mit dem lebendigen Gott. Eben jener Augenblick der »Verdunkelung« auf dem geistlichen Weg kann zur entscheidenden Begegnung mit dem lebendigen Gott werden. Oft begreifen wir erst rückblickend mit Abstand, dass es Gott selbst war – und kein inneres oder äußeres Hindernis –, der unseren bisherigen spirituellen Weg blockiert hat. Er hüllte sich in Schweigen, in Finsternis, er reduzierte sich bis zum Nichts – aber gerade dort ist es nötig, ihm zu begegnen.

* * *

Bei meiner damaligen Krise fand ich Hilfe bei den Mystikern, die an die sogenannte »negative Theologie« anknüpfen: Meister Eckhart, Johannes vom Kreuz und Teresa von Avila. Diese wurden seit der Zeit meine geistlichen Führer und Lehrer im Glauben.

Meister Eckhart sagt: Gott ist wirklich *nichts*. In der Welt der seienden Dinge, der vielen »Etwas«, finden wir ihn nicht. Gott ist nicht ein Bestandteil davon, er ist kein »etwas«. Er ist auch nicht »das höchste Sein«. Und nun kommt die Hauptsache: Damit du Gott begegnen kannst, der nichts ist, musst auch du selbst zuerst zu »nichts« werden, zu niemand. Das bedeutet, sich auf kein »etwas« zu fixieren, sich mit keiner Sache zu identifizieren – nicht mit Besitz, mit einer sozialen Rolle, aber auch nicht mit geistigem Eigentum, mit »Wissen«. Innerlich frei zu sein und ganz offen, das heißt, an keinen Ideologien zu hängen, an keinen »Bildern«, an keinen Idolen und Götzenbildern – auch unsere Vorstellungen von Gott, unsere Begriffe und Definitionen können solche verdinglichenden und in die Irre führenden Götzenbilder sein. Gott ist nichts und du werde zu »niemand«, frei von allem Verhaftetsein, auch von dir selbst entleert. Erst dann wirst du Gott begegnen – »wie ein Nackter einem Nackten«.

Und du wirst ihm nicht nur bei einer besonderen heiligen Tätigkeit begegnen oder an einem heiligen Ort, ein in dieser Weise freier Gott ist gleichzeitig »alles in allem« – und du kannst ihm gleich nahe sein, sagt Meister Eckhart, beim Melken der Kühe wie bei der Anbetung in der Kirche. Wenn du ein freies »nichts« geworden bist, wird Gott dieses Nichts ausfüllen und er wird ganz und gar dein Leben durchdringen, weil er dabei nicht durch dein Gefesseltsein an »die Dinge« gehindert wird. Leere und Fülle sind in der Sprache der Mystiker zwei Ausdrücke für dasselbe.

Und Johannes vom Kreuz? Er legt uns eine Landkarte für den Weg zum Berg Karmel vor. Sie führt, wie bei Meister Eckhart, über »nada« – nichts wollen, nichts wissen, nichts sein. Und auf dem Berg? Wieder nichts. Johannes vom Kreuz spricht zu Menschen, denen »Gott gestorben« ist, deren Glaube sich verfinstert, die durch die Nacht gehen. Er reinterpretiert wie ein erfahrener geistlicher Therapeut diese Situation. Terrorisiere dich nicht mit moralischen Vorwürfen! Gott straft dich nicht durch diese Finsternis für deine Sünden, es muss nicht bedeuten, dass du den Glauben vernachlässigt hast. Und es bedeutet schon gar nicht, dass dein bisheriger Weg umsonst war. Der dunkle Augenblick, die Berührung durch die Verlassenheit unseres Herrn am Kreuz ist ein Augenblick der Verwandlung und Reinigung, ein Augenblick deines Todes und deiner Auferstehung.

Zuerst verstummte die Welt, als du wie ein Verliebter zur liebenden Begegnung mit Gott flogst, frei, so wie man mit Liebe im Herzen durch eine Sommernacht läuft. Die Welt, die Bedeutungen, die Dinge – das alles schlief, es störte dich nicht und zerstreute dich nicht, es war vom Dunkel verhüllt. Aber nun schweigt Gott, das Dunkel dringt bis zum Heiligtum deines Geistes vor. Aber fürchte dich nicht, halte aus auf diesem finsteren Weg. Ist diese Finsternis nicht ein Erblinden durch das Übermaß des Lichts? Bedeutet dieser dunkle Augenblick nicht, dass du Auge in Auge mit der Sonne stehst?

Mir wurde bewusst: Ja, das ist die Antwort. Dies war die Spiritualität, die genau der Lebenssituation entsprach, in der ich mich befand. Johannes spricht zum erschütterten Menschen, zum Menschen in der Krise, zum Menschen, der dem Schweigens Gottes ausgesetzt ist, gleich einer Wüste. Er versucht ihm zu zeigen, dass diese Krise eine Chance ist, eine Art Besucht-werden. Er moralisiert nicht und bietet keine billigen Lösungen an. Wir sollen diese Situation annehmen, denn es ist eine der Weisen, wie Gott mit dem Menschen kommuniziert. Es ist sogar eine der tiefsten Weisen des Kontakts mit dem menschlichen Herzen. Er kommt zu den Verwundeten und Verdurstenden. Das Zerschlagen der bisherigen Frömmigkeit ist wiederum eine Chance dafür, dass im Menschen die kindliche und naive Gestalt des Glaubens abstirbt, dass er den Sturz der Götzenbilder erlebt. Wir haben die dauerhafte Neigung, aus Gott ein Götzenbild zu machen, ihn uns in Gestalt von Begriffen und Bildern zu formen. Erst im Augenblick des Sturzes, des Anzweifelns und des Verstummens all dieser Bilder können wir uns bewusst machen, dass Gott weit hinter und über all dem ist, dass er größer ist als alles, was wir uns von ihm vorstellen können.

Als ich damals nach Jahren den Essay »Ego dormio« wieder las, den ich vor langer Zeit auf die Bitte von Václav Havel hin für eine Festschrift zu seinem Fünfzigsten geschrieben hatte, war ich sehr überrascht zu sehen, dass ich mich mit einigen dieser Gedanken schon einige Jahre zuvor beschäftigt hatte, dass ich sie dann aber offenbar vergessen hatte. Es kam mir vor, als wäre es ein musikalisches Motiv, das in verschiedenen Variationen die gesamte Komposition meines Lebens hindurch wiederkehrt. Es war zumindest einmal schon da, aber ich wurde ihm noch nicht gerecht, ich griff nach ihm nur aus intellektuellem Interesse. Nun leuchtete es durch meine Erfahrung hindurch, wie die Sonne durch eine Wolke hindurchscheint. Die Zeit schien dunkel, aber nun begannen goldene Strahlen durch sie hindurchzudringen. Ja, erkannte ich, dies ist mein geistlicher Weg. Ich berührte den Grund: Und siehe, Gott war gerade dort.

* * *

Dann fiel mir noch etwas ein: Dass man das, was Johannes vom Kreuz über die Situation der einzelnen Seele sagt, auf ganze Kulturepochen beziehen kann. Ist die Zeit, die viele als Zeit des »Todes Gottes« charakterisieren und wirklich auch erleben, nicht auch nur eine solche »finstere Nacht des Geistes«? Ist nicht der Atheismus unserer Zeit – ich meine den existenziellen Atheismus, wie ihn Nietzsche, Heidegger und Sartre bezeugen, nicht den oberflächlichen »Atheismus aus dem Bauch heraus« derer, die sich keine geistliche Frage stellen –, ist dieser existenzielle Atheismus nicht auch eine bestimmte Art religiöser Erfahrung?

Als ich an die philosophische Fakultät zurückkehrte, begann ich mich intensiv mit der Geschichte des modernen philosophischen Atheismus zu beschäftigen, insbesondere mit dem Thema vom Tod Gottes bei Hegel, Nietzsche und weiteren Autoren. Im Licht, das mir bei der Begegnung mit der christlichen Mystik aufging, kam mir der Gedanke, dass all jenes, von dem diese Autoren sprechen, nennen wir es Verlust, Verdunkelung, Schweigen oder Tod Gottes, nicht etwas »innerhalb« der Geschichte des Glaubens und der Erfahrung des Glaubens ist. Gehört zum Weg zu Gott nicht die »finstere Nacht«? Damals fiel mir zuerst ein: Ist nicht der Atheismus – oder zumindest eine bestimmte Art davon – statt einer »Unwahrheit« lediglich »ein Teil der Wahrheit«?

Der Dialog des Glaubens mit dem Atheismus kann eine tiefere Gestalt annehmen als das gegenseitige Sich-Totschlagen mit Argumenten. Er kann ein bereicherndes Teilen von Erfahrungen sein. Wenn ich dem Atheisten zeige, dass ich seine Erfahrung der »Verdunkelung Gottes« mit ihm teilen kann, eröffnet sich damit nicht die Möglichkeit, dass ich ihm auch meine Erfahrung der Nähe Gottes anbieten kann?

Einmal sagte mir eine alte Ordensschwester einen Satz, den ich damals nicht verstand: »Je älter ich werde, umso näher und ferner zugleich kommt Gott mir vor.« Dem Menschen geht manchmal erst nach vielen Jahren geistlichen Lebens und erst nach drei ordentlichen Glaubenskrisen auf, dass der Glaube nicht eine unveränderliche statische »Gewissheit« ist, sondern ein Weg, auf dem Licht und Dunkel sich abwechseln. Wenn es möglich ist, Gott zumindest ein wenig zu erblicken – wie Elias ihn »erblickt« hat auf dem Berg Horeb –, dann geschieht dies am ehesten im Augenblick, wenn Licht und Dunkel einander durchdringen.

Die spirituelle Erfahrung aus der Begegnung mit der Mystik, die mir half, meine innere Krise im Jahr 1992 zu klären und zu verarbeiten, bildete sich auch in meiner theoretischen Arbeit an der Fakultät ab und zugleich in meiner Seelsorgetätigkeit für suchende und zweifelnde Menschen. Die Mystik und die negative Theologie haben dann mein theologisches Denken deutlich geprägt, sie spiegeln sich in meinen Büchern wider und haben mir schließlich dabei geholfen, in einen schöpferischen Dialog mit der zeitgenössischen postmodernen Religionsphilosophie und philosophischen Theologie einzutreten.

* * *

Und schließlich haben noch zwei weitere Dinge mir geholfen: die Reise ins Heilige Land und die Nähe zu Studierenden. C. G. Jung, der in den Jahren vor dem Ersten Weltkrieg offenbar eine ähnliche Krise durchlebte, sagte, dass ihm zwei Dinge geholfen hätten: erstens, dass er seine Krise als eine ganz bestimmte Antizipation und »mystische Teilnahme« an jener Krise begriffen hätte, die unmittelbar darauf die Welt zur Zeit des Krieges befiel, und zweitens, dass er seinen Kampf in seinem Herzen bewahrt hat und nicht einen einzigen Tag seine Arbeit mit den Patienten unterbrochen oder die Pflichten gegenüber der eigenen Familie vernachlässigt hat.

Nun will ich Menschen, die schwere Probleme haben, nicht dazu verführen, keine psychotherapeutische Hilfe aufzusuchen, das wäre unverantwortlich. Im Gegenteil, sich einer Psychotherapie zu unterziehen, kann in vielen Fällen ein rettender, vernünftiger, demütiger und mutiger Schritt sein. Es ist ebenfalls gut, Freunde zu haben, denen man vertrauen kann, und mit ihnen zu sprechen sowie sich manchmal alles »von der Seele zu schreiben« oder alles auszuweinen, seine Wut und seinen Kummer ins Kissen zu schreien … Es gibt eine Vielzahl therapeutischer und geistlicher Hilfsmittel und Hilfsangebote, die man nicht verachten sollte. Nicht einmal ein psychotherapeutisch geschulter Mensch sollte eine Psychotherapie von sich weisen, wenn es um seine eigenen Probleme geht, wie auch ein geistlicher Begleiter nicht eine geistliche Beratung in seinen Angelegenheiten verachten sollte. Es ist bekannt, dass Ärzte am häufigsten ihre Krankheit übergehen, und einem Menschen, der in »helfenden Berufen« tätig ist, kommt es manchmal so vor, als wären seine eigenen Ratschläge für ihn selbst genauso wenig wirksam wie für den König der Pierrots, den Pantomimen Deburau, dem sein Arzt in einer Depression empfahl, sich eine Vorstellung des »Kaspers Deburau« anzusehen.

Ich selbst habe jedoch damals keinen Psychotherapeuten aufgesucht, meine Krise spielte sich eher auf spirituellem Gebiet ab als auf psychologischem. Gewiss habe ich darüber mit meinem Beichtvater gesprochen und mit einigen engen

Freunden. Ich fühlte, dass ich diesmal »Hilfe von oben« erhalten würde, und ich erhielt sie auch, besonders im Heiligen Land. In »irdischer« Hinsicht half mir sehr, dass ich täglich für die Studenten da sein konnte, in der Kirche wie in der Universitätsaula. Ich war zum Glück nicht lange ohne universitäre Umgebung, die ich brauche wie der Fisch das Wasser.

* * *

Meine erste Reise nach Israel im November 1992 war eigentlich der dritte Teil des »Management-Trainings für Bischöfe«, das ich bereits erwähnt habe. Es waren eher Exerzitien, bei denen ein sympathischer junger Brixener Bischof, ein spirituell tiefer Ordensmann und ausgezeichneter Exeget biblischer Texte in einer Person, unsere Bischöfe durch Orte führte, an denen Jesus gewirkt und an denen er seine Apostel herangebildet hatte. In Meditationen an den weihevollsten Orten des Heiligen Landes versuchte er uns »den Stil Jesu in der Führung von Menschen« zu zeigen. Zur horizontalen Komponente des Kurses, in der die Bischöfe lernten, die Arbeit rational zu organisieren, kam nun die vertikale und spirituelle Dimension hinzu: Das war ein hervorragender Einfall.

Die zwölf Tage mit böhmischen und mährischen Bischöfen an heiligen Orten waren für mich auch ein sehr nötiger Urlaub, weil ich vollständig erschöpft dorthin reiste. Es war kurz nach dem Stress an der Theologischen Fakultät, als ich all die erwähnten geistlichen und gesundheitlichen Beschwerden hatte. Außerdem hatte ich kurz zuvor zwei Habilitationsverfahren an zwei verschiedenen Universitäten absolviert, in Prag und kurz darauf an der Päpstlichen Theologischen Fakultät in Breslau (Wrocław). Beide Habilitationen verliefen erfolgreich, aber es war selbstverständlich eine weitere Belastung, und so reiste ich in einem dermaßen erbärmlichen Zustand dorthin, dass mir später der Erzbischof Vlk verriet, dass er Befürchtungen hatte, ob ich den Weg physisch überhaupt bewältigen würde. Die zwölf Tage in Israel verliefen in einer sehr netten, freundschaftlichen und gelösten Atmosphäre ohne persönliche Spannungen; auch die Bischöfe waren natürlich glücklich, dass sie sich für kurze Zeit von ihren Verpflichtungen freimachen konnten, und verjüngten sich auf wunderbare Weise. Sollte sich jemand eine Gruppe von Bischöfen vorstellen als hochheilige Ansammlung von Macht, bestehend aus düsteren Würdenträgern, so wünschte ich, er hätte die fröhlichen Augenblicke erlebt und hätte die ehrwürdigen Herren Bischöfe am Strand in Badehosen ausgelassen mit dem Ball herumspringen sehen. Mir wurde klar, dass ich sie trotz aller Vorbehalte sehr gern hatte, und auch sie alle hatten mich in all den Jahren gut kennengelernt und mich zu nehmen gewusst, wie ich bin; ich fühlte mich dort menschlich gut mit ihnen.

Der Aufenthalt war aber nicht nur ein gewöhnlicher Erholungsurlaub, es war eine Wallfahrt – und eine solche ist, wird sie ernst genommen, stets die Gelegenheit zur recreatio, zur »Wieder-Erschaffung«, ein kleiner Schritt auf dem Weg der Erneuerung des Menschen in vielen Schichten seines Wesens. Die heiligen Orte des Heiligen Landes haben für die Glaubenden von drei monotheistischen Religionen – und sicherlich für jeden Menschen mit geistlicher Wahrnehmung – wirklich eine heilende Kraft. Innen in mir herrschte noch eine große Dürre und Finsternis, aber die Berührung mit Orten wie der Grabeskirche, Bethlehem, Nazareth und dem Berg Tabor brachte mir Licht.

Heilung – auch auf geistlichem Gebiet – beginnt meist so, dass die Symptome der Krankheit sich voll entfalten, als ob sie uns Gelegenheit geben wollen, mit dem Geheimnis unseres Schmerzes in Dialog zu treten. Ja, es gab dort für mich auch finstere Augenblicke. Niemals werde ich vergessen, wie ich eines Abends allein am Ufer des See Genezareth umherstreifte, an jener Stelle, wo Jesus seine Apostel berief, und plötzlich kam ich mir sehr alt vor. Wie schrecklich bin ich in den Wendejahren und in den Konflikten dieses Jahres gealtert! Mich überfiel der Gedanke, den Nietzsche in einem seiner Werke äußert: Jesus ist zu jung gestorben. Was wäre aus ihm geworden, wenn er alt geworden wäre? Was kann er einem alten Menschen geben? Plötzlich erschien mir das Christentum wie eine Sache für begeisterte junge Menschen – und ich fühlte mich auf einmal so sehr gealtert, ohne irgendeinen Funken Hoffnung. Soll ich meine Netze, meine Sendung, »ein Menschenfischer zu sein« für Christus, anderen überlassen? Wird der neuen Etappe meines Lebens nicht mehr die herbstliche Weisheit des alten Buddha entsprechen?

Ich stellte mir vor, dass Jesus käme und mich ähnlich wie die Apostel anspräche, ich solle alles stehen und liegen lassen und ihm nachfolgen, und dass eine solche Aufforderung in mir Verlegenheit hervorrufen würde oder gar Widerstand. Ich war in Versuchung, auf diese Aufforderung Jesu zu entgegnen: »Herr, suche dir jemand Jüngeren. Lass mich hier sitzen, ich gehe nirgends hin, ich bin müde und enttäuscht. Ich habe alles satt.«

Am Ufer des See Genezareth fischte ich aus der Tiefe des Herzens all meinen Schmerz und meine Müdigkeit und vertraute sie dem an, der einst an diesen Orten wandelte. Ich bat ihn, er möge meine Schritte wieder in seine Fußstapfen lenken, die er »zu jener Zeit« in dem sandigen Ufer hinterließ. Am zweiten Tag auf dem Weg aus Caesarea Philippi erwähnte ich es Bischof Škarvada gegenüber, als wir für eine Weile auf dem Weg allein waren. Er lächelte nur und sagte: »Der Herr wird dein Herz wohl wieder einmal verjüngen.«

Nein, es trat dort bei mir keine dramatische »zweite Bekehrung« ein, aber ich kehrte doch als »ein Anderer«

zurück als der, der losgefahren war. Das ist doch der Sinn einer Wallfahrt, oder nicht?

* * *

Im Jahr 1992, als ich meinen Bruch mit der Leitung der Theologischen Fakultät durchmachte, starb auch ein Mensch, der mir viel bedeutet hat, Kardinal Tomášek. Meine letzten Begegnungen mit Kardinal Tomášek bilden eine Art Tryptichon.

Als ich ihn Ende Juli besuchte, lag er auf seinem Bett, an der Grenze zur Agonie. »Herr Halík ist hier«, sagte ihm die Schwester. Er öffnete die Augen, lächelte und sagte mit erstaunlich klarer Stimme: »Er bringt gute Nachrichten!« Das war der letzte Satz, den ich von ihm hörte. Ich feierte an seinem Bett eine Messe und reichte ihm mit einem Löffel das Blut des Herrn. Beim Abschied legte er seine Hand auf meinen Kopf und empfing so den letzten Segen von ihm.

Am Nachmittag des vierten August rief mich Bischof Škarvada an: »Der Herr Kardinal ist soeben gestorben. Der Herr Nuntius war bei ihm. Im ganzen Palais sind nur die Schwestern und ich. Kannst du kommen?« Ich half, den Kardinal in den Sarg zu betten, verfasste eine Nachricht für das Pressebüro und telegrafierte in die Schweiz zu Erzbischof Vlk. Dann zelebrierte ich in der Kapelle des Erzbischöflichen Palais im Kreise der Schwestern die erste Messe für den Verstorbenen; die erste, bei der ich seinen Namen an anderer Stelle des Kanons nannte als bisher.

Einige Tage später kommentierte ich das Begräbnis des Kardinals für eine Direktübertragung des Fernsehens aus dem königlichen Chor der Kathedrale. Durch den Kopf liefen mir wie ein Film eine Reihe von Erinnerungen an unsere Begegnungen im Verlauf eines Vierteljahrhunderts. Der da beerdigt wurde, war für mich mehr gewesen als ein kirchlicher Vorgesetzter. Mir fiel eine Übereinstimmung auf: Mein Vater wurde am 30. Juni geboren und starb in der Nacht vom vierten zum fünften August; der Kardinal wurde ebenfalls am 30. Juni geboren (zwei Jahre vor meinem Vater) und verstarb am vierten August.

Als der Sarg in die Erzbischöfliche Gruft herabgesenkt wurde, musste ich für eine Weile das Mikrophon ausschalten. Ich schämte mich dafür, dass ich mich nicht ganz beherrschen konnte. »Was ist los? Ich höre Sie nicht«, fragte die Tontechnikerin aus dem Studio über Kopfhörer. »Alles in Ordnung, ich mache weiter!«, antwortete ich nach einem Moment mit einer schon ziemlich ruhigen Stimme und fügte erklärend hinzu: »Ich hatte ihn gern.«

Am Abend nach dem Begräbnis des Kardinals wurde mir deutlich, dass eine lange Etappe meines Lebens zu Ende gegangen war. Ich fasste den Entschluss, in der nächsten Periode nicht mehr für das Amt des Sekretärs der Bischofskonferenz zu kandidieren und diese bischöflichen Kreise zu verlassen, wie ich die Theologische Fakultät verlassen hatte. Ich hatte diese Arbeit ohnehin nur angenommen, um nach den Jahren, die ich mit Kardinal Tomášek erlebt hatte, die Zeit zu überbrücken, bis der Bischofsstuhl neu besetzt sein würde.

* * *

In meinem Leben tauchte ein neues großes Thema auf, das zu einem erheblichen Grad mit meinem Wechsel zum religionswissenschaftlichen Arbeitsbereich an der Philosophischen Fakultät zusammenhing: der interreligiöse Dialog. Diese Aufgabe öffnete mir neue Horizonte, und zwar nicht nur rein intellektuelle. In den darauffolgenden Jahren besuchte ich nach und nach alle Kontinente unseres Planeten und erlebte dabei unglaublich viel.

XII. Wege in die Ferne

Mit dem Fall des Kommunismus und des »Eisernen Vorhangs« öffneten sich mir endlich Wege in die ganze Welt und ich machte begeistert davon Gebrauch. Ich habe stets das Reisen für einen untrennbaren Teil von Bildung gehalten und ich litt wirklich darunter, dass ich in dieser Dimension des Lebens so lange eingeschränkt war. Menschen, mit denen ich mich in meiner Heimat nicht verstanden habe – und das kann ich auch über die Gegenwart sagen – waren auffallend häufig entweder Menschen, die nicht viel gereist waren, oder solche, denen das Reisen und die Begegnung mit anderen Kulturen einen Kulturschock verursacht hatte, Traumata, die sich in ihrer Wahrnehmung der Welt spiegelten. Für mich war die ausschlaggebende Erfahrung – wie ich schon erwähnt habe – jenes internationale Seminar, das ich 1969 als Student erlebt hatte. Ich hatte dort gelernt, die Welt mit den »Augen der Anderen« zu sehen. Wenn ich von gewissen Leuten den Stempel eines »Liberalen, Relativisten, Kosmopoliten« usw. erhalte, dann drückt das vermutlich ihre Bewertung eben dieses Aspekts meiner Lebenshaltung und meiner Lebensphilosophie aus, nämlich der Bemühung, das »Fremde« nicht gleich als eine potenzielle Gefahr wahrzunehmen, sondern als eine potenzielle Bereicherung und Ergänzung. Nationalismus, Chauvinismus und Xenophobie habe ich stets für ein gefährliches Gift gehalten.

Das Reisen war für mich nie Teil der »Unterhaltungsindustrie«, vielmehr habe ich es als geistige Aktivität aufgefasst. Reisen in entfernte Kulturen fasste ich als Pilgerreisen auf – als einen Bestandteil geistlichen Reifens, das die Bereitschaft in sich einschließt, die gewohnten Gleise zu verlassen, sowie Mut zur Offenheit gegenüber dem Unbekannten, die Demut, zu einem Fremden zu werden, der auf andere angewiesen ist wie auch auf eine Menge von Unvorhersehbarem; für den Pilger ist die Reise selbst eine Form des Gebets. Ja, ich pilgerte an heilige Orte des Christentums wie auch fremder geistlicher Kulturen, und das stets mit Ehrerbietung. Und eingedenk Nietzsches Beispiel »befragte ich mehr die Wege selbst«, als dass ich nach dem Weg fragte.

* * *

Gleich zu Beginn des Sommers 1990, sobald die Grenzen geöffnet wurden, unternahm ich mit dem Ehepaar Vasiluk und ihren Kindern, meinen Patenkindern, eine Ferienreise nach Griechenland. Das war eine großartige Begegnung mit der Wiege der europäischen Bildung, aber auch mit Orten, die mir von meiner Lektüre des Neuen Testaments her teuer waren. Mir ist besonders jener Augenblick in Erinnerung geblieben, als wir am Areopag in Athen Halt machten und ich mir in Gedanken meine liebste Szene aus den Taten der Apostel vorstellte, die sich dort abgespielt hatte – Paulus' Predigt über die Altarinschrift »einem unbekannten Gott« (Apg 17,24).

Im Rahmen dieser griechischen Pilgerreise besuchten wir auch die Mönchsrepublik auf der Insel Athos, das von Geheimnissen und Legenden umwobene uralte Zentrum orthodoxer Spiritualität. Es war gar nicht so einfach, dorthin zu gelangen; obwohl ich ein Empfehlungsschreiben von Kardinal König hatte, musste ich als katholischer Priester eine Sondergenehmigung vorweisen, und zwar von der ökumenischen Abteilung des Patriarchats von Konstantinopel, das in Athen seinen Sitz hatte. Selbstverständlich durfte nur der männliche Teil unserer Reisegruppe einreisen, weil Frauen seit jeher der Zutritt verboten ist. Wir besuchten einige der Klöster, auch der schlecht zugänglichen, die wie ein Adlernest in den Felsen über dem Meer hängen, und in einem davon übernachteten wir. Mitten in der Nacht werden Mönche und Pilger durch Glockenläuten wachgerüttelt und dann findet bis Sonnenaufgang eine sehr ausgedehnte, höchst eindrucksvolle, wenn auch der westlichen Mentalität sehr ferne Morgen-Liturgie statt. Im russischen Kloster sprachen wir mit einem Mönch, der als sowjetischer Soldat im August 1968 in Prag gewesen war; seine Erlebnisse trugen wahrscheinlich zu seiner Konversion bei – dann emigrierte er auf ziemlich dramatische Weise aus der Sowjetunion und nun verbrachte er seine Zeit an einem Ort, der so schön ist, dass es dem Menschen das Herz zusammenkrampft, wenn er ihn nach einigen Stunden wieder verlassen muss.

* * *

Anschließend besuchte ich nach mehr als zwanzig Jahren dreimal innerhalb kurzer Zeit mein geliebtes England wieder. Zuerst nahm ich im August 1990 an einem internationalen Kongress in der reizenden Umgebung der englischen Benediktinerabtei in Ampleforth teil. Dieser Kongress war wahrscheinlich der erste Versuch nach dem Fall des »Eisernen Vorhangs«, Christen aus Mittelosteuropa eine freie Diskussion mit ihren westlichen Partnern zu ermöglichen, in westlicher Umgebung über ihre Erfahrungen zu sprechen und sich gemeinsam klarzumachen, dass dieser Teil Europas nicht mehr die »Zweite Welt« ist. Hier habe ich einige außergewöhnliche Menschen aus Ost und West kennengelernt. Besonders gern denke ich zurück an die Gespräche mit dem englischen Primas, dem Kardinal Basil Hume zurück, der Vorsteher dieses Klosters war; an ihm war klar zu sehen, mit welcher Liebe er sich dieser Umgebung verbunden fühlte. Er war ein echter Benediktiner, ein weiser und liebenswürdiger Mann, der sicher eine Illustration für die bekannte Definition des »Gentleman« aus der Feder des Kardinals Newman hätte abgeben können. Diesen Mann mit einem wirklich ökumenisch offenen Herzen erkannten auch die Nichtkatholiken als beeindruckendsten Repräsentanten des damaligen britischen religiösen Lebens an.

Auf Empfehlung des Kardinals Hume wurde ich später zu einem ökumenischen Kolloquium im Schloss Windsor eingeladen, dem Sitz der britischen Königsfamilie. Die ganze Umgebung und der Geist der Zusammenkunft war durchdrungen von der reinsten Essenz der englischen Kultur, was eine Wohltat für meine Seele war. Bei dem ökumenischen Kolloquium in Windsor war ich jedoch unangenehm überrascht von der Naivität, mit der einige der führenden Repräsentanten des British Council of Churches jahrzehntelang verschiedene Vertreter der »christlichen Friedensinitiativen« aus Osteuropa ernst genommen hatten, also Agenten des kommunistischen Regimes, die nur sowjetische Propaganda dolmetschten. Nicht einmal nach dem Fall des Kommunismus waren etliche von ihnen in der Lage, aus ihren Illusionen zu erwachen, geschweige denn ihren Teil der Schuld daran zu bekennen, dass sie Lüge von Wahrheit nicht hatten unterscheiden können, obwohl sie doch so viele Möglichkeiten hatten, sich von dem wirklichen Stand der Dinge ein Bild zu machen. Es erinnerte mich an den einstigen Besuch des berühmten amerikanischen evangelikalen Predigers Billy Graham in Prag und Moskau. Er wohnte in Luxushotels, ließ sich durch Kollaborateure und Repräsentanten des Staates an der Nase herumführen und gab schließlich die öffentliche Erklärung ab, dass es in Osteuropa keinerlei Christenverfolgungen gäbe.

Beim dritten Aufenthalt hielt ich in England einen Vortrag, auf einer Konferenz zum hundertsten Jahrestag der Enzyklika

Rerum Novarum, die an der altehrwürdigen Universität Cambridge im Sommer 1991 stattfand. Dort begegnete ich zum ersten Mal dem eigentümlichen Stil der amerikanischen Liturgie. Ich war unmittelbar vom Vatikan aus gereist, von wo ich einen sehr formellen und traditionellen Gottesdienst gewohnt war; als ich in einer Cambridger College-Kapelle mit dem amerikanischen Bischof Sullivan konzelebrierte, war ich geschockt, als er mir beim Friedensgruß anstelle des üblichen »osculum pacis« einen gutmütigen Schlag auf die Schulter gab und laut ausrief: »All the best, Thomas! For you and for Czechoslovakia!«

In späteren Jahren kehrte ich wiederholt nach England zurück, mir wurde die Ehre zuteil, an den beiden berühmten und alten Universitäten Oxford und Cambridge vorzutragen; in Oxford verbrachte ich im Herbst des Jahres 2001 sogar ein ganzes Trimester. Zu Oxford habe ich eine ganz spezielle Beziehung. Ich werde nie den Augenblick vergessen, als ich als zwanzigjähriger Student zum ersten Mal in diese Stadt kam, es war in den Ferien 1968. Ich füge hinzu, dass ich nicht an die Wiedergeburt glaube. In Oxford aber hatte ich ein unglaublich intensives und aufregendes Déjà-vu-Erlebnis. Es war mir, als kehrte ich zurück in eine Umgebung, die mir einst innig vertraut gewesen war. Ich schritt wie in Verzückung durch die historischen Bauten der altertümlichen Colleges und sprach zu mir: Ja, hieran erinnere ich mich doch, dort führt eine Tür weiter in den Hof und dort zur Kapelle und in den Speisesaal ...

Von Oxford habe ich dann unzählige Male geträumt, und es passiert mir heute noch. Im Garten des Magdalen-College erlebte ich aber damals – es war der 19. August 1968 – auch einen sehr traurigen Augenblick. Bei einer Bank, welche die Aufschrift trug, dass sie lediglich »senior fellows« vorbehalten sei, wurde mir bitterlich bewusst, dass ich ein Fremder aus einem kommunistischen Land war, mit einem »Ausreisevermerk« im Pass, der ablief, und mit der letzten Fünf-Pfund-Banknote im Geldbeutel, dass ich zum ersten und vielleicht letzten Mal hier bin. Damals, ich bekenne es, machte ich dem Herrn bittere Vorwürfe: Warum hast du mich in einer solchen Zeit auf die Erde gesandt und an einen solchen Ort? Wäre ich hier geboren, in anderen Verhältnissen, hätte ich vielleicht an dieser berühmten Universität studieren können – und wer weiß, vielleicht hätte ich einmal das Recht gehabt, mich auf diese Bank zu setzen! Und da wusste ich noch nicht, dass in jenem Augenblick an den Grenzen meines Landes schon Panzer standen, die es in den folgenden 48 Stunden für zwanzig Jahre in noch größere Isolation und Knechtschaft stoßen würden.

Als ich von diesem Augenblick an gerechnet dreiunddreißig Jahre und drei Wochen später als »visiting senior fellow« nach Oxford kam, suchte ich gleich am ersten Abend jene Bank auf und setzte mich mit einem Gefühl von gewaltiger Genugtuung, Dankbarkeit und Glück darauf. Ich habe mich dort auch beim Herrn entschuldigt für meine jugendlichen Vorwürfe und meine Ungeduld. »Für jedes Geschehen unter dem Himmel gibt es eine bestimmte Zeit«, lesen wir im Buch der Prediger (3,1).

* * *

In Prag lernte ich 1990 die Journalistin Christiane Raczynski de Valdés kennen, die ein ausführliches Interview für El Mercurio mit mir führte. Auf ihre Empfehlung hin erhielt ich später die Einladung, an den Universitäten in Santiago de Chile und in Valparaíso vorzutragen. Dort war ich im August 1991.

Eine Flugreise nach Chile ist ungewöhnlich lang und daher unterbrach ich sie zwei Mal, in Madrid und in New York. In Madrid nahm sich mein guter Freund Monsignore Martínez Fernández aus Rom meiner an, zu der Zeit Weihbischof von

Madrid. Auf dem Hinweg führte er mich durch die spanische Metropole und auf dem Rückweg verbrachten wir mehrere Stunden mit einem Abstecher nach Toledo. Nie werde ich vergessen, wie er auf dem Weg plötzlich das Auto anhielt, und als wir in einer öden Ebene ausstiegen, wo weit und breit nichts war als weiß versengtes Gras und am wolkenlosen Himmel die blendende Sonne brannte, sagte er zu mir: »Schau dir das an, in dieser Landschaft reifte das Werk der heiligen Teresa und des Johannes vom Kreuz heran – das ist jenes ›nada‹, nichts – nichts als die Seele und Gott, ausgedörrter Boden und die blendende Sonne.«

Von Madrid aus reiste ich mit dem polnischen Adligen und Intellektuellen Adam Potocki weiter, der dann mit mir in demselben Seminar an der Universität vortrug. Während des Zwischenstopps in New York sahen wir im Fernsehen die Nachrichten über den Putschversuch in Russland, der zum Rücktritt von Gorbatschow führte und nach dem Misserfolg der Putschisten Boris Jelzin zur Macht verhalf. »Erst dies hier ist die Niederlage des Kommunismus in Russland und der Beginn des unabwendbaren Zerfalls des Imperiums«, kommentierte Potocki vorausschauend. In vielen Fällen habe ich mich davon überzeugt, dass die aufgeklärteste und realistischste Sicht auf Russland gerade die Polen haben.

Über Lateinamerika sagt man, dass es für den Weltkatholizismus der Kontinent der Zukunft sei. Chile ist natürlich ein untypisches Land für Südamerika; in Bezug auf Chile und Argentinien spricht man manchmal vom »Britannien Lateinamerikas«. Ich stieß dort nicht auf Gebiete mit drastischer Armut, wie sie in den angrenzenden Ländern auftritt. Während meines Aufenthalts in Chile gelang es mir, ein wenig herumzureisen und einige interessante Menschen kennenzulernen. Außer den Vorträgen an der Universität hielt ich noch einen Vortrag über die Problematik der postkommunistischen Welt für einige Mitglieder des Diplomatischen Corps und ich konnte mit einigen Ökonomen sprechen, denen es während der Diktatur des Generals Pinochet gelungen war, die chilenische Wirtschaft, die durch die sozialistischen Experimente unter Allende gelitten hatte, schnell wieder in Schwung zu bringen. Mein Eindruck von Chile ist sicher ziemlich einseitig, weil ich mich dort, ohne dass ich es selbst so gewollt hätte, überwiegend in einer Umgebung extrem reicher und extrem rechtsorientierter Menschen bewegte.

Der Herausgeber der Zeitung El Mercurio lud mich auf seinen Familiensitz mitten in der chilenischen Natur ein. Rings um das Schlösschen waren riesige Obstgärten von Orangen- und Zitronenbäumen. An einer Stelle befand sich der private Friedhof der Familie, an einer anderen wiederum ein privater Polo-Platz, in der Mitte lag ein exotischer Garten und über all dem erhoben sich mit verschneiten Gipfeln die Anden. In jedem Raum des Hauses brannte ein Feuer im offenen Kamin. Die Dienerschaft, die dort in einer Art patriarchalem Zusammenleben mit der Familie der Eigentümer lebte, brachte während des Gesprächs immer neue Speisen; die ganze Atmosphäre erinnerte eher an einen historischen Film oder eine Märchenerzählung. Ich dachte an die Worte des heiligen Paulus: »Ich weiß Entbehrungen zu ertragen, ich kann im Überfluss leben« (Philipper 4,11) und musste mir die Frage stellen, welchen Einfluss es wohl auf mich hätte, wenn ich dauerhaft in einem solchen Umfeld leben würde. Das Evangelium merkt warnend an, dass ein Nadelöhr eng ist und dass Reichtum ein riskantes Milieu für die menschliche Seele ist. Würde es mir gelingen, auch unter solchen Bedingungen ich selbst zu bleiben und die Unabhängigkeit meiner Weltsicht zu bewahren?

Meine erste Reise nach Lateinamerika hat mein Interesse geweckt, aber sie hinterließ in mir mehr Fragen als Antworten. Die Reise war nützlich für die Infragestellung der Stereotypen, die wir unbewusst als Assoziationen zu entfernten Zivilisationen in uns tragen. Persönliche Erfahrung, sei sie auch kurz und selektiv, bewirkt, dass wir Nachrichten über ein Land, in dem wir gewesen sind, aufmerksamer hören und plastischer wahrnehmen, weil wir uns ihren Kontext besser vorstellen können. Für eine tiefere Kenntnis der Entwicklung dieses Kontinents reicht eine solche zeitlich und sozial sehr beschränkte Erfahrung allerdings nicht aus. Auch meine nächste Reise nach Lateinamerika, diesmal nach Argentinien, im Zusammenhang mit einer Vorlesung an der Zweigstelle der New York University in Buenos Aires, war nur eine flüchtige Berührung mit dem Kontinent, von dem allgemein geurteilt wird, dass er Heimat und Zukunft der katholischen Kirche sei.

Falls sich mir noch einmal die Möglichkeit eröffnen sollte, mich in diese Richtung aufzumachen, wäre ich dort gerne näher an der Welt der Armen.

* * *

1995 hatte ich Gelegenheit, zwei weiteren außereuropäischen Zivilisationen einen Besuch abzustatten, welche im geläufigen Bewusstsein zwei extreme Pole von Armut und Reichtum symbolisieren, nämlich Indien und die USA. Es war meine erste Erfahrung mit den Vereinigten Staaten, wenn ich die erwähnten zweitägigen Aufenthalte bei meinen Zwischenstopps in New York auf dem Weg nach Chile und zurück nicht dazuzähle. Damals ahnte ich nicht, dass ich in den folgenden zwanzig Jahren häufig in die Vereinigten Staaten zurückkehren würde, meist zu kurzen Vortragsaufenthalten an amerikanischen Universitäten – der längste davon war bislang ein Trimester an der University of Pittsburgh im Sommer 1999.

Kurz nach dem Fall des Kommunismus wurde dank einiger bedeutender amerikanischer Stiftungen ein Stipendium für Menschen der jüngeren und mittleren Generation geschaffen, von denen man annehmen konnte, dass sie perspektivisch einen intellektuellen oder moralischen Einfluss in Europa haben würden, besonders im postkommunistischen Teil. Um dieses Stipendium konnte man sich nicht selbst bewerben, man wurde aufgefordert, sich zu melden, und dann erst wählte eine internationale Kommission die endgültigen Kandidaten aus. Der Sinn des Aufenthalts war, eine »intensive Erfahrung mit den Vereinigten Staaten« zu machen, sich in Amerika ein Netz nützlicher Kontakte aufzubauen, bedeutende Vertreter seines Faches zu treffen sowie wichtige Menschen des öffentlichen Lebens, und ein wenig die amerikanischen Institutionen und den Stil des Lebens kennenzulernen. Den Stipendiaten wurde auch eine gewisse Publizität verschafft, damit sie etwas von ihren Erfahrungen vermitteln und ein wenig in das amerikanische Bewusstsein eindringen könnten. Als ich erfuhr, dass ich dieses Stipendium erhalten sollte, hat es mich verständlicherweise sehr gefreut.

Das Programm war physisch und psychisch extrem anstrengend; mir wurde klar, dass die »future leaders« in der Regel wohl deutlich jünger sein müssten, als ich es war. So gut wie jeden Tag war ich im Flugzeug, ich reiste von San Francisco bis Charleston. »The schedule«, der Terminplan, war sehr genau durhgeplant und ging vom frühen Morgen bis in die späten Nachtstunden. Er begann mit einem Arbeitsfrühstück, dann folgte meist eine Vorlesung an der Universität oder in einem Klub oder eine Begegnung mit Politikern, mit interessanten Leuten aus dem akademischen oder kirchlichen Milieu, die mit einem gemeinsamen Mittagessen endete. Ich hatte die Möglichkeit, in amerikanischen Medien aufzutreten, besonders in den lokalen Rundfunksendern, und ich hatte mehrere Pressekonferenzen sowie informelle Gespräche mit Mitarbeitern der amerikanischen Medien, die mir auch unentgeltlich »Selbstverteidigungsgriffe« beibrachten, die in der Konfrontation mit aggressiven Journalisten nötig sind. Das habe ich in den nachfolgenden Jahren sehr zu schätzen gelernt! Im Rahmen meines Aufenthalts hielt ich an sieben amerikanischen Universitäten und Colleges Vorlesungen über die Erfahrungen der Kirche in der Zeit des Kommunismus einschließlich der jesuitischen Fordham University in New York, dem Calvin College in Michigan und der Marquette University in Milwaukee.

In Washington lernte ich einige Menschen aus dem damaligen sowie dem vorangegangenen Stab des Weißen Hauses kennen; am interessantesten war ein Gespräch mit Frau Jeane Kirkpatrick, die Botschafterin der USA bei der UN war und die zu den Architekten der Außenpolitik von Präsident Reagan gehörte. Damals stand ich in meinen Ansichten in allerlei Punkten dem amerikanischen Neokonservativismus nahe. Ich lernte persönlich einige seiner Vertreter kennen, besonders das »Dreigestirn« Michael Novak, George Weigel und Richard John Neuhaus.

Michael Novak, führender amerikanischer Theoretiker des demokratischen Kapitalismus, Politikwissenschaftler und Theologe, hatte später einen beträchtlichen Einfluss auf bestimmte Kreise der tschechischen Gesellschaft. Er stellte die rechte Variante des katholischen, politischen und sozialen Denkens dar, welche die Kluft zwischen dem liberal-konservativen Denken der amerikanischen Tradition und der traditionellen katholischen Soziallehre zu überbrücken suchte. Michael Novak begrüßte von Herzen die Sozialenzyklika Centesimus Annus von Johannes Paul II.; übrigens hörte man sagen, dass er zusammen mit Rocco Buttiglione einer ihrer Hauptinspiratoren gewesen sei.

Michael Novak besaß fundierte Erfahrungen mit dem politischen Leben in den Vereinigten Staaten. Als aktiver Politiker in Reagans Team, dem es um die Durchsetzung der Menschenrechte ging, und als führender Mitarbeiter des Radio Freies Europa hatte er viele Kontakte zu osteuropäischen Dissidenten und verfügte über ein gutes Verständnis unserer Situation. Er gehörte zu jenen westlichen Denkern, die nicht nur nach Tschechien kamen, um uns zu belehren und zu bemitleiden, weil wir unter den Kommunisten gelitten hatten, vielmehr konnte er auch aufmerksam unsere Erfahrungen aufnehmen. Professor Novak ist darüber hinaus persönlich ein sehr liebenswürdiger Mensch. Später traf ich ihn viele Male in Amerika wie auch in Tschechien wieder, wo er im Rahmen der Tschechischen Christlichen Akademie oder auf den Prager Konferenzen des »Forum 2000« Vorträge hielt. Auch wenn sich meine Sicht auf die Entwicklung der Welt und der Kirche und meine politischen Ansichten später – insbesondere nach der unglückseligen Intervention von Bush im Irak – von denen der Neokonservativen ganz abgewandt haben, so wurden die persönlichen Freundschaften dadurch in keiner Weise beeinträchtigt.

Michael Novak ermöglichte es mir dann, an einem internen Seminar der Denkfabrik des American Enterprise Institute teilzunehmen, wo mein lang gehegter Wunsch in Erfüllung ging und ich persönlich den wohl bedeutendsten lebenden Soziologen Peter L. Berger kennenlernen konnte. Das Seminar drehte sich um die Aufgabe, in einer freien Gesellschaft »Vermittlungsstrukturen« (»mediating structures«) zu schaffen. Gemäß der Theorie der amerikanischen Neokonservativen sind die wichtigsten Netzwerke einer bürgerlichen Gesellschaft gerade Strukturen, welche »Werte vermitteln«, Strukturen wie die Familie, die Kirche, die Nachbarschaft und unterschiedliche freiwillige Organisationen. Totalitäre Gesellschaften lassen absichtlich keinen Raum für dieses Geflecht zwischen den »hard structures« des Staates und den »soft structures« des individuellen Bewusstseins – für eine gelingende Entwicklung der Gesellschaft und die Bildung verantwortungsbewusster reifer Persönlichkeiten hat diese Sphäre jedoch eine Schlüsselfunktion. Das Problem der Armut hängt nach Ansicht der Neokonservativen hauptsächlich damit zusammen, dass jene Strukturen gestört sind, die den Menschen die moralische Motivation vermitteln, zu arbeiten und sich um sich selbst zu kümmern.

Äußerst ertragreich war für mich in New York die Begegnung mit dem Dritten im Bunde der »Trinität« der amerikanischen neokonservativen Denker, den ich bis dahin im Unterschied zu Novak und Weigel nicht kannte, mit Richard Neuhaus. Neuhaus war katholischer Priester, Theologe und führender Berater des amerikanischen Episkopats sowie Berater einer Reihe von Politikern auf dem Gebiet der Soziallehre, der politischen Ethik und der internationalen Beziehungen. Er war ein Mensch, der eine ungewöhnliche persönliche Entwicklung und Wandlung seiner Ansichten durchgemacht hat. Zunächst war er lutherischer Pastor und enger Mitarbeiter von Martin Luther King gewesen, Teilnehmer an den Demonstrationen gegen den Vietnam-Krieg und anderen Aktionen der Linken. Dann vollzog er eine religiöse und politische Konversion. Er wurde katholischer Priester und beeindruckender Vertreter der politisch rechten Denkweise sowie Theoretiker des demokratischen Kapitalismus. An seiner Priesterweihe im Alter von vierundfünfzig Jahren nahmen einige amerikanische Kardinäle sowie einige Bischöfe teil. Er wurde Direktor des »Forschungszentrums für Religion und Gesellschaft« (»Center for Religion and Society«) und Chefredakteur der einflussreichen Zeitschrift »First Things«, in der ich dann einige Artikel veröffentlichte.

Er war ein sehr origineller Mensch und ein glühender Lokalpatriot New Yorks. Seine Wohnung im Zentrum von Manhattan hatte einige Ähnlichkeit mit der Wohnung eines Künstlers, sie war voll von modernen Gemälden und im Untergeschoss befand sich sein »Schriftsteller-Bunker« mit einer riesigen Bibliothek. Von der Wohnung führten einige Stufen hinab in einen kleinen Hof mit Büschen, Statuen und einem kleinen Springbrunnen, von allen Seiten von den

Wolkenkratzern von Manhattan umgeben. Dort, unter dem Sternenhimmel, diskutierten wir fast die ganze Nacht hindurch über viele, viele Dinge. Zwei Mal unterbrachen wir die mehrstündige Debatte – zuerst für ein Abendessen in einem nahegelegenen Restaurant und dann ungefähr um zwei Uhr morgens, als er mir mit dem Taxi ganz Manhattan zeigte, wir landeten schließlich im Klub der Republikaner in der Nähe der Central Station auf der Fifth Avenue.

In die USA bin ich dann wiederholt zurückgekehrt. Besonders an meinen Frühjahrsaufenthalt im Jahr 2010 denke ich gerne zurück, ich hielt einen Vortrag an der Harvard University und Martin Palouš, der damalige Botschafter der Tschechischen Republik bei der UN, veranstaltete im Zentrum der UN in New York eine Vorstellung der amerikanischen Ausgabe meines Buches »Geduld mit Gott«, bei der die Vertreter dreier Kontinente eine Ansprache zum Buch hielten. Für Europa sprach der ständige Beobachter des Heiligen Stuhls bei der UN, Erzbischof Migliore, für Afrika der Botschafter des Sudan, für Asien der Botschafter der Indischen Republik sowie der japanische Vertreter des Generalsekretärs der UN. Bei dem feierlichen Abendessen im Brook-Club – einer Umgebung, in der die Nostalgie der Amerikaner des neunzehnten Jahrhunderts nach Großbritannien spürbar war –, ganz zu Beginn meines Aufenthalts in New York, erinnerte Martin Palouš in seinem Toast-Spruch daran, wie wir gemeinsam vor dreiunddreißig Jahren von der Geheimpolizei im Heizkeller verhaftet wurden, wo er als Heizer arbeitete. Als wir uns nach dem Verhör, das die ganze Nacht dauerte, an der Straßenbahnhaltestelle wiedersahen und gemeinsam in der Morgendämmerung dieses nasskalten Novembertages auf die erste Straßenbahn warteten, hatte ich zu ihm gesagt: »Du wirst sehen, wie sich an all das schön zurückdenken lässt, wenn wir einmal in bequemen Klubsesseln bei einem Kaminfeuer sitzen werden mit einem Glas Whisky in der Hand!« Dieser Augenblick war gekommen.

* * *

Im Jahr 1995, einige Monate vor meinem ersten Besuch in den USA, hatte ich eine Reise nach Indien unternommen. Ich hatte mich seit langem für die östliche Spiritualität interessiert, nahm also mit Freuden die Einladung eines indischen katholischen Priesters an, Professor der Religionswissenschaften an der Universität von Madras, dem ich ein Jahr zuvor bei einem Studienaufenthalt an der Katholischen Universität Eichstätt begegnet war. Zu meiner großen Überraschung zeigte er mir in Eichstätt einen Artikel von mir mitsamt Fotografie, der in einer indischen Zeitschrift abgedruckt worden war. Ich hatte überhaupt nicht geahnt, dass irgendein Text von mir in Indien erschienen war; es handelte sich um eine Übersetzung aus einer amerikanischen Zeitschrift. Meinen indischen Kollegen hatte der Artikel beeindruckt und er hatte ihn nach Europa mitgenommen. Er erkannte mich bei einem gemeinsamen Mittagessen anhand der Fotografie und das Ergebnis unserer vielen Gespräche war eine offizielle Einladung zu Vorträgen sowie zu einem Studienaufenthalt am Lehrstuhl für Religionswissenschaft an der Universität von Madras und am Priesterseminar in Bombay.

Ich flog Ende Januar 1995 dorthin. Meine ganze Reise begann ziemlich dramatisch, weil das Flugzeug eine Verspätung von mehreren Stunden hatte und ich am Flughafen von Bombay feststellte, dass irgendwo unterwegs all mein Gepäck verlorengegangen war und der Mensch, der den Kontakt für mich an vielen weiteren Orten in Indien herstellen sollte, nicht auf mich wartete. Ich war dort also ganz verloren. Einige Leute, die sich überaus bereitwillig meiner annahmen, stellten sich bald als eine Bande von Betrügern heraus, die auf

Touristen spezialisiert war, die die Landessprache, den Wechselkurs und die Verhältnisse nicht kannten. Sie führten mich in ein Hotel und dort begannen sie mich, todmüde wie ich war nach dem überlangen Weg und den unendlichen Verhandlungen am Flughafen wegen meines verlorengegangenen Gepäcks, sehr systematisch auszunehmen. »Das fängt ja gut an«, dachte ich mir, »es kann wohl nicht schlimmer kommen, also kann ich den nächsten Tagen und Wochen mit Hoffnung entgegensehen«.

Als der Tag zur Neige ging, gelang es mir endlich, das Hotel zu verlassen und ins Priesterseminar zu gelangen, wo ich sehr herzlich empfangen wurde. Ich lernte dort einige freundliche Jesuiten kennen, die mir halfen, einen genauen Plan für meine Reise auszuarbeiten und mich telefonisch mit Madras in Verbindung zu setzen. Am nächsten Tag war der »Gedenktag des Märtyrers«, der Jahrestag der Ermordung von Mahatma Gandhi. Zu der Stunde, zu der einst das Attentat begangen wurde, erklingen Sirenen, die Arbeit wird unterbrochen, die Menschen auf den Straßen bleiben stehen, reichen sich die Hände und bilden so eine lange symbolische Kette über den ganzen Kontinent. Dieser Augenblick kam für mich an einer verkehrsreichen Kreuzung mitten in Bombay und beeindruckte mich maßlos. Am Abend hielt ich vor einer Gruppe von Priestern und Seminaristen einen Vortrag auf dem Dach des Seminars – wir waren umgeben von einem Garten voll uralter Palmen, die Stadt unter uns versank im violetten Dunst und über uns flogen Geier dahin, die zum nahegelegenen »Turm des Schweigens« unterwegs waren, einem düsteren Bau, wo die Parsen auf konzentrischen Stufen ihre Toten zurücklassen.

Im Seminar konzelebrierte ich am frühen Morgen mit den Vorstehenden des Seminars eine Messe mit indischen Elementen der Liturgie. Anstelle des Altarkusses stand die typisch indische Verbeugung mit gefalteten Händen; viele Gesten und liturgische Gewänder sowie der Altarschmuck waren indischen Bräuchen und der indischen Kultur angepasst. Später zelebrierte ich in indischen Aschrams oder in Jesuitenmissionen, wo die Anpassung der Liturgie noch weiter geht: Man sitzt im Lotussitz bei einem kleinen Altartischchen auf dem Boden, inmitten einer Unmenge von Blumen, Räucherstäbchen ersetzen das Weihrauchfass. Einmal forderte mich der Hauptzelebrierende in einer großen Kirche auf, nach der Eucharistie einen »tschechoslowakischen Tanz« zu tanzen, weil der Tanz ein schönes Element der feierlichen indischen Liturgie bildet. Ich entschuldigte mich, dass ich mich aus der längst vergangenen Zeit meiner Tanzstunden nur an den Czárdás und den Tango erinnere, die ich gerne tanzte, aber dies seien leider nicht die geeignetsten liturgischen Tänze und ich wisse auch nicht, ob mein Erzbischof damit einverstanden wäre. Da verstanden sie, dass wir in unserem Land unsere Freude über den eucharistischen Christus – leider – nicht mit einem Tanz ausdrücken.

Hierauf folgte ein circa einmonatiger Aufenthalt; ich saß so gut wie täglich im Flugzeug, bereiste eine Vielzahl faszinierender Orte und begegnete einer Reihe interessanter Menschen. Die Inder waren häufig schockiert über die schiere Menge der Orte, die ich besuchte, sowie von meinem Lebensstil. Als ich ihnen von meinem Programm erzählte, reagierten sie darauf mit Ermahnungen: »Du kannst doch nicht sagen, dass du morgen um 16.40 Uhr wegfliegst. Jetzt bist du hier, also verweile hier einen Tag, eine Woche oder vielleicht ein Jahr, und wenn es dir hier nicht mehr gefällt, gehst du wieder weiter. Du kannst nicht immer etwas tun, du arbeitest immer nur! Der Mensch kann doch nicht wie ein Tier den ganzen Tag arbeiten. Es ist gut, am Vormittag eine Weile zu arbeiten, dann am Nachmittag eher zu schlafen und die Ruhe zu genießen.«

Ich wohnte in Klöstern, Missionsstationen, christlichen

Aschrams, ich hielt mich in einigen buddhistischen Klöstern auf und besuchte auch Zentren des interreligiösen Dialogs. Insgesamt nahm ich einen sehr guten Eindruck von der Begegnung mit der dortigen katholischen Kirche mit, die an manchen Orten in Indien wirklich in einer Art und Weise lebt, die an die ersten Christen erinnert, besonders was die gegenseitige Solidarität angeht. Ich erinnere mich, wie ich in einer Stadt den dortigen Bischof anrief und aus Höflichkeit zu ihm ging, um mich vorzustellen. Er war ein energischer Mann, der mich zuerst fragte, wo ich wohnte. Als er hörte, dass ich im Hotel untergekommen sei, wurde er sehr ärgerlich: »Ein Priester wohnt im Hotel? Wissen Sie nicht, dass der Bischof Ihr Vater ist? Solange Sie in dieser Stadt sind, werden Sie in meinem Haus wohnen und an meinem Tisch essen. Oder erkennen Sie mich etwa nicht als Bischof an? Nehmen Sie sich augenblicklich eine Rikscha und bringen Sie ihre Sachen hierher.« Danach schickte er mich zum nächsten Bischof und so ging es weiter. Die meisten Bischöfe hielten es für ganz selbstverständlich, einen Priester in ihr Haus aufzunehmen, und ähnlich war es bei Priestern. Einmal platzte ich mitten in eine Mahlzeit und wollte mit einer Entschuldigung wieder fortgehen, es stellte sich jedoch heraus, dass der Bischof regelmäßig mit allen Priestern der Stadt und der Umgebung speiste und dass neben dem Bischof stets ein freier Platz für Neuankömmlinge frei blieb.

Der Bischof in der Hauptstadt der Provinz Goa, wo sich viele Sehenswürdigkeiten aus der Zeit der portugiesischen Kolonisation befinden, führte mich eines Abends in seine Bibliothek mit der Bitte, ob ich für ihn nicht den europäischen Heiligen identifizieren könnte, dessen barocke Statue seit Jahrhunderten im bischöflichen Arbeitszimmer stünde. Da musste ich lächeln: Mit geneigtem Kopf und dem Heiligenschein mit fünf Sternen grüßte mich freundschaftlich unser tschechischer Johannes von Nepomuk.

In Jaipur, der »rosaroten Stadt«, bat mich der dortige Priester, am Aschermittwoch einen Gottesdienst in einer katholischen Mädchenschule am Rande der Stadt für ihn zu übernehmen. Den Weg dorthin legte ich mit einer Fahrradrikscha zurück. Zuerst fuhren Autos an uns vorüber, dann nur noch Fahrräder, Rikschas, Menschen die auf Pferden ritten, dann auf Elefanten, dann liefen alle möglichen Haustiere herum und da mitten hinein erhob sich ein Sandsturm. Durchnässt und mit einer Staubschicht bedeckt kam ich in der Schule an, zog mich um und begann auf Englisch eine Messe zu halten, für Mädchen von schokoladenfarbenem Teint in Schuluniformen. Ich musste meine Predigt, die ich unterwegs vorbereitet hatte, sehr umarbeiten – als ich von den Wohltaten des Fastens zu sprechen anfing, wurde mir mit Scham bewusst, dass viele der Mädchen sich noch nie in ihrem Leben sattgegessen hatten. Wann immer ich am Aschermittwoch das Aschenkreuz spende, erinnere ich mich daran, wie ich in Jaipur mit weißer Asche das Zeichen des Kreuzes auf die schokoladenfarbenen Stirnen malte, in die wunderbar leuchtenden Augen blickte und langsam sagte: »Remember, man, that you are ash ...«

Die katholische Kirche in Indien engagiert sich gesellschaftlich seit langer Zeit systematisch im Bereich der Bildung. Sie schuf ein Netzwerk von Schulen bei den einzelnen Pfarreien und Missionszentren, Schulen, die selbstverständlich allen Kindern – ohne Ansehen der Religion und der sozialen Stellung – offenstehen. Sie legt auch Wert auf die Aus- und Fortbildung ihrer Priester. Priesteramtskandidaten kommen üblicherweise nach Abschluss eines Bachelorstudiums in einem anderen Fach, zum Beispiel der englischen Literatur, ans Seminar. In Goa wohnte ich in einem Institut, an das junge Priester nach einem Praxisjahr in der Pfarrei kommen, um sich ein Jahr lang dort weiter auszubilden. Am Wochenende dienen sie als Kaplane in ihren Pfarreien und von Montag bis Freitag absolvieren sie einen Kurs, der oft ein praktisches pastorales Training umfasst, aber auch in seinem theoretischen Teil spezialisiert ist auf jeweils das Gebiet, welches die angehenden Priester in der anfänglichen Konfrontation mit der Praxis als ihr Manko erkannt haben. Als mir bewusst wurde, wie tragisch in unseren Diözesen die Bildung, die eine Schlüsselrolle spielt, vernachlässigt wird, besonders die fortlaufende Weiterbildung der Priester, schämte ich mich. In Indien, wo die Kirche wirklich nicht reich ist, würde sich wohl kein einziger Bischof finden, der finanzielle Investitionen in die Bildung für einen überflüssigen Luxus hielte oder der argumentieren würde, dass es bei Priestermangel nötig sei, die Priester im gegebenen Terrain maximal auszunutzen und keine Zeit mit Weiterbildung zu verschwenden. Bischöfe wissen dort genauso gut wie Spitzenmanager, dass in jeder Institution, die Kirche nicht ausgenommen, Bildung eine Investition ist, die sich am besten bezahlt macht. Sie würden wohl sehr energisch einen jeden abweisen, der diese Wahrheit mit frommen Phrasen oder mit Hinweisen auf die Einfalt und Ungebildetheit des heiligen Pfarrers von Ars verschleiern wollte (übrigens ein beliebtes Argument von Seminaristen, denen in der Prüfung das Durchfallen droht).

Ich besuchte einige christliche Zentren, in denen Katholiken mit Gläubigen anderer Religionen zusammenkommen. Manchmal feiern sie dort sogar gemeinsam die Festtage der einzelnen Religionen und führen einander so zum Verständnis der jeweiligen Traditionen hin. Die dortigen Muslime, Hindus und Buddhisten feiern mit den Christen besonders gerne Weihnachten, die Geburt Christi, weil alle Jesus in großen Ehren halten. Die Christen werden auch wegen ihrer relativ geringen Zahl – auch wenn zwei Prozent der indischen Bevölkerung immer noch eine riesige Menge von Menschen ist! – als eine Gruppe betrachtet, die für niemanden eine Bedrohung darstellt. Sie können dadurch eine Plattform bilden, auf der sich Muslime und Hindus treffen, die sich anderweitig in Indien feindselig zueinander verhalten würden. Das waren jedoch bescheidene Anfänge, es bleibt hier auch von christlicher Seite eine Menge an mutiger und verantwortungsvoller theologischer Arbeit zu tun – etwa wenn es gilt, tausendjährige mentale Barrieren zu überwinden. Später wurden meine positiven Erfahrungen einigermaßen korrigiert durch die Nachrichten über gewalttätige Ausschreitungen, die Gläubige anderer Religionen in verschiedenen Teilen von Indien an Christen verübten und verüben.

Ich besuchte den heiligsten Ort des Hinduismus, das Ufer am Fluss Ganges in Benáres-Varanasí. Ich wohnte beim dortigen katholischen Pfarrer, der mich und zwei holländische Priester noch vor Tagesanbruch mit zum Ufer des Ganges nahm und uns eine lange meditative Ansprache zu diesem Ort hielt, wo der Tod verwandelt wird und den Menschen Reinigung zuteilwird. »Dies ist ein heiliger Ort«, sagte der Priester. »Es gibt zwei heilige Orte – Varanasí und vielleicht Rom. Dies ist ein heiliger Fluss, zu dem seit Jahrtausenden Millionen von Menschen mit dem Bewusstsein der Sünden und dem Bedürfnis nach Reinigung kommen. Dies ist ein Ort des Todes, wohin Millionen von Menschen zum Sterben kamen mit dem Glauben, dass sie hier Erlösung finden werden. Dies ist ein Ort der Toleranz, zu dem gemeinsam Hindus und andere Gläubige, Reiche und Arme, Gesunde und Kranke kommen. Dies ist ein Ort der Stille: Der Grund aller Erfahrung ist still.«

Wir sahen Inder, die mit kleinen Lämpchen noch im Dunkeln zum rituellen Bad kamen und solche, die ihren Toten hierher brachten und hier seinen Leib verbrannten. Zuerst waren wir dort allein, dann kamen Einzelne, dann Dutzende, Hunderte und bevor der Tag anbrach, war das ganze Ufer – über dutzende von Kilometern – voller flackernder Lichter, die an einen Schwarm von Glühwürmchen erinnerten. Das andere, das »verfluchte« Ufer war leer, öde, ohne ein einziges Licht und ohne ein lebendes Wesen.

Bei den ersten Strahlen der aufgehenden Sonne bestiegen wir eine Fähre und glitten über den heiligen Fluss, gehüllt in Dunst, aus dem Szenen hervortraten, die sich am Ufer abspielten, das nun schon von zehntausenden von Pilgern besetzt war. Der indische Priester zeigte uns mit Ergriffenheit drei Fenster, hinter denen lange Raimon Panikkar gewohnt hatte, ein katholischer Priester indisch-spanischer Herkunft, ein beachtenswerter und umstrittener Religionsphilosoph. »Panikkar ist ein Genius wie Teilhard de Chardin – die Menschheit wird ihn erst in hundert Jahren verstehen«, sagte der indische Priester mit großer Verehrung. Viele Menschen hatte ich in Indien mit solcher Verehrung von Panikkar sprechen gehört, sogar seinen einstigen Bischof, obwohl der Priester Panikkar sich de facto vor Jahren von der Kirche getrennt hat. Ich habe ihn dann persönlich in Prag kennengelernt, wohin ich ihn zu einer Konferenz des »Forum 2000« eingeladen hatte.

Wir verließen die Fähre und gingen zum Frühstück zu den Kleinen Schwestern Jesu, die hier in der Tradition ihres Gründers Charles de Foucauld als Ärmste unter den Ärmsten leben. Auf dem Miniaturhof auf dem Dach zwischen dem Eingang zur kleinen gemeinsamen Stube mit drei Matten und zur noch kleineren Kapelle mit Ausblick auf den Ganges fühlte ich etwas Ähnliches wie vor vielen Jahren in Assisi an dem Ort, wo der heilige Franziskus den Sonnengesang komponiert hatte: An wenigen Orten der Welt nahm ich so viel stilles inneres Licht, Ruhe und Freude wahr.

Auf ziemlich umständliche Weise pilgerte ich nach Bodhgayā, an den Ort, an dem Buddha erleuchtet wurde. Ich startete vom Jesuitenkolleg in Patna an der Grenze zu China, beachtete aber nicht den Rat der dortigen Väter, mir eine Zugfahrkarte erster Klasse zu kaufen. Die billigere zweite Klasse bedeutete, dass ich zuerst fast zwei Stunden in einer Trauben von Menschen hing, die sich mit einer Hand von außen an der Zugtür festhielten; dutzende von Menschen reisten auf dem Dach des Wagens. Dann gelangte ich nach innen, in die Presse aus verschwitzten Körpern, wo sich zu alledem noch ständig Verkäufer hindurchquetschten und uns reizende indische Kinder dabei auf den Köpfen herumtanzten. Dann kam ich in einer ärmlichen Pfarrei in Gaya unter und reiste mit Autobus und Rikscha an den heiligsten Ort der Buddhisten.

Als ich mich meditierend unter den Baum setzte, unter dem »Lord Buddha« erleuchtet worden war – wie ihn die Franziskanerinnen mit Ehrerbietung nannten, bei denen ich zu Abend gegessen hatte –, wurde es dunkel. Als ich die Augen öffnete, war es schon finster – überall umher leuchteten hunderte von Lämpchen und ich verneigte mich mit Achtung vor dem Licht, das Buddhas Lehre in den Herzen so vieler Menschen entzündet hat.

Wenn zukünftige Historiker einmal das zwanzigste Jahrhundert würdigen werden, schrieb der britische Historiker Toynbee, würde ihr Interesse nicht so sehr den technischen Erfindungen, den Kriegen und dem Kampf zwischen Kapitalismus und Sozialismus gelten – der größte Ertrag des zwanzigsten Jahrhunderts läge darin, dass endlich der Dialog zwischen Christentum und Buddhismus begonnen habe. Der Dialog hat aber erst begonnen – auch von europäisch-christlicher Seite gibt es viel zu tun ...

Ich besuchte in Indien und Nepal einige buddhistische Klöster und sprach lange mit den dortigen Mönchen. Eine der Begegnungen begann auf besonders komische Art: Ich wanderte durch die uralten Höhlentempel und -klöster in Ajanta, einem der archäologisch interessantesten Orte in Indien. Mit mir zusammen befand sich dort eine Gruppe buddhistischer Mönche mit rasierten Köpfen und in safranfarbenen Gewändern. Nach einiger Zeit kamen die Mönche mit der Bitte zu mir, ob wir uns zusammen fotografieren lassen könnten. Mir schien ausgemacht, dass hinter ihrer Bitte eine klare Absicht steckte: Das wird ein Spaß im Kloster, wenn wir den Brüdern zeigen, was für einen Exoten wir getroffen haben – bärtig, in T-Shirt und Jeans! Wir kamen ins Gespräch und es stellte sich heraus, dass es sich um eine Gruppe junger Mönche aus Thailand handelte, die an der Universität im nahegelegenen Aurangabad Internationale Ökonomie, Politikwissenschaften und Psychologie studierten, um mit diesen Kenntnissen ihrem Land zu dienen. Als ich ihnen sagte, wer ich sei, war gleich die erste Frage: Warum seid ihr mit der Slowakei auseinandergegangen? Was macht Václav Havel? Ich schämte mich, da ich mir die Frage stellen musste, wie viel wir denn schon von Thailand wissen.

Sie luden mich zum Abendessen ein – ich wohnte ebenfalls in Aurangabad bei dem örtlichen katholischen Bischof, einem Charismatiker und Heiler – und da entspann sich eine sehr interessante Diskussion. Zuerst sprachen wir über die politische Zukunft Asiens – ähnlich wie die indischen katholischen Bischöfe und einige Intellektuelle, mit denen ich später in Delhi sprach, erwarteten sie in einigen Jahren eine dramatische Veränderung der Machtverhältnisse in der Welt, wenn China das kommunistische Regime abgeschüttelt haben würde und sich auf den großen Marsch zur wirtschaftlichen Prosperität begebe sowie zur Stellung einer globalen Supergroßmacht aufrückte. Selbstverständlich kamen wir auch auf interreligiöse Zusammenarbeit und geistliche Fragen zu sprechen. »Ihr katholischen Priester habt ein Zölibat, wie wir, nicht wahr? Das ist sehr gut für das geistliche Leben!«, sagten sie mir.

Wiederholt stellte ich fest, dass buddhistische Mönche die Gestalt des westlichen Buddhismus oft ziemlich ironisch betrachten, jene Europäer, die sich die Köpfe rasieren und

Buddhisten spielen. Weitaus mehr schätzen sie in der Regel diejenigen, die fest in der eigenen religiösen Tradition verwurzelt sind. Ich habe sogar von großen Meistern der Zen-Meditation gehört, die Europäer nach Hause geschickt haben, damit sie zuerst Meister Eckhart und den heiligen Augustinus lesen – darüber spricht auch Thomas Merton in seinen Erinnerungen. Menschen, die geistlich und geistig nirgends zu Hause sind und sich im Nebel süßlich klingender Phrasen bewegen oder von einer Tradition zur nächsten flattern, um sich die Rosinen aus dem Kuchen zu picken, werden keine geistlichen und geistigen Brücken bauen. Bin ich etwa in der Position Gottes, um über die einzelnen Religionen ein Urteil fällen zu können sowie über die gefällige Behauptung, dass alle Religionen einander gleichwertig sind? Das Einzige, was ich sagen kann, ist: Hier ist meine Heimat, hier sind meine Wurzeln, diesen Weg bin ich gegangen und ich will ihm treu bleiben – und dabei blicke ich mit Achtung und Interesse auf deinen Weg und schließe nicht aus, dass wir einer vom anderen etwas lernen können und dass jeden von uns dabei etwas bereichern kann, ohne dass wir die eigene Identität verleugnen müssten.

Ursprünglich hatte ich geplant, bis nach Kaschmir zu fahren, nach Srinagar. Ich hielt mich jedoch etwas länger in Delhi auf, wo ich den Philosophen und Politiker Ramchandra Gandhi hätte treffen sollen, den Enkel von Mahatma Gandhi; aber ähnlich wie zuvor in Prag haben wir uns knapp verpasst, zu unserem lang geplanten Gespräch kam es erst beim dritten Anlauf einige Jahre später im schweizerischen Caux. In Delhi wohnte ich beim Sekretariat der Indischen Katholischen Bischofskonferenz und dort warnte man mich nachdrücklich vor dem Weg in das politisch unruhige Kaschmir. Auf diesen Rat hin entschied ich mich, meine Reisepläne zu ändern, und flog für einige Tage in das Nachbarland Nepal.

Ich wohnte in der Hauptstadt Kathmandu in der Jesuitenresidenz. In diesem Haus hatte Sir Edmund Hillary vor seinem Aufstieg auf den Mount Everest gewohnt und sein Freund, der Vorsteher der Jesuiten, der durch ein Funkgerät mit ihm verbunden gewesen war, hatte von diesem Haus aus die Nachricht in die Welt gesandt, dass der erste Mensch das »Dach der Welt« bestiegen hatte. Die hiesige Gemeinschaft besteht hauptsächlich aus amerikanischen und indischen Jesuiten, mit denen ich mich prächtig verstand, und den größeren Teil der Nächte dort verbrachte ich in ihrer Bibliothek. Im Speisesaal hing eine große Fotografie von Johannes Paul II., wie er den Dalai Lama umarmt, und sie lobten Václav Havel sehr für seine weise Entscheidung, diese beiden großen religiösen Persönlichkeiten nach Tschechien einzuladen.

Die Jesuiten ermöglichten es mir, mit einem kleinen Flugzeug für vierzehn Personen über den Himalaya zu fliegen; wir kamen in die nächste Nähe des Gipfels Mount Everest, durch den die nepalesisch-chinesische Grenze verläuft. Nepal ist eine originelle Synthese nepalesischer, chinesischer und tibetischer Kultur. In den Klöstern der Tibeter fühlte ich mich sehr wohl; diese Kultur bewundere ich schon seit Jahren und ich drücke stets meine Unterstützung dieses bewundernswerten Volkes im Kampf um seine Freiheit gegen die chinesische Vorherrschaft aus.

Bei den Jesuiten in Nepal begegnete ich einem bemerkenswerten jungen katholischen Priester aus Rumänien. Er war ursprünglich Mathematiker gewesen, war ein ausgezeichneter Pianist und hatte eine beachtliche sprachliche Begabung. Nach der Weihe war er Universitätskaplan geworden. Als sich die Fragen seiner Studenten nach dem Buddhismus und nach orientalischer Spiritualität wiederholten, fühlte er, dass er ihnen nicht immer Antworten aus »zweiter Hand« geben konnte. Er verkaufte sein Klavier und seinen Computer, bat seinen Bischof um einen zweijährigen Urlaub und begab sich auf eine Studienreise nach Indien. Er arbeitete in Häusern von Mutter Teresa in Kalkutta, stieß aber sehr schnell auf Bürokratismus und die offene Feindschaft bestimmter indischer Ämter. Ein örtlicher Amtsträger, Vertreter des angeblich unglaublich toleranten Hinduismus, gab offen zu, dass er die Arbeit der Christen in Indien vorsätzlich behindert: Die Armen, denen Mutter Teresa diene, hätten ihre Armut durch ihre Sünden im vergangenen Leben verdient, die sie nun abbüßen sollten – und die Bemühung, ihnen zu helfen, »verderbe bloß das Karma«. Nun ja, jede Religion hat wohl ihre »Fundamentalisten«.

Als man diesem Priester die Aufenthaltserlaubnis in Indien nicht verlängern wollte, reiste er nach Nepal und studierte unter der Leitung der Jesuitenväter den Buddhismus. »Alles, was man uns am Seminar und an der Theologischen Fakultät über den Buddhismus gesagt hat, war eine Lüge. Sie sagten uns, dass die Buddhisten eigentlich Atheisten wären – komm und sieh, wie die Buddhisten beten: Hast du so eine Innigkeit und innere Sammlung bei uns Christen gesehen?« So führte er mich von einem heiligen Ort zum nächsten. Ich sah, dass er in den Buddhismus verliebt war, »bis über beide Ohren«. Sollte ich das als sein Mitbruder widerlegen und ihm die Überlegenheit unseres Glaubens beweisen? In der Nacht dachte ich lange darüber nach und betete. Nein, die Liebe kann man niemandem ausreden. Für ihn war es wichtig, dass er diese Phase seines Weges durchmachte, dass er nicht nur mit dem kühlen Verstand erkannte, sondern auch mit dem begehrenden Herzen. Ich hatte Vertrauen, dass dieser Weg, auf dem er durch das Begehren nach der Wahrheit geführt wurde, nicht anders enden könnte als in den Armen Christi – und dass er die Schönheit seines Herrn dann vielleicht in neuen Farben und in neuen Dimensionen sehen würde, bereichert durch diese spirituelle

Erfahrung. In seinen Augen brannte eine reine Flamme; nein, das war kein Abtrünniger, kein Überläufer und auch kein Verirrter – ich glaube, dass Er, welcher der Weg ist, nicht zulassen wird, dass solche Menschen verlorengehen.

* * *

Meine späteren Reisen nach Asien führten mich nach Thailand, in die Republik China auf Taiwan, nach Burma und zweimal nach Japan.

Nach Japan flog ich zum ersten Mal Anfang August 1998, zwei Monate nach meinem fünfzigsten Geburtstag. Vom Flughafen in Ōsaka pilgerte ich auf den heiligen Berg Hiei über Kyōto, der von Klöstern bedeckt ist, die die älteste und vornehmste Tradition des japanischen Buddhismus bewahren. Ich war in einer kleinen Einsiedelei eines der Klöster untergebracht. Gleich zur Begrüßung sagte mir der Vorsteher des Klosters mit der typischen japanischen Höflichkeit: »Wir haben gehört, dass Ihr Präsident gerade ernsthaft erkrankt ist. Würde es Ihnen nichts ausmachen, wenn wir heute Abend gemeinsam für ihn beten würden?« Natürlich stimmte ich zu, umso mehr, als ich wusste, wie sehr die gelehrten japanischen Mönche auf dem Berg Hiei Václav Havel schätzten. Am Abend nahm ich dann an der Zeremonie im Haupttempel teil, bei der – wie mir mein unschätzbarer Führer erklärte – der Zelebrierende symbolisch die Krankheiten und das Leid des tschechischen Präsidenten in das hoch auflodernde Feuer legte und sie verbrannte. Noch in der Nacht verfolgte ich über das Internet die aktuellen Nachrichten auf CNN – es wurde erwähnt, dass Václav Havel durch eine schwere gesundheitliche Krise gegangen sei, bei der sein Leben bedroht war, dass er sich aber im Krankenhaus in Österreich befinde und am Leben sei.

Diese Begebenheit hatte noch ein merkwürdiges Nachspiel. Einige Monate später besuchte ich Václav Havel in

Prag und weil die Rede auf die bevorstehende Reise seiner Frau nach Japan kam, erwähnte er mir gegenüber – ohne dass ich ihm vorher irgendetwas von meinen Erlebnissen in Japan erzählt hätte –, dass er gerade in dem Augenblick, als er in Österreich im Krankenhaus jenen kritischen Zustand durchmachte, so einen seltsamen Traum gehabt hätte; er habe geträumt, er wäre in einer asiatischen Gebetshalle, von buddhistischen Mönchen umgeben, und noch eine bestimmte Zeit nach dem Aufwachen aus der Narkose mischten sich ihm irgendwelche »asiatischen Motive« in die normale Wahrnehmung. Es ließ sich ziemlich einfach berechnen, dass seine gesundheitliche Krise annähernd zur Zeit der Zeremonie ablief, von der ich eben erzählt habe. Nun ja, in Klöstern – nahen wie auch in fernen – geschehen manchmal in der Tat sehr sonderbare Dinge.

* * *

Nach Hiroshima kam ich am Vorabend des Jahrestages des Atombombenabwurfs. Am Abend konzelebrierte ich in der örtlichen Kathedrale gemeinsam mit allen japanischen Bischöfen sowie vielen Priestern aus der ganzen Welt ein Requiem für die Opfer der Atombombenexplosion. Die Messe sowie die Besichtigung des Friedensdenkmals in Hiroshima wirkten stärker auf mich, als ich erwartet hatte. Ich führte ein aufschlussreiches Gespräch mit dem Bischof von Hiroshima und anschließend eine Diskussion mit meinen Freunden, den buddhistischen Mönchen vom Berg Hiei, die sich bis in die frühen Morgenstunden hinzog. Ich musste lächeln, als ich die Szene eine Weile mit Abstand betrachtete: Ein bärtiger katholischer Priester in sommerlicher Sportkleidung, um ihn herum vier buddhistische Mönche in traditionellen Gewändern sitzen an einem Café-Tisch in einer Bar mit dem Namen »Sternenstaub« im zweiundfünfzigsten Stockwerk eines luxuriösen internationalen Hotels. Vor uns standen Gläser mit Pilsner Bier, um uns kreisten die tanzenden Paare, durch das Dachfenster sah man den dunklen Nachthimmel mit Myriaden von Sternen und durch ein zweites Fenster, tief unter uns, die Lichter des modernen Hiroshima. Das Thema des Gesprächs war die Auffassung vom Leiden in der christlichen Kreuzestheologie und in Buddhas Erlösungslehre sowie das Verhältnis zur Natur in beiden geistlichen Traditionen. Wir verabschiedeten uns erst, als die Sterne blasser zu werden begannen. Gibt es ein Ohr, das seit Jahrtausenden den Reden lauscht, welche die Jünger des Rabbi aus Nazareth und des Meisters von Bodhgayā gelegentlich miteinander führen, so soll es meinen Eindruck beurteilen: dass wir nämlich in jener Nacht ein paar beachtliche Schritte auf dem Weg des gegenseitigen Verständnisses getan haben.

Am nächsten Tag sollten schon um fünf Uhr morgens die gemeinsamen Gottesdienste der Vertreter aller in Japan wirkenden Religionen beginnen, dann sollte eine ausführliche zivilbürgerliche Versammlung folgen und gleich danach, zur Einführung beim gemeinsamen Mittagessen der Vertreter der Religionen, sollte ich laut Programm eine kurze Rede halten.

Ich schlief sehr kurz und unruhig. Beim Erwachen hatte ich das Gefühl, als fiele ich in einen Abgrund aus Licht. Ich trat hinaus auf den Balkon des Hotelzimmers und direkt mir gegenüber ging die Sonne auf. Unter mir lag Hiroshima. Es war der sechste August, der Festtag der Verklärung des Herrn auf dem Berg Tabor.

Beim Anblick der aufgehenden Sonne – übrigens ein vielsagendes Symbol Japans – stieg ein Gewirr von Bildern und Assoziationen in mir auf: »*Heller als tausend Sonnen*« – dieser Satz aus der Bhagavad Gita kam Oppenheimer in den Sinn, als er zum ersten Mal die Explosion der Atombombe sah. »*Sein Gesicht leuchtete wie die Sonne und seine Kleider wurden blendend weiß wie das Licht*« (Mt 17,2), liest man in der

Liturgie des sechsten August. Wohl über genau diesen Satz meditierten die japanischen Christen, die vor dreiundfünfzig Jahren vom Morgengottesdienst zurückkehrten, als sie das »Feuer vom Himmel« verschlang. Am Tag zuvor in der Kathedrale dachte ich so sehr an sie und an ihre im Nu abgerissenen Lebensfäden; nun war es, als ob sie mit den Strahlen der aufgehenden Sonne hierher zu mir gekommen wären.

Ich betete aus dem Brevier das Morgenlob und öffnete noch für einen Augenblick das Evangelium dieses Festtages. Und dann tauchte ein weiteres Bild auf: »*Und plötzlich redeten zwei Männer mit ihm. Es waren Mose und Elija.*« (Lk 9, 30) Mir kam ein merkwürdiger Gedanke: Sollten dort mit Jesus nur diese zwei gewesen sein?

Zwei Tage zuvor hatte ich mir in einem kleinen Laden in der Nähe des Bahnhofs von Kyoto ein koloriertes Bild gekauft, das das fiktive Gespräch zwischen Buddha, Konfuzius und Laotse darstellte. Diese Szene war gestern Nacht während der lebendigen Diskussion mit den Mönchen ein paar Mal in mir aufgestiegen und ich glaube, dass sie mir auch im Traum aufblitzte; kein Wunder, dass sie sich nun als eine weitere Schicht auf das Bild gelegt hatte, das aus dem heutigen Evangelium heraufstieg. Ja, Jesus unterhält sich vor den Augen der Apostel mit dem längst verstorbenen Moses und Elias und den drei Fischern dämmert, was sie wohl kaum in Worten beschreiben könnten, was eben nur ein Bild zu erkennen gibt. Petrus, Johannes und Jakob sollen als erste von den zwölf wissen, dass Jesus mehr ist als nur der »gute Meister«. Auf seinem Antlitz erstrahlt eine leuchtende Wolke der Fülle von Gottes Gegenwart, die einst den Berg Zion verhüllte, die Arche Gottes auf dem Weg durch die Wüste begleitete und den Tempel erfüllte, als dieser geweiht werden sollte; ihr Glanz brannte auf dem Antlitz des Mose nach der Begegnung mit dem Herrn und Funken von diesem Feuer entzündeten die Herzen der Propheten. Jesus ist der Schlüssel »zum Gesetz und zu den Propheten«, er ist der Weg zu einem neuen und volleren Verständnis von Moses und Elias. Er ist nicht geringer als diese größten Autoritäten der jüdischen Welt – das ist die Botschaft vom Berg Tabor. Er ist aber nicht gekommen, um sie zu leugnen – er spricht mit ihnen. Die Erfüllung der Schrift, des Gesetzes und der Propheten geschieht im Dialog mit Jesus – und die ganze Sendung Jesu können wir wiederum nur begreifen, wenn wir mit Moses und Elias ins Gespräch eintreten, wenn wir Jesus mit ihnen zusammen wahrnehmen, in ihrer Gesellschaft. Sie sprechen miteinander, sie unterhalten sich – und sie *interpretieren einander gegenseitig.* Der tiefere Sinn der hebräischen Bibel, des Gesetzes und der Propheten liegt (aus christlicher Sicht) in ihrer Offenheit für das Wort, das Jesus ist – und das Wort lässt sich wiederum nicht gut begreifen, wenn wir es aus dem Kontext des Judentums herausreißen.

Das Evangelium des Festtages der Verklärung des Herrn braucht in keiner Weise Moses und Elias im Vergleich zu Jesus geringer zu machen. »Sie sprachen mit ihm«, »sie redeten mit ihm über sein Ende«. Der Text legt nahe, dass sie ihm in dem Augenblick eher etwas Wichtiges mitteilen. Die spätere christliche Darstellung der Synagoge als einer blinden Frau mit einer Augenbinde, die wir von den Portalen gotischer Kathedralen kennen, zeigt sich vor dem Hintergrund dieser Szene des Evangeliums als absurd und beleidigend. Moses und Elias, die erhabenen Säulen der jüdischen Tradition, sind auf dem Berg Tabor Jesu Partner im Gespräch; ein Dialog voll gegenseitiger Achtung zwischen den Jüngern Jesu und den Jüngern des Mose und Elias sollte niemals aufhören. Ich bin froh darüber, dass viele Theologen und einige aktive spirituelle Bewegungen unserer Zeit die Notwendigkeit, das tiefe und achtsame Gespräch des Christentums mit dem Judentum zu erneuern, als ein »Zeichen der Zeit« und als Aufforderung Gottes angenommen haben.

Führt uns aber die Szene vom Berg Tabor nicht noch weiter, hinter den Horizont des Judentums? Es scheint, dass schon die griechischen Väter der Kirche einen weiteren Schritt in das Innere dieses Geheimnisses vom Dialog über die Grenzen der Zeit hinweg gewagt haben, als sie Platon und andere antike Philosophen als Partner des »Gesprächs mit Jesus« aufgefasst und angenommen haben. Was Moses für die Juden war, das war Platon für die Griechen, behaupteten die heiligen Väter. Nach ihrer Ansicht bereiteten die antiken Philosophen den Weg für Christus und Christus war ihre Erfüllung. Wer die Geschichte christlichen Denkens kennt, weiß, was für eine bedeutende Rolle darin von den ersten Jahrhunderten an der Dialog des christlichen Glaubens mit den »heidnischen Meistern« spielte, mit den antiken Philosophen und der ganzen hellenischen Kultur. Die Christen der ersten Generation starben zwar lieber im Schlund von Raubtieren, als dass sie Weihrauch auf den Altären des römischen Staatskults geopfert hätten, aber schon die Uranfänge christlicher Kunst in den römischen Katakomben bezeugen, wie in derselben Zeit – offenbar dieselben – Christen mit großer innerer Freiheit und Selbstverständlichkeit die ganze Bandbreite »heidnischer« Symbole für die Artikulation ihres Glaubens nutzten. Die ganze patristische Literatur ist durchzogen von Verweisen auf die antike Kultur, Mythologie, Dichtung und Philosophie. Wenn in den ersten Jahrhunderten bei den Christen die Angst davor überwogen hätte, sich aufnahmebereit der Kultur und Geistigkeit ihrer Zeit zu öffnen, dann wäre das Christentum wohl eine bedeutungslose Sekte am Rande des Judentums geblieben, es wäre nie die geistige und moralische Strömung geworden, welche die kulturelle Gestalt Europas und des größten Teils dieses Planeten stärker und dauerhafter verwandelt hat als jede andere Lehre.

Die Jesuiten in den berühmten asiatischen Missionen zögerten nicht, Konfuzius und andere Weise des Ostens als Zeugen der Wahrheit anzunehmen, und verhielten sich gegenüber den örtlichen geistlichen Traditionen noch entgegenkommender als

Paulus zum »Altar des unbekannten Gottes« auf dem Areopag in Athen. Christus im Dialog der Kulturen und Spiritualitäten – das ist bei weitem keine verrückte Neuheit der Postmoderne und Globalisierung, sondern das Vermächtnis der gesamten katholischen Tradition – katholisch im stärksten und tiefsten Sinne dieses Wortes. Meine morgendliche Vision in Hiroshima, Christus im Dialog nicht nur mit Moses und Elias, sondern auch mit vielen, die für Europa ferne geistliche Wege symbolisieren, war nichts, was einen Christen verblüffen oder beleidigen müsste. Verblüffend waren die Intensität und die seltsame Dringlichkeit, mit der dieses Bild dauerhaft in meine innere Welt eintrat. Als ob ich gehört hätte: Tritt tiefer ein in die Wolke dieses verwandelnden Geheimnisses, nimm an diesem Gespräch geistlicher Traditionen teil, hilf einen Raum für diesen Dialog zu schaffen und zu bewahren.

Die Sonne stand nun schon hoch über dem Horizont. Ich notierte mir in Eile schnell noch einige Gedanken, die mir durch Kopf und Herz strömten, ich wusch mich, kleidete mich an und reihte mich in die bunte Menge von Buddhisten, Christen, Shintoisten, Hindus, Juden und Muslimen ein, die zu dem Ort strömten, wohin vor dreiundfünfzig Jahren die mörderische Bombe gefallen war, um gemeinsam für die Gesundung der Welt zu beten.

Mein Weg durch Japan führte mich damals an einige weitere bemerkenswerte Orte, zu den Klöstern auf dem Berg Kōya, in die »Bäder des göttlichen Drachens«, nach Nara, nach Kyōto, nach Kamakura und Tokio – und endete mit dem nächtlichen Aufstieg auf den Vulkan Fuji. Jene dringliche innere Aufforderung aus Hiroshima, mich dem Dialog zwischen den Religionen und unterschiedlichen Kulturen zu widmen, hat mich jedoch nie mehr verlassen.

* * *

Den afrikanischen Kontinent habe ich bereits drei Mal betreten, aber bislang bin ich nie ganz ins Zentrum des »schwarzen Afrika« vorgedrungen; ich war zwei Mal in Nordafrika und einmal in der Republik Südafrika, also in Regionen, die unserer westlichen Kultur relativ nahe sind.

Meine erste afrikanische Reise führte nach Ägypten. Die ganze erste Woche verbrachte ich in Kairo. Tagsüber besichtigte ich islamische und koptische Sehenswürdigkeiten und streifte durch diese riesige Stadt, in der man neben den erhabenen Denkmälern der Vergangenheit ein Meer von Schmutz, Chaos und Armut nicht übersehen kann. Am frühen Abend fanden in der Regel meine Begegnungen und Gespräche mit islamischen und koptischen Theologen und Intellektuellen statt. Bei einem opulenten Abendessen in der luxuriösen Wohnung eines islamischen Intellektuellen (er wirkte als inoffizieller »Außenminister« des Großmufti und als »Verbindungsmann« des sunnitischen Islam mit dem Westen), der den größten Teil des Jahres in Paris lebte, drehte sich die Diskussion mit den anwesenden Geistlichen, unter denen auch der Vizepräsident der al-Azhar-Universität war, überwiegend um die mögliche Zusammenarbeit von Muslimen und Christen auf dem Gebiet der Sozialethik. Erst gegen Ende des Abends gelang es mir, die Diskussion auch auf theologisch-philosophische Fragen zu lenken, auf den Vergleich christlicher und islamischer Mystik, und ich erhielt einige Antworten darauf, inwieweit im Islam eine Analogie zur »negativen Theologie« des Christentums existiere. Bei der Audienz beim ägyptischen Minister für religiöse Angelegenheiten konnte ich mich des Eindrucks nicht erwehren, dass der Herr Minister mit diesem Treffen eher politisch-propagandistische Ziele verfolgte, und so wunderte es mich nicht allzu sehr, als man mir am folgenden Tag an der tschechischen Botschaft einen Artikel der führenden ägyptischen Tageszeitung zeigte, in dem stand, dass ich mich in dem Gespräch mit dem Minister angeblich über seine Politik in Bezug auf die koptischen Christen zustimmend geäußert hätte. In Wirklichkeit hatte ich nichts dergleichen gesagt.

Am Sitz des koptischen »Papstes« Schenuda III. erwartete mich wiederum ein langes Gespräch mit dem Vertreter dieses Papstes für theologische und interreligiöse Fragen, Erzbischof Bischoy. Dieser imposante und souverän wirkende Mann wertete die entgegenkommende Haltung des Zweiten Vatikanischen Konzils zu Nichtchristen eindeutig als Verrat an Christus. Eine gültige Taufe sei die unabdingbare Bedingung für die Erlösung und nicht einmal im Interesse der Liebe sei es möglich, von dieser Wahrheit abzuweichen: Wem die Gnade der Taufe nicht zuteilgeworden sei, aus was für einem Grund und in welcher Zeit und Kultur auch immer, von dem habe Gott selbst im Voraus entschieden, dass er zur Verdammung bestimmt sei.

Auch die Begegnung, auf die ich mich am längsten vorbereitete, jene mit dem Haupt aller sunnitischen Muslime, dem Großmufti von Ägypten und Scheich al-Azhar, verlief ziemlich formell. Der Großscheich sah während des Gesprächs in die Notizen, die seine Berater offensichtlich für ihn vorbereitet hatten. Er war informiert darüber, dass ich mich positiv zum Bau der ersten Moschee in unserem Land geäußert hatte, also dankte er mir für die Unterstützung der »Restitution der Moschee«. Als ich erwähnte, wie wichtig sein Treffen mit dem Papst auf dem Berg Sinai im Jubiläumsjahr 2000 sein könnte, das von Johannes Paul II. vorgeschlagen worden war, antwortete er mit einem einzigen Wort: »Inschallah – Wir werden sehen, so Allah will.« Die menschlich wärmste Begegnung mit einem religiösen Repräsentanten in Kairo war das Frühstück beim Apostolischen Nuntius, einem jovialen älteren Römer mit weisen liebenswürdigen Augen, der mir allerhand nützliche Ratschläge sowie scharfsinnige Bemerkungen mit auf den Weg gab.

Ein Professor der Ägyptologie, einer meiner älteren Kollegen von der Philosophischen Fakultät der Karlsuniversität in Prag, nahm mich gleich am zweiten Tag nach unserer Landung in Kairo zu den Pyramiden mit und weihte mich in die kostbaren Entdeckungen tschechischer Forscher ein. Er bemerkte jedoch, dass mein Blick ständig in die Wüste abirrte und dass meine Fragen auf die uralte Erzählung von der Wanderschaft des jüdischen Volkes aus dem Buch Exodus zielten. Also schlug er mir vor, dass wir am Wochenende auf die Sinai-Halbinsel fahren, dort in einem der ältesten und denkwürdigsten Klöster des Christentums übernachten – im Katharinenkloster – und dass wir dann gemeinsam auf den Berg Sinai steigen. Er wollte mich auch in die alten koptischen Klöster in der Wüste mitnehmen und wenn ich wollte, würde er mich für einen Tag tief in die Wüste fahren, wo in alle Himmelsrichtungen nichts zu sehen wäre als unendliche Sandebenen; er würde mich dort meditieren lassen, in der Hoffnung, dass er vor dem Dunkelwerden mit dem Jeep zurückkäme, um mich zu holen. Natürlich war ich mit allem sofort einverstanden.

Am Ende der ersten Woche stiegen wir wirklich auf den Berg Sinai hinauf. Der Aufstieg war ziemlich anspruchsvoll, weil es heiß war und wir es ziemlich eilig hatten, um vor dem Einbruch der Dunkelheit wieder zurück ins Katharinenkloster zu kommen. Auf dem Weg über die steinernen Stufen der uralten Pilgertreppe dachte ich im Schweiße des Angesichts über die Zehn Gebote nach und auf dem Rückweg prägte sich mir für immer die Szenerie der Elija-Mulde in mein Herz ein mit dem kleinen See und dem weiten Ausblick durch Felsenschluchten in die umgebende Landschaft.

Für den »Tag in der Wüste« wählte ich den liturgisch günstigsten Tag meines ganzen Aufenthalts in Ägypten: den Aschermittwoch, den Beginn des großen Fastens und der vorösterlichen Zeit der Buße. An jenem Tag brannte die Sonne nicht so erbarmungslos, aus den unendlichen Weiten der Wüste wehte eine Brise, die den Sand fein kräuselte. Die Wüste, die Szenerie der großen Prüfungen Gottes, der Ort vierzigjähriger Wanderschaft des auserwählten Volkes, der Ort des vierzigtägigen Fastens Christi und der Raum, wohin es in den ersten Jahrhunderten des Christentums Asketen und Einsiedler zog – umgab mich wie ein gewaltiges NICHTS von allen Seiten. Eine mit nichts zu vergleichende Stille – denn auch die Stille hat ihre breite Skala – trat langsam auch in mich ein. Ich war zum ersten Mal da, wohin nach den Worten der Schrift der Herr sein Volk geführt hatte, seine Braut, um zu ihrem Herzen zu sprechen.

Lange saß ich auf einem kleinen Teppich im Sand. Nach einigen Stunden erhob ich mich, um mich ein wenig zu strecken und etwas in der Wüste umherzugehen. Tatsächlich: Die Szenerie rundumher war, nach allen Himmelsrichtungen, ununterscheidbar gleich, darüber hinaus wandelte sie sich überall geringfügig durch die Wellenbewegung des Sandes. Wer sich nicht an Sonne und Sternen orientieren kann, für den genügt es, sich ein wenig zu drehen, und er verliert hoffnungslos die Richtung seines Weges. Der Sand behielt eine Weile meine Fußabdrücke, aber nach einem Augenblick waren sie unauffindbar zugeweht. Vergeblichkeit über Vergeblichkeit!

Ich rief mir die Erzählung des Evangeliums von Christus und der Ehebrecherin in Erinnerung, die ich gern habe, wie übrigens viele, die sich nicht für gerecht halten. Jesus setzte sich nieder und schrieb in den Sand. Ich habe mir immer die Frage gestellt, was und warum er geschrieben hat. Ich versuchte, mit dem Finger etwas in den Sand zu schreiben, aber nach einer Weile war es ganz zugeweht. »Der Buchstabe tötet, der Geist aber macht lebendig« (2 Kor 3), sagte Paulus. Hatte Jesus nicht etwas Ähnliches im Sinn? Die Schrift ist der Buchstabe, aber der Geist ist ein leichter Wind, der Liebe und

Barmherzigkeit über ihn streut wie den sonnenbeschienenen goldenen Sand.

Ich stellte mir den Augenblick des letzten Gerichts als eine gewaltige Wüste von reiner Göttlichkeit vor, wo alles Krumme in uns, alles von Schmerz und Schuld Beladene, all die finsteren Abgründe in unseren Lebensgeschichten und in unseren Herzen ausgeglichen werden, zugeweht, zugedeckt: Gott wird alles in allem sein, wie in jenem ausgedehnten Nichts, das mich nun von allen Seiten umgibt.

Als der Abend heranrückte, stand ich auf und versuchte, mir den feinen Sand aus dem Gesicht, aus Bart und Haar zu wischen. Die Sonne neigte sich dem Rand der Wüste zu und von Weitem näherte sich der Jeep meines Freundes.

In den folgenden Jahren führten mich meine Reisen noch zwei Mal auf den afrikanischen Kontinent. In Marokko wirkte ich beim Drehen einer achtzehnteiligen Fernsehserie über fünf Weltreligionen mit; ich war Drehbuchautor, Speaker und führte durch die ganze Serie. Im Jahr 2011 erhielt ich eine Einladung, auf einer internationalen Konferenz in Johannesburg und danach in Kapstadt vorzutragen. Zu Recht wird Kapstadt für eine der schönsten Städte der Welt gehalten – neben Prag natürlich! –, besonders durch seine Lage zwischen den Bergen und dem Ozean. Cape Point am Kap der Guten Hoffnung gehört bestimmt zu den Orten, die man aufgrund ihrer ergreifenden Naturschönheit nicht vergessen kann. Meine erste Assoziation zum Wort Afrika bleibt jedoch jener Aschermittwoch in der ägyptischen Wüste.

* * *

Meine Reisen im Verlauf von zwanzig Jahren nach dem Fall des Kommunismus – nach fast zwanzigjährigem »Reisefasten« – führten mich auf alle Kontinente der Erde. Die Erinnerungen an die fernen Reisen, einschließlich derer, die ich bisher nicht erwähnt habe – zum Beispiel zwei Reisen nach Australien, eine Reise nach Kanada, nach Marokko oder nach Taiwan –, würden ein eigenes Buch füllen. Aber wenigstens auf eine meiner Weltreisen – die längste und abenteuerlichste Reise, bei welcher der Tod seine Hand nach mir ausstreckte – werde ich am Schluss meiner Erzählung zurückkommen.

XIII. Auf dem Weg in die Politik?

An meinem vierzigsten Geburtstag zitierte Pfarrer Reinsberg den sehr weisen Grundsatz eines Jesuiten: Bis vierzig halte dich an die Alten, ab vierzig an die Jungen. Ich habe diesen Grundsatz um fünf Jahre überschritten. Nach meinem Ausscheiden aus der Theologischen Fakultät und aus der Funktion des Sekretärs der Bischofskonferenz habe ich mich entschlossen, mich weiterhin vor allem Studierenden zu widmen, und zwar als Hochschullehrer und gleichzeitig als Studentenpfarrer. Ich entwarf für einige Monate einen Plan, wie ich den Übergang bewerkstelligen könnte, und nannte ihn scherzhaft »Operation Guardini«. Romano Guardini ist das Ideal meines Lebens: ein Religionsphilosoph, der an einer weltlichen Fakultät lehrte und gleichzeitig Hochschulprediger war und Seelsorger; durch seine Vorlesungen, Predigten, geistlichen Übungen, Bücher, persönliche Gespräche und Ferienfahrten mit Studierenden zog er eine ganze Generation edelgesinnter und gebildeter Menschen heran und machte sich sehr verdient um den Dialog zwischen Christen und der damaligen Welt der Kultur.

Und die »Operation Guardini« gelang. Wiederum erfüllte sich, dass diejenigen, die mir schaden wollten, mir nutzten – dem damaligen Dekan der Theologischen Fakultät gebührt dafür aufrichtiger Dank. Noch bevor mir die Leitung der Theologischen Fakultät formal kündigen konnte, eröffnete mir der Dekan der Fakultät für Sozialwissenschaften die Möglichkeit für externe Vorlesungen und eine Habilitation. Danach nahm ich das Angebot an, mich um eine Dozentenstelle an dem neu entstehenden Arbeitsbereich für Religionswissenschaften der Philosophischen Fakultät zu bewerben.

Mein Antritt an der Philosophischen Fakultät war von ganz entgegengesetzten Eindrücken begleitet, als es der Antritt an der Theologischen Fakultät gewesen war – ich kehrte heim in eine Umgebung, in der ich studiert hatte und wo ich großartige und inspirierende Jahre meiner Jugend verbracht hatte. Unter den Lehrenden der Fakultät waren viele meiner ehemaligen Kommilitonen und die Studierenden bildeten ein buntes, aufgeschlossenes und anspruchsvolles Publikum, in dessen Mitte ich mich bis heute sehr glücklich fühle. Unter Kollegen und Zuhörern überwiegen Menschen, die von der Kirche weit entfernt sind, aber niemals habe ich gespürt, dass mich jemand abgelehnt hätte, weil ich ein katholischer Priester bin. Ich achtete immer sehr darauf, niemals gläubige Studierende zu protegieren oder anderen vorzuziehen, und prüfe ich Studierende, unter denen meine »Gemeindemitglieder« sind, so wissen diese, dass ich ihnen gegenüber eher anspruchsvoller sein werde als gegenüber den anderen. Ich denke, dass die Studierenden die Tatsache wertschätzen, dass ich die Spielregeln der säkularen Fakultät akzeptiere, und auch wenn ich gar nicht verberge, wo ich mich mit meinen Ansichten positioniere, so ist mir doch jedweder billige apologetische Zugang fremd. Bei der Interpretation von bestimmten Ansichten oder religiösen Systemen versuche ich stets dem gerecht zu werden, wie diese sich selbst verstehen. Die Rückkehr an die Philosophische Fakultät, wo ich schon seit langem, seit meinen Studentenjahren, einmal lehren wollte, war eines der natürlichen Mittel, die mir die Lust zum Leben zurückgaben.

An der Schwelle zu meinen Fünfzigern tauchte jedoch in meiner Lebensgeschichte ein neues Motiv auf, von dem ich lange nicht wusste, ob es ein Ruf oder eine Versuchung war.

* * *

Meinen fünfzigsten Geburtstag begann ich am frühen Morgen mit einer stillen Messe in einer Seitenkapelle der Prager Kathedrale. Dann ging ich kurz zu einem Gebet zum Prager Jesulein in die Kirche Maria vom Siege. Von dort machte ich mich, in Begleitung meiner Nächsten, zum Frühstück in eines der Kleinseitner Cafés auf. Ich brachte einen Haufen Tageszeitungen zu dem Tisch, auf dem unser Kaffee stand – und in einer jeden von ihnen lasen wir, manchmal auch auf der Titelseite: Präsident Václav Havel schlägt als seinen Nachfolger Tomáš Halík vor! Wird ein katholischer Priester der nächste Präsident?

Dies war die Reaktion auf mein Gespräch mit Václav Havel in der beliebten Rundfunksendung »Gespräche aus Lány«, die samstags ausgestrahlt wird. »Meine kommenden fünfzig Jahre fangen ja gut an, das muss man sagen«, klagte ich ein wenig sarkastisch.

Zum Abendessen war ich mit meiner Mitarbeiterin Scarlett in das Präsidentenschloss Lány geladen. Am Tisch saßen einige enge Freunde und Mitarbeiter des Präsidenten. Einige von ihnen, darunter auch Václav Havel, dachten freundlich an meinen Vater zurück. Auf dem Rückweg stiegen wir aus dem Auto und in den duftdurchwebten Wiesen hinter dem Friedhof in Lana (Lány), auf dem T. G. Masaryk begraben liegt, betrachteten wir den Sonnenuntergang – gerade vor einem halben Jahrhundert, am Abend des ersten Juni, berührte ich zum ersten Mal die Welt außerhalb des Mutterleibes. Ist es wahr, wie Freud schreibt, dass Neugeborene vor Angst weinen und schreien, weil die Geburt ein Trauma ist, das aus dem Verlust der Sicherheit im Mutterleib herrührt? Ähnelt diese Bangigkeit vor dem Unbekannten vielleicht jenen Gefühlen, mit denen Menschen oft aus dieser Welt scheiden und in die Ewigkeit geboren werden?

Scarlett und ich sprachen darüber, dass es in Indien Brauch war, dass ein Mann mit fünfzig Jahren seine Familie verließ, seinen Beruf aufgab und Einsiedler wurde; in der christlichen Tradition handelte Nikolaus von Flüe so, zu dessen Einsiedelei im Herzen der Schweiz ich einmal gepilgert bin. War das »Motiv« der Kandidatur für das Präsidentenamt ein Zeichen dafür, dass es genug ist mit der Welt, dass ich bis hier gekommen bin und nun alles aufgeben und mich radikal dem geistlichen Weg zuwenden sollte – auch wenn das nicht unbedingt eine einsame Hütte in den Bergen sein muss? Scarlett neigte eher zu dieser Sichtweise. Oder bedeutete es im Gegenteil, dass ich den Funken des Geistes, der mir auf meinem bisherigen Weg gegeben war, nun in der nächsten Lebensetappe in das Leben der Gemeinde, der *polis* hinübertragen sollte – auch wenn das nicht unbedingt bedeuten muss, dass ich mich um das Präsidentenamt bemühen sollte? Am Ende einer bekannten buddhistischen Erzählung kehrt ein Einsiedler aus der Einsamkeit zurück auf den Marktplatz der Welt und im Christentum taucht ein ähnliches Element in den Legenden über den heiligen Gregor auf.

Was sollte mir damit gesagt werden, dass gerade zu meinem fünfzigsten Geburtstag dieses Motiv aufgetaucht ist – alles fahren lassen, was ich gern tue, und bereit sein für eine andere Art von Verantwortung und Dienst für meine Mitmenschen, für den politischen Dienst für die Gesellschaft? Obgleich ich meine Kandidatur für das Präsidentenamt am 1. Juni 1998 für wenig realistisch hielt, so fühlte ich doch, dass sich durch diese seltsame Koinzidenz dieses Themas mit meinem persönlichen Jubiläum etwas meldete, das ich nicht mit einem Wink der Hand abtun konnte. Was symbolisierte es, was kündigte es für die nächsten Jahre an? War es eine Aufforderung zur Veränderung – oder aber eine Versuchung, den rechten Weg zu verlassen? Dieses Rätsel würde ich von dem Augenblick an einige Jahre lang lösen müssen, und das auf vielen verschiedenen Ebenen.

* * *

Als ich eingeladen wurde, mit dem Präsidenten in der Rundfunksendung »Gespräche aus Lány« ein Gespräch zu führen, ahnte ich unterbewusst, dass der Moderator auch nach dieser Sache fragen würde. Mein Name tauchte schon vorher und auch nachher öfter in unterschiedlichen Umfragen und Erhebungen zur öffentlichen Meinung unter den zahlreichen Kandidaten für den nächsten Präsidenten der Republik auf – mal auf dem fünftem, mal auf dem vierten, einmal sogar auf dem zweiten Platz. Zum ersten Mal überhaupt hatte Václav Havel ungefähr zwei Jahre zuvor den Gedanken ausgesprochen, als Reaktion auf meine Ansprache, in welcher ich das Buch mit seinen Präsidentenreden vorgestellt hatte – damals nahmen es alle, einschließlich mir und wohl auch ihm, eher als einen guten Witz auf. Mein Name erschien allerdings in den Zeitungen und im Rundfunk und die Leute begannen mich auf der Straße anzuhalten: »Hören Sie, Herr Halík, ich bin zwar nicht gläubig, aber ich halte sie für einen fairen und vernünftigen Kerl, ich hätte Sie wirklich gern zum Präsidenten!«

Als ähnliche Reaktionen sich häuften, ärgerte es mich eher und ich legte mir ein paar Bonmots zu, um darauf zu reagieren. Präsident wollte ich zuletzt mit ungefähr sieben Jahren werden, kurz nachdem ich nicht mehr Eisbär werden wollte; wenn mir in den späteren Jahren irgendein Zaubergroßvater angeboten hätte, mir einen der beiden kindlichen Wünsche zu erfüllen, wäre mir die zoologische Variante wahrscheinlich attraktiver erschienen. Dann wollte ich Polarforscher werden, dann Astronom, danach hatte ich mich entschieden, Schriftsteller und Historiker zu werden – das hielt bis zum Abitur an; dann wollte ich Professor der Soziologie werden (wie Masaryk) und erst zum Schluss Priester. Die letzten zwei Wünsche sind mir in Erfüllung gegangen, ich bin in diesen beiden Berufen glücklich und zufrieden – warum sollte ich nun in einen Regress verfallen und auf die Wünsche des Grundschulalters zurückkommen?

Dabei muss betont werden, dass die Rolle des Präsidenten in Tschechien einen ganz speziellen Charakter hat, der sich sowohl von Ländern mit »präsidentiellen Regierungssystemen«, wie es die USA und Frankreich sind, unterscheidet als auch von Ländern mit »parlamentarischen Regierungssystemen«, in denen der Präsident eine eher formale protokollarische Stellung hat. Es war besonders Professor Masaryk, der als Gründer des Tschechoslowakischen Staates der Präsidentenrolle eine besondere Aura verlieh, und Václav Havel knüpfte an diese Tradition an – die tschechische Gesellschaft sehnt sich, wie sich in vielen Umfragen und Erhebungen gezeigt hat, nach einem Präsidenten, der nicht in erster Linie ein politischer Funktionär sein sollte, sondern eine geistige und moralische Autorität.

* * *

Als ich mich auf das Rundfunkgespräch mit dem Präsidenten vorbereitete, lief ich an die zwei Stunden im Garten auf und ab und quälte mich mit allen Aspekten jener Frage, die kommen konnte: Wären Sie bereit, für das Amt des Präsidenten der Republik zu kandidieren? Es ging jetzt gar nicht darum, ob jemand bereit wäre, mich offiziell vorzuschlagen, und ob eine solche Kandidatur überhaupt Aussicht auf Erfolg hätte und wenn ja, unter welchen Umständen. Sicher, ich konnte das gesamte Problem einfach damit abtun, dass die ganze Sache äußerst unwahrscheinlich ist, besonders hinsichtlich der gegenwärtigen Praxis der Präsidentenwahlen sowie der aktuellen Zusammensetzung des Parlaments. Obwohl ich – gerade als politischer Realist – wusste, dass in der Politik manchmal »Wunder« geschehen und unerwartete sowie unwahrscheinliche Dinge, war ich mir ganz und gar im Klaren darüber, dass ich keine finanzielle oder politische Kraft hinter mir habe und gegen mich eine schwarze Wolke antikirchlicher Vorurteile.

Aber auf der anderen Seite gab es einige Gründe dafür, nicht im Voraus kategorisch nein zu sagen. Ein kategorisches Nein sagt man zu Angelegenheiten, die für sich selbst genommen moralisch schlecht sind. Ein solches Nein habe ich gesagt, als die Geheimpolizei mich zur Zusammenarbeit drängen wollte. In eine Präsidentschaftskandidatur einzuwilligen ist sicher riskant, ungewöhnlich, usw., usf. – unmoralisch ist es jedoch nicht. Wenn Präsident Havel, der am besten die Ansprüche des Präsidentenamtes kennt und der gleichzeitig mich gut kennt, die Ansicht ausspricht, die ich schon von einigen besonnenen Menschen gehört habe, dass ich dieses Amt würdig und ehrlich ausüben könnte, dann, dachte ich, wäre es verantwortungslos, a priori nein zu sagen, wie die faktischen Chancen auch stehen mögen. Auch wenn ich am Ende nicht kandidieren sollte – was ich immer noch für die wahrscheinlichste Möglichkeit hielt –, schon allein die Tatsache, dass in dem Spiel für einige Zeit der Name eines Menschen auftaucht, wie ich es bin, kann dazu beitragen, die Diskussion über den nächsten Präsidenten zu bereichern: Sie wird sich nicht weiter im engen Kreis einiger abgenutzter Namen von Parteifunktionären abspielen. Trägt diese Debatte vielleicht auch nur dazu bei, dass am Ende ein neuer interessanter Name aus der akademischen oder der Kulturwelt erscheint, umso besser.

Darüber, wie es am Ende ausgeht, überlegte ich, entscheiden in der Demokratie ganz andere Mechanismen als die Wünsche des Einzelnen. Bei dem, was ich nun zu tun habe, ist zu unterscheiden, ob es sich um eine klassische Versuchung handelt, mit der mich irgendein »Mittagsdämon« von meiner ureigensten Sendung abbringen will, oder aber um den Ruf Gottes. Ich entschied mich dafür, zwei Techniken zu verbinden: das, was ich in der psychotherapeutischen Ausbildung als Technik des ehrlichen inneren Dialogs gelernt habe, mit dem, was ich als wertvollste Methode zum Finden des Willens

Gottes kannte, nämlich die alte Methode des »Unterscheidens der Geister« aus den Exerzitien des hl. Ignatius.

Ich begann mit dem vermeintlich Oberflächlichsten, das uns jedoch oft von unseren Entscheidungen abbringt: den Emotionen. Welche Gefühle ruft es in den tiefsten, verschlossensten, noch unterhalb des Verstandes liegenden Schichten meiner Seele hervor? Die Gefühle waren ambivalent. Jeder Mann will in einem verborgenen Winkel seiner Seele Präsident werden. Es geht hierbei vielleicht um mehr als darum, der männlichen Eitelkeit und dem Ehrgeiz zu schmeicheln. In Tschechien entspricht, wie ich schon sagte, hauptsächlich dank Masaryk das Ideal des Präsidenten etwas sehr Archaischem in der Galerie der großen europäischen Ideen, Träume und Mythen – nämlich Platons Forderung nach dem »Philosophen auf dem Thron«. Häufig habe ich im Ausland erlebt, dass die Menschen Präsident Havel gerade deswegen geschätzt haben, weil er kein »Standard-Politiker« war, sondern das Spektrum der Staatsmänner um etwas Spezifisches bereicherte – nämlich um die Fähigkeit, breitere kulturelle, philosophische und moralische Aspekte der Politik zu erkennen und zu benennen. Diejenigen, die wussten, dass etwas Ähnliches schon Masaryk getan hatte, erwarteten in gewisser Weise, dass dieses Profil ein dauerhafter Beitrag der tschechischen Präsidententradition zur europäischen politischen Kultur bleiben würde. So war es nicht besonders überraschend, dass mich bei meiner ganzen Anlage, meiner Erziehung und Entwicklung ein solcher Archetyp ansprechen und anziehen würde.

Die zweite emotionale Reaktion war eindeutig negativ. Erst kurze Zeit zuvor war ich zu der Überzeugung gekommen, dass ich in den äußeren Angelegenheiten des Lebens eigentlich schon alles erreicht hatte, was ich wollte. Die Forschungs- und Lehrtätigkeit an der Universität sowie mein priesterliches Wirken unter Studierenden – in all dem fühlte ich mich ganz und gar glücklich, nützlich, ausgelastet, wie ein Mann am rechten Fleck. Als unabhängiger Intellektueller kann ich auf viele Arten meine Überlegungen äußern, und gerade in dieser Rolle bin ich freier und glaubwürdiger als der Träger irgendeines politischen Amtes. In den letzten Jahren habe ich viel im Ausland publiziert und Vorträge gehalten und so bin ich allmählich zu einem der »public intellectuals« geworden, die bei den unterschiedlichsten Gelegenheiten angefragt werden, um in heimischen sowie internationalen Foren – in Umfragen, Kolloquien, Fernsehdebatten oder Rundfunksendungen – ihre Meinung zu äußern oder sich mit ihrer Unterschrift Petitionen oder Initiativen anzuschließen, um dieses und jenes zu unterstützen. Überdies bereitet es mir Freude, aktiv in diesen Gedankenaustausch über die Grenzen von Ländern und Kulturen hinweg einzutreten – bestimmt mehr als viele Dinge, die mit der Ausübung einer politischen Funktion verbunden sind. Was fehlt mir? Welche Motivation habe ich, all dies, wovon ich seit meinen Studentenjahren nur träumen konnte und was nun in Erfüllung gegangen ist, stehen und liegen zu lassen und meine Energie und ein gutes Stück meiner kostbaren Lebenszeit für Auseinandersetzungen mit Herrn Václav Klaus und seinesgleichen dranzugeben? Warum sollte ich mich zur permanenten Zielscheibe von Schnüffeleien der Boulevardpresse machen? Warum sollte ich für viele Menschen bloß eine Projektionsfläche sein, in die sie entweder ihr Bedürfnis nach Vergötterung hineinlegen oder (häufiger) ihre Bosheit, ihr Bedürfnis, ihre Frustrationen abzureagieren und einen symbolischen Sündenbock und Feind zu finden? Habe ich das nötig? Was kann mir die Politik geben? Geld, Ruhm und Macht – das sagt mir wirklich wenig. Das, was ich wirklich brauche, habe ich doch bereits.

Ich ging von den Emotionen zum Rationalen über: Hier taten sich weitere Fragen auf. Was sind die wirklichen Bedürfnisse der Gesellschaft – und wie kann ich diesen entsprechen oder kann ich es nicht? Was habe ich eigentlich zu bieten? Ich versuchte eine Weile über mich wie über eine dritte Person nachzudenken, die ich von außen betrachte. Ja, ich habe »saubere Hände«. Nicht, dass ich keine Fehler gemacht hätte oder ein Heiliger wäre, aber höchstwahrscheinlich wird schwerlich jemand in meinem Leben einen politischen, finanziellen oder sexuellen Skandal finden, mit dem er mich erpressen könnte. Und die »sauberen Hände« sind wohl nicht ganz leer: Ich habe doch im Leben schon einiges durchgemacht und bewältigt. Meine Anhänger könnten vielleicht damit argumentieren, dass die beiden ersten Präsidenten der Tschechoslowakischen Republik, Masaryk und Beneš, denselben Beruf hatten wie ich, sie waren Professoren der Soziologie an der Karlsuniversität. Ich war nicht »in der Politik«, habe aber recht aufmerksam einigen Politikern über die Schulter geschaut und so manches dabei gelernt. Ich habe aber auch viele Eigenschaften, die dagegen sprechen: Es fällt mir nicht leicht, mich zu entscheiden, ich sehe immer zu viel Pro und Kontra gleichzeitig. Ich habe kein dickes Fell, das ein Politiker um seines Seelenfriedens willen wohl haben sollte. Die Konfrontation mit menschlicher Bosheit und Dummheit ist für mich schwer zu ertragen und schmerzhaft. Wenn ich ordinäre anonyme Briefe erhalte, leide ich darunter, weil mir die Schreiber leidtun, und schäme mich gleichsam stellvertretend für sie; ich verstehe mich gar nicht darauf, mit Menschen, die sich schlecht benehmen, zu kommunizieren. Ein Mensch, der politisch sichtbar in Erscheinung tritt, der eine Zielscheibe ständiger Angriffe ist, sollte in diesen doch zahlreichen Hinsichten abgehärteter sein.

Dann kam die letzte Phase, die geistliche. Aus den Exerzitien des Ignatius habe ich im Laufe der Jahre eines gelernt: Steht es mit einer Angelegenheit so, dass sie an und für sich weder gut noch schlecht ist, und gibt es viele Gründe für und gegen, muss man sich von jeder Voreingenommenheit befreien und das zu erreichen suchen, was Ignatius »indifferentia« nennt, was mit dem Ausdruck »innere Freiheit« besser wiedergegeben ist als mit »Gleichgültigkeit«. Die Angelegenheit sozusagen aus der Hand geben, in die Hand Gottes legen. Nein, damit ist keine blasierte Passivität gemeint, sondern: so zu handeln, wie es uns ein nüchternes Urteil nahelegt, jedoch unvoreingenommen die Dinge betrachten und abwarten können. Nicht die eine oder die andere Alternative ersehnen und sich auch vor keiner fürchten. Sind wir innerlich frei und ruhig, wird die richtige Entscheidung oder Lösung im rechten Augenblick kommen. Übrigens: Nicht nur der Gründer des Jesuitenordens sagt dies, sondern auch die Zen-Meister sagen etwas sehr Ähnliches.

Nach einigen Stunden war ich auf das Gespräch vorbereitet. Ich fuhr nach Lana (Lány), die vermutete Frage wurde mir tatsächlich gestellt und ich antwortete ins Mikrofon: »Zu vielleicht siebenundneunzig Prozent würde ich heute nein sagen, zu drei Prozent ja. Ich rechne nicht damit, aber ich schließe es nicht aus. Ich könnte mir sogar vorstellen, nur deswegen in den Wahlkampf einzusteigen, um die Betonung bestimmter Werte in diesen hineinzutragen, um es den anderen Kandidaten nicht so leicht zu machen – und wenn dann letzten Endes jemand anderer gewählt würde, würde es mir nicht so viel ausmachen.« Als erste Wahlrede genommen war das wohl sehr schwach und eher kontraproduktiv, aber es war nicht meine Absicht, eine Wahlrede zu halten.

Václav Havel wurde auch gefragt; ich denke, dass er auf diese Frage eher nicht vorbereitet gewesen sein wird, und er antwortete spontan. Er sagte, dass ich seiner Ansicht nach ein »prächtiger Präsident« wäre, fügte allerdings hinzu, dass es bei der aktuellen politischen Kräfteverteilung extrem unwahrscheinlich sei, dass eine starke parteilose Persönlichkeit Präsident würde; dieses Parlament würde wohl eher zu einem Parteiboss greifen oder zu einem ungefährlichen »achtzigjährigen Professor der Ägyptologie«.

Etwas später, diesmal in einem Fernsehgespräch, erwähnte er meinen Namen – in ähnlicher Weise, mit demselben Nachtrag – zusammen mit jenen, die er sich theoretisch als seine Nachfolger vorstellen könnte. Der Präsident ahnte wohl nicht, wie er mir durch diese Antwort das Leben schwer machen würde – von dem Augenblick an musste ich einige Jahre lang auf Fragen dieses Typs antworten. Vertreter zweier politischer Parteien kamen zu mir, mit dem Angebot, ich möge mir das mit der Kandidatur für den Präsidenten überlegen.

Als ich 2001 ein Angebot zu einem Studien- und Vortragsaufenthalt an der Universität von Oxford erhielt, begrüße ich das aus mehreren Gründen – auch als Gelegenheit, für einige Monate der tschechischen politischen Welt zu entkommen. In Oxford entbrannte meine Liebe zum universitären Umfeld und zur akademischen Tätigkeit von neuem. Die Universitätslaufbahn, in Kombination mit der Hochschulseelsorge und dem unabhängigen öffentlichen Wirken, sind das, was mich gänzlich mit dem Gefühl erfüllt, dass ich am rechten Fleck bin. Die Gedanken an eine politische Laufbahn hörten auf, mich zu beunruhigen.

* * *

Nach Václav Havel bestieg Václav Klaus, Havels Antipode, den Präsidentenstuhl. Schwerlich wird man zwei Persönlichkeiten von so unterschiedlichem politischen Stil, einer so unterschiedlichen politischen Philosophie, Wertorientierung und von so gegensätzlichen Charaktereigenschaften finden.

Von meinen persönlichen Begegnungen mit Klaus – einschließlich des Aufeinandertreffens vor laufenden Kameras – blieb mir die erste für immer im Gedächtnis haften. Zum ersten Mal begegnete ich ihm in einem Fernsehstudio in Brünn (Brno) bei einer nächtlichen Diskussionssendung. »Nimm dich in Acht«, hatte mich Václav Havel gewarnt, der mit ihm einige Zeit zuvor in derselben vielgesehenen Sendung aufgetreten war, »Klaus kommt immer grundsätzlich im letzten Augenblick und beleidigt und erniedrigt als Erstes alle Teilnehmer der Diskussionsrunde.« Für diesen Hinweis war ich Havel wirklich dankbar. Fünf Minuten vor Beginn der Sendung, als schon das ganze Fernsehteam sehr nervös war, trat Premier Klaus ins Studio, er war gerade mit dem Hubschrauber aus Prag angeflogen.

»Halík – sind Sie das?«, wandte er sich an mich, den er zum ersten Mal in seinem Leben sah. »Sie sind der leibhaftige Teufel! Ich habe alle ihre Artikel gelesen, alle! Und ich weiß, dass mein größter Feind in diesem Land – nein, das ist nicht Miloš Zeman, und auch nicht die Kommunisten – sondern das sind Halík und diese Moralisten! Aber ich werde es Ihnen jetzt zeigen ...« Ich begann zu lachen: »Gut, Herr Premier! Ich habe für die heutige Sendung zwei Szenarien vorbereitet, eines ist *soft* und eines *hard*. Wenn Sie sich die *hard version* ausgesucht haben ...« Klaus änderte augenblicklich den Ton: »Aber was denn ... Das ist doch wie im Tennis, ich muss vor dem Kampf den Gegner nervös machen, nicht?«

Wir traten vor die Kameras und es entstand eine ganz interessante zweieinhalbstündige Debatte über den Zustand der Gesellschaft. Danach schaffte es Klaus noch, den Moderator der Sendung zu beleidigen, mich aber lud er zum Abendessen in das nahegelegene Brauhaus ein. Das Gespräch drehte sich auch um Karel Čapek und Hermann Hesse: »Sehen Sie, alle sagen, dass ich mich nur auf dem Feld der Ökonomie bewege, und wir können über Literatur sprechen! Schon lange habe ich mich mit niemandem so angenehm unterhalten – hier haben sie die Durchwahl zu meiner Sekretärin und wenn Sie wollen, dass wir uns wieder einmal treffen ...«

Von diesem Angebot habe ich erst nach langer Zeit Gebrauch gemacht. Damals hatte der Präsident der Bundesrepublik Deutschland, Roman Herzog, Vertreter unserer

Tschechischen Christlichen Akademie sowie der Ackermann-Gemeinde nach Berlin geladen, um uns für Verdienste um den tschechisch-deutschen Dialog zu danken. Ich rief Václav Klaus an und sagte, dass ich die Gelegenheit hätte, mit dem deutschen Bundespräsidenten zu sprechen, und ich wurde augenblicklich in das Büro des Premiers gebeten. Das Szenario vom ersten Mal wiederholte sich zu einem gewissen Grad. »Was habe ich da in dem Brief der Bischöfe gelesen über die Versöhnung zwischen Tschechen und Deutschen? Was für eine Versöhnung? Wer ist hier der Unversöhnte? Das verstehe ich nicht!«, begrüßte mich der Premier. »Ja, auch ich musste vielen Menschen erklären, warum Sie das Dokument kritisiert haben. Und ich habe diesen Menschen gesagt, dass Sie nicht dagegen sind, sondern dass Sie es einfach nicht verstehen«, antwortete ich ihm. »Das ist eine Frechheit!«, explodierte Klaus. »Ich verstehe das Dokument sehr gut, aber Sie verstehen es nicht!« Nach einer Weile beruhigte er sich jedoch und änderte den Ton, wie immer, wenn er erkannte, dass die Taktik, sein Gegenüber einzuschüchtern, wirkungslos blieb; das Gespräch wurde ganz ruhig und sachlich und endete sogar humorvoll. Als die Sekretärin eintrat, um ihn darauf aufmerksam zu machen, dass schon der nächste Besucher wartete, sagte ich zu ihr: »Aber der Herr Premier ist bei der Beichte, da dürfen Sie uns nicht stören!« Damals reagierte Klaus freundlich: »Ja, das tut sehr gut, das sollten Sie auch einmal probieren ...«

Als Klaus im Jahr 1997 nach der Aufdeckung eines Korruptionsskandals mit falschen Sponsoren seiner Partei gezwungen war zurückzutreten und sich praktisch die ganze politische Szene einschließlich seiner engsten Mitarbeiter gegen ihn wandte, war ich einer der wenigen, die ihn öffentlich, in der Presse, in Schutz nahmen. Ich nahm damals an, dass er fähig wäre, politische Verantwortung zu übernehmen, dass er sich aus der Politik zurückziehen würde, seinen politischen Stil überdenken und ändern würde und vielleicht einmal auf die politische Bühne zurückkehren – als ein wirklicher Staatsmann. Ich war naiv. Klaus hat sich nicht geändert. Karel Čapek unterscheidet in einer seiner Erzählungen zwischen Klugheit und Weisheit: Klugheit ist eine Eigenschaft, Weisheit aber ist eine Tugend.

Das war der Hauptunterschied zwischen unseren beiden Nachwende-Präsidenten. Klaus war klug, aber Havel war weise.

* * *

»Advent, der Sonntage vier – bald sind die Engel hier«, zitierte ich jedes Jahr bei der Messe das Gedicht von Bohuslav Reynek. Aber am vierten Adventssonntag des Jahres 2011 zitterte mir die Stimme. An jenem Tag war der Engel des Todes gekommen. Václav Havel war gestorben.

Das, was Masaryk für die Generation meiner Eltern gewesen war, das war Havel für meine Generation gewesen: Nicht nur das Staatsoberhaupt, sondern ein Symbol der Werte, zu denen wir uns bekannten und für die wir uns einsetzten, der Hoffnungen, die wir hegten. Und für mich war er überdies ein teurer langjähriger Freund.

Es blieb keine Zeit zum Trauern: Ich wurde von einem Fernseh- und Rundfunkstudio zum nächsten gebeten, um an den Präsidenten zu erinnern und um seinen politischen und moralischen Beitrag für die tschechische Gesellschaft zu würdigen. Am Dienstag zelebrierte ich in der Salvatorkirche für den Präsidenten ein Requiem in Anwesenheit seiner Verwandten, des Rektors der Karlsuniversität, des Außenministers Karel Schwarzenberg sowie einer Reihe seiner ehemaligen Mitarbeiter. Die Kirche war jedoch vor allem voller Studierender.

Junge Menschen, die bei Havels Eintritt in die Politik noch gar nicht auf der Welt gewesen waren, strömten nun ganze

Tage bis spät in die Nacht in die St.-Anna-Kirche, in welcher der Präsident aufgebahrt war. Ein nicht endender Begräbniszug zog durch Prag bis zum Veitsdom, wo Erzbischof Duka, Havels ehemaliger Mithäftling, sowie die Staatsmänner vieler Länder von Havel Abschied nahmen. Nur zwei Mal nach dem Jahr 2000 brachten wohl alle Tageszeitungen der Welt die Nachricht vom Tod eines Menschen: Bei dem Tod von Papst Johannes Paul II. und beim Tod von Václav Havel. Es war der Tag vor Heiligabend. Die Kaufhäuser, jedes Jahr um diese Zeit überfüllt, waren gähnend leer. Das Land versank in Stille.

Mein Freund und häufiger Kontrahent, der Philosoph Václav Bělohradský, schrieb damals ein Feuilleton über berühmte Begräbnisse in Tschechien. Bei Masaryks Begräbnis im Jahre 1937 trugen wir im Grunde genommen die erste Tschechoslowakische Republik zu Grabe, die nationalsozialistische Okkupation stand bevor. Bei der Beerdigung von Präsident Beneš 1948 begruben wir unsere Freiheit und die Hoffnung auf eine Erneuerung der Demokratie nach dem Krieg. Der Stalinistische Terror kam. Mit der Beisetzung von Jan Palach begruben wir die Hoffnungen des Prager Frühlings, es folgten zwanzig Jahre »Normalisierung« und moralischer Morast, welcher die tschechischen Charaktere so stark beschädigt hat. Beerdigen wir mit Václav Havel nicht die Hoffnung auf eine Erneuerung der Demokratie von 1989? Wird nicht eine Zeit der Gelegenheitsdiebe, der Korruption, der Arroganz der Macht ohne jegliche moralischen Skrupel folgen? Droht nicht Wojtyłas und Havels großem Traum von einem geeinten und freien Europa in nächster Zukunft der Zerfall aus nationalem Egoismus? Gibt es in der tschechischen und europäischen politischen Szene Autoritäten, die fähig wären, all diesen Gefahren die Stirn zu bieten?

Befürchtungen, die man nicht zurückhalten konnte, hatte auch ich in der Predigt bei Havels Requiem ausgesprochen. Aber gleich darauf rief ich jenen Moment in Erinnerung, da in Beethovens Neunter Symphonie mit Nachdruck ertönt: »O Freunde, nicht diese Töne!«[93] Was aber gibt uns die Kraft, die »Ode an die Freude« anzustimmen, das Lied, das die Europäische Union als Hymne gewählt hat?

* * *

Der Satz, mit dem sich Václav Havel, zu der Zeit nur einem kleinen Teil der Gesellschaft bekannt, in den Novembertagen 1989 der aufgeregten tschechischen Öffentlichkeit vorstellte, war sehr schlicht: Wahrheit und Liebe müssen über Lüge und Hass siegen.

Dieser Wahlspruch Havels, auf die Schnelle auf die Plakate der Novemberrevolution hingeworfen, ist bei uns schon lange der »Watschenmann« aller politischen Zyniker und Pragmatiker und gilt ihnen als die Essenz von Naivität. Wir, die wir uns weiterhin zu Havels moralischem und politischem Vermächtnis bekennen und versuchen, es zu entfalten und weiterzutragen, werden mit dem Spottnamen »Bruderschaft der Wahrheit und Liebe« belegt. Die Realität der postkommunistischen Welt erinnert in keiner Weise an ein Kampffeld, auf dem über den Trümmern der Festung aus Lüge und Hass siegreich das Banner der Wahrheit und Liebe wehen würde.

War also Havels Losung ein Ausdruck von Naivität eines idealistischen Träumers, der sich nur für eine Weile aus der Welt seiner Theaterstücke auf die Bühne der Politik verirrt hat? Oder es schleicht sich hierbei ein noch schlimmerer Vorwurf und Verdacht ein: Verdeckte auch in diesem Fall nicht die moralische Rhetorik die wirklichen Absichten, das Streben nach politischer Macht? Hat Havel vielleicht damals die Welt der philosophischen Untergrundseminare hinter sich gelassen und ist der schwarzweißen populistischen Aufteilung der Wirklichkeit in ein Reich des Bösen und in das gelobte Land der Freiheit beigetreten, hat er sich den Menschen, die sich nach einer besseren Zukunft sehnten, als Ritter der Wahrheit und Liebe vorgestellt? Versprach er ihnen etwas, von dem er wissen musste, dass es unerreichbar war?

Aus der Geschichte wissen wir, wie gefährlich religiöse Rhetorik in der Politik gewesen ist – gefährlich wie für die Politik, so auch für die Religion und für die Geschichte der Menschheit. Geht es in diesem Fall etwa um etwas anderes? Die Begriffe Wahrheit und Liebe wurden jahrtausendelang als Namen für Gott verwendet.

Der Begriff der Wahrheit hat im Kontext der tschechischen religiösen Kultur ein besonderes Gewicht. Die Präsidentenfahne, die auch in den letzten Tagen des dramatischen Jahres 1989 zu Ehren des neuen Präsidenten Václav Havel über der Prager Burg wehte, trug die Aufschrift *Die Wahrheit wird siegen*. Dieser Satz ist eine säkulare Version des berühmten Ausspruchs von Jan Hus: Die Wahrheit des Herrn siegt! Der tschechische Patriotismus hat Hus jahrhundertelang als Zeugen der Wahrheit wahrgenommen, als Märtyrer der Wahrheit. Das Wort »Wahrheit« (pravda) hat in der tschechischen Kultur ein ähnliches Gewicht wie das Wort *ordo* (Ordnung, Orden, Rang) in der lateinischen Kultur, das Wort *schalom* (Friede) in der hebräischen Kultur, das Wort *raison* (Vernunft) in der französischen Kultur, das Wort *Wesen* in der deutschen Kultur, das Wort *sense* (Sinn, Verstand, Gefühl) in der englischen Kultur usw.; diese Wörter sind schwer zu übersetzen, denn sie haben ihren »Sitz im Leben«[94], sie haben einen breiteren Sinnhorizont, als dass ihn eine einfache Übersetzung vermitteln könnte.

»Pravda« bedeutet im Tschechischen viel mehr als nur Übereinstimmung (»adaequatio«) zwischen dem Verstand und der Sache, wie die berühmte scholastische Definition lautet.[95] »Pravda« ist etwas, wofür der Mensch mit seinem Leben einstehen muss. Darum werden in Tschechien vor allem Märtyrer als Zeugen der Wahrheit angesehen – von den Heiligen des frühen Christentums über Hus bis zu Jan Palach und den Opfern beider totalitärer Regime des zwanzigsten Jahrhunderts.

Wie also sollen wir die Worte über den Sieg der Wahrheit verstehen? Diese Zeugen der Wahrheit bezeugen vor allem, dass die Wahrheit in dieser Welt unterliegt. Die Zeugen der Wahrheit sind unter den Besiegten, unter den Opfern, unter denen, die verlieren – und sie verlieren am Ende das Allerwertvollste, ihr eigenes Leben.

Oder jener Sieg der Wahrheit zeigt sich darin – und eben nur darin –, dass es Menschen gibt, für welche die Treue zur Wahrheit sogar über die Angst vor dem Tod siegt, Menschen, die gezeigt haben, dass die Wahrheit für jemanden einen höheren Wert haben kann als das eigene Leben?

Diejenigen, für die der Schlüssel zum Verständnis des Lebens und der Welt die Geschichte des Jesus von Nazareth war, wussten, dass nur derjenige »Zeugnis von der Wahrheit ablegen« kann, der bereit ist, in dieser Welt zu unterliegen, ein Kreuz zu tragen. Und zu diesem Kreuz gehört auch die zynische Frage des Pilatus: »Wahrheit? Was ist das?«

»Wahrheit« ist ein gefährliches Wort, darin stimmt die zeitgenössische postmoderne Kultur der Ironie und Skepsis des Pontius Pilatus zu. In diesem Sinne wurde auch Havels Ausspruch kritisiert. Diejenigen, die die Frage nach der Wahrheit ausmerzen wollen (damit niemand die selbstlegitimierende Sakralität der Macht anzweifelt), bringen heute kluge Argumente vor. Sie werfen uns vor, dass wir, wenn wir über Wahrheit sprechen, uns damit stolz und arrogant in die Position von wissenden Besitzern der Wahrheit begeben und dass wir in Wirklichkeit gefährliche Agenten des Totalitarismus sind, während sie die Freiheit und Demokratie gegen uns verteidigen.

Aber diese Menschen lügen: Wir halten uns nicht für »Eigentümer der Wahrheit«. Wir fragen nach der Wahrheit – und gerade das Fragen hat jene *umstürzlerische Kraft* gegenüber dem Monopol der Macht, welche die Mandarine der Politik richtig wittern und zu Recht fürchten.

Auch ich bin überzeugt – und ich habe dies viele Male gesagt und geschrieben –, dass sich mit der Wahrheit zu identifizieren und sich als Besitzer der Wahrheit auszugeben, dieselbe Sünde ist, wie sich gar nicht mehr um die Wahrheit zu kümmern und ins Lager der Zyniker überzulaufen. Wer beginnt die Wahrheit für *sein Eigentum* zu halten, statt sie als sein Anliegen zu betrachten, der hat schon jeden Kampf mit der zynischen Politik der Macht im Vorhinein verloren, nicht nur physisch und politisch, sondern vor allem moralisch. Dann steht »Macht gegen Macht« (und am Ende kann die eine von der anderen nicht mehr unterschieden werden, wie die Menschen und Tiere am Schluss von Orwells *Animal Farm*) – und dasjenige, das den Kampf ganz sicher verliert, ist die Wahrheit selbst. Die Wahrheit ist ein Buch, das noch niemand von uns zu Ende gelesen hat.

Lessing schrieb einst einen wunderbaren Satz: »Wenn Gott in seiner Rechten alle Wahrheit und in seiner Linken den einzigen, immer regen Trieb nach Wahrheit, obschon mit dem Zusatze, mich immer und ewig zu irren, verschlossen hielte und spräche zu mir ›Wähle!‹ – ich fiele ihm mit Demut in seine Linke und sagte: ›Vater, gib! Die reine Wahrheit ist ja doch nur für Dich allein!‹« DIE WAHRHEIT soll offenbar in der Hand Gottes bleiben; sie ist zu groß und zugleich zu zerbrechlich für unsere ungeschickten menschlichen Hände.

Kann also Wahrheit und Liebe über Lüge und Hass siegen? In dieser Welt offensichtlich keinesfalls; dennoch muss dieses Ideal Gegenstand unserer eschatologischen Hoffnung bleiben. »Bei den Menschen ist das unmöglich, aber keineswegs bei Gott; denn bei Gott ist kein Ding unmöglich«, lesen wir in unterschiedlichen Zusammenhängen in der Schrift. Und diese Hoffnung muss wieder und wieder unsere Suche nach der Wahrheit nähren und der Versuchung der Hoffnungslosigkeit entgegentreten.

Den Kampf mit Lüge und Hass, mit Dummheit und Bosheit, mit Korruption und Gewalt können wir wohl niemals endgültig gewinnen. Aber niemals, und bis zum letzten Atemzug, dürfen wir ihn aufgeben.

XIV. Der Weg zum ewigen Schweigen

»Wer die Luft meiner Schriften zu athmen weiss, weiss, dass es eine Luft der Höhe ist, eine starke Luft. ...
Das Eis ist nahe, die Einsamkeit ist ungeheuer – aber wie ... frei man athmet! Wie Viel man unter sich fühlt!«

(F. Nietzsche, Ecce homo)

Nie zuvor – weder in der Einsiedelei am Rhein noch in der ägyptischen Wüste – habe ich eine so abgrundtiefe Einsamkeit empfunden. Nie zuvor habe ich eine so sonderbare Stille wahrgenommen wie an diesem Januartag. Ich bin allein in einem Zelt am Rande eines Gletschers in der Antarktis, am Ufer der König-Georg-Insel, genau an jener Stelle, an welcher der Atlantik und der Stille Ozean zusammenfließen.

Die ganze Nacht lang hielt der Gewittersturm an, der so an meiner Zeltplane zerrte, dass ich fast nicht eingeschlafen wäre. Nun ist ein erstaunlich ruhiger Morgen. Ich gehe entlang des Gletschers bis zu einer Felsenklippe, von der aus man die unermessliche Fläche des Ozeans sehen kann, bedeckt mit einer Vielzahl von Eisblöcken. Zu meiner Rechten ragen dramatisch zerklüftete Felsen empor, an denen sich die Brandung bricht, direkt mir gegenüber erheben sich gewaltige Eisberge aus dem Ozean mit einer einzigartigen Färbung zarter Blauschattierungen. Der Erdboden ist hier überall aufgeweicht und man kommt darin schwer voran. Gestern, nach einem mehrstündigen Weg entlang des Ufers, bei dem ich ständig mit den Füßen im Schlamm versank und mit den Händen angreifende Vögel abwehren musste, die wie in jenem berühmten Horrorfilm von Alfred Hitchcock ausdauernd und heftig direkt gegen mein Gesicht anflogen, fühlte ich mich vollkommen erschöpft; mit hereinbrechendem Abend erhob sich auch noch ein Sturm, sodass ich gegen Ende meines Weges gegen den starken Wind fast auf allen Vieren angehen musste und das Auf- und Zubinden des Zeltes viel länger dauerte, als ich erwartet hatte. Ich aß wenig, schonte die Vorräte.

Als Jaroslav Pavlíček, ein tschechischer Polarreisender[96], mit dem ich vor vier Tagen aus Chile mit einem Militärflugzeug in diese höchst sonderbare Welt geflogen bin, sich von mir vorgestern verabschiedete, um danach mit einem Kajak auf die Nelson-Insel herüberzufahren, betonte er, dass er wirklich nicht wisse, wann das Wetter es ihm erlauben werde, mich von der König-Georg-Insel abzuholen. Sollte er innerhalb einer Woche nicht zurückkehren, so bedeute es, dass ihm etwas zugestoßen sei und dass ich in Richtung der chinesischen Station aufbrechen solle, in der wir am ersten Tag beim Ausladen der Vorräte Tee getrunken hatten. Ich sagte ihm nicht, dass ich beim ersten Transport der schweren Ladung wegen hartnäckiger Schmerzen im Rücken und in allen Muskeln die Richtung des Weges gar nicht wahrgenommen hatte.

Von meinem Aufenthaltsort hatte der Großteil meiner Bekannten keine Ahnung; von denen, die davon erfuhren, schüttelten die meisten den Kopf oder tippten sich mit dem Finger an die Stirn. Ich selbst hatte noch vor einem Monat das Trimester in Oxford beendet und nicht im Geringsten geahnt, wo ich mich in ein paar Wochen befinden würde. Sicher: Schon vor einem Jahr hatte ich nach reiflicher Überlegung zugestimmt – irgendwann einmal –, an einer Expedition in die Antarktis teilzunehmen, deren Ziel die Erforschung der Bedingungen menschlichen Überlebens unter extremer psychischer und physischer Belastung sein sollte. Im Verlauf eines Jahres hatten wir uns mit Scarlett auf unterschiedliche Weisen physisch und psychisch auf diese Reise vorbereitet; im Sommer hatten wir unter Jaroslavs Führung an einem anspruchsvollen »vorantarktischen Trainig« in den österreichischen Alpen und in Italien teilgenommen: Wir hatten den Gipfel des Dachstein erstiegen, an einer Felswand in über zweieinhalbtausend Metern Höhe biwakiert, hatten einen Gletscher überquert, einen reißenden Fluss durchquert und in Italien gelernt, ein Schiff auf dem Meer unter Kontrolle zu halten. Aber die Realisierung unseres Plans war immer noch nicht in Sicht gewesen. Erst nach der Rückkehr aus Oxford fand ich die Nachricht vor: Alles ist bereit, in den nächsten drei Wochen fliegen wir. Wegen des Gastaufenthaltes in Oxford war für mich in Prag eine Vertretung in der Kirche wie auch an der Universität für das ganze Wintersemester organisiert worden, und eben diese zeitliche Differenz zwischen dem Ende des Trimesters in Oxford und dem Semesterende in Prag bildete eine kostbare Zeitspanne von einigen freien Wochen, die sich für mich so bald nicht wieder ergeben würde: Es gab keine Ausrede.

* * *

Schon die ersten Tage auf diesem merkwürdigsten aller Kontinente – es war auch der letzte Erdteil, den ich bis dahin noch nicht besucht hatte – brachten zwei Komplikationen. Das Boot, das Jaroslav beim letzten Aufenthalt am »Strand der Seehunde« vorbereitet hatte, damit wir mit diesem zur tschechischen Station auf der Nelson-Insel übersetzen konnten, fanden wir dort nicht vor. Daher musste Jaroslav allein in einem kleinen Kajak herüberfahren und mich auf unbestimmte Zeit im Zelt am Ufer der König-Georg-Insel zurücklassen. Als er nach zwei Tagen mit einem Katamaran zurückkehrte und wir endlich auf unsere Insel herübergefahren waren, das Boot festgemacht und uns zum Mittagessen niedergesetzt hatten, erwartete uns nach dem Essen ein Schock. Es erhob sich wieder ein Gewittersturm und dieser war so stark, dass er unseren Katamaran forttrug, obwohl wir ihn mit einer Vielzahl riesiger Steine beschwert hatten. Wir sahen das Boot – unsere einzige vernünftige Verbindung mit dem Festland und den wertvollsten Besitz der tschechischen antarktischen Station – in der Ferne verschwinden: Heftige Wellen hätten bald entschieden – wie wir später scherzhaft sagten –, ob er sich zum australischen Ufer oder nach Kapstadt aufgemacht hätte.

Als ich Jaroslav sah, wie er sich zu dem kleinen Schiffchen stürzte, um in den aufgewühlten Wellen hinter dem verlorenen Boot herzupaddeln, rief ich aus: »Bist du verrückt geworden? Das wird dich doch das Leben kosten!« »Dann fahr mit mir!«, rief er zurück. Was folgte, ähnelte sehr stark einem grässlichen Traum.

Ungefähr nach zwei Stunden angestrengten Paddelns im Gewittersturm und in hohen Wellen gelang es uns doch, den Katamaran zu erreichen, zu umfahren, auf ihn herüberzuklettern, den Motor zu starten und gegen den Sturm ankämpfend, in eisigen Wellen, die uns vollständig durchnässt hatten, beide Boote zum Ufer zurückzuschaffen. Jaroslav verriet mir, dass er während seiner Aufenthalte in den vierzehn Jahren in der Antarktis nur zwei Mal eine so gefährliche Situation durchgemacht hatte; er gab zu, dass, hätten wir den Katamaran nicht erreicht oder ihn nicht starten können, wir keine Chance mehr gehabt hätten, bei diesem Wetter mit unserem kleinen Schiffchen lebend zurück zum Ufer zu gelangen.

Derart gemeinsam durchlebte Augenblicke der Bedrohung eröffneten unserer Freundschaft eine ganz neue Dimension. In Jaroslavs Augen übersprang ich plötzlich aus der Startposition eines Polar-Eleven einige Stufen der antarktischen Hierarchie: »Ich teile die Menschen in zwei Gruppen ein: die zahlenmäßig umfangreichere, zu der gehören jene, die unter diesen Umständen nie mit mir ins Meer gesprungen wären, und dann die andere – und in die gehörst du.« Auch für mich änderte sich von dem Augenblick an mein Verhältnis zu diesem Kontinent vollkommen: Ich ging durch die »Taufe« der wilden Natur und begann mich hier mit viel größerer Sicherheit zu bewegen, weil ich den Eindruck gewonnen hatte, dass mir keine schlimmere Situation mehr begegnen könnte.

Kaum hatten wir uns abgetrocknet, hielt ich auf der tschechischen Station unter Feldbedingungen meine erste antarktische Messe, offenkundig die einzige, die an jenem Tag auf diesem ganzen Kontinent, der größer ist als Europa, gehalten wurde. Ich nahm in die Messe eine Fürbitte auf für all jene Männer, welche die Sehnsucht, die Schönheiten und Geheimnisse dieses Kontinents zu erforschen, mit dem Leben bezahlt hatten. Eine Woche später sollten zu unserer Zwei-Mann-Expedition Scarlett und Dagmar – die Schwägerin von Václav Havel – dazustoßen, die gespannt in Punta Arenas am chilenischen Ufer auf die nächste Gelegenheit zum Abflug warteten. Sie hüteten währenddessen fleißig die Vorräte für die Winterbesatzung der Station und erkundeten in der Zwischenzeit Feuerland und die Schönheiten Patagoniens.

Am Abend des ersten, sehr abenteuerlichen Tages auf der Nelson-Insel zog ich mich in meine »antarktische Einsiedelei« zurück, in ein hölzernes Häuschen von der Größe eines Schuppens, dessen einzige Ausstattung eine Pritsche unter dem Fenster war; aus dem Fenster jedoch hatte man eine herrliche Aussicht auf den Ozean. In dieser Phase des antarktischen Sommers geht die Sonne praktisch nie unter, erst gegen Mitternacht dämmert es stark, um nach 2–3 Stunden wieder aufzuklaren. Obwohl ich verständlicherweise müde war, konnte ich nicht schlafen; ich sah aus dem Fenster und dachte nach.

Die raue und strenge Schönheit dieses Landes aus Eis sah offenbar so aus, wie sie vor 20 Millionen Jahren ausgesehen hatte. Die Natur hat hier über die Geschichte gesiegt: Von diesem einzigen unter allen Kontinenten, unbefleckt von

Krieg, ist nicht bekannt, dass hier jemals ein Mensch einen anderen absichtlich getötet hätte. Rundumher herrschte eine Stille, wie sie nur entsteht, wenn sich ein Sturm gelegt hat. Nie zuvor, nicht einmal in der Wüste, lernte ich, so deutlich unterschiedliche »Tönungen der Stille« wahrzunehmen, verschiedene Tiefen und Farben des Schweigens. Es brach die Stunde an, in welcher der Mensch – ich glaube, ein jeder Mensch – an Gott denkt.

* * *

Ein altes lateinisches Sprichwort sagt, dass das Meer beten lehrt. Ja, in jenen Stunden am Abgrund von Leben und Tod betete ich wirklich ununterbrochen und in der Tat anders als jemals zuvor. Es war eine überaus eigenartige spirituelle Erfahrung und sie hat mir mehr gebracht als die Bestätigung dessen, dass der Mensch sich schnell an Gott erinnert, wenn es wirklich »um seine Haut« geht. Dann beginnt häufig auch jener Gott anzurufen, der sein Leben lang mit seiner Gottlosigkeit geprahlt hat, der Mensch besinnt sich, ob der Atheismus nicht nur eine luxuriöse Illusion ist, die sich nur jene leisten können, die keine wirkliche Not kennengelernt oder die Erfahrung mit ihr lieber vollständig aus ihrem Bewusstsein verdrängt haben.

Als ich versuchte, mich so genau wie möglich daran zu erinnern, wie ich in jenen Augenblicken betete, wurde mir bewusst, dass es nicht nur eine flehentliche Bitte um unsere Rettung war. Waren doch dort draußen auf dem Meer sogar Augenblicke, in denen ich fast gewünscht hätte, dass das erschöpfende Paddeln und die gesamte Anspannung endlich enden mögen, damit ich endlich Ruhe fände – sei es auch in der kalten Umarmung des Wassers um mich und unter mir. Diese seltsamen Augenblicke, scharf in mein Gedächtnis eingegraben, wechselten mit einem unbestimmten Wissen darum, dass dies nicht das Ende ist und nicht sein kann, dass meine Geschichte noch eine Fortsetzung haben wird und dass ich sie nicht aufgeben darf.

Damals geschah etwas schwer zu Beschreibendes: Ich durchlebte mit einer ungeheuren Erleichterung das Gefühl, dass mein Leben nicht meiner Regie untersteht, dass meine Kraft zu überleben und durchzuhalten aus einer viel tieferen Quelle hervorgeht, als es das Bündel meines Ichs ist, meine Muskeln, meine Gedanken, meine Nerven – und ich habe mich dieser Quelle ganz und gar überlassen, ich habe »auf Gott umgeschaltet«, ich übergab ihm das Steuer – und fühlte einen gewaltigen Zuwachs an Kraft und eine große Befreiung. Es lag darin ein gewisses »Aufgeben«, aber keinesfalls ein Verfallen in Passivität; eher fühlte ich eine gewaltige Intensivierung meiner Aktivität und deren Befreiung von jedweder bremsenden und beunruhigenden Angst um mich selbst.

Als ich später an die Augenblicke im entfesselten Element zurückdachte, tauchte mir in der Erinnerung der Ausspruch des hl. Paulus auf: »nicht mehr ich lebe, sondern Christus lebt in mir« (Gal. 2,20), und auch der Satz, der mir stets nahe war, wenn er auch erst seit jenem »ozeanischen Erlebnis« begann, von persönlicher Erfahrung gedeckt zu werden. Es war der Rat des hl. Ignatius von Loyola: »Vertraue so auf Gott, als ob der Erfolg der Dinge ganz von dir, nicht von Gott abhinge; wende dennoch dabei alle Mühe so an, als ob du nichts, Gott allein alles tun werde.«

Es gibt Grenzsituationen, in denen der Mensch an den äußersten Rand seiner Möglichkeiten stößt, und will er nicht resignieren, so muss er »auf Gott umschalten« – er liefert sich ihm ganz aus und gibt sich in seine Hand. Vielleicht hat ein Mensch, der sich in einer solchen Situation befindet, schon viele Male zuvor diesen frommen Rat zur Selbsthingabe gehört oder gelesen und vielleicht schon manches Mal im Augenblick einer frommen Stimmung in seinen Gebeten gesprochen: »Gott, dir vertraue ich mein Leben an.« Jedoch erst in einer Grenzsituation schlägt es aus dem Menschen hervor wie eine Flamme, wie das Atemholen eines, der ertrinkt oder erstickt; ohne Worte und ohne große Überlegungen, wie ein reiner Akt des Geistes, in welchem der Mensch ganz bei sich ist – mit Leib und Seele, mit Vergangenheit, Gegenwart und Zukunft. Ich verstand nun das, was von Menschen in Grenzsituationen berichtet wird, dass sie eine Art Durchbruch der zeitlichen Ebenen erleben – ähnlich wie im Traum und wahrscheinlich auch im Sterben –, dass mit ihnen zugleich ihr vergangenes Leben und auch ihre Zukunft da ist.

Und wieder betone ich: Der Mensch erkennt in jenem Augenblick, dass diese »Selbstaufgabe« kein Alibi dafür ist, mit der eigenen Tätigkeit aufzuhören: Der Mensch kann nicht aufhören, auf dem sturmgepeitschten Ozean zu paddeln – wenn ich meine Erfahrung als Metapher benutzen darf. Wenn er wirklich eine bestimmte Grenze überschritten hat und tatsächlich sich selbst »ausgeliefert« hat, dann erhält seine Tätigkeit gerade im Anschluss an diese Selbsthingabe gleichsam einen anderen Charakter, eine andere Qualität – als schöpfe er Kraft aus viel tieferen Schichten. Zu Beginn dieses Buches erwähnte ich Meister Eckharts Worte über die Einheit von Gott und Mensch, darüber, dass hinter unserem »ego« noch etwas Anderes ist und Tieferes, »der innere Mensch«, das »Tiefen-Ich«, das Selbst[97] – und hinter dem »Gott des Theismus«, dem Gott unserer menschlichen Vorstellungen, ist »der innere Gott«, »Gott hinter Gott«. Schon lange habe ich über diese Dinge nachgedacht – diesmal jedoch habe ich es am eigenen Leib erfahren.

Wenn ich irgendwann jenes Zusammentreffen tief empfunden habe, jene Durchdringung und innere Einheit von »Freiheit und Gnade«, von menschlichem Handeln und göttlicher Hilfe, von Aktivität und Selbstaufgabe, von Kampf und Vertrauen, von Arbeit und Gebet – dann war es damals in den Wellen an den Ufern der antarktischen Insel Nelson.

* * *

Es ist unglaublich schwer, darüber zu sprechen, und mir ist klar, dass es möglich wäre, über jenes Erwachen von verborgenen Kraftreserven in Grenzsituationen auch ganz anders zu reden – zum Beispiel wie über einen neurophysiologischen Prozess. Sicherlich könnte ich die Erfahrung auf dem Meer auch darstellen als ein Beispiel für die Produktion von Neuromodulatoren im Organismus in Stresssituationen. Die Erkenntnisse über Entstehung und Wirkung von Endorphinen und über weitere neurophysiologische Prozesse sind sicher nicht nur interessant, sondern auch praktisch. Zweifellos lässt sich die ganze Begebenheit ohne eine einzige Erwähnung Gottes darstellen, »etsi Deus non daretur« – »als wenn es Gott nicht gäbe«. Im Übrigen habe ich da Gottes Gegenwart nicht erlebt als ein mit den Sinnen wahrnehmbares Eingreifen von oben in der Art irgendeines Deus ex Machina. Ich selbst würde die Rede von Gott bei der Schilderung der Szene in einem bestimmten Umfeld für unpassend und irreführend halten, weil diese Worte ohne einen bestimmten Kontext und ohne ein »Vorverständnis« genauso leer sind wie die Auslegung mit Endorphinen für einen Menschen ohne elementare naturwissenschaftliche Kenntnisse.

Das Erleben einer Grenzsituation lässt sich sowohl in der Sprache des Glaubens als auch in der Sprache der Wissenschaft beschreiben. Ist es nur zweierlei Rede über dasselbe? Und wäre es die Rede über dasselbe, kann eine Auslegung die andere vollkommen vertreten? In der Neuzeit haben wir die Dominanz der wissenschaftlichen »natürlichen« Auslegung zugelassen – über deren Legitimität im Rahmen eines bestimmten Diskurses ich nicht im Geringsten zweifle und über die ich keine Kontroverse führen will. Aber ist diese Interpretation wirklich so »natürlich«, wie sie sich ausgibt? Schöpft sie alles aus, die ganze Tiefe unserer Erfahrung?

Ich neige zu der Ansicht, dass es möglich ist, dieselbe Erscheinung von beiden Seiten zu sehen und zu beschreiben, wobei allerdings beide Auslegungen – jede von beiden legitim und verständlich »innerhalb ihres Diskurses«, innerhalb ihres Kontexts – nicht einfach andere Worte für dasselbe sind. Sie meinen dasselbe, aber sie sind nicht in einfacher Weise eine durch die andere ersetzbar, weil beide einen je spezifischen Blickwinkel zum Ausdruck bringen und andere Aspekte und Ebenen der Begebenheit sichtbar machen, die wir durchlebt haben.

Die späte Neuzeit war fähig, die religiöse Sichtweise als eine »nur« symbolische zu tolerieren, während sie allein der Wissenschaft zugestand, den Schlüssel zur »Wahrheit« selbst zu besitzen. Die übliche Übersetzung aus der Sprache der Religion in die Sprache der Wissenschaft mit der arroganten impliziten Voraussetzung, die wissenschaftliche Auslegung habe ein Monopol auf die Wahrheit und gerade nur sie könne den Kern der Sache erfassen, während religiöse Behauptungen eine rein äußere Form seien, erinnert mich ein wenig an die peinliche Aufgabe in der Schule, den Sinn eines Gedichts »in eigenen Worten« wiederzugeben. Máchas »Mai«[98] – was wollte der Dichter damit sagen? »Er tötete den eigenen Vater.« Ja, aber ist das alles? Haben wir durch die Destruktion der dichterischen Sprache nicht etwas Unersetzbares zerstört – eine Brücke zur Erfahrung, die uns der Dichter aufschließt, einen Zugang zu dem, »was er uns sagen wollte« – nämlich gerade so, wie er es ausgedrückt hat?

Es ist möglich, dass wir aufgehört haben, die Sprache der Religion zu verstehen, aber auch die Sprache der zeitgenössischen Wissenschaft ist nicht jene »natürliche Sprache«, mit der wir spontan unsere Erfahrung ausdrücken könnten – einschließlich der starken Erfahrung von Grenzsituationen.

Was geht verloren, wenn ich mein Erlebnis in der Sprache der Wissenschaft reproduziere? Eines ganz bestimmt: das Gefühl der Dankbarkeit. Dieses ist mehr als eine flüchtige Emotion, mehr als ein einfaches Gefühl des Wohlbefindens oder ein bloßer Überbau eines bestimmten neurophysiologischen Vorgangs. Ich denke, dass die Dankbarkeit, die den Menschen nach einem solchen Erlebnis überflutet, in Wirklichkeit das ist, was aus der ganzen Begebenheit erst eine zutiefst menschliche, wertvolle verwandelnde Erfahrung macht. Dies, dass du ein Mensch bist, dass du beginnst, nach einem solchen Erlebnis – wenigstens für einen kurzen Augenblick – das Leben zu schätzen als ein nicht selbstverständliches Geschenk, und dass du ein sehr starkes Bedürfnis danach hast, zu »danken« – nicht nur für die Tatsache der Rettung, sondern für das Leben überhaupt –, dies lässt sich wirklich nicht treffender ausdrücken als in der Sprache des Glaubens. Reden über »Glück gehabt« und Zufall reichen nicht an den eigentlichen Kern dessen heran, was wir durchgemacht haben.

Beachten wir nun einen subtilen, aber wichtigen Punkt. Es ist nicht so, dass der Mensch »gläubig« sein muss, in dem Sinne, dass er bestimmte fertige, vorab gegebene »religiöse Vorstellungen« besitzt und sich zu ihnen bekennt, um dann – von diesen Voraussetzungen aus – seine Erfahrung der Rettung »religiös« interpretieren zu können. Die Erfahrung selbst erweckt im Menschen Dankbarkeit – und diese zieht zu Gott, unabhängig davon, wie wir dieses Wort auch begreifen mögen.

Achten wir darauf, dass auch ein »unreligiöser« Mensch in gewissen Augenblicken – sei es ein Augenblick der Bedrohung in einer Grenzsituation oder ein Augenblick staunender Freude, oder wenn Bedrohung und Dankbarkeit über die Rettung in einem Augenblick einander durchdringen – spontan »Mein Gott!« ausruft. Gewiss, wir können das auf verschiedene Weisen banalisieren als die unabsichtliche Aktivierung eines bestimmten kulturellen Relikts in unserer Sprache, der Mensch hat damit »nichts gemeint«. Aber ging es nicht um den Durchbruch zu einer tieferen Ebene, als es jene ist, in der wir für gewöhnlich »denken«? Haben unsere Sprache, unsere Kultur, unsere Seele wirklich andere, geeignetere Begriffe zur Disposition, als es das ›vergessene‹ Wort Gott ist?

Ist es nicht eher so, dass es um einen Augenblick der Wahrheit geht, wenn unsere Emotionen und Worte instinktiv das aufdecken, was in uns durch unser Umfeld verschlossen und vergessen ist, was aber völlig real ist? Danken kann ich nur jemandem; »das Schicksal«, »das Glück« oder »die Natur« sind allzu abstrakte Adressaten für Dankbarkeit. Ich würde sogar wagen zu sagen, dass wir erst im Lichte von Grenzsituationen, von Entsetzen, von Staunen und von Dankbarkeit, vielleicht ein wenig verstehen können, was mit dem Wort »Gott« gemeint ist.

Im Angesicht eines solchen Erlebnisses, das die tiefe Dankbarkeit »für das Leben überhaupt« weckt, zeigt sich, dass es nicht wesentlich verschieden ist, ob wir vorher »Glaubende« oder »Nicht-glaubende« waren – in dem Sinne, dass die Worte Gott und Glauben ein Heimatrecht in unserem Wortschatz hatten oder nicht hatten. Erst als »Geretteter« beginnt der Mensch nämlich zu begreifen, oder wenigstens anders zu »verstehen«, was sich hinter Worten wie Heil und Erlösung, Gott, Glauben oder Gnade verbirgt. Derjenige, der zuvor ein »Nicht-glaubender« war, kann in einem solchen Augenblick zu einem »Glaubenden« werden, und derjenige, der sich schon früher »zu den Glaubenden gerechnet« hat, kann erst dann begreifen, was für ein Unterschied besteht zwischen einem Glauben, der das Vertreten einer »Weltanschauung« ist, und einem Glauben, der durch eine ähnliche Erfahrung gedeckt ist. Ich kenne Menschen, die einen Weg zu Gott gefunden haben, weil sie nach einer Grenzsituation das existenzielle Bedürfnis zu danken empfanden. Der Glaube, der aus der Dankbarkeit geboren wird, mit der wir auf das Erlebnis der Rettung antworten, ist nicht so ganz eine Sache der »Überzeugung«, des Vertretens bestimmter Ansichten, Vorstellungen und Theorien; es ist mehr eine Verwandlung der grundlegenden Struktur im inneren »Feld« unseres Lebens.

Selbstverständlich, der Mensch ist nicht einmal durch ein solches Erlebnis zum Glauben »gezwungen«, er kann dieses Erlebnis ganz anders für sich interpretieren oder über seinen Sinn gar nicht nachdenken. Aber die Möglichkeit, den »Glauben« als eine tiefe Dankbarkeit zu erfahren, hat sich für einen Augenblick wie ein Schatz vor ihm aufgetan – so, wie sich nach alten Legenden beim Gesang der Passionsmusik am Karfreitagnachmittag Schätze tief in der Erde öffnen.

* * *

Als ich dann die Schrift aufschlug, musste ich fast schon darüber lächeln, wie mir viele Texte farbiger und näher erschienen. Es war ähnlich wie einst, als ich zum ersten Mal im Hochgebirge war und dort die Schrift las – damals hatte ich den Eindruck, als ob das dominante Bild der Psalmen und vieler weiterer biblischer Texte der Berg wäre, der Fels, die Höhen. Nun erstaunte ich, wie viele Texte über Wasser es in der Bibel gibt. Die grundlegende Ur-Erfahrung Mose, die auch Ursprung seines Namens war, war diese, dass er »aus dem Wasser gezogen« worden war. Lesen wir etwa nicht in der Schrift, wie der Herr Noah vom Hereinbrechen der Flut errettete, wie das Volk Gottes bei seinem Auszug aus der ägyptischen Sklaverei durch das Meer ging, das sich dann über den Köpfen der Ägypter schloss, wie Johannes die Menschen in die Wasser des Jordan tauchte, damit ihre Sünden darin ertränkt würden und sie zum neuen Leben auferstünden, wie die Stimme des Vaters erklang, als sein Sohn hinabstieg in diese Wasser ... All diese Bilder begannen nach diesem Erlebnis neu zu mir zu sprechen. Ich endete mit jener Erzählung des Evangeliums, in der das Boot mit den Aposteln an Bord bei einem Sturm sich mit Wasser zu füllen beginnt, während Jesus hinten im Boot ruhig schläft; die Jünger wecken ihn mit dem Vorwurf: Meister, wach auf, wir gehen zugrunde! Ich erinnerte mich an den Kommentar des heiligen Augustinus zu diesem Text: Es gibt Situationen, in denen unser Leben von Stürmen und Wellen erschüttert wird, wecken wir Christus in uns auf – lassen wir unseren verschlafenen Glauben erwachen!

Gewiss: Wir müssen uns nicht in die Antarktis begeben und dort im Sturm auf dem Meer herumfahren, um Augenblicke zu erleben, in denen wir uns nach Rettung sehnen, die jenseits unserer Kräfte liegt. Es muss sich nicht notwendig um Grenzsituationen handeln im Sinne einer unmittelbaren Bedrohung unserer physischen Existenz. Es existiert eine Unzahl von Situationen, durch die wir das Leben als ein nicht selbstverständliches, kostbares Geschenk wahrnehmen können. Es kann die Erfahrung sein, dass wir geliebt werden und fähig sind zu lieben. Es kann ein tiefes Ergriffensein von einer Schönheit sein, die nach dem Attribut »göttlich« verlangt. Als ich in Japan war, fiel mir auf, dass dort das Ästhetische, die Schönheit, eigentlich die Rolle spielt, die in Europa die »Religion« erfüllte oder erfüllt, während »Religion« dort eigentlich eine andere Rolle spielt – das Verhältnis von Schönheit und heiliger Ordnung ist ein unerschöpfliches Thema.

Nicht nur dann, wenn uns die Natur in äußerster Angst umklammert hält und uns danach wieder ausatmen lässt, sondern auch dann, wenn sie uns ihren tiefen Frieden zeigt und ihr reizend harmonisches Antlitz, können wir jene atemberaubende Dankbarkeit fühlen. Nach einer Studie zur zeitgenössischen Religiosität ist es unter all den »säkularen« Erlebnissen anscheinend vor allem die Schönheit der Natur, die in den Europäern von heute ein »religiöses Erleben« weckt, das dem Gebet nahesteht oder zum Gebet hinführt.

Das Ästhetische ist – wie schon Platon wusste – nicht weit entfernt vom Erotischen. Nicht zufällig verglichen die Mystiker den Augenblick der Ekstase in der Begegnung mit Gott mit dem Moment des Höhepunkts bei der Selbsthingabe und der Verschmelzung mit dem Anderen im Liebesakt, jenem Punkt des menschlichen Seins, der das Tor für die Entstehung neuen Lebens ist. Blicken wir in das Antlitz der heiligen Theresa in der berühmten Skulptur von Bernini in der römischen Kirche Santa Maria della Vittoria!

Unser JA zum Leben, begleitet von Erstaunen und Bewunderung, von einer Ekstase der Liebe, von Dankbarkeit, von der Wahrnehmung des Lebens als etwas nicht Selbstverständliches, als Geschenk, das uns verwandelt und bindet – ja, das ist sicher ein wesentlicher Teil jenes »Wissens von der Tiefe«, über das Tillich sagt: Wer um die Tiefe weiß, der weiß auch um Gott.

* * *

Aber wie steht es mit der ganz und gar entgegengesetzten Erfahrung, mit dem Erleiden des Tragischen, der Absurdität, des Schmerzes, des Todes unserer Nächsten oder der unabwendbaren Nähe des eigenen Todes – mit einer Erfahrung, die mit gleichem Recht zum menschlichen Los gehört? Habe ich doch gerade behauptet, dass »Bejahung des Lebens«, freudige Zustimmung und Dankbarkeit wesentlicher Teil menschlicher »religiöser Erfahrung« sind.

Aber wohin führt das schmerzhafte Fragen nach dem Sinn dort, wo die Sinnlosigkeit schwer auf uns lastet, die Absurdität unserer Lebenssituation? Was ist mit dem Schmerz, mit dem Leiden und mit dem Tod, die unseren »Sinn für Sinnhaftigkeit« erschüttern, die unser Bedürfnis frustrieren, den Sinn der Ereignisse, denen wir beiwohnen, zu verstehen? War das nicht der Fall bei Ijob, den wohl mehr als der Verlust des Besitzes, seiner Nächsten und mehr als das Jucken der Geschwüre gerade das »Herausfallen aus der Sinnhaftigkeit« quälte, die Erschütterung seines Sinns für Gerechtigkeit, das Schwanken seiner religiösen Gewissheiten, die Unmöglichkeit, in seiner ganzen frommen Weisheit eine Antwort auf die Frage zu finden: »Warum« – und »Warum gerade ich«? Die Begegnung mit dem Bösen, mit Leiden und Tod ruft in uns das Gefühl der Absurdität hervor und weckt Protest. Was ist der geistliche, religiöse Sinn dieses Protests?

Diese Fragen wirbelten mir im Kopf herum, als ich am nächsten Tag die Aufgabe erhielt, allein ein langes Wegstück am antarktischen Ufer entlang zum »Felsen der Kaptäubchen« zu gehen, Strandgut zu sammeln und über meinen Fund einen Eintrag in mein Tagebuch zu machen. Es war ein bewölkter Tag, der Ozean toste, am Himmel sah ich zum ersten Mal einen Riesensturmvogel kreisen. Ich begann die gutmütig hingelümmelten Seehunde von den hinterhältigen Seebären zu unterscheiden, denen man nicht allzu nahe kommen sollte. Sie kommunizieren mit den Pinguinen, die hier in gewaltigen Massen an unendliche Prozessionen kleiner Ordensbrüder erinnern.

Dann erreichte ich einen Strand, der auch von Tieren verlassen war, bedeckt von ausgebleichten Knochen, auch mit Wirbeln von Walfischen, die hier wohl Walfänger am Beginn des letzten Jahrhunderts zurückgelassen haben müssen. Unter dem bewölkten Himmel, von dem wahrscheinlich bald Schneeregen fallen würde, kreisten aasfressende Vögel und die ganze Uferszenerie mit den Tierknochen erinnerte mich an eine Illustration der alten tschechischen Sage vom Ritter Bruncvík. Warum kehrten mir hier in diesen Tagen der Reise so detailliert Erinnerungen an Illustrationen meiner Kinderbücher wieder, die ich schon fast ein halbes Jahrhundert nicht mehr in der Hand gehalten hatte?

Also von Neuem: Wie ist das mit den tragischen Erlebnissen und religiöser Erfahrung? Was weckt die Berührung des Todes dann in uns, wenn sie nicht anschließend abgelöst wird durch Erleichterung und die freudige Erfahrung einer wunderbaren Errettung? Öffnet sie eher dem Glauben Tür und Tor oder eher der Skepsis, den Zweifeln und dem »Unglauben«? Warum ist jener Trost, der sich auf die Gewissheit über die Unsterblichkeit stützt – der früher offenbar so hilfreich war –, nun so schwach geworden? Lässt er sich von Neuem beleben, neu begreifen – oder muss auch ein glaubender Mensch eine andere als eine »jenseitige« Quelle der Hoffnung suchen?

* * *

Das letzte Jahrhundert des zweiten Jahrtausends wird das gewaltsamste und das finsterste genannt. Als ich in seinen letzten Minuten im Rundfunk irgendeine hoffnungsvolle Botschaft aussprechen sollte, fiel mir in dem Augenblick nichts anderes ein, als die Tatsache zu konstatieren, dass die Menschheit zwar zum ersten Mal die Macht erhalten hat, in einem einzigen Augenblick sich selbst und den ganzen Planeten auszulöschen, es aber schließlich doch nicht getan hat. Was aber ergibt sich daraus für die Zukunft? Wird jemand im neuen Jahrhundert die drohende Vernichtung aufhalten, so wie der himmlische Bote Abraham in die Hand fiel, in der er das Messer hielt, ausgestreckt über der Zukunft, die gefesselt dalag im Jungen Isaak? Wird uns jemand sagen, dass er es nicht wünscht, dass wir Zukunft und Hoffnung wem und was auch immer opfern?

Der Himmel, als ob er verstummt wäre, die absolute Zukunft – die Ewigkeit, jener unvorstellbare »Raum« sowie jene »Zeit« nach dem Tod –, als ob sie bis zum Verschwinden ausgebleicht wäre. Ich spreche hier nicht nur über die Nicht-glaubenden – auch für einen Großteil der Christen hat jener Teil der Glaubenslehre, der von dem Leben nach dem Tode handelt, seine frühere Relevanz, seine faktische Bedeutung und sein Gewicht verloren. Sie bestreiten ihn nicht, aber sie leben nicht aus ihm heraus, sie übergehen ihn verlegen. Als ich einmal eine Gruppe junger Christen fragte, ob es die Grundlagen ihres Glaubens an Christus und ihre Entscheidung, nach dem Evangelium zu leben grundsätzlich erschüttern würde, wenn sie zu der Erkenntnis kämen, dass vom Menschen nach seinem Tode nichts überlebt, antwortete der Großteil mit Nein: An ihrem Glauben und an ihrem Leben aus dem Glauben heraus würde das praktisch nichts ändern. Die populäre Vorstellung der Atheisten, dass die stärkste Motivation der Glaubenden die Vision einer glückseligen Existenz nach dem Tode ist oder die Angst vor ewiger Verdammnis, entspricht offenbar schon lange nicht mehr der Wirklichkeit.

Hat dies uns geblendet und uns den Himmel verdeckt, dass die Welt grell ist, bunt und interessant? Sind es die Schrecken unserer Welt – inklusive der Massentragödien des zwanzigsten Jahrhunderts –, welche in unseren Augen die Vorstellungen von der Hölle übertroffen und sie lächerlich gemacht haben? Ist es die Vorherrschaft der materialistischen Ideologie gewesen, die Reduktion des Lebens zu einem bloßen biologischen Vorkommen, was unserer Hoffnung, Sehnsucht und Imagination verboten hat, über den engen Raum einer mit den Sinnen betastbaren und mit dem Verstand vermessenen Wirklichkeit emporzufliegen? Sind es die allzu naiven Vorstellungen gewesen, in die sich der Glaube an den Himmel, an das Fegefeuer und an die Hölle in der Vergangenheit gehüllt hat, die diesen Glauben selbst in den Augen der Nichtglaubenden, aber auch vieler Glaubenden diskreditiert oder zumindest umständlicher gemacht haben?

Aber auch dort, wo alle Vorstellungen und Elemente des Glaubens an das Leben nach dem Tode still erloschen sind oder ausdrücklich bestritten werden, ist die Sehnsucht nach dem Paradies nicht aus dem menschlichen Herzen verschwunden. Einst nährten sich politische Versprechen einer strahlenden Zukunft von dieser Sehnsucht, heute zehrt Werbung für Konsumwaren und Drogen aller Art von ihr, die sofortige Glückseligkeit verspricht: Bezahle und heute noch wirst du mit mir im Paradies sein. Ein Mensch, der nicht an das ewige Leben glaubt und auf rationaler Ebene nicht mit ihm rechnet, hört oft dennoch nicht auf, sich unbewusst nach ihm zu sehnen. Er überträgt lediglich seine Erwartungen absoluter Werte ins Reich der relativen Dinge. Führt jedoch diese Übertragung nicht zu einem Teufelskreis irrealer Ansprüche und Erwartungen, zu einer Überanstrengung der Kräfte und zu nachfolgender Frustration?

Der Glaube an Himmel und Hölle ließ dem irdischen Leben seinen eigenen, ihm zugemessenen Raum, er ließ die Erde die Erde sein. Wenn wir auf das irdische Leben die Ansprüche und Hoffnungen auf ewige Glückseligkeit des Himmels und die Ängste vor der Hölle projizieren, dann machen wir aus der Erde etwas wie Himmel und Hölle zugleich.

Ist nicht die Ursache der Enttäuschungen, der Ängste und der Langeweile, von denen die Existenzialisten sprechen, dieselbe überspannte Erwartungshaltung, die wir auf die Erde und das irdische Leben beziehen? Können wir nicht gerade durch den Glauben an und die Hoffnung auf die Welt nach dem Tode *das Leben zu seinem Irdisch-sein befreien*, ähnlich wie Freud sich bemühte, einen Raum für das Ich zu erkämpfen, das erdrückt wird durch die Ausdehnung der Instanzen Über-ich und Es? Einmal versetzte ich eine bestimmte atheistische Gesellschaft in Erstaunen mit den Worten, wir Katholiken müssten, weil wir an Engel und an Teufel glauben, nicht aus den Menschen Engel und Teufel machen; wenn wir die absoluten Pole der Weiße eines Engels und der Schwärze eines

Teufels lediglich für die Welt des Geistes reservierten, könnten wir Menschen in all ihren Schattierungen wahrnehmen, in ihrer ganzen Widersprüchlichkeit, als Mischung des Bösen und des Guten. Weil kein Mensch für uns ein Engel oder ein Teufel sei, könnten wir realistischer und liebenswerter die Paradoxien des Menschseins in einem jeden von uns Irdischen erkennen.

* * *

Es gibt Zeiten, in denen es uns scheint, dass die eine oder andere Wahrheit des Glaubens schwer zu glauben ist, weil sie mit unserem momentanen historischen Erfahrungshorizont oder der Mentalität der Zeit besonders kontrastiert. Heutzutage ist das für viele Leute der Glaube an das Leben nach dem Tode.

Ich denke nicht und ich behaupte nicht, dass die Theologen vor dem »Zeitgeist« kapitulieren sollten und dass die Prediger still alles zensieren sollten, was gerade nicht in Mode ist. Auf der anderen Seite hilft es natürlich wenig, mit der Faust auf den Tisch zu hauen und zu erklären, die Wahrheit sei einfach die Wahrheit, einerlei ob die Menschen an sie glaubten oder ob die Kultur und der Stil des Denkens die eine oder die andere Richtung einschlügen. Ein Prediger spricht zu einer bestimmten Mentalität und Zeit, die er nicht ignorieren oder nur zum Gegenstand von Schimpftiraden machen kann, ohne dass er versucht hätte, sie zu begreifen – damit würde er nur erreichen, dass niemand versteht, was er zu bedenken gibt. Man kann einfach nicht die Tatsache ignorieren, dass Verweise auf das Reich des Lebens nach dem Tode, die früher geläufig waren, für den Großteil der Menschen ihre Überzeugungskraft verloren haben.

Wenn ein Theologe und Prediger gleichzeitig der verantwortliche »Hirte« ist, dann kann er einer Reihe von Dilemmata nicht ausweichen: Soll er versuchen, neue Wege zu finden, auf denen man diesen Teil des Glaubens wieder zugänglich machen kann, oder soll er versuchen, auf anderen Wegen zum Kern des Glaubens zu führen, weil dieses Gebiet – d. h. die Vorstellungen über das Leben nach dem Tode – momentan einfach unpassierbar ist? Inwieweit geht es um eine Krise, die den Kern des Glaubens betrifft, zu dem die Hoffnung auf ein »ewiges Leben« sicher gehört – und inwieweit handelt es sich nur um eine Krise von Vorstellungen, die in der Geschichte diesen Glauben begleitet haben und den sie vielleicht eher verdeckt oder sogar vielleicht eher kompromittiert haben?

Vielleicht ist es so, dass nicht die Bereitwilligkeit selbst versagt, an das »Leben nach dem Tode« zu glauben, sondern eher die Imagination, die oft den Glauben begleitet. Manchmal verwechseln die Menschen Imagination mit dem Glauben selbst: Glauben bedeutet für sie, sich von etwas eine anschauliche Vorstellung zu machen und diese Vorstellung in ihre innere Welt einzubauen. Wenn Menschen behaupten, dass sie etwas nicht verstehen, liegt der Grund in der Regel nicht darin, dass es nicht »mit dem Verstand bewiesen werden könnte«, das ist häufig erst die zweitrangige Begründung. Oft wollen sie damit sagen, dass sie es sich einfach nicht vorstellen können – sie wissen nicht, wovon eigentlich die Rede ist, es liegt ihnen zu fern.

Es lässt sich jedoch einwenden, dass der Glaube nach biblischer Auffassung gerade ein Weg ist – im Grunde genommen der einzige und unersetzliche Weg – dorthin, wohin ich mit meiner Vorstellung nicht hinreiche, ins Reich dessen, »was kein Auge gesehen und kein Ohr gehört, was keinem Menschen in den Sinn gekommen ist« (1 Kor 2,9). Gerade den nackten Glauben, ohne Bilder und Vorstellungen, priesen Mystiker wie Meister Eckhart und Johannes vom Kreuz.

Wer aber ist zu einem solchen Glauben fähig? Worauf kann man ihn stützen? Will man von uns Kierkegaards mutigen Sprung in den Glauben oder einfach die bigotte, blinde Unterordnung unter die Autorität? Die Christen der vormodernen Zeit stützten ihren Glauben entweder auf die Welt der Bilder, die ihre Inspiration am häufigsten aus der Bibel bezogen und die ihnen entweder in der mündlichen Schilderung der Prediger oder in der Kunst, welche die Kirchen schmückte, dargeboten wurden, oder sie stützten ihn auf den Gehorsam gegenüber der Heiligen Schrift und der Kirche, welche die Schrift auslegt. Die moderne Zeit mit ihrer Betonung der Autonomie des Einzelnen und seiner Verstandeserkenntnis schwächte die Bereitschaft, sich durch Autorität führen zu lassen. Auch der kritische Blick auf die Kirche und ihre Geschichte hat es psychologisch erschwert, ja sogar praktisch unmöglich gemacht, ein absolutes Gleichheitszeichen zwischen die Lehren der Kirche und die Realität des sich selbst offenbarenden Gottes zu setzen. Auch sehr loyale Gläubige wissen schon lange, dass vieles von dem, was die Kirche einmal zu glauben gebot und wie sie die Schrift auslegte, von historischen Vorstellungen ihrer Zeit beeinflusst war. Sie wissen, dass es nicht ganz einfach ist, den verbindlichen Kern der Glaubenslehre zu unterscheiden von seiner kulturell wandelbaren Schale. Auch die Erhebung des Verstandes zu einem privilegierten, wenn nicht dem einzigen Instrument des Erkennens schwächte die Fähigkeit, die Welt mittels der Fantasie und der Imagination wahrzunehmen, die sensibel auf die Botschaft der Symbole reagierten.

Der Glaube an »die letzten Dinge« verwendete, um sich auszudrücken, immer eine Vielzahl von Symbolen: über die Schilderungen des Evangeliums vom Letzten Gericht bis zu Dantes dichterischen Bildern in der *Göttlichen Komödie* oder Michelangelos Fresken über dem Altar der Sixtinischen Kapelle, über geflügelte Engel und gehörnte Teufel der Volksfantasie bis zum »Punkt Omega«, von dem Teilhard de Chardin schreibt. Der Sinn für Symbole kehrt offensichtlich erst in unserer Zeit zurück, vielleicht auch dank der Tiefenpsychologie, die Symbole hoch schätzt und interessant interpretiert. Insofern die Menschen der Neuzeit Symbole als »bloße Symbole« auffassten, stürzte diese Brücke zur überempirischen Wirklichkeit ein; C. G. Jung hat den Protestantismus sehr dafür kritisiert, dass er in seiner Nüchternheit und in seinem ikonoklastischen Eifer gegen die katholische religiöse Bilderwelt dazu beigetragen hat, einen Graben zwischen der Welt der Symbole und dem modernen Bewusstsein auszuheben.

Das Symbol verlangt eine besondere Kombination von Distanz und Vertrauen. Damit das Symbol den Glauben unterstützen kann, ist es nötig, dass es gerade als Symbol aufgefasst wird – als etwas, das über sich hinausweist, auf eine unaussprechbare Wirklichkeit. Soweit es »wörtlich« begriffen wird, dient es nicht dem Glauben, sondern ist selbst Objekt der Idolatrie.

* * *

Wenn wir vor der Pforte des Todes stehen, so stehen wir vor dem Geheimnis; weiter führt nur noch der Weg des Glaubens und der Hoffnung. Hinter die Pforte des Todes blickt nur noch der Glaube, keinesfalls aber die Erkenntnis.

Ja, auch die Überzeugung, dass der biologische Tod das definitive Ende ist und danach nur noch das Nichts folgt, der chemische Zerfall des Körpers und höchstens noch eine verblassende Spur der menschlichen Person, die im Gedächtnis der anderen zurückbleibt, ist auf seine Art auch ein »Glaube« (belief). Wenn sich der materialistische Nihilismus auf die Autorität der Wissenschaft beruft, so tut er dies zu Unrecht. Die Naturwissenschaft allein ist in diesen Dingen einfach nicht kompetent. Befragen wir Wissenschaftler als Wissenschaftler über das Leben nach dem Tode, sollten wir uns zufriedengeben mit deren einzig möglicher Antwort, nämlich mit einem bescheidenen »wir wissen es nicht«; es erschien mir stets unseriös, diese aufrichtige Neutralität eigenmächtig verschieben zu wollen zu einem »Ja« oder »Nein« unserer philosophischen oder religiösen Überzeugungen. Populäre Bücher über »das Leben nach dem Leben«, die den Glauben an das Leben nach dem Tode »wissenschaftlich« stützen wollen durch Aufzeichnungen der Erlebnisse von Patienten, die sich im Zustand des klinischen Todes befanden, erscheinen mir darum genauso unaufrichtig wie der »wissenschaftliche Materialismus«. Bescheiden wir uns damit, dass uns die Wissenschaft über die physiologischen Aspekte im Prozess des Sterbens sowie über den Zerfall des Körpers informiert, uns jedoch keine Brücke über den Abgrund des Geheimnisses vom Tode bieten kann.

Und noch etwas: Falls ein Materialist behauptet, dass hinter der Pforte des Todes »nichts« sei, so ahnt er nicht, dass er gerade damit seinen Materialismus verraten hat und sich nun auf dem Gebiet der Mystik befindet. Denn wenn wir behaupten, dass Gott nicht vorstellbar ist, so gilt dasselbe gleichermaßen für das »nichts«. Wenn Meister Eckhart, der König der Mystiker – und meiner Ansicht nach der tiefste christliche Theologe nach dem hl. Paulus – schrieb, dass Gott »nichts« ist, so drückte er damit mit anderen Worten die Undurchdringlichkeit Seines Geheimnisses aus.

* * *

»Das ewige Leben«, von dem Christus spricht, ist nicht einfach dasselbe wie das »Leben nach dem Tod«. Das ewige Leben ist das Leben in Fülle, das sich nach dem Evangelium inmitten dieses Lebens im Moment der *metanoia* auftut, der Verwandlung, der Konversion, der Umkehr oder der Erleuchtung, und nach der später durchgearbeiteten Lehre der Kirche wird es durch die Sakramente gespendet, insbesondere durch die Taufe. Ein in dieser Weise verwandeltes Leben ist ein so tiefes Eintauchen des Glaubenden in die Wirklichkeit der Liebe Gottes, die sich in Christus gezeigt hat, dass dieses Band des Menschen mit Christus nichts zerreißen kann – nicht einmal der Tod. Christus nahm aus freien Stücken und aus Liebe zu den Menschen den Tod auf sich und hat so dessen Macht gebrochen. Er hat dem Tod die Spitze seiner Macht genommen, mit der er schmerzhaft unser Leben durchdrang – nämlich die Angst vor dem Tod, die Bangigkeit vor unserer Endlichkeit. Dieser Glaube erlaubt es dem Apostel Paulus, mit Ironie in den Rachen des Todes und des Nichtseins zu blicken: »Wo ist, o Tod, dein Sieg? Wo ist, o Tod, dein Stachel?« (1 Kor 15,55)

Vielleicht ist es so, dass für viele Menschen unserer Zeit, in deren Wahrnehmung der Welt jegliche Vorstellung vom »Leben nach dem Tode« verblasst ist, diese ironische Frage des Apostels dennoch verständlich sein kann und in ihrem Horizont vielleicht auch die Hoffnung, die aus ihr entspringt. Paulus stützt seine Hoffnung nicht auf das griechische Ideal der Seele, die im Tode abgetrennt ist vom Körper und im Reich der ewigen Ideen lebt, sondern auf die Kraft der Liebe und Freiheit, mit der Christus das Kreuz auf sich nahm und durch den Abgrund des Todes ging; schließen wir uns ihm an, so kann auch unsere Liebe und Freiheit nichts zerstören – weder Verfolgung noch Tod, noch Angst, noch die Hölle.

Manchmal geht mir durch den Kopf, dass wir heutzutage in den Seelsorgegesprächen mit vielen Menschen uns vielleicht die Mühe sparen könnten, antike Vorstellungen über die Unsterblichkeit der Seele zu verteidigen oder mit den einzelnen theologischen Traditionen über die Beschaffenheit des Lebens nach dem Tode zu argumentieren. Wir sollten uns eher auf den Kern der Sache konzentrieren: auf die Hoffnung, dass die Liebe schließlich stärker als der Tod sein wird, dass der Tod nicht das letzte Wort haben wird. Was darüber hinaus geht, sollten wir offen lassen und gleichzeitig als ein Geheimnis verborgen sein lassen. Denn das, worüber wir Rechenschaft ablegen und was wir verteidigen können sollen, ist nach dem Apostel gerade unsere Hoffnung, nicht aber unsere philosophischen Ansichten und religiösen Vorstellungen.

* * *

Als ich auf einem schmalen Pfad durch die Felsen entlang des Ufers zur Station zurückkehrte, begann es zu dämmern. Der Ozean brauste dumpf, die Wolken hingen bedrohlich tief und Wind erhob sich. Felsen und Eisberge, aus dem Schaum der Wellen emporragend, erinnerten an längst verlassene Trümmer von Burgen und Kathedralen. Am Ufer lagen Seehunde und Seebären, aus einem Felsennest flog ein Kormoran auf und kreiste hoch über meinem Kopf. Dieses Land ist bemerkenswert rein: Auch Tiere nähern sich hier dem Menschen meist mit einem entwaffnenden Vertrauen und mit Neugier. In die Böen des Windes hinein spricht eine tiefe Stille; als hörtest du das Land ausatmen. Die Felsenbuchten gleichen einander, mit Zungen aus vereistem Schnee, der aus dem Schatten der Felsen ins matschige Erdreich ausläuft, das bedeckt ist von Teppichen aus Meeresalgen – wann sehe ich endlich in der Ferne den Lichtschein im Fenster unserer Station, das bezeugt, dass auf dieser ganzen Insel noch ein anderer Mensch mit mir ist?

Wieder kehre ich in Gedanken zurück zu Tod und Unsterblichkeit. Es ist dürftig, was ich über das Leben nach dem Tode sagen kann. Aber muss nicht jedes aufrichtige Gespräch über dieses Thema in einem bestimmten Augenblick in Schweigen übergehen, sei es ein Schweigen scheuer Verlegenheit vor der verschlossenen Pforte eines unbegreiflichen Geheimnisses oder ein Schweigen der Sehnsucht, die sich der Kraft der Bilder und Worte entzieht?

Am Abend vor dem Schlafengehen schlug ich eine wunderbare Stelle in den *Bekenntnissen* auf, wo der heilige Augustinus sein Gespräch mit seiner Mutter Monika schildert: »Als nun der Tag kam, an dem sie aus diesem Leben scheiden sollte ..., geschah es, ... dass sie und ich allein an ein Fenster gelehnt standen, von wo aus man auf den Garten blickte, der zu dem Hause gehörte, in dem wir wohnten, dort in Ostia an der Tibermündung, wo wir, fern allem Gedränge, nach der Mühsal der langen Reise uns ... erholten. ... und wir fragten uns, wie das künftige ewige Leben der Heiligen sei ... wir ... durchwanderten dabei alle körperlichen Stufen ... Und wir kamen zu unseren Geistseelen und überstiegen auch sie, um die Region nie versagenden Überflusses zu berühren ... Und sieh, während wir sprechen und uns hinaufsehen, berühren wir diese Weisheit ein wenig mit dem ganzen Aufzucken unseres Herzens. Wir stöhnten und ließen dort gebunden zurück die Erstlinge des Geistes. Dann wandten wir uns wieder dem Geräusch unserer Rede zu, wo ein Wort anfängt und aufhört.«[99]

* * *

So viele Wege bin ich schon gegangen, so vieles habe ich schon durchlebt – und noch immer bin ich nicht am Ende. Immerzu bleibt mir viel zu lernen, in vielem zu reifen, viel gutzumachen und zu verbessern, bleibt mir für vieles zu danken. Offenbar habe ich immer noch nicht die Aufgabe vollendet, die mir anvertraut wurde, und vielleicht habe ich sie immer noch nicht genügend verstanden.

Saint-Exupéry sagt im »Kleinen Prinzen«: »Das Wesentliche ist für die Augen unsichtbar.« Das, was in unseren Leben am wichtigsten ist, sehen wir in der Regel nicht. Selten machen wir uns bewusst, wie Gott in unserem Leben wirkt. Ich stelle es mir in der Art vor, wie ein Orientteppich gewebt wird. Wenn wir die eine Seite des Teppichs betrachten, sehen wir nur ein unansehnliches Gewirr von Fäden und Knoten.

Erst wenn der Teppich fertig gewebt ist, wird er gewendet – und der Mensch erstaunt, wenn er seine Vorderseite sieht, das symmetrische Ornament und die leuchtenden Farben. Diese Hoffnung gab mir in sehr »verknoteten« Phasen meines Lebens Kraft.

Als ich in Gedanken wieder zu jenem dramatischen Erlebnis in der Antarktis zurückkehrte, tauchte in meinem Inneren erneut die Szene aus dem Evangelium auf, in der die Jünger auf dem stürmischen See in Unruhe geraten und Jesus mitten unter ihnen ruhig schläft. Jesus predigt dort mit seinem Schlaf. Mir scheint sogar, dass sein Schlaf in dieser Szene ein tieferer Ausdruck seiner Sendung ist als das darauffolgende Wunder, zu dem er durch den Unglauben der Jünger gezwungen ist. Jesus ist nicht im Namen irgendeines Deus ex Machina gekommen, eines Gottes hinter den Kulissen, der – wenn wir brav sind und dieses oder jenes tun – alle Stürme beseitigt und uns ein Leben nach unseren Wünschen verschafft. Jesus negiert einen solchen jenseitigen Gott, den man durch die Einhaltung des Gesetzes, durch das Darbringen von Opfern, durch das Vertreten der richtigen Ansichten der Glaubenslehre oder durch andere religiöse Verrichtungen in die Welt hineinziehen könnte. Dadurch, dass er als ein Mensch, der frei von Angst ist, mitten unter uns und in unseren Stürmen ist, kann er uns mit seiner Ruhe anstecken. Seine Ruhe ist nicht die eines stoischen Weisen oder eines Helden, der dank seiner Kraft oder Klugheit das Happy End jeder Krise gewährleistet. Es ist die Ruhe dessen, aus dem Hoffnung und Vertrauen hervorleuchten. Der Gott Jesu ist nicht der »Gott hinter den Kulissen«; er ist Grund und Tiefe unseres Seins. Wir entfremden uns ihm durch die Angst, die uns natürlicherweise beherrscht, wenn wir uns inmitten von Stürmen und Wirbelwinden befinden, aber wir kommen mit ihm in Kontakt, wenn wir ihm in uns freien Raum lassen – und sei es darum, damit er schweigt und schläft. Ja, Gott kann schweigen – und auch uns lehrt er schweigen.

Ein Theologe, ein Religionswissenschaftler oder ein Prediger muss über Gott sprechen. Umso nötiger ist es, dass er über Gott auch schweigen kann, dass er vor Gott schweigen kann und mit Gott, dass er in Gott schweigen, dass er Gottes Schweigen lauschen kann. Wollen wir, die wir »professionell« über Gott sprechen, nicht an Gott vorbeireden, so müssen wir gleichzeitig die schweigsame Kommunikation mit diesem unaussprechlichen Geheimnis pflegen, eine Kommunikation, die man geistliches Leben nennt. Unsere Worte müssen aus dem Schweigen hervorgehen und in das Schweigen münden.

* * *

Ich bin unendlich dankbar dafür, dass ich in einer Zeit leben darf, die in mehrfacher Hinsicht eine Zeit des Übergangs ist. Die Schwelle zum Neuen ist ein wunderbarer Platz, von dem aus ich in beide Welten blicken kann. Der Moment des Übergangs ist eine gesegnete Zeit, in der wir das Läuten der Ewigkeit hören können.

Als das Römische Reich sich unter dem Ansturm der Barbaren krümmte, stand der heilige Augustinus im mystischen Erstaunen mit der Muschel seines Herzens am Ufer und blickte auf den Ozean des Geheimnisses der Dreifaltigkeit. Als Europa auf neue Kontinente traf, entzündete sich in Spanien, als Gegengewicht zu der äußerlichen und gewaltsamen Expansion, in den Seelen des Johannes vom Kreuz und der Teresa von Avila die Sehnsucht, still und kühn ins Innere der Nacht vorzudringen, in die innere Burg. Als das Jahrhundert der Kriege und Katastrophen nahte, sprach Nietzsche, der Prophet des Todes Gottes, die Hoffnung aus, dass das Herz der Erde, der Kern aller Wirklichkeit, »aus Gold« sei. In derselben Zeit entdeckte die sterbende Ordensschwester Thérèse von Lisieux einen neuen Weg zu Gott: nicht über moralische

Leistungen, sondern durch das Annehmen seiner selbst mit all den eigenen Schwächen im Vertrauen auf die barmherzige Liebe.

Ja, es ist der *kairos*, der richtige Zeitpunkt, die Stunde für den Glauben. Glaube nicht im Sinne des Festhaltens an ewigen Wahrheiten. Glaube als der Mut, leise, mit staunendem Herzen und mit Vertrauen in neue Räume einzutreten. Und unterwegs das, was uns anvertraut wurde, nicht zu verlieren und auch nicht zu verraten, sondern es als Gabe, als Geschenk zur Begrüßung mitzubringen.

Vielleicht ist dies ein Hinweis, den wir für den Augenblick des Eintritts in die neue Zeit und für die Stunde unseres Todes bekommen haben. Denn ich glaube, dass jenes NICHTS, dem wir im Tode entgegengehen, nur ein weiterer sonderbarer Name Gottes ist.

Vollendet in der Einsiedelei des kontemplativen Klosters im Rheinland am Gedenktag des hl. Ignatius von Loyola AD 2013.

Anmerkungen

[1] Die sogenannte Prager Hochburg, die im 10. Jahrhundert zuerst erbaut wurde, liegt auf einem Hügel südlich der Innenstadt.

[2] Tomáš Garigue Masaryk (1850–1937), Politiker, Philosoph und Schriftsteller, war Mitbegründer und erster Staatspräsident der Tschechoslowakei (1918–1935). Edvard Beneš (1884–1948) folgte ihm als Staatspräsident nach (1935–1938 und 1945–1948).

[3] Josef Beran (1888–1969) war seit 1946 der Erzbischof von Prag. 1949 wurde er verhaftet und lebte bis 1963 unter Hausarrest an wechselnden geheim gehaltenen Orten. 1965 gelang es der vatikanischen Diplomatie, Berans Ausreise nach Rom zu erwirken. Seither lebte er dort. Er starb 1969. Seit 1999 läuft ein Seligsprechungsprozess für Josef Beran.

[4] »Hassliebe« im Original deutsch.

[5] Samizdat, aus dem Russischen, wörtlich: »Eigenauflage«, »Selbstverlegtes«, »Selbstherausgegebenes«, kurz: »Selbstverlag«, bezeichnete in der UdSSR und später auch in anderen so genannten realsozialistischen Staaten die Verbreitung von alternativer, nicht systemkonformer Literatur auf nichtoffiziellen Kanälen, zum Beispiel durch Abschreiben mit der Hand oder der Schreibmaschine oder durch Fotokopie, und das Weitergeben der so produzierten Exemplare. Samizdat ist der Inbegriff von nichtzensierter, offiziell verbotener Literatur.

[6] Im Original: »Und ungern nur fragte ich stets nach Wegen, – das gieng mir immer wider den Geschmack! Lieber fragte und versuchte ich die Wege selber. / Ein Versuchen und Fragen war all mein Gehen: – und wahrlich, auch antworten muss man lernen auf solches Fragen! Das aber – ist mein Geschmack: / – kein guter, kein schlechter, aber mein Geschmack, dessen ich weder Scham noch Hehl mehr habe. / »Das – ist nun mein Weg, – wo ist der eure?« so antwortete ich Denen, welche mich »nach dem Wege« fragten. Den Weg nämlich – den giebt es nicht! / Also sprach Zarathustra.« In: Friedrich Nietzsche: Also sprach Zarathustra I–IV, Kritische Studienausgabe, hrsg. v. Giorgio Colli und Mazzino Montinari, München, Berlin, New York 1988, 2. durchgesehene Auflage, Vom Geist der Schwere, S. 245.

[7] »das Selbst« im Original deutsch.

[8] Vgl. William Shakespeare, Macbeth, 5. Akt, 5. Szene: »(…) It is a tale / Told by an idiot, full of sound and fury / Signifying nothing.«

[9] Die Choden sind eine Volksgruppe in Westböhmen. Sie sind seit dem Mittelalter in der Region Chodenland um die Stadt Taus (Domažlice) herum im Grenz-

gebiet zu Bayern (Oberpfalz, Niederbayern) ansässig, haben einen eigenen Dialekt und eine reiche Volkskultur.

[10] Adam Bernard Mickiewicz (1798–1855) gilt als Nationaldichter Polens, wichtiger Vertreter der polnischen Romantik und Verfechter der Unabhängigkeit Polens.

[11] Josef Kajetán Tyl (1808–1856) tschechischer Dramatiker und Journalist. 1848–1849 engagierte er sich als Schriftsteller und Journalist am Freiheitskampf, bedeutend u. a. in seiner Rolle als Redakteur der Zeitschrift »Květy«, der führenden literarischen Zeitschrift der Zeit.

[12] Karel Čapek (1890–1938) ist einer der bekanntesten tschechischen Schriftsteller und Journalisten, dem insbesondere eine große Bedeutung für die erste Tschechoslowakische Republik zukommt. Er hat sich auch politisch stark engagiert.

[13] Das »Radio Freies Europa« / »Radio Free Europe«, gegründet 1950 in den USA, war während des Kalten Krieges in München angesiedelt und versorgte die Hörer des sowjetischen Herrschaftsbereichs mit Informationen aus dem Westen. Es galt in der kommunistischen Öffentlichkeit als feindliches Propagandainstrument. 1951 begannen die regelmäßigen Sendungen für die Tschechoslowakei.

[14] Im Tschechischen steht für »ledig« sein bzw. »unverheiratet« sein (»svobodný«) dasselbe Wort wie für »frei« sein.

[15] Nach der Hinrichtung des Theologen, Predigers und Reformators Jan Hus (1415) entstand die Hussitenbewegung als nicht nur religiöse, sondern auch als antifeudale, soziale und nationale Volksbewegung.

[16] Der Hussitenführer Jan Žižka (um 1360–1424), bedeutendster und legendärer Heerführer der Hussiten, erfand die Wagenburgen als Kampftechnik und verhalf den Hussiten zum Sieg. Unter seiner Führung verloren die Hussiten keine einzige Schlacht, sodass er den Nimbus der Unbesiegbarkeit erwarb.

[17] Jan Amos Comenius (1592–1670) war Pädagoge, Philosoph und Theologe sowie Bischof der Böhmischen Brüder. Er gilt als eine der wichtigsten Persönlichkeiten der tschechischen (und europäischen) Geistesgeschichte seiner Zeit. Seiner Liebe zur tschechischen Heimat hat Comenius oft Ausdruck verliehen und auch seine Tätigkeit als Pädagoge zielte zunächst auf eine Erneuerung der Volkserziehung der Tschechen.

[18] Wichtiger Bestandteil des tschechischen nationalen Mythos ist die Schlacht am Weißen Berg und die darauf folgende Geschichtsepoche, die als »Zeit der Finsternis« bezeichnet wird. – Nach der Schlacht am Weißen Berg am 8. November 1620 fanden in Böhmen, Mähren und Schlesien radikale Veränderungen statt. Zum einen wurden die drei Kronländer zur dauerhaften Erbpacht der Habsburger. Zum anderen wurden durch ihre militärische Niederlage die böhmischen Stände, die während des gesamten 16. Jahrhunderts eine starke Opposition gegenüber dem König bildeten, völlig ausgeschaltet. Konfessions-

politisch gesehen findet in den Folgejahren eine Rekatholisierung statt. Die zuvor über zwei Jahrhunderte bestehende Koexistenz zweier Konfessionen, der katholischen und protestantischen, wurde beendet.

[19] Vladimír Holan (1905–1980), bedeutender tschechischer Lyriker.

[20] Jaroslav Seifert (1901–1986), bedeutender tschechischer Lyriker und Erzähler, erhielt 1984 den Literaturnobelpreis.

[21] Josef Čapek (1887–1945), der Bruder von Karel Čapek, war Maler, Bildhauer, Schriftsteller und Essayist. Josef Čapek wurde im Konzentrationslager Bergen-Belsen ermordet.

[22] In Tschechien werden die antisemitischen Gerichtsverfahren gegen Leopold Hilsner zur Zeit der österreichischen Monarchie in Böhmen sowie die öffentliche Diskussion darum als »Hilsneriaden« bezeichnet. Der jüdische Schuster Leopold Hilsner wurde 1899 des Ritualmords an einem tot aufgefundenen Mädchen aus Polna angeklagt und mangels eines Alibis und aufgrund bloßer Indizien zum Tode verurteilt, was später in eine lebenslange Haft umgewandelt wurde. Der spätere Präsident der Tschechoslowakei Masaryk versuchte in den Prozess einzugreifen und publizierte die Broschüre »Die Notwendigkeit einer Revision des Polnaer Prozesses«, indem er den Ritualmordgedanken als Aberglauben kritisierte und auf den antisemitischen Hintergrund des Verfahrens hinwies. Er wurde infolgedessen öffentlich angefeindet.

[23] Über Čapek fielen immer wieder die linken wie auch die rechten Kritiker her. Den Linken galt er als »Bourgeois«, die nationalistische Rechte nutzte insbesondere das Scheitern der ersten Republik, deren geistiger Repräsentant Čapek war, um Stimmung gegen ihn zu machen. Čapek stritt vehement in seinem Werk und in der tschechischen Presse gegen die tschechischen Nationalisten und warnte eindringlich vor den Gefahren des Faschismus.

[24] 1964, Regie: Peter Glenville – eine Verfilmung des Theaterstücks von Jean Anouilh (»Becket ou l'honneur de Dieu«).

[25] Die Theater der kleinen Formen entstehen im 20. Jahrhundert als Opposition zum offiziellen Theaterbetrieb. Oft treten Autoren auch als Schauspieler auf, während des Auftritts kommunizieren sie mit den Zuschauern. Ein wichtiges Ausdrucksmittel ist der Humor in verschiedenen Formen, als Wortspiel, Satire, witziger Dialog, Übertreibung etc.

[26] Dies ist vor dem Hintergrund der zuvor herrschenden Doktrin des sozialistischen Realismus zu verstehen. Abstrakte Kunst gab es in Tschechien natürlich schon viel länger.

[27] Antonín Novotný (1904–1975) war von 1953 bis 1968 Generalsekretär der Kommunistischen Partei der Tschechoslowakei, seit 1957 Staatspräsident der Tschechoslowakei, 1968 wurde er zum Rücktritt gezwungen.

[28] Der Aufstand der Choden gegen die Obrigkeit im 17. Jahrhundert endete mit Unterdrückung und der öffentlichen Hinrichtung des Chodenführers Jan Sladký-Kozina († 1695 in Pilsen). Dieser Bauernaufstand war Vorlage für zahlreiche

literarische, bildnerische und musische Bearbeitungen, deren berühmteste der Roman »Psohlavci« (1883–1884) von Alois Jirásek ist.

[29] Gemeint ist der zwangsweise Arbeitseinsatz bei körperlich anstrengenden niederen Arbeiten, z. B. in der Landwirtschaft oder auf dem Bau.

[30] Die Reformen des Prager Frühlings – wirtschaftlicher, aber auch gesamtgesellschaftlicher Art –, die von Alexandr Dubček und von Ota Šik erarbeitet und teils umgesetzt wurden, bezeichnet man als »Sozialismus mit menschlichem Antlitz«.

[31] Die Utraquisten (auch Kalixtiner, von lat. *calix* »Kelch«) waren eine gemäßigte Partei der Hussiten, die vor allem bei Adel und Bürgertum Unterstützung fand. 1457/58 gründeten sich daraus die Böhmischen Brüder als eine von den Utraquisten unabhängige Gemeinschaft.

[32] »Streitkultur« im Original deutsch.

[33] Réginald Garrigou-Lagrange O.P. (1877–1964) war ein französischer Dominikaner mit wichtigen Veröffentlichungen zum Thomismus und zur Mystik.

[34] Die Bewegung *Jeunesse Ouvrière Chrétienne* (Christliche Arbeiterjugend) wurde 1925 von dem Priester und späteren Kardinal Joseph Cardijn gegründet. 1929 folgte die Gründung der *Jeunesse Etudiante Chrétienne* (Christliche Studentenjugend).

[35] Die Charta 77 war eine Petition gegen die Menschenrechtsverletzungen durch die kommunistische Regierung der Tschechoslowakei. Sie wurde im Januar 1977 mit 242 Unterschriften veröffentlicht und fand bis 1989 über 2000 Unterzeichner. Ihre ersten Sprecher waren Jan Patočka, Václav Havel und Jiří Hájek.

[36] Jan Patočka (1907–1977) war ein bedeutender Phänomenologe und studierte in den 1930er Jahren bei Edmund Husserl und Martin Heidegger. Er unterrichtete bereits 1948–1950 an der Prager Karlsuniversität und arbeitete zwischenzeitlich als Übersetzer. 1968–1972 war Patočka Professor für Philosophie an der Karlsuniversität.

[37] Gustáv Husák war von 1969 bis 1987 Generalsekretär der Kommunistischen Partei und von 1975 bis 1989 Staatspräsident der Tschechoslowakei. Er beteiligte sich an der Niederschlagung des »Prager Frühlings« und war verantwortlich für die danach einsetzende »Normalisierung«, die Wiederherstellung der moskautreuen Politik. Am 10. Dezember 1989 trat er unter dem Druck der »Samtenen Revolution« zurück; sein Nachfolger als Staatspräsident wurde Václav Havel.

[38] Christopher Dawson (1889–1970), britischer Kulturhistoriker.

[39] Jan Palach (1948–1969) verbrannte sich am 16. Januar öffentlich aus Protest gegen die Niederschlagung des »Prager Frühlings« am Prager Wenzelsplatz.

[40] Anspielung auf die im afrikanischen Staat Biafra verhängte Hungerblockade. Bilder der Hungernden machten in den Medien die Runde; das »Biafra-Kind« wurde zum Symbol für Unterernährung. Mit der »Biafra des Geistes« weist der

Autor auf den geistigen »Hunger« und eine gewisse Rückständigkeit in der damaligen ČSSR hin.

[41] Pierre Teilhard de Chardin (1881–1955) war ein französischer Theologe, Philosoph und Wissenschaftler. Er bemühte sich um eine Verbindung von Wissenschaft und Religion.

[42] Das Zentrum der tschechischen Exilgemeinde in London, begründet vom Jesuiten-Priester Jan Lang SJ, diente neben kirchlichen auch politischen Aktivitäten sowie als Unterkunft z. B. für neu eintreffende Exilanten. Benannt ist es nach dem bedeutenden mährischen Wallfahrtsort Welehrad (Velehrad), der eine politische Bedeutung erhielt, als 1985 die Nationale Wallfahrt dorthin sich trotz Restriktionen zu einer Kundgebung gegen das kommunistische Regime gestaltete.

[43] Die sowjetischen Besatzer hatten das Gebäude des Tschechoslowakischen Rundfunks in Prag besetzt und sendeten von dort ihre Propaganda. Die Redakteure des Tschechoslowakischen Rundfunks setzten jedoch ihre Arbeit noch eine gewisse Zeit mithilfe von Funkstationen aus unterschiedlichen Verstecken fort, sie informierten die Öffentlichkeit über das Geschehen in Prag und ermunterten zum gewaltlosen Widerstand gegen die Okkupanten. Diese »freien Sender« waren die einzige Quelle für wahre Informationen, und zwar auch für Tausende tschechischer Studenten und Touristen, welche die Nachricht von der Okkupation der Tschechoslowakei durch Truppen des Warschauer Paktes im August 1968 im Westen erreichte.

[44] Oft auch übersetzt als »Geschichten aus dem Alten Prag«.

[45] Einen Monat später wurde Palachs symbolträchtige Tat von der »Fackel Nr. 2«, Jan Zajíc, ebenfalls auf dem Wenzelsplatz, wiederholt.

[46] Pius XI. führte das neue Hochfest ein, es weist hin auf den Herrschaftsanspruch Jesu gegenüber staatlicher Macht. So wurde der Tag z. B. in Deutschland während des Nationalsozialismus auch als Widerstandssymbol junger Katholiken gegen den Führerkult begangen.

[47] Im Tschechischen gibt es mehrere sprechende Synonyme für die »Untergrundkirche«: »skrytá církve« – »die verborgene Kirche«, »tajná církve«- »die geheime Kirche«, »podzemní církve« – »die Untergrundkirche« u. a.

[48] Kategoriale Seelsorge ist die zielgruppenspezifische Pastoral für bestimmte Personengruppen oder Lebenssituationen: die Jugend- und Erwachsenenseelsorge, Schul- und Hochschulpastoral, etc.

[49] Jakub Deml (1878–1961) war ein tschechischer Priester, Dichter und Schriftsteller. Mit seiner »Traumprosa« gilt er als einer der Wegbereiter des tschechischen Surrealismus.

[50] Jan Blaha (1938–2012) war ein mit päpstlicher Erlaubnis geweihter Geheimbischof der tschechischen Untergrundkirche. Nur einen Tag nach seiner eigenen Weihe (1967) konsekrierte er den Geheimbischof Felix Maria Davídek (1921–1988), dessen Weihe jedoch von Seiten des Vatikans nie anerkannt wur-

de. Davídek wiederum weihte in Sorge um die Zukunft der katholischen Kirche in Tschechien zahlreiche Männer und auch Frauen (!) zu Priestern und »Ersatzbischöfen«. Nur zwei dieser Geheimbischöfe wurden nach der Samtenen Revolution von Rom anerkannt und nachgeweiht.

[51] »Doketismus« bezeichnet die Lehre, dass alle Materie niedrig und unrein sei; allein das Göttliche hingegen sei von Wert. Dem entspräche hier die Auffassung der zivilen Berufe als eines notwendigen Übels, das es für das Priestersein in Kauf zu nehmen gelte.

[52] »Ostpolitik« im Original deutsch.

[53] »Wir sind Kirche« im Original deutsch.

[54] Es gab damals sowohl Frauengefängnisse als auch Frauenlager.

[55] Zur Staatssicherheit der ČSSR (tschechisch: Státní bezpečnost, abgekürzt StB) gehörten die Geheimpolizei und der Geheimdienst.

[56] In Tschechien werden, wie in vielen anderen Ländern Mittelosteuropas und Osteuropas, nicht nur die Geburtstage, sondern auch die Namenstage gefeiert. Im Tschechischen steht für den »Namenstag« dasselbe Wort wie für den »Fest-« und »Gedenktag« des jeweiligen Heiligen: »svátek«. Daher ist die Aussage beim Verhör natürlich doppeldeutig.

[57] Im Tschechischen sind die Wörter »Feiertag« (»svátek«) und »das Heilige« (»svaté«) verwandt.

[58] Das Gnadenbild der Schwarzen Madonna befindet sich in der Marienkapelle im Paulinerkloster des Wallfahrtsortes Tschenstochau (Częstochowa).

[59] Laski bei Warschau war (schon seit der Zwischenkriegszeit) ein Ort der Begegnung für polnische Intellektuelle, Priester und Laien.

[60] Die philosophische Strömung des Personalismus betont den Wert der menschlichen Person. Französische Denker des Personalismus waren z. B. Emmanuel Mounier und Jacques Maritain. Die Hauptplattform des französischen Personalismus war damals die (bis heute aktive und in Paris erscheinende) Zeitschrift »Esprit«.

[61] Die Kurse waren nirgends ausgeschrieben oder angekündigt, Informationen über sie kursierten nur mündlich, offiziell leitete jemand anderes den Kurs.

[62] Mit der respektvollen Anrede »Rōshi« wird der Lehrer oder Meister angesprochen, der die Zen-Gemeinde unterweist.

[63] »Gelassenheit« im Original deutsch.

[64] Raúl Silva Henríquez (1907–1999) war von 1961–1983 Erzbischof von Santiago de Chile, seit 1962 auch Kardinal. Silva Henríquez engagierte sich während der Militärdiktatur (1973–1990) für die Wahrung der Menschenrechte und wurde u. a. mit dem Menschenrechtspreis der Vereinten Nationen (1978) ausgezeichnet.

[65] Die Anti-Alkohol-Kampagne in der Sowjetunion 1985–91 war ein Versuch des damaligen Generalsekretärs der KPdSU Michail Gorbatschow, den Alkohol-

konsum im Land durch politische Maßnahmen einzuschränken und dadurch die wirtschaftlichen und sozialen Folgen des Alkoholismus zu verringern.

[66] Die Trilogie des georgischen Regisseurs Tengis Abuladse umfasst die Filme »Gebet« (1967), »Der Baum der Wünsche« (1977) und »Reue« (1984).

[67] In der damaligen russischen Kultur gab es einen langjährigen Streit zwischen zwei Richtungen, den »Westlern« (die Russland der westeuropäischen modernen Kultur annähern wollten) und den »Slawophilen« (die den Westen ablehnten und nur die Werte slawischer Kulturen anerkannten).

[68] Oft auch bezeichnet als »Warenhaus GUM«, ein ehemaliges Kaufhaus und heute ein luxuriöses Einkaufszentrum in der russischen Hauptstadt Moskau.

[69] Häufig zitierter Ausspruch des Grafen Andrej Kurbskij, eines Gegners von Iwan dem Schrecklichen.

[70] Rupert Mayer (1876–1945) war Mitglied des Jesuitenordens und Präses der Marianischen Männerkongregation. In der Zeit des Nationalsozialismus gehörte er zum katholischen Widerstand. 1987 wurde er seliggesprochen.

[71] Der Bürgersaal in München, seit der Weihe des Hochaltars am 13. Mai 1778 inoffiziell auch »Bürgersaalkirche« genannt, ist der Bet- und Versammlungssaal der Marianischen Männerkongregation »Mariä Verkündigung« am Bürgersaal zu München. Er wurde 1709/10 nach Plänen von Giovanni Antonio Viscardi erbaut. Seit 1778 wird der Saal als Kirche genutzt. In seiner Unterkirche befinden sich die sterblichen Überreste von Rupert Mayer sowie seine Gedenkbüste und eine Ausstellung zu seiner Person.

[72] Friedrich Nietzsche: Die fröhliche Wissenschaft 125. Der tolle Mensch, in der Kritischen Studienausgabe von Colli / Montinari S. 481.

[73] Václav Benda (1946–1999) war ein tschechischer Mathematiker und politischer Aktivist. Er gehörte zu den Unterzeichnern der Charta 77 und verbrachte unter dem kommunistischen Regime mehrere Jahre im Gefängnis. Nach 1989 war er Mitglied der liberal-konservativen Demokratischen Bürgerpartei. Von 1996 bis zu seinem Tod war Benda Senator im tschechischen Parlament.

[74] Die *Rudé Právo* (»Rotes Recht«) war eine von der kommunistischen Partei der Tschechoslowakei kontrollierte Tageszeitung. Gegründet wurde sie bereits 1920; im Herbst 1989 sagte sich die Redaktion von den Kommunisten los.

[75] Bernardin Kardinal Gantin (1922–2008) stammte aus dem westafrikanischen Benin und war seit den 1970er Jahren Kurienkardinal sowie Dekan des Kardinalskollegiums in Rom.

[76] Dom Hélder Pessoa Câmara (1909–1999) war von 1964 an Erzbischof von Olinda und Recife in Brasilien. Er setzte sich vehement für Sozialreformen ein und wandte sich offen gegen die brasilianische Militärdiktatur (1964–1983). Er wurde für sein Engagement durch zahlreiche Preise geehrt, unter anderem mit dem Alternativen Friedenspreis (1974).

[77] »Hinweise der Katholiken zur Lösung der Situation gläubiger Bürger in der Tschechoslowakei« (»Podněty katolíků k řešení situace věřících občanů v Československu«) ist der offizielle Titel der Petition.

[78] Von der Gruppe der Charta 77 ausgearbeitet und am 29. Juni 1989 veröffentlicht. Viele berühmte Persönlichkeiten signierten die Petition.

[79] Der Veitsdom befindet sich in der Prager Burg.

[80] Klemens Maria Hofbauer (1751–1820) war ein österreichischer Priester und Mitglied des Ordens der Redemptoristen. Er wurde 1909 von Papst Pius X. heiliggesprochen und wird seit 1914 als Stadtpatron von Wien verehrt.

[81] Anspielung auf die Legende vom hl. Adalbert, der zum Zeichen der Demut barfuß zu seinem Bischofssitz kam.

[82] Jaroslav Škarvada (1924–2010) studierte an der Lateranuniversität in Rom und verzichtete anschließend aufgrund der politischen Situation auf eine Rückkehr in die Tschechoslowakei. Ab 1968 war er mit der Seelsorge der Tschechen im Ausland betraut, ab 1983 übte er diese Funktion als Bischof aus. Von 1991 bis 2002 war Škarvada Weihbischof in Prag, bis 2001 außerdem Generalvikar der Erzdiözese Prag.

[83] Der polnische Satz bedeutet: »Aber Sie sprechen ja ausgezeichnet Polnisch!«

[84] Dieser Satz ist eine Mischung aus Tschechisch und Polnisch; er bedeutet sinngemäß: »Das ist so ein panslawisches Esperanto«.

[85] Der polnische Satz bedeutet: »So machen wir es, wir werden panslawisches Esperanto sprechen.«

[86] Václav Malý (* 1950) war Mitunterzeichner der Charta 77 und fungierte von 1981 bis 1982 als deren Sprecher. Im Jahr 1989 war er Sprecher des Bürgerforums Prag. Seit 1996 ist Malý Titularbischof von Marcelliana (heutiges Tunesien) und Weihbischof in Prag. 1998 wurde er für seine Verdienste mit dem Tomáš-Garrigue-Masaryk-Orden III. Klasse ausgezeichnet.

[87] Letná (ehemals als Sommerberg bzw. Belvedere bekannt) ist der Flurname eines Prager Hügels nördlich des Stadtzentrums und häufig auch die Kurzbezeichnung einer erhöhten Ebene, die Letenská pláň (Letná-Ebene) heißt und sich an den Letenské sady (Letná-Park) anschließt.

[88] Die Salvatorkirche im Klementinum an der Karlsbrücke diente schon in der Vergangenheit als Universitätskirche. Hier wirkten als Universitätsprediger zum Beispiel der Philosoph und Mathematiker Bernard Bolzano oder der spätere Prager Erzbischof František Kordač; diese Tradition wurde Anfang der fünfziger Jahre gewaltsam beendet, als der damalige Studentenseelsorger Monsignore Alexander Heidler ins Exil ging und die anderen dort wirkenden Priester Antonín Mandl und Oto Mádr vom kommunistischen Regime interniert wurden.

[89] Jozef Kardinal Tomko (* 1924) studierte in seiner slowakischen Heimat in Bratislava und steht seit 1959 in den Diensten der römischen Kurie. Seit 1985 ist er Kardinal. Tomko war u. a. Rektor der Päpstlichen Hochschule St. Nepo-

muk, Titularerzbischof von Doclea und Kardinalpräfekt der Kongregation für die Evangelisierung der Völker.

[90] Die Beneš-Dekrete bezeichnen 143 Dekrete, die von der tschechoslowakischen Exilregierung in London und von der Nachkriegsregierung in Prag vor 1945 erlassen wurden. Sie zielten auf die Wiederherstellung des tschechoslowakischen Staates ab und hatten u. a. die Enteignung und Ausbürgerung von ca. 2,9 Millionen Personen zur Folge, die als Teil der deutschen Bevölkerung identifiziert wurden.

[91] Die »Deutsch-Tschechische Erklärung über die gegenseitigen Beziehungen und deren künftige Entwicklung« (tschechisch Česko-německá deklarace o vzájemných vztazích a jejich budoucím rozvoji) ist ein grundlegendes Dokument der Regierungen der Bundesrepublik Deutschland und der Tschechischen Republik von 1997, in dem beide Seiten erklären, dass sie »ihre Beziehungen nicht mit aus der Vergangenheit herrührenden politischen und rechtlichen Fragen belasten werden«.

[92] Die Karl-Ferdinands-Universität war die deutsche Universität in Prag, die, ursprünglich 1348 von Karl IV. als Karls-Universität gegründet, 1654 erweitert und auch nach Ferdinand III. umbenannt, als eigenständige Institution seit der Aufteilung von 1882 neben der tschechischen Karls-Universität bis 1945 bestand.

[93] Im Original deutsch.

[94] »Sitz im Leben« im Original deutsch.

[95] »Veritas est adaequatio intellectus et rei« – Wahrheit ist die Übereinstimmung von erkennendem Verstand und Sache.

[96] Jaroslav Pavlíček, geboren 1943, ist ein in Tschechien sehr bekannter Polarforscher, Abenteurer und Buchautor. Er hat es sich zur Aufgabe gemacht, das Überleben des Menschen in der Natur zu erforschen, und orientiert sich dabei an einem ökologisch verantwortungsvollen und harmonischen Zusammenleben des Menschen mit der Natur. Er gründete 1987 die Forschungsstation ECO-Base-Station auf der Nelson-Insel, auch ECO Nelson genannt.

[97] »das Selbst« im Original deutsch.

[98] Karel Hynek Mácha (1810–1836) war ein tschechischer Dichter der Romantik. Sein bekanntestes Werk, das Liebesepos »Mai«, fand bei Erscheinen wenig Anklang, gilt jedoch heute als eines der wichtigsten Werke der tschechischen Literatur und ist fest im Kanon der Schullektüre verankert.

[99] Übersetzung von Kurt Flasch und Burkhard Mojsisch, Stuttgart 2009, S. 441–443.

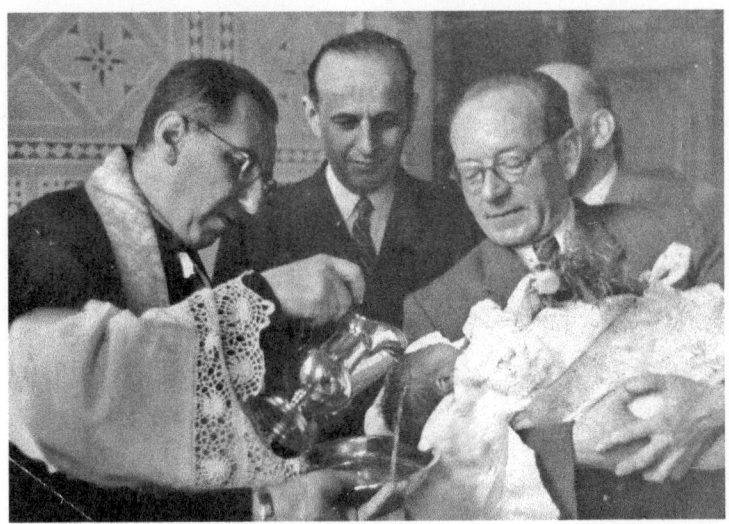

Die Taufe 1948

Mit der Familie 1957

Der Abiturient 1966

Mit Jiří Reinsberg (links) und Antonín Mandl 1972

Mit den Freunden Scarlett Vasiluková-Rešlová und Zdeněk Neubauer 1983

Im Vatikan 1989

Mit Frère Roger Schutz 1989

Mit František Kardinal Tomášek 1990

Mit Joachim Kardinal Meisner 1990

Mit Papst Johannes Paul II. 1997

Mit Anselm Grün 1997

In der Antarktis mit Pinguinen 2002

Mit Franz Kardinal König 2003

Mit Václav Havel 2004

Mit dem Dalai Lama 2006

Während einer Predigt